大学入試 ランク順
RANK

聴いて覚える
日本史 探究

Gakken

👑 ランク順 "聴いて覚える" の特長

単語や用語を暗記する際は，繰り返し反復することが重要です。しかし，日々の勉強や入試対策でやるべきことは多岐に渡るので，なかなか暗記に時間を割けないことも…。

そんなときにおすすめなのが，本書で取り上げる **"聴いて覚える" 勉強法** です。

POINT 1

まとまった時間が取れなくても，**スキマ時間に聞き流すだけで** 暗記につながる

POINT 2

聴くだけなら，**どんな場所でも，** 手がふさがっていてもできる

POINT 3

「音声聞き流しでインプット」「紙面の一問一答でアウトプット」を繰り返すことで **記憶が定着**

本書には，一問一答の文章を読み上げた音声がついています。音声は次のいずれかの方法で聞くことができます。

スマートフォンで聞く場合

音声再生アプリ「my-oto-mo」で聞く

上記二次元コードから，アプリ「my-oto-mo」をダウンロードしてください。アプリ内で本書の表紙をタップいただくと，パスワード入力画面が出てきますので，下記パスワードを入力します。その後，アプリ内で音声のダウンロードが終了すると，聞くことができます。

● パスワード：**kikurank**

「Gakken Book Contents Library」で聞く

上記二次元コードから，「Gakken Book Contents Library」にアクセスいただき，Gakken ID でログインしてください（お持ちでない方は，新規登録をお願いします）。ログイン後，「コンテンツ追加＋」ボタンから下記 ID とパスワードをご入力ください。書籍の登録が完了すると，マイページに音声一覧が表示されますので，そこから再生いただくことができます。

● ID：**eu7gv**
● パスワード：**nwtfg9bw**

PCで聞く場合

https://gbc-library.gakken.jp/

上記 URL から，「Gakken Book Contents Library」にアクセスいただき，Gakken ID でログインしてください（お持ちでない方は，新規登録をお願いします）。ログイン後，「コンテンツ追加＋」ボタンから下記 ID とパスワードをご入力ください。書籍の登録が完了すると，マイページに音声一覧が表示されますので，そこから再生いただくことができます。

● ID：**eu7gv**
● パスワード：**nwtfg9bw**
※ URL にアクセス後の流れは，スマートフォンで聞く場合と同様です。

👑 書籍の特長

音声を聴いて，日本史探究の用語をインプットしたあとに，書籍の一問一答を解くアウトプットトレーニングをして，記憶を定着させましょう。ここでは誌面の特長を紹介します。

見出し語は入試に出る用語を精選！

見出し語は，入試過去問分析を基に，入試に繰り返し出題されている用語を精選しています。入試で確実に合格点を取るために必要な知識を，無駄なく効率的に学ぶことができます。

出題頻度に応じてランクを掲載！

全ての見出し語には，入試における出題頻度を示す「金」「銀」「銅」のランクを明示しています。また，各 THEME についても，入試での出題頻度に応じて「金」「銀」「銅」のランクを示しました。

THEME
旧石器時代

通し番号 0001—0014

出題頻度 👑

0001 旧石器時代は地質年代の〔　　　〕に属し，氷河時代とも呼ばれる今よりも寒冷な時期であった。 (新潟大)	更新世（洪積世）
0002 原人（ホモ＝エレクトゥス）が登場したのは，寒冷な氷期が何回もくり返される，〔　　　〕時代と呼ばれる時期である。 (愛知大)	氷河時代
0003 人類が原人・旧人・新人と進化した更新世はおよそ260万年前から〔　　　〕万年前までの間であり，氷河時代とも呼ばれた。 (立教大)	1万年前
0004 氷河時代にあたる更新世，大陸の北からマンモスやヘラジカ，南からオオツノジカや〔　　　〕などの大型動物が，陸続きの日本列島へとやってきた。 (立教大)	ナウマンゾウ
0005 長野県の〔　　　〕でナウマンゾウの化石が発見されている。 (神戸学院大)	野尻湖
0006 旧石器時代の遺跡は列島各地に数多くあるものの，この時代の化石人骨の発掘例は，現在のところ最古とされる那覇市の〔　　　〕など，その多くが南西諸島である。 (立教大)	山下町洞人（山下町第一洞人）
0007 更新世の化石人骨は静岡県の浜北人や沖縄県の〔　　　〕・山下町洞人など，いずれも新人段階のものである。 (駒澤大)	港川人
0008 旧石器時代の文化は，土器を有する縄文文化の特徴と比較して〔　　　〕ともよばれる。 (オリジナル)	先土器文化（無土器文化）

8

4

書籍には過去問分析を基に，入試に出題される可能性の高い問題をまとめました。すべての問題には，入試における出題頻度を示す「金」「銀」「銅」のランクを明示しています。掲載順に問題を解くことで，入試で最もよく問われるポイントから順に，効率よく学習することができます。

			順始・古代
☐ 0009	旧石器人は硬く鋭利な割れ口をもつ岩石を用い，狩猟具としてのナイフ形石器，尖頭器，細石刃などの◻◻◻を盛んに製作した。 (同志社大)	打製石器 ●	
☐ 0010	日本では，1946年に◻◻◻が群馬県岩宿で石器を発見したのを受けて1949年に学術調査が行われたことを契機として，旧石器時代の文化の存在が明らかになった。 (中央大)	相沢忠洋	中世
☐ 0011	1949年の◻◻◻の学術調査により，更新世の地層から打製石器が見つかった。このことから，日本列島にもこの時代に人が住んでいたことが確実になった。 (青山学院大)	岩宿遺跡	近世
☐ 0012	岩宿遺跡の地層を観察すると，旧石器は火山灰が積もってできた赤土層から見つかった。この地層は◻◻◻と呼ばれる。 (新潟大)	関東ローム層	近代
☐ 0013	狩猟には，ナイフ形石器や◻◻◻などを槍先としてつけた石槍などが用いられた。 (中央大)	尖頭器(ポイント)	現代
☐ 0014	旧石器時代の終わり頃には，シベリアの石器文化とつながりの深い技法で作られた小型の◻◻◻を柄に埋め込んだ道具が用いられるようになった。 (南山大)	細石器(マイクロリス) ●	

赤シートでの暗記チェックに対応！

本書に付属する「赤シート」を使えば，暗記テストができるようになっています。

問題文は学習効果の高いものを掲載！

見出し語に対応した問題文はその用語を問う際の一般的な問い方であることを主眼に選定しています。また，問題文のなかには，より効果的な演習を可能にするために改題を施しているものやオリジナルで作成しているものもあります。

THEME
縄文時代

出題頻度 👑

出し番号 0015—0048

☐ 0015	およそ1万年前に更新世が終わり，気候の温暖な◻◻◻が始まった。 (南山大)	完新世(沖積世)	
☐ 0016	完新世の始まり頃に成立した文化を縄文文化，時代を◻◻◻時代という。 (関西学院大)	縄文時代	

9

CONTENTS

CHAPTER

1

原始・古代

掲載問題数　765問

ここでは，日本の文化の始まりである旧石器時代から，平安時代までを扱います。
日本文化がどのように誕生したのか，律令制により，古代国家がどのように形成されていったのかを見てゆきましょう。

☑ 0001	旧石器時代は地質年代の[　　　]に属し，氷河時代とも呼ばれる今よりも寒冷な時期であった。　（新潟大）	更新世（洪積世）
☑ 0002	原人（ホモ=エレクトゥス）が登場したのは，寒冷な氷期が何回もくり返される，[　　　]時代と呼ばれる時期である。　（愛知大）	氷河時代
☑ 0003	人類が原人・旧人・新人と進化した更新世はおよそ260万年前から[　　　]万年前までの間であり，氷河時代とも呼ばれた。　（立教大）	1万年前
☑ 0004	氷河時代にあたる更新世，大陸の北からマンモスやヘラジカ，南からオオツノジカや[　　　]などの大型動物が，陸続きの日本列島へとやってきた。　（立教大）	ナウマンゾウ
☑ 0005	長野県の[　　　]でナウマンゾウの化石が発見されている。　（神戸学院大）	野尻湖
☑ 0006	旧石器時代の遺跡は列島各地に数多くあるものの，この時代の化石人骨の発掘例は，現在のところ最古とされる那覇市の[　　　]など，その多くが南西諸島である。　（立教大）	山下町洞人（山下町第一洞人）
☑ 0007	更新世の化石人骨は静岡県の浜北人や沖縄県の[　　　]・山下町洞人など，いずれも新人段階のものである。　（駒澤大）	港川人
☑ 0008	旧石器時代の文化は，土器を有する縄文文化の特徴と比較して[　　　]ともよばれる。　（オリジナル）	先土器文化（無土器文化）

☑ 0009 ♡	旧石器人は硬く鋭利な割れ口をもつ岩石を用い，狩猟具としてのナイフ形石器，尖頭器，細石刃などの◻︎を盛んに製作した。 （同志社大）	打製石器
☑ 0010 ♡	日本では，1946年に◻︎が群馬県岩宿で石器を発見したのを受けて1949年に学術調査が行われたことを契機として，旧石器時代の文化の存在が明らかになった。 （中央大）	相沢忠洋（あいざわただひろ）
☑ 0011 ♡	1949年の◻︎の学術調査により，更新世の地層から打製石器が見つかった。このことから，日本列島にもこの時代に人が住んでいたことが確実になった。 （青山学院大）	岩宿遺跡（いわじゅく）
☑ 0012 ♡	岩宿遺跡の地層を観察すると，旧石器は火山灰が積もってできた赤土層から見つかった。この地層は◻︎と呼ばれる。 （新潟大）	関東ローム層
☑ 0013 ♡	狩猟には，ナイフ形石器や◻︎などを槍先としてつけた石槍などが用いられた。 （中央大）	尖頭器（ポイント）（せんとうき）
☑ 0014 ♡	旧石器時代の終わり頃には，シベリアの石器文化とつながりの深い技法で作られた小型の◻︎を柄に埋め込んだ道具が用いられるようになった。 （南山大）	細石器（マイクロリス）

THEME
縄文時代

見出し番号 0015—0048

出題頻度 ♛

☑ 0015 ♡	およそ1万年前に更新世が終わり，気候の温暖な◻︎が始まった。 （南山大）	完新世（沖積世）（かんしんせい）（ちゅうせきせい）
☑ 0016 ♡	完新世の始まり頃に成立した文化を縄文文化，時代を◻︎時代という。 （関西学院大）	縄文時代

☑ 0017	縄文時代は弓矢や土器，さらには磨製石器の出現によって特徴づけられ，世界的に見れば，[　　　]時代に対応する。 (立命館大)	新石器時代
☑ 0018	[　　　]を用いて測定された年代を，年輪年代法などで補正することによって，日本列島における最古の土器は，1万6500年前頃に出現することが明らかになった。 (京都大)	放射性炭素年代測定法（¹⁴C 年代測定法）
☑ 0019	縄文文化の特徴のひとつは，黒曜石やサヌカイトなどを磨いてつくった[　　　]の使用である。 (早稲田大)	磨製石器
☑ 0020	縄文文化の特徴のひとつである土器は，食物の煮炊きを可能にした。縄目文様をもつものが多いため[　　　]という。 (センター)	縄文土器
☑ 0021	縄文時代は草創期・早期・前期・中期・後期・晩期の6期に分けられるが，燃え上がる炎のようにみえる火焔土器が現れるのは[　　　]以降である。 (オリジナル)	中期
☑ 0022	縄文時代晩期の遺跡とされる青森県の[　　　]からは，遮光器土偶が出土した。 (立教大)	亀ヶ岡遺跡
☑ 0023	定住生活を開始した縄文人は，地面を掘りくぼめその上に屋根をかけた[　　　]を営み，床の中央には炉がもうけられ，炊飯を共にする家族で生活していたという。 (愛知学院大)	竪穴住居
☑ 0024	竪穴住居には炉や，食物であるドングリなどの堅果類を保存する[　　　]もあった。 (立教大)	貯蔵穴
☑ 0025	縄文時代の人々は竪穴住居で定住生活を営み，なかには10数軒ほどの竪穴住居が中央の広場を囲むように配置された[　　　]を形成する場合もあった。 (東海大)	環状集落

☑ 0026 ☐	縄文時代の集落は，湧水地に近い台地上に営まれた。そのため，生活の痕跡を示す　　　　は，台地の縁辺に発見されることが多い。　（南山大）	貝塚
☑ 0027 ☐	東京都の　　　　は，1877（明治10）年にアメリカ人のモースによって調査され，縄文土器や，石器・骨角器・玉類などが発見された。　（龍谷大）	大森貝塚
☑ 0028 ☐	縄文時代には，石材獲得のため，木をくり抜いて作った　　　　をこいで島まで赴くこともあった。　（京都大）	丸木舟
☑ 0029 ☐	縄文時代の人々は集落を形成して生活していたが，青森県の　　　　のように，集合住宅と考えられる大型の竪穴住居をともなう大規模な集落も発見されている。（愛知学院大）	三内丸山遺跡
☑ 0030 ☐	採集したドングリ・トチ・クリなどの堅果類は，すり石やたたき石とセットで使用する　　　　ですりつぶして食料としていた。　（青山学院大）	石皿
☑ 0031 ☐	ナイフのような機能をもつ　　　　や，漁労具と考えられる石錘が用いられた。　（慶應義塾大）	石匙
☑ 0032 ☐	縄文文化が栄え，各地に残された貝塚の調査から，狩猟・漁労・採集以外の食料獲得の方法として，　　　　が盛んに行われたことがわかる。　（南山大）	漁労
☑ 0033 ☐	縄文時代の貝塚からは釣針・銛などの　　　　や，各種の錘が発見され，釣漁・突漁・網漁が行われていたことがわかる。　（愛知学院大）	骨角器
☑ 0034 ☐	縄文時代に漁労が発達していたことを示す貝塚からは，釣り針に使われたと思われる骨角器や，網を使う漁法でおもりに使われた　　　　が出土している。　（立命館大）	石錘

☑ 0035 ⌂	縄文時代になると狩猟用の石器として［　　　］が出現し，狩猟具の中心となった。　（慶應義塾大）	石鏃 （せきぞく）
☑ 0036 ⌂	漁労具と考えられる石錘，主に土掘り具として用いられた［　　　］なども，縄文時代に発達した石器である。　（慶應義塾大）	打製石斧 （せきふ） （石鍬） （いしぐわ）
☑ 0037 ⌂	縄文文化の特徴のひとつは，石鏃を装着してつくる［　　　］の出現である。これによって人々は，縄文時代に増えた，動きの速い中・小型動物を狩猟できるようになった。　（立教大）	弓矢
☑ 0038 ⌂	矢じりなどに使われる［　　　］は，伊豆諸島の神津島（こうづしま）で産出されたものが，本州沿岸部や内陸部でも発見されている。　（愛知学院大）	黒曜石 （こくようせき）
☑ 0039 ⌂	神津島や長野県の［　　　］で産出した黒曜石が広範囲に分布していることは，稲作以前の社会でも，交易が大きな役割を占めたことを物語っている。　（青山学院大）	和田峠 （わだとうげ）
☑ 0040 ⌂	北海道の［　　　］産の黒曜石が樺太（サハリン）の遺跡で出土しており，海を越えた交流のあったことが確認されている。　（中央大）	白滝 （しらたき）
☑ 0041 ⌂	縄文時代には，装身具の原材料である［　　　］は，原産地である新潟県の姫川流域から列島各地に運ばれた。　（新潟大）	ヒスイ（硬玉） （こうぎょく）
☑ 0042 ⌂	旧石器時代・縄文時代の人々は，石器の原材料の獲得に努力した。近畿地方の二上山（にじょうさん）の［　　　］や長野県の和田峠の黒曜石はその代表格である。　（京都大）	サヌカイト
☑ 0043 ⌂	縄文人が信じていたと考えられている，あらゆる自然物や自然現象に霊魂（れいこん）が宿るという考え方を［　　　］という。　（オリジナル）	アニミズム （精霊崇拝）

☑ 0044	縄文時代の呪術的風習を示す遺物に，女性をかたどった[　]がある。　　　　　　　　　　　　（早稲田大）	土偶（どぐう）
☑ 0045	縄文時代の呪術的風習を示す遺物に，男性の生殖器をあらわすとされる[　]がある。　　　（青山学院大）	石棒（せきぼう）
☑ 0046	縄文時代中頃からさかんになった[　]の風習は，成人になると行われた一種の通過儀礼である。（オリジナル）	抜歯（ばっし）
☑ 0047	縄文時代の死者の多くは，死者の体を折り曲げて埋める[　]によって葬られていた。　　（学習院大）	屈葬（くっそう）
☑ 0048	縄文人は貝塚や集落跡を残し，縄文後期以降には共同墓地と考えられている[　]を構築するなど，旧石器時代とは異なる展開をみせた。　　　（オリジナル）	環状列石

THEME

弥生時代

見出し番号 0049〜0093

出題頻度

♛

☑ 0049	紀元前5〜前4世紀頃から始まり，紀元後3世紀半ばまで続いた弥生文化は，南西諸島と北海道をのぞく日本列島に広く普及していた。この時代を[　]時代という。　（オリジナル）	弥生時代
☑ 0050	弥生文化の特徴のひとつである[　]は，縄文土器よりも高温で焼かれ，薄手で赤褐色である。　　（センター）	弥生土器
☑ 0051	紀元前8世紀頃に中国大陸や朝鮮半島から稲作が伝わった。そして紀元前5〜前4世紀頃に東日本にも広まり，水稲耕作を基礎とする[　]が成立した。　（オリジナル）	弥生文化

☑ 0052 ⛏	紀元前8世紀頃には，大陸から□□□の栽培技術がもたらされて，食料採集段階から食料生産段階へ移行する弥生時代となる。　　　　　　　　　　　　　　　　（新潟大）	水稲 <small>すいとう</small>
☑ 0053 🏛	弥生時代の水稲農耕は紀元前8世紀頃，朝鮮半島南部より伝えられたとされている。稲作は中国の雲南やインドの□□□に起源があるとされている。　　　　　　（オリジナル）	アッサム地方
☑ 0054 ⛏	弥生時代を特徴づける二つのものとしては，<u>水稲耕作</u>と青銅器に代表される□□□の使用があげられる。　　　　　　　　　　　　　　　　　　　　　（オリジナル）	金属器
☑ 0055 ⛏	弥生文化の特徴のひとつは，銅と□□□の合金である<u>青銅器</u>などの金属器の使用である。　　　　（立命館大）	錫 <small>すず</small>
☑ 0056 ⛏	弥生時代の人々は，□□□を用いて，収穫の祈願や感謝のために神祭りを行った。　　　　　　　（國學院大）	青銅器 （青銅製祭器）
☑ 0057 ⛏	耕作用の農具は，木製の鋤や鍬が用いられたが，弥生時代後期には□□□が普及し生産力が一層向上した。　　　　　　　　　　　　　　　　　　　（オリジナル）	鉄器
☑ 0058 ⛏	遺跡からは，織物の断片が見つかることもあるし，土器に織物の圧痕がついていることもある。機織り具や，糸を作るための□□□が見つかることもある。（学習院大）	紡錘車 <small>ぼうすいしゃ</small>
☑ 0059 ⛏	弥生文化がおよばなかった北海道では，紀元前後から7世紀まで，□□□が成立していた。　　　　　（同志社大）	続縄文文化
☑ 0060 ⛏	弥生時代と同時期，弥生文化がおよばなかった南西諸島地方の人々は，□□□を形成していた。　　　（立教大）	貝塚後期文化

☑ 0061 ⌂	北海道においては，7世紀以降になると，鉄器や櫛の歯のような文様を持つ土器を特色とする〔　　〕が成立する。 (慶應義塾大)	擦文文化
☑ 0062 ⌂	擦文文化の担い手たちは，オホーツク海沿岸の北海道を中心に5世紀以降に活動がみられた〔　　〕文化の要素を取り入れるかたちで，アイヌ文化を形成した。 (北海道大)	オホーツク文化
☑ 0063 ⌂	弥生土器という名称は，1884年に弥生土器が発掘された〔　　〕の所在地の地名である弥生に由来する。(上智大)	向ヶ岡貝塚
☑ 0064 ⌂	煮炊き用の土器を「甕」，貯蔵用の土器を「〔　　〕」という。 (西南学院大)	壺（壺形土器）
☑ 0065 ⌂	弥生土器のうち，食物を盛る用途とするものに鉢や〔　　〕がある。 (同志社大)	高杯（高坏）
☑ 0066 ⌂	弥生土器のうち，食物を蒸す用途に使われるものに〔　　〕がある。 (オリジナル)	甑
☑ 0067 ⌂	佐賀県の菜畑遺跡や福岡県の〔　　〕などでは，弥生時代早期の水田跡が発見された。 (オリジナル)	板付遺跡
☑ 0068 ⌂	弥生時代はじめには比較的生産性の低い湿田が中心であったが，土木技術の向上によりしだいに，灌漑と排水を繰り返す〔　　〕の開発が進められた。 (立命館大)	乾田
☑ 0069 ⌂	登呂遺跡（静岡県）の水田は，畔で区切られた水田が多く，水田に水を引いたり，川へ排水する〔　　〕をそなえていた。 (愛知大)	灌漑水路（灌漑用水路）（灌漑設備）

☑ 0070	弥生時代の稲作跡の最北端は現在の[　　　]県である。 （オリジナル）	青森県
☑ 0071	稲作では，鍬や鋤といった耕作具や田下駄・大足などは木製のものが使われ，収穫は[　　　]と呼ばれる石製の道具で穂首刈りが行われた。　　（立命館大）	石包丁
☑ 0072	弥生時代後期になると，石鎌や鉄鎌による[　　　]も行われるようになった。　　　　　　　（オリジナル）	根刈り
☑ 0073	農耕集落内には[　　　]と考えられる掘立柱の建物が建造された。米穀などの生産物の貯蔵を目的にしたものであるが，農耕儀礼も行われたことが推測される。　（早稲田大）	高床倉庫
☑ 0074	弥生時代前期の人々は，刃先まで[　　　]の鍬や鋤を使って土地を耕した。　　　　　　　（センター）	木製
☑ 0075	金属器のうち[　　　]は，青銅器とほぼ同時に大陸から伝わり，弥生時代後期に農具として日常生活に定着した。（日本大）	鉄器
☑ 0076	弥生時代に登場した[　　　]は，肥料用の青草を田の中に踏み込む道具である。　　　　　　（オリジナル）	大足
☑ 0077	収穫には稲の穂を刈り取る石包丁が用いられた。また，もみがらを取り去る脱穀には木臼や[　　　]が使用された。　　　　　　　　　　　　　　　（東海大）	竪杵
☑ 0078	水田面を平らにならす木製の道具として[　　　]がある。　　　　　　　　　　　　　　　（オリジナル）	えぶり

☑ 0079	縄文時代の終わりに朝鮮半島に近い九州北部で開始された水稲耕作は急速に広がり，青森県の◯◯◯のように，東北地方でも水田跡が見つかっている。 （関西大）	すなざわ **砂沢遺跡** （たれやなぎ **垂柳遺跡**）
☑ 0080	稲作により，集落は低地の水田近くに営まれるようになったが，水の確保が容易な一方，洪水の被害にも遭いやすかった。静岡県の◯◯◯もその一つである。（南山大）	とろ **登呂遺跡**
☑ 0081	弥生時代には，九州北部において土製容器を使用した◯◯◯が盛行し，また，墳丘墓が西日本各地を中心に築かれたが，地域性が濃厚であった。 （立命館大）	かめかんぼ **甕棺墓**
☑ 0082	弥生時代の墓には，土坑墓や木棺墓のほか，埋葬した場所の地上に巨石をおいた◯◯◯や，遺体を大型の土器にそのままおさめた甕棺墓などがある。 （新潟大）	しせきぼ **支石墓**
☑ 0083	弥生時代には，方形の低い墳丘の周りに溝をめぐらせた◯◯◯が現れた。 （オリジナル）	ほうけいしゅうこうぼ **方形周溝墓**
☑ 0084	西日本では弥生時代後期から大規模な盛り土をして墓域とした◯◯◯が現れた。 （オリジナル）	**墳丘墓**
☑ 0085	弥生時代後期に属する岡山県の◯◯◯や山陰地方に多く見られる四隅突出型墳丘墓の存在は，戦いをとおして誕生した小国の王の存在を暗示している。 （駒澤大）	たてつき **楯築墳丘墓**
☑ 0086	弥生時代の死者は，共同墓地に設置された土坑墓・木棺墓・箱式石棺墓に，朝鮮半島南部の系統を引く新しい埋葬法，すなわち◯◯◯で葬られた。 （センター）	**伸展葬**
☑ 0087	弥生時代の青銅製祭器のうち，銅鐸は近畿地方，◯◯◯は瀬戸内中部，銅矛（銅鉾）・銅戈は九州北部を中心に分布している。 （オリジナル）	**平形銅剣**

☑ 0088 ☆	武具の形をした青銅製祭器には，袋状の空洞に柄を差しこんで使用する□□□がある。 (オリジナル)	どうほこ（どうほこ）銅矛（銅鉾）
☑ 0089 ☆	武具の形をした青銅製祭器には，刃に直角に柄をさすようになっている□□□がある。 (オリジナル)	どうか銅戈
☑ 0090 ☆	つりがねがた釣鐘形の青銅製祭器は□□□である。 (南山大)	どうたく銅鐸
☑ 0091 ☆	島根県の□□□では，銅剣358本・銅矛16本・銅鐸6個が出土した。 (中央大)	こうじんだに荒神谷遺跡
☑ 0092 ☆	島根県□□□では39個の銅鐸が発見された。この中には近畿や，北陸各地で出土した銅鐸と同じ鋳型で作られた同范鐸が含まれていた。 (関西大)	か も いわくら加茂岩倉遺跡
☑ 0093 ☆	山口県の□□□からは大量の人骨が発見され，渡来系弥生人が縄文人に比べて背が高く面長であったことも判明している。 (青山学院大)	ど い がはま土井ヶ浜遺跡

THEME
小国の分立と邪馬台国

見出し番号 0094—0126

☑ 0094 ☆	弥生時代中期，人々の間にはしだいに身分差が生まれていった。強力な支配者を持つ集落は，周辺の集落を統合して□□□となり，各地で誕生した。 (センター)	クニ
☑ 0095 ☆	農耕社会の成立で余剰生産物をめぐる集落同士の争いが始まると，他の集落からの攻撃を防ぐように，周囲に深い濠や土塁をめぐらせる□□□が登場した。 (センター)	環濠集落

☑ 0096 ⌂	弥生時代の代表的な環濠集落に，佐賀県の［　　　　］がある。 (立教大)	よし の が り 吉野ヶ里遺跡
☑ 0097 ⌂	稲作技術の伝来は，余剰生産物をめぐる戦いをもたらした。戦いは，奈良県の唐古・鍵遺跡や大阪府の［　　　　］に代表される大規模な集落を出現させた。 (東北福祉大)	いけがみ そ ね 池上曽根遺跡
☑ 0098 ⌂	大阪湾沿岸から瀬戸内海沿岸地域では，日常生活には不便な山頂部に［　　　　］がつくられている。 (立教大)	高地性集落
☑ 0099 🗛	高地性集落としては香川県の［　　　　］がある。 (慶應義塾大)	し う で やま 紫雲出山遺跡
☑ 0100 ⌂	前漢の歴史を述べた［　　　　］によれば，弥生時代中期にあたる紀元前1世紀頃の日本は，百余りの小国に分かれていた。 (東京女子大)	かんじょ ち り し 『漢書』地理志
☑ 0101 ⌂	『漢書』地理志では，当時の日本列島に住んでいた人々を［　　　　］と呼んでいた。 (オリジナル)	わ じん 倭人
☑ 0102 ⌂	中国の歴史書『漢書』地理志によれば，紀元前1世紀頃，倭人の社会は［　　　　］に分かれ，楽浪郡へ定期的に使いを送っていたという。 (駒澤大)	百余国
☑ 0103 🗛	紀元前108年に前漢の武帝は朝鮮半島にあった［　　　　］を滅ぼし，楽浪郡をはじめとした四郡を設置した。 (専修大)	えい し 衛氏朝鮮
☑ 0104 ⌂	前漢が滅びたのち，新の支配を経て，［　　　　］が中国を支配した。 (上智大)	ご かん 後漢

☑ 0105 ☐	☐ には，「建武中元二年，倭の奴国，貢を奉じて朝賀す。（中略）光武，賜ふに印綬を以てす。」と記されている。 (関西大)	『後漢書』東夷伝
☑ 0106 ☐	『後漢書』東夷伝には，倭の奴国王の使者が後漢の都・☐ にやってきて，印綬を受け取ったことが記されている。 (青山学院大)	洛陽
☑ 0107 ☐	後漢の歴史を記した『後漢書』の東夷伝には1世紀の中頃倭の奴国の使者が朝貢し，☐ から印綬を下賜されたことが記されている。 (同志社大)	光武帝
☑ 0108 ☐	紀元57年に光武帝から下賜されたと考えられる金印が福岡市の志賀島から出土しているが，その印面には「☐ 」と彫られていた。 (西南学院大)	漢委奴国王
☑ 0109 ☐	57年，倭の奴国王が使者を送って印綬を受け，107年には倭の国王☐ らが生口160人を献じたという。 (新潟大)	帥升
☑ 0110 ☐	後漢の安帝に倭国王帥升が献上した奴隷は☐ とよばれた。 (センター)	生口
☑ 0111 ☐	2世紀に内乱があり，邪馬台国を中心とする29国ばかりの小国の連合ができた。邪馬台国では王，大人，下戸などの身分があったことが☐ から確認される。 (愛知大)	「魏志」倭人伝
☑ 0112 ☐	「魏志」倭人伝は，後漢ののちに魏・呉・蜀が並び立つ三国時代を記した『☐ 』の一部である。 (慶應義塾大)	三国志
☑ 0113 ☐	倭について記録されたものは3世紀後半に西晋の☐ によって撰録された『三国志』の『魏書』の東夷伝倭人の条で，史料的価値は高い。 (同志社大)	陳寿

☑ 0114	『三国志』の◯◯◯，すなわち「魏志」倭人伝によると，倭国では大きな争乱があったが，邪馬台国の女王卑弥呼(ひみこ)をたてたところ，争乱が収まったという。（同志社大）	『魏書(ぎしょ)』の東夷伝倭(とういでん)人の条
☑ 0115	「魏志」倭人伝によれば，倭国では男性の王が続いて70～80年間も争乱がつづいていたが，諸国が共同で女王◯◯◯をたてると，その争乱が収まったという。（千葉大）	卑弥呼(ひみこ)
☑ 0116	卑弥呼を共立した29国ばかりの諸国連合を◯◯◯という。（立教大）	邪馬台国(やまたいこく)(やまと)
☑ 0117	邪馬台国の所在地がどこだったのかは，◯◯◯と，九州説とがあり，現在もまだ結論がでていない。（上智大）	近畿説（大和説(やまと)）
☑ 0118	卑弥呼は◯◯◯という呪術を使ったとされている。（同志社大）	鬼道(きどう)
☑ 0119	卑弥呼が遣使した中国の王朝は三国時代の◯◯◯である。（オリジナル）	魏(ぎ)
☑ 0120	「魏志」倭人伝に「景初二（三）年六月，倭の女王，大夫難(たいふな)升米(しめら)等を遣し郡に詣(いた)り，天子に詣りて朝献せんことを求む」とある。この「郡」とは，◯◯◯のことである。（関西大）	帯方郡(たいほうぐん)
☑ 0121	卑弥呼は，東アジアの大国中国から承認を得るため，239年，中国に使いを送り，◯◯◯の称号と金印や多数の銅鏡をおくられた。（学習院大）	親魏倭王(しんぎわおう)
☑ 0122	「魏志」倭人伝によれば，247年，邪馬台国は◯◯◯と争った。（慶應義塾大）	狗奴国(くなこく)

☑ 0123	邪馬台国では，支配階級と思われる◻︎◻︎◻︎，庶民と思われる<u>下戸</u>など，身分差が存在した。 （同志社大）	^{たいじん}大人
☑ 0124	邪馬台国では，租税や刑罰の制度がある程度整備され，諸国では◻︎◻︎◻︎が開かれていた。 （上智大）	^{いち}市
☑ 0125	卑弥呼の死後に起こった国内の争乱は，卑弥呼の宗女（同族の女性）である◻︎◻︎◻︎が王となることで収束した。 （早稲田大）	^{い よ}壱与（^{と よ}台与）
☑ 0126	三国時代のあとに中国を統一した◻︎◻︎◻︎は，266年に都の洛陽で，倭の女王からの使者を迎えた。この女王は，<u>壱与</u>といわれている。 （立教大）	^{しん}晋（西晋）

THEME

古墳時代とヤマト政権

見出し番号 0127—0193

出題頻度 ♛

☑ 0127	3世紀の中頃から後半，西日本を中心に弥生時代後期の墳丘墓よりもさらに大規模な墓である◻︎◻︎◻︎が出現した。 （関西学院大）	古墳
☑ 0128	初期の大規模な古墳は現在の奈良県に集中しており，この政治連合は奈良県を中心とする近畿地方の勢力によって形成されていた。この政治連合を◻︎◻︎◻︎という。 （愛知大）	ヤマト政権
☑ 0129	奈良県桜井市の<u>三輪山</u>西麓で，掘立柱建物群跡などが見つかった◻︎◻︎◻︎は，付近に卑弥呼の墓という説がある<u>箸墓古墳</u>があることから，邪馬台国との関連が指摘された。（関西大）	^{まきむく いせき}纒向遺跡
☑ 0130	中国では，三国時代を含めて諸国が興亡する◻︎◻︎◻︎を迎えたが，4世紀はじめの北方民族の侵攻もあって，各国の支配がいずれも長くは続かなかった。 （上智大）	魏晋南北朝時代

☑ 0131	4世紀後半, 丸都を都とする朝鮮北部の[　　　]が, 朝鮮南部へと南下してきた。ヤマト政権は鉄資源を守るため, これと戦った。 (同志社大)	高句麗
☑ 0132	4世紀の初めに中国が南北分裂状態になると, 朝鮮半島北部では, 高句麗が313年に[　　　]を滅ぼして領土を拡大した。 (立教大)	楽浪郡
☑ 0133	4世紀当時の朝鮮半島は, 中国東北部からおこった高句麗, 馬韓からは[　　　], そして辰韓からは新羅がおこり, それぞれ国家を形成していた。 (駒澤大)	百済
☑ 0134	ヤマト政権は, 朝鮮半島南部の[　　　]と早くから密接に交流した。 (慶應義塾大)	加耶 (加羅) 諸国
☑ 0135	4世紀中頃, 朝鮮半島南側の弁韓は加耶 (加羅) 諸国と呼ばれた小国連合体が続いており, これは『日本書紀』にみえる[　　　]に該当するものと考えられる。 (上智大)	任那
☑ 0136	ヤマト政権が加耶 (加羅) 諸国と交流したのは朝鮮南部でとれる[　　　]資源を確保するためだった。 (センター)	鉄
☑ 0137	ヤマト政権が高句麗と戦った様子は, 高句麗王の長寿王が建てた[　　　]の碑文に記されている。 (北海道大)	広開土王(好太王)碑
☑ 0138	古墳時代中期頃, 倭の五王が朝鮮半島の外交・軍事上の立場を有利にするために, [　　　]・斉・梁など中国南朝に遣使した。 (立命館大)	宋
☑ 0139	[　　　]には, 5世紀初めから約1世紀の間に倭の五王が, あいついで宋 (南宋) に朝貢し, 宋から倭王と認められたと記されている。 (國學院大)	『宋書』倭国伝

☑ 0140 ☐	倭の五王のうち[　　　]は，最も古い421年に宋に朝貢した。 (同志社大)	讃
☑ 0141 ☐	『宋書』倭国伝によれば，5世紀初めから約1世紀近くのあいだ，讃・珍・済・[　　　]・武と記された倭の五王があいついで中国の南朝に朝貢している。 (駒澤大)	興
☑ 0142 ☐	倭の五王のうち，最後となる[　　　]は，478年に宋に朝貢するとともに，上表文を献上した。 (東京女子大)	武
☑ 0143 ☐	『日本書紀』の記述から，上表文を宋に送った武とは[　　　]のことだとわかった。 (上智大)	雄略天皇
☑ 0144 ☐	埼玉県[　　　]から出土した鉄剣の金象眼銘文にある「獲加多支鹵大王」は，雄略天皇をさすものと考えられている。 (関西大)	稲荷山古墳
☑ 0145 ☐	熊本県玉名郡和水町にある古墳時代後期の前方後円墳，[　　　]からは，雄略天皇と思われる獲加多支鹵大王の文字を刻んだ鉄刀が出土している。 (西南学院大)	江田船山古墳
☑ 0146 ☐	3世紀中頃〜4世紀後半の古墳時代前期には，円墳と方墳が多くつくられたが，大規模なものはいずれも[　　　]だった。 (センター)	前方後円墳
☑ 0147 ☐	古墳時代前期の古墳は，長い木棺を納める埋葬施設[　　　]をもっており，また銅鏡などの呪術的・宗教的な副葬品が出土している。 (青山学院大)	竪穴式石室
☑ 0148 ☐	出現期の古墳のうち，最大規模の前方後円墳として知られるのは，奈良県の[　　　]である。 (桜美林大)	箸墓古墳

□ 0149 ✐	副葬品の一種である ___ は、「景初三年」などの紀年銘をもつものがあり、近畿地方を中心に全国に分布している。 (京都府立大)	三角縁神獣鏡
□ 0150 ✐	古墳の上には、___ が並べられた。 (京都大)	埴輪
□ 0151 ✐	埴輪に関して、古墳時代前期に最も早く登場するのは ___ である。 (同志社大)	円筒埴輪
□ 0152 ✐	古墳時代前期から家形埴輪や器財埴輪が登場し、後期になると人物や動物などをかたどった埴輪が出現するが、これらを総称して ___ という。 (オリジナル)	形象埴輪
□ 0153 ✐	中期古墳の副葬品は、鏡や玉などの呪術的なものは少なくなり、武具、___、金銅製装身具など、実用的なものや権力を象徴するものが主となった。 (東海大)	馬具
□ 0154 ✐	大阪府堺市にある ___ は、全長486mの大型前方後円墳で、三重にめぐる周濠を含めた全長は約840mに達し、日本一の規模を有している。 (関西大)	大仙陵古墳（仁徳天皇陵古墳）
□ 0155 ✐	最大の古墳は仁徳天皇の墓所とされる大仙陵古墳であり、それに次ぐものが応神天皇の墓所とされる ___ である。 (中央大)	誉田御廟山古墳（応神天皇陵古墳）
□ 0156 ✐	3世紀後半には、近畿地方の中央部に巨大な前方後円墳が築造されているが、吉備地方でも全国第4位の規模をもつ ___ が築造された。 (関西大)	造山古墳
□ 0157 ✐	5世紀前半、巨大な前方後円墳は、畿内だけでなく、東国でも築造されていた。___ には、東日本最大の古墳である太田天神山古墳がある。 (南山大)	上毛野

☑ 0158 ⌂	古墳時代後期には奈良県の新沢千塚や和歌山県の岩橋千塚（にいざわせんづか）（いわせ）のように，小型の古墳が密集した状況が見られるようになり，これらを◯◯◯◯と呼ぶ。　　　　　　（学習院大）	群集墳
☑ 0159 ⌂	6世紀から7世紀の古墳時代後期になると，墳丘の内部構造に変化が現れ，玄室（げんしつ）と羨道（せんどう）から構成される◯◯◯◯が一般化した。　　　　　　　　　　　　　　　　（東海大）	横穴式石室
☑ 0160 ⌂	横穴式石室で遺体や遺物を収めたいちばん奥の部屋を◯◯◯◯という。　　　　　　　　　　　　（オリジナル）	玄室（げんしつ）
☑ 0161 ⌂	古墳時代後期の横穴式石室の古墳では，玄室と墳丘外部とを結ぶ通路である◯◯◯◯が設けられ，追葬が可能になり家族・血族の墳墓の意味を強めている。　　（立教大）	羨道（せんどう）
☑ 0162 ⌂	九州・福島・茨城には，古墳時代後期のものとして，墓室に壁画をもつ◯◯◯◯が偏在する。　　　（上智大）	装飾古墳
☑ 0163 ⌂	被葬者の勢力の大きさを示す大量の石人・石馬が発見された◯◯◯◯は，528年に物部麁鹿火（もののべのあらかひ）に滅ぼされた筑紫国造（つくしのくにの）磐井の墓だと考えられている。　　（早稲田大）（みやつこいわい）	岩戸山古墳（いわとやま）
☑ 0164 ⌂	奈良県天理市の石上神宮（いそのかみ）の◯◯◯◯の銘文には，これが4世紀後半に百済から倭に与えられたとみられる記載がある。　　　　　　　　　　　　　　　　　　（愛知教育大）	七支刀（しちしとう）
☑ 0165 ⌂	高句麗との戦乱を逃れ朝鮮から日本に渡った人々は◯◯◯◯とよばれ，ヤマト政権のもとで部（品部）という（しなべ）技術集団に編成され，日本に大陸文化を伝えた。（センター）（ともべ）	渡来人（とらいじん）
☑ 0166 ⌂	秦氏（はたうじ）は，応神天皇の時代に来朝して養蚕や機織を伝えた◯◯◯◯の子孫と称し，山背国葛野郡（やましろ）（かどの）・紀伊郡を本拠とした。　　　　　　　　　　　　　　　　　（同志社大）	弓月君（ゆづきのきみ）

0167	『日本書紀』や『古事記』には，応神天皇の時代に，東漢氏の祖先となった □□□ や，多数の人夫を率いた人物が天皇のもとに帰順したことが記されている。 （青山学院大）	阿知使主
0168	有力な渡来人だった西文氏の祖先とされる □□□ は，百済から渡来し，日本に『論語』をもたらしたとされている。 （津田塾大）	王仁
0169	『古事記』・『日本書紀』（「記紀」）には，『論語』を伝えた王仁の子孫である □□□ など，渡来人の説話が記されている。 （立教大）	西文氏
0170	西文氏は，応神天皇の時に百済から渡来して『論語』や『 □□□ 』を伝えたという王仁の後裔氏族で，河内国古市を本拠とした。 （同志社大）	千字文
0171	6世紀に渡来した五経博士は，朝鮮半島西部の国で，馬韓諸国を前身とする □□□ からやって来た。 （東京女子大）	百済
0172	6世紀には □□□ が百済から渡来し，儒教，医・易・暦などの学術が伝えられた。 （千葉大）	五経博士
0173	『日本書紀』によれば，日本の仏教は6世紀に，百済の聖明王が， □□□ に仏像と経論を贈ったことに始まる。 （日本女子大）	欽明天皇
0174	百済の □□□ から欽明天皇への仏教公伝の年代については，『上宮聖徳法王帝説』や『元興寺縁起』などの伝える538年説と，『日本書紀』の伝える552年説の二説がある。 （関西大）	聖明王
0175	『 □□□ 』や『元興寺縁起』には，538年のこととして，百済王から仏像と経論がもたらされたと記されている。 （学習院大）	上宮聖徳法王帝説

☑ 0176	仏教の伝来は，公式には百済の聖明王が伝えたとされるが，□□□など渡来人の間ではそれ以前から信仰されていたとみられる。 （専修大）	司馬達等 しばたっと
☑ 0177	大王の系譜を記す『□□□』や，朝廷の伝承や説話を記す『旧辞』は，6世紀頃から編纂されはじめ，8世紀初めに完成する『古事記』『日本書紀』のもととなった。（明治大）	帝紀 ていき
☑ 0178	古墳時代前期から中期の初めまでは，弥生土器に似た性質をもつ赤褐色の□□□が使用された。 （立命館大）	土師器 はじき
☑ 0179	古墳時代中期にあたる5世紀には，硬質・灰色が特徴で，のぼり窯で焼かれる□□□が，朝鮮半島から伝わって現在の大阪府で製作され，使用されるようになった。（立教大）	須恵器 すえき
☑ 0180	古墳時代，支配者である豪族は民衆から離れて周囲に環濠や柵列をめぐらせた居館に住み，民衆は弥生時代と同じ竪穴住居や，□□□に住んだ。 （センター）	平地建物
☑ 0181	榛名山の火山灰で埋もれた群馬県□□□は「日本のポンペイ」とも呼ばれ，当時の農村の姿を鮮やかに甦らせた。 （立命館大）	黒井峯遺跡 くろいみね
☑ 0182	古墳時代の人々は，春になると豊作を祈願して□□□を行った。 （センター）	祈年の祭り としごい
☑ 0183	古墳時代の人々は，秋になると収穫を感謝して□□□を行った。 （センター）	新嘗の祭り にいなめ
☑ 0184	天皇が即位後に初めて行う大規模な新嘗の祭りのことを□□□という。 （オリジナル）	大嘗祭 だいじょうさい

0185	川などの水に入り洗い清めることによって，身の穢（けがれ）など を落とすことを◯◯◯という。　　　　　　　（オリジナル）	禊 みそぎ
0186	祈りの言葉や神具などを用いる神事によって，災厄や罪・ 身の穢などを落とすことを◯◯◯という。　　（オリジナル）	祓 はらえ
0187	鹿などの動物の骨のひび割れの形を見て吉凶を占ったも ので，『日本書紀』ではこのような占いの方法を◯◯◯ と称している。　　　　　　　　　　　　　　（中央大）	太占の法 ふとまに
0188	裁判に際し熱湯に手を入れて手がただれるかどうかで真 偽・正邪の判定をする◯◯◯などの呪術的風習も行わ れていた。　　　　　　　　　　　　　　　　（中央大）	盟神探湯 くかたち
0189	天皇家の祖先神である◯◯◯をまつる伊勢神宮が重視 され，皇族女性である斎王が神に奉仕した。　（南山大）	天照大神 あまてらすおおみかみ
0190	古い神社として，大王家の祖神である天照大神をまつる 伊勢神宮，大国主神（おおくにぬしのかみ）をまつる◯◯◯，大物主神（おおものぬしのかみ）をまつ る大神神社（おおみわ）などが著名である。　　　　　　（立命館大）	出雲大社 いずもたいしゃ
0191	福岡県の◯◯◯には巨石群の祭祀場があり，多くの祭 祀用品の遺物が出土している。日本列島と朝鮮半島を結 ぶ海上交通の安全を祈願したと考えられている。（明治大）	沖ノ島
0192	福岡県の◯◯◯は，玄界灘の沖ノ島を航海守護の神と して祀っている。　　　　　　　　　　　　　（早稲田大）	宗像大社 むなかたたいしゃ
0193	奈良盆地の東南部に位置する三輪山のふもとには ◯◯◯が設けられ，律令国家の時代にも国家的祭祀の 対象となっている。　　　　　　　　　　　（青山学院大）	大神神社 おおみわ

ヤマト政権の発展と飛鳥文化

見出し番号 0194—0262

☑ 0194 ♡	大きな古墳が現在の奈良にあたる盆地に集中していることから，この地の名をとってこの時代の政権を◯◯◯という。 (広島修道大)	ヤマト政権
☑ 0195 ♡	4世紀ごろにはヤマト政権ができた。ヤマト政権は◯◯◯を頂点とする政治組織をしだいに整えていった。 (愛知大)	大王(おおきみ)(だいおう)
☑ 0196 ♡	ヤマト政権は，5世紀から6世紀にかけて◯◯◯とよばれる政治制度をつくり上げていった。 (西南学院大)	氏姓制度(しせい)
☑ 0197 ♡	ヤマト政権下の豪族たちは血縁その他の関係に基づいて◯◯◯という組織に編成されていた。 (オリジナル)	氏(うじ)
☑ 0198 ♡	大王は，家柄や職務に応じて臣(おみ)・連(むらじ)などの身分や地位を表す称号である◯◯◯を氏に与えた。 (立教大)	姓(カバネ)
☑ 0199 ♡	葛城氏(かづらき)・蘇我氏(そが)など大和(やまと)の地名を氏の名にもつ有力豪族の姓は◯◯◯であり，大伴氏(おおとも)・中臣氏(なかとみ)など職能名を氏の名にもつ有力豪族の姓は連(むらじ)であった。 (オリジナル)	臣(おみ)
☑ 0200 ♡	物部氏(もののべ)は古代の有力豪族である。ヤマト政権のなかで◯◯◯の姓を与えられ，軍事・警察や神事・祭祀の方面で活躍した。 (関西大)	連(むらじ)
☑ 0201 ♡	ヤマト政権は，地方豪族を国造(にのみやつこ)や県主(あがたぬし)に任命して地方支配をまかせ，◯◯◯や直(あたい)などの姓を与えた。 (駒澤大)	君(きみ)

☑ 0202 〼	中央や地方の大豪族には臣や連，地方の有力な豪族には君，一般の地方豪族には□□□の姓があたえられた。 （同志社大）	**直** あたい
☑ 0203 〼	島根県の□□□から出土した大刀の銀象眼には，「額田部臣」と解読できる銘文があり，6世紀の地方豪族が臣を名乗っていたことを示す貴重な事例となっている。（関西大）	**岡田山1号墳**
☑ 0204 〼	6世紀初めのヤマト政権の政治的主導権を握っていた□□□は，朝鮮半島南部の加耶（加羅）諸国の支配権を失うと同時に力を失った。 （学習院大）	**大伴氏** おおとも
☑ 0205 〼	大伴氏が衰退したあと，主導権を争った2つの豪族のうち，□□□は，斎蔵・内蔵・大蔵の三蔵を管理して屯倉の経営にも関与し，仏教を崇拝していた。 （上智大）	**蘇我氏** そが
☑ 0206 〼	とくに祭祀は□□□がかかわっており，のちに大化改新を推進した鎌足もその一人である。 （オリジナル）	**中臣氏** なかとみ
☑ 0207 〼	大臣と□□□は，6世紀にヤマト政権の大王の下で政治の中枢を担い，臣や連という姓をもつ豪族からとくに選ばれた最有力者であった。 （オリジナル）	**大連** おおむらじ
☑ 0208 〼	ヤマト政権は，地方豪族を□□□に任じ，地方の支配権を保障する代わりにヤマト政権への奉仕を求めた。 （同志社大）	**国造** くにのみやつこ
☑ 0209 〼	国造は，それぞれの地域の支配権をヤマト政権から保障される一方で，大王に対して子女を□□□や采女として出仕させ奉仕する関係となった。 （学習院大）	**舎人** とねり
☑ 0210 〼	大臣・大連の下におかれた□□□は，伴と，その下部組織である渡来人の専門技術集団，部（品部）を統率した。 （同志社大）	**伴造** とものみやつこ

0211	高級絹織物をつくる部（品部）は□□と呼ばれた。 （オリジナル）	錦織部 にしごりべ
0212	漢字を用いて様々な記録や出納，外交文書などの作成にあたったのは□□と呼ばれる渡来人たちであった。 （千葉大）	史部 ふひとべ
0213	ヤマト政権は交通の要衝や反乱した豪族から接収した地に□□をおいて支配の拠点とし，大王一族の生活を支える直轄民として子代・名代を設置した。（立命館大）	屯倉 みやけ
0214	□□は，大王の直轄地である屯倉を耕作した。 （オリジナル）	田部 たべ
0215	大王家やその一族の直轄民として貢納する部民を名代・□□といった。 （学習院大）	子代 こしろ
0216	有力な豪族が領有した私有地を□□という。（立教大）	田荘 たどころ
0217	有力な豪族が領有した私有民を□□という。 （関西学院大）	部曲 かきべ
0218	畿内地方で，大王やその一族が埋葬されたとされる野口王墓古墳のような□□がつくられるようになったのは，古墳時代終末期のことである。 （東海大）	八角墳 はっかくふん
0219	ヤマト政権が加耶（加羅）諸国への支配権を百済に奪われた責任を問われ，外交を担当していた大連の□□は失脚した。 （立教大）	大伴金村 おおとものかなむら

☑ 0220 ☐	6世紀半ば, 高句麗によって南に押し出された朝鮮半島西部の百済（くだら）と東部の_____は, 加耶（加羅）諸国への支配権を, ヤマト政権から奪った。　　　　　（早稲田大）	新羅（しらぎ）
☑ 0221 ☐	6世紀の半ば頃には, ヤマト政権と友好関係にあった_____諸国が新羅と百済に吸収されたが, 百済との関係は保たれた。　　　　　　　　　　　（立教大）	加耶（かや）（加羅（から））諸国
☑ 0222 ☐	527年, 九州の地方豪族である筑紫国造（つくしのくにのみやつこ）_____は, 新羅と連携してヤマト政権に抵抗し, 反乱を起こしたが, 物部麁鹿火（あらかひ）によって鎮圧された。　　　（北海道大）	磐井（いわい）
☑ 0223 ☐	大陸より伝来した仏教は, 政治体制にも関わる形で受容された。その受容をめぐって, 6世紀後半, 推進派の蘇我稲目（いなめ）と排仏派の_____がはげしく対立した。　（南山大）	物部尾輿（おこし）
☑ 0224 ☐	仏教の受け入れをめぐっては, 倭国内に政争が巻き起こり, 受け入れ反対派の物部氏に勝利した_____が台頭することになった。　　　　　　　　　（大阪学院大）	蘇我氏
☑ 0225 ☐	推古天皇の時期には, 憲法十七条が定められ, 豪族たちに国家の官僚としての自覚を促すとともに, _____を新しい政治理念としてとり入れた。　　　（法政大）	仏教
☑ 0226 ☐	585年に疫病が流行したとき, 廃仏派の_____らは疫病流行の原因として仏教崇拝を挙げ, 寺院・仏像を破壊した。　　　　　　　　　　　　　　　（学習院大）	物部守屋（もりや）
☑ 0227 ☐	587年, 大臣の_____が, 大連の物部守屋を滅ぼした。　　　　　　　　　　　　　　　　　　（中央大）	蘇我馬子（うまこ）
☑ 0228 ☐	592年, 蘇我馬子は_____を暗殺し, 政治的主導権を握った。　　　　　　　　　　　　　　（青山学院大）	崇峻天皇（すしゅん）

☑ 0229 ☐	崇峻天皇の死後，女帝◯◯◯が即位し，翌年その甥である厩戸王（聖徳太子）が，蘇我馬子の協力のもとに政治をとることになった。 （跡見学園女子大）	推古天皇
☑ 0230 ☐	蘇我馬子は，推古天皇の甥の◯◯◯とともに国家の中央集権化を進めた。この二人は，『旧辞』『帝紀』をもとに歴史書（『天皇記』『国記』）を編纂したといわれる。 （オリジナル）	厩戸王（聖徳太子）
☑ 0231 ☐	603年，蘇我馬子と厩戸王は，氏族ではなく個人を単位として冠位を与える◯◯◯の制を定めた。 （南山大）	冠位十二階
☑ 0232 ☐	冠位十二階は，上位から順に徳・仁・礼・信・義・智の6種類を大小に分けたものであり，その最上位は◯◯◯である。 （立教大）	大徳
☑ 0233 ☐	604年，蘇我馬子や厩戸王は◯◯◯を制定し，「詔を承りては必ず謹め」と国家官僚としての自覚を豪族たちに求め，また蘇我氏が崇拝した仏教の尊重を求めた。 （筑波大）	憲法十七条
☑ 0234 ☐	厩戸王が定めたとされる憲法十七条に「二に曰く，篤く◯◯◯を敬へ」とあるように，政治を行うにあたっても仏教の考え方が取り入れられた。 （中央大）	三宝
☑ 0235 ☐	中国では，6世紀末に◯◯◯がおこって，後漢末以後，数百年も分裂していた中国を589年に統一して国勢をふるった。 （跡見学園女子大）	隋
☑ 0236 ☐	蘇我馬子と厩戸王は，600年，倭の五王以来途絶えていた中国への使節の派遣を再開した。この時に派遣された使節を◯◯◯という。 （京都大）	遣隋使
☑ 0237 ☐	中国の歴史書◯◯◯によれば，遣隋使の持参した国書は，隋の皇帝の不興を買ったとされている。 （明治大）	『隋書』倭国伝

☑ 0238 ☐	遣隋使が国書を持参したときの隋の皇帝は [___] である。 （慶應義塾大）	ようだい 煬帝
☑ 0239 📖	『隋書』倭国伝によれば，倭の王が隋の煬帝のひんしゅくを買ったのは，倭の王が国書において自らを「日出づる処の [___]」と呼んだからである。 （首都大）	天子
☑ 0240 ☐	607年，[___] は遣隋使として派遣されたが，国書の文面が原因で煬帝の怒りを買った。 （慶應義塾大）	お ののいも こ 小野妹子
☑ 0241 ☐	厩戸王は対外的には，隋に使節を派遣した。隋からは [___] らの答礼使が渡来し，国交が開かれた。 （東洋大）	はいせいせい 裴世清
☑ 0242 ☐	推古天皇の時代には遣隋使が派遣され，これに随行した留学僧の [___] や旻は，のちに中大兄皇子，中臣鎌足や蘇我入鹿らに大陸の知識を伝えた。 （立命館大）	みなぶちのしょうあん 南淵請安
☑ 0243 ☐	618年に隋を滅ぼして唐が建国すると，ヤマト政権は，舒明天皇治世下の630年に初代遣唐使として [___] を派遣した。 （青山学院大）	いぬかみの み た すき 犬上御田鍬
☑ 0244 📖	遣唐使は，最盛期には大使以下留学生まで含めると4隻500人にも及ぶ規模となった。この様子から，遣唐使船は [___] と呼ばれることもあった。 （同志社大）	よつのふね
☑ 0245 ☐	法隆寺は厩戸王創建と言われ，[___] を代表する建造物である。 （学習院大）	あすか 飛鳥文化
☑ 0246 ☐	蘇我氏の創建といわれる [___] は，屋根に瓦がふかれ，柱が礎石で支えられていて，1塔3金堂の伽藍構造をもっており，飛鳥時代の代表的伽藍建築である。 （中央大）	あすかでら ほうこうじ 飛鳥寺（法興寺）

	問題	解答
☑ 0247 ☐	飛鳥文化の代表的建築のひとつで，大阪にある____は厩戸王の創建といわれる。 （國學院大）	四天王寺 （してんのうじ）
☑ 0248 ☐	法隆寺については，『日本書紀』に670年に焼失したとする記事があり，議論があったが，____の発掘により，再建説が有力となった。 （早稲田大）	若草伽藍跡 （わかくさがらんあと）
☑ 0249 ☐	法隆寺金堂釈迦三尊像は，渡来人の子孫である仏師____によりつくられたとされる，北魏様式の代表的なものである。 （畿央大）	鞍作鳥 （くらつくりのとり） （止利仏師）（とりぶっし）
☑ 0250 ☐	仏像では，厩戸王の死後，623年に鞍作鳥が制作したとされる北魏様式の法隆寺金堂____などが有名である。 （明治大）	釈迦三尊像 （しゃかさんぞんぞう）
☑ 0251 ☐	法隆寺金堂釈迦三尊像は，法隆寺百済観音像が南朝（南梁）様式といわれるのに対し，____といわれる。 （同志社大）	北魏様式
☑ 0252 ☐	法隆寺に隣接する尼寺である____には，国宝の半跏思惟像や天寿国繡帳が所蔵されている。 （明治大）	中宮寺 （ちゅうぐうじ）
☑ 0253 ☐	中宮寺の____は厩戸王の妃が，厩戸王の死後に厩戸王をしのんでつくらせた刺繡である。 （オリジナル）	天寿国繡帳 （てんじゅこくしゅうちょう）
☑ 0254 ☐	____には半跏思惟像が2体あり，ともに国宝に指定されている。そのうち1体は新羅が献上した仏像であるとみる説がある。 （同志社大）	広隆寺 （こうりゅうじ）
☑ 0255 ☐	礎石や瓦葺きによる塔や金堂，回廊などの建物をそなえた寺院建築の配置を____という。 （青山学院大）	伽藍配置 （がらん）

☑ 0256 ⌂	伽藍配置のうち最古の ☐ とよばれるものは，塔を中心に3つの金堂が囲むように配されたものである。 （オリジナル）	飛鳥寺式
☑ 0257 ⌂	推古天皇の没後に即位した舒明天皇の発願によって，639年に国家の大寺院としての ☐ の建設が始まった。 （学習院大）	百済大寺_{（くだらおおでら）}
☑ 0258 ⌂	厩戸王は，☐・勝鬘経・維摩経の三経の注釈書『三経義疏』を書いたと言われる。 （京都大）	法華経_{（ほけきょう）}
☑ 0259 ⌂	僧 ☐ は595年に来朝し，厩戸王の仏教の師となった。 （慶應義塾大）	恵慈_{（えじ）}
☑ 0260 ⌂	飛鳥文化を代表する工芸品 ☐ には，「捨身飼虎図」などの須弥座絵が描かれている。 （センター）	玉虫厨子_{（たまむしのずし）}
☑ 0261 ⌂	7世紀に百済から来た僧の ☐ は，日本に暦法を伝えた。 （早稲田大）	観勒_{（かんろく）}
☑ 0262 ⌂	絵の具・紙・墨の製法は，高句麗の僧 ☐ によって伝えられたとされている。 （神奈川大）	曇徴_{（どんちょう）}

THEME

律令国家確立への道

見出し番号 0263—0310

出題頻度 ♛

☑ 0263 ⌂	中国では推古天皇の在世中の618年に隋が滅んで，☐ がおこった。 （オリジナル）	唐

☑ 0264 ☐	蘇我入鹿は，643年に厩戸王の子である［　　　　］を襲撃し，自殺に追いやった。　　　　　　　　　　（駒澤大）	山背大兄王
☑ 0265 ☐	王族中心の中央集権政治を目指す中大兄皇子は，中臣鎌足らの協力を得て，645年に蘇我蝦夷・［　　　　］を滅ぼした。　　　　　　　　　　　　　　　　　　（愛知大）	蘇我入鹿
☑ 0266 ☐	645年，反蘇我氏の急先鋒である中大兄皇子と中臣鎌足らは，蝦夷・入鹿の父子を攻め滅ぼした。これを［　　　　］という。　　　　　　　　　　　　　　　　　　（中央大）	乙巳の変
☑ 0267 ☐	645年，舒明天皇と皇極天皇の子である［　　　　］は，蘇我蝦夷・入鹿父子を滅ぼした。　　　　　　　（近畿大）	中大兄皇子
☑ 0268 ☐	乙巳の変で中大兄皇子に協力した［　　　　］は，内臣となり，臨終の際には最高冠位の「大織冠」と藤原の姓を賜わった。　　　　　　　　　　　　　　　　　　（早稲田大）	中臣鎌足
☑ 0269 ☐	蘇我氏が滅んだのち，中大兄皇子の母であった［　　　　］が譲位した。　　　　　　　　　　　　　　　（駒澤大）	皇極天皇
☑ 0270 ☐	乙巳の変の2日後，皇極天皇は史上初の譲位を行い，中大兄皇子の後押しを受けて，［　　　　］が即位した。　　　　　　　　　　　　　　　　　　　　　（同志社大）	孝徳天皇
☑ 0271 ☐	新政府は，孝徳天皇，それを補佐する皇太子が中大兄皇子，左大臣に阿倍内麻呂，右大臣に蘇我倉山田石川麻呂，［　　　　］に中臣鎌足らによって構成された。　（駒澤大）	内臣
☑ 0272 ☐	中大兄皇子に協力して乙巳の変を成功させた［　　　　］は，右大臣に就いた。　　　　　　　　　　　　（近畿大）	蘇我倉山田石川麻呂

| ☑ 0273 | 高向玄理(たかむこのげんり)は，大化改新(たいかのかいしん)の際には，旻(みん)とともに____に任じられている。 (中央大) | 国博士(くにのはかせ) |

| ☑ 0274 | 遣隋使に同行して留学した旻と____は，乙巳の変後，国博士に就任した。 (津田塾大) | 高向玄理(たかむこのげんり) |

| ☑ 0275 | 孝徳天皇の治世下で，中大兄皇子が主導し，蘇我氏系の蘇我倉山田石川麻呂を滅ぼすなどして進められた中央集権化のための改革を____という。 (近畿大) | 大化改新(たいかのかいしん) |

| ☑ 0276 | 645年，乙巳の変後に孝徳天皇は，飛鳥から難波長柄豊碕宮(なにわながらとよさきのみや)へと遷都し，646年には，公地公民制に移行することなどを記した____を発した。 (学習院大) | 改新の詔(かいしんのみことのり) |

| ☑ 0277 | 改新の詔の第2条には，「初めて京師(みさと)を修め，…」とある。「京師」とは，____に建設された宮都のことを指す。 (関西大) | 難波長柄豊碕宮(なにわながらとよさきのみや) |

| ☑ 0278 | ____は，すべての人を子代（公有民），すべての土地を公のものとする制度である。これによって朝廷は豪族たちから田荘（私有地）と部曲（私有民）を奪った。 (立命館大) | 公地公民制 |

| ☑ 0279 | 「改新の詔」は，豪族の私地私民を廃止して公地公民とし，大夫以上の豪族には____を支給するといった，天皇中心の中央集権的な国家体制の樹立が意図された。 (東洋大) | 食封(じきふ) |

| ☑ 0280 | 654年，孝徳天皇が没し，元の皇極天皇が____として重祚(ちょうそ)した。 (慶應義塾大) | 斉明天皇(さいめい) |

| ☑ 0281 | 654年に孝徳天皇が崩御すると，譲位した皇極天皇が再び即位し斉明天皇となった。一旦退位した天皇が，再び天皇に即位することを____という。 (駒澤大) | 重祚(ちょうそ) |

☑ 0282 ⏳	女帝である皇極天皇が重祚した斉明天皇の時代には，□□□を遣わし，秋田地方など北方の蝦夷と関係を結んだ。　　　　　　　　　　　　　（津田塾大）	あべのひらふ 阿倍比羅夫
☑ 0283 ⏳	朝鮮半島では，唐と新羅が連合して，660年に百済を，668年に□□□を滅ぼした。　　　　　　（関西学院大）	高句麗
☑ 0284 ⏳	663年，中大兄皇子は百済救援のため，大軍を派遣した。この戦いを□□□という。　　　　　（オリジナル）	はくそんこう 白村江の戦い はくすきのえ
☑ 0285 ⏳	白村江の戦いで，日本軍は□□□と新羅の連合軍に大敗を喫した。　　　　　　　　　　　　（センター）	唐
☑ 0286 ⏳	斉明天皇が亡くなると，中大兄皇子は即位して天皇になる前に政治を執り行った。この政治の執り方を□□□と呼ぶ。　　　　　　　　　　　　　（立教大）	しょうせい 称制
☑ 0287 ⏳	白村江の戦いで大敗した中大兄皇子は，大宰府の南の基肆城，対馬の金田城など，山全体に土塁や石塁をめぐらす□□□を築いた。　　　　　　　　（立教大）	古代山城（朝鮮式山城）
☑ 0288 ⏳	唐・新羅による侵攻の脅威にさらされた倭国は対馬の□□□をはじめ，大宰府周辺や瀬戸内海沿岸各地に防御施設としての古代山城（朝鮮式山城）を築いた。（同志社大）	かねだ 金田城
☑ 0289 ⏳	大宰府政庁北方の四王寺山上には，古代山城の□□□が築かれている。これは白村江の戦いによる大敗後，国際的緊張の中で築造された防御的施設である。　（関西大）	おおの 大野城
☑ 0290 ⏳	白村江の戦い後，ヤマト政権は，百済から渡来した人々の指導を受けて，大宰府の北西に約1kmの土塁と堀からなる□□□を築くなどして備えた。　　（南山大）	みずき 水城

□ 0291 ♡	北部九州の沿岸防備を目的に主として東国の農民から徴兵した防人を配置し、さらに緊急時の通信手段としての　　　　を整備した。　　　　　　　　　　（同志社大）	狼煙（烽） のろし　とぶひ
□ 0292 ♡	667年、中大兄皇子は　　　　に遷都した。　　（関西学院大）	近江大津宮 おうみおおつのみや
□ 0293 ♡	668年、中大兄皇子は称制をやめて　　　　として即位した。　　　　　　　　　　　　　　　　　　　　　　（上智大）	天智天皇 てんじ
□ 0294 ♡	670年の天智天皇の時に、初の戸籍である　　　　がつくられた。　　　　　　　　　　　　　　　　　（西南学院大）	庚午年籍 こうごねんじゃく
□ 0295 ♡	天智天皇の子で、日本初の漢詩をつくったといわれる　　　　は、天智天皇の死後に皇位継承をめぐって争い、敗北した。　　　　　　　　　　　　　　　　　　（早稲田大）	大友皇子 おおとものみこ
□ 0296 ♡	天智天皇が亡くなると、二人の皇族が皇位をめぐって争いを起こした。一人は天皇の子であった大友皇子、もう一人は天皇の弟の　　　　である。　　　　　（青山学院大）	大海人皇子 おおあまのみこ
□ 0297 ♡	672年に起きた、大友皇子と大海人皇子との皇位をめぐる戦いを　　　　という。　　　　　　　　　　（千葉大）	壬申の乱 じんしん
□ 0298 ♡	大海人皇子は　　　　で挙兵し、東国の兵力動員に成功した。　　　　　　　　　　　　　　　　　　　（同志社大）	吉野
□ 0299 ♡	大海人皇子は、壬申の乱に勝利した翌年の673年、飛鳥に都を戻し、　　　　として即位した。　　　　（同志社大）	天武天皇 てんむ

☑ 0300 ☐	673年に天武天皇が即位した場所は◻️である。 （学習院大）	あすかきよみはらのみや 飛鳥浄御原宮
☑ 0301 ☐	天智天皇の没後，皇位継承をめぐる戦いに勝利した大海人皇子は天武天皇となり，大臣を置かずに◻️を行った。 （慶應義塾大）	皇親政治
☑ 0302 ☐	684年，天武天皇は飛鳥浄御原宮で◻️を制定し，豪族たちの身分を編成した。 （東京経済大）	やくさのかばね 八色の姓
☑ 0303 ☐	天武天皇は，684年には◻️・朝臣・宿禰・忌寸・道師・臣・連・稲置の八つの姓を定め，天皇を中心に豪族たちの身分秩序を編成した。 （同志社大）	まひと 真人
☑ 0304 ☐	686年に天武天皇が没すると，皇后が天武天皇の政策を引き継いで称制を行い，689年に◻️を施行した。 （日本大）	あすかきよみはらりょう 飛鳥浄御原令
☑ 0305 ☐	日本最初の貨幣は長く和同開珎と言われていたが，近年，天武朝のころのものとされる◻️が出土している。 （聖心女子大）	ふほんせん 富本銭
☑ 0306 ☐	奈良県◻️からは富本銭のほか「天皇」の墨書をもつ木簡が出土し，「天皇」号が記された最古の資料として注目されている。 （同志社大）	あすかいけいせき 飛鳥池遺跡
☑ 0307 ☐	690年，天武天皇の皇后は◻️として即位した。 （関西大）	じとう 持統天皇
☑ 0308 ☐	持統天皇は，天武天皇の後を受けて，689年に飛鳥浄御原令を施行し，その年から翌690年にかけて，全国的な戸籍である◻️を作成して民衆の把握につとめた。（立教大）	こういんねんじゃく 庚寅年籍

0309 持統天皇は天武天皇の政策を引き継ぎ，694年には□□□に遷都した。 (名城大) ／ 藤原京

0310 藤原京は，土地が碁盤の目状に区画される□□□をしき，天皇の住まいや役所を中心とする宮城と，官人や民衆の居住区となった京によって構成されていた。(中央大) ／ 条坊制 (じょうぼうせい)

THEME
律令国家の確立

出題頻度 👑

見出し番号 0311—0399

0311 701年，文武(もんむ)天皇の治世下で，□□□が完成した。これによって律令制度という政治の仕組みが整い，日本は律令国家となった。 (首都大) ／ 大宝律令 (たいほうりつりょう)

0312 律は今日の法律の名称でいえば□□□にあたるもので，令は行政組織・官吏の勤務規定や人民の租税・労役などについて規定している。 (同志社大) ／ 刑法

0313 天武天皇の皇子である□□□は，大宝律令を編纂する際の総裁を務めた。 (法政大) ／ 刑部親王 (おさかべ)

0314 奈良時代に入ると，藤原氏の政界進出が顕著になる。中臣鎌足の子の□□□が律令制度の確立に尽力し，娘たちを文武天皇と，その皇太子に嫁がせた。 (学習院大) ／ 藤原不比等 (ふじわらのふひと)

0315 藤原不比等は娘宮子を□□□に嫁がせ，宮子は皇太子を生んだため，藤原氏が外戚となる端緒をつくった。 (駒澤大) ／ 文武天皇 (もんむ)

0316 奈良時代の初期には，律令体制の確立に尽力した藤原不比等が権力を握った。不比等は，大宝律令を改訂した□□□の撰定も主導し，これは718年に完成した。 (九州産業大) ／ 養老律令 (ようろうりつりょう)

☑ 0317 ☼	757年には[　　　]が養老律令を施行し，これがその後の公家法の基本となった。　　　　　　　　　　（同志社女子大）	藤原仲麻呂 なか ま ろ
☑ 0318 ☼	律令体制下での中央の組織として，太政官と神祇官の[　　　]と，太政官のもとで政務を分担する八省の役所がおかれた。　　　　　　　　　　（オリジナル） だいじょうかん　　じん ぎ かん	二官
☑ 0319 ☼	中央の行政組織には，神々の祭祀をつかさどる[　　　]と政治を管轄する太政官の二官が置かれた。　（同志社大）	神祇官 じん ぎ かん
☑ 0320 ☼	大宝律令の「令」により，行政全般を管轄する最高機関として[　　　]がおかれた。　　　　　　　　（京都大）	太政官 だいじょうかん
☑ 0321 ☼	太政官のうち，最高の官職は[　　　]であるが，常任ではない。　　　　　　　　　　　　　　　　　　（京都大）	太政大臣
☑ 0322 ☼	太政大臣が置かれない場合，[　　　]が政府の最高官職であった。　　　　　　　　　　　　　　　（オリジナル）	左大臣
☑ 0323 ☼	通常の最高官職である左大臣に次ぐ官職は，[　　　]である。　　　　　　　　　　　　　　　　　（オリジナル）	右大臣
☑ 0324 ☼	大臣に次ぐ官職は[　　　]である。　　　（オリジナル）	大納言 だい な ごん
☑ 0325 ☼	大納言に次ぐ官職は[　　　]であったが，705年以降は中納言に次ぐ官職となった。　　　　　　　（オリジナル）	少納言 しょう な ごん

☑ 0326	太政大臣・左右大臣・内大臣を公，大納言・中納言・参議・三位以上の者を卿といい，総称して〔　　　〕といった。 （オリジナル）	公卿
☑ 0327	太政官事務局およびその職員を〔　　　〕という。 （オリジナル）	弁官
☑ 0328	〔　　　〕は，中務省，式部省，治部省，民部省を統括した。 （オリジナル）	左弁官
☑ 0329	〔　　　〕は，兵部省，刑部省，大蔵省，宮内省を統括した。 （オリジナル）	右弁官
☑ 0330	大宝律令の「令」により，太政官の下におかれた〔　　　〕は，太政官たちの決めた政策に従って政務を実行した。このうち大蔵省は調の保管を行った。 （センター）	八省
☑ 0331	八省のうち〔　　　〕は，戸籍や租庸調に関する全国の民政を担当した。 （北海道大）	民部省
☑ 0332	八省のうち〔　　　〕は，詔書の作成や侍従の職務を行った。 （オリジナル）	中務省
☑ 0333	八省のうち〔　　　〕は，文官の人事などを行った。 （オリジナル）	式部省
☑ 0334	八省のうち〔　　　〕は，仏事や外交の事務をつかさどった。 （オリジナル）	治部省

☑ 0335 ☐	八省のうち◯◯◯は，裁判や刑罰などの業務を担当した。 (名城大)	ぎょうぶ 刑部省
☑ 0336 ☐	太政官配下の八省に◯◯◯が設置され，軍事や武官の人事を 掌 った。 (京都産業大)	ひょうぶ 兵部省
☑ 0337 ☐	八省のうち◯◯◯は，諸国から納める調・庸の出納，度量衡・市場価格の決定などを行った。 (オリジナル)	おおくら 大蔵省
☑ 0338 ☐	八省のうち◯◯◯は，宮中の事務をつかさどった。 (オリジナル)	くない 宮内省
☑ 0339 ☐	律令制のもと，中央と地方の行政組織が整えられ，中央には神祇官と太政官の二官と，役人の監察や風俗の取り締まりを担当した◯◯◯などがおかれた。 (成蹊大)	だんじょうだい 弾正台
☑ 0340 ☐	大宝律令の「令」により，中央行政組織として，衛門府・左右衛士府・左右兵衛府からなる◯◯◯が設置され，宮城などの警備にあたった。 (センター)	ごえふ 五衛府
☑ 0341 ☐	京には左右京職，難波には◯◯◯，九州北部には西海道を管轄する大宰府などが置かれた。 (同志社大)	せっつしき 摂津職
☑ 0342 ☐	大宝律令の「令」によって，軍事上の重要地域である九州北部に特殊行政官の◯◯◯が設置された。 (早稲田大)	だざいふ 大宰府
☑ 0343 ☐	大宰府は，七道のうち九州とその周辺にあたる西海道の諸国の統括と，外国使節の接待を担って，「◯◯◯」とよばれた。 (立教大)	とお　みかど 遠の朝廷

☑ 0344 ▱	大宝律令の「令」によって，行政区分として，都を含む地域は畿内，地方は ___ に分けられた。 （青山学院大）	七道
☑ 0345 ▱	大宝律令では，大和・山背（山城）・摂津・河内・和泉の5か国は， ___ と分けられた。 （オリジナル）	畿内
☑ 0346 ▱	近江・美濃・飛騨・信濃・上野・武蔵・下野の7か国を含んだ ___ は，のちに陸奥・出羽が加わって武蔵がのぞかれ，七道のうちで距離が最も長い道となった。 （東京女子大）	東山道
☑ 0347 ▱	七道のうち東山道の南に位置し，相模・上総・下総・常陸を含むのは ___ である。 （関西学院大）	東海道
☑ 0348 ▱	七道のうち東山道の北に位置し，若狭・加賀・能登・佐渡などを含むのは ___ である。 （オリジナル）	北陸道
☑ 0349 ▱	七道のうち畿内の西に位置し，丹波・因幡・隠岐・石見などを含むのは ___ である。 （オリジナル）	山陰道
☑ 0350 ▱	七道のうち畿内の西に位置し，播磨・安芸・周防・長門などを含むのは ___ である。 （オリジナル）	山陽道
☑ 0351 ▱	七道のうち現在の四国地方にあった4か国と淡路・紀伊にあたるのは ___ である。 （オリジナル）	南海道
☑ 0352 ▱	律令制下では，地方諸国が七道の交通路で都と結ばれた。正確には，六道が都から放射状に ___ 以外の諸国をつないでいたのである。 （学習院大）	西海道

☑ 0353 ⌂	七道の中で，都から東や北に向かう三道には，愛発関，鈴鹿関，不破関が置かれ，□□□と言われた。 (学習院大)	三関 (さんかん)
☑ 0354 ⌂	大宝律令の「令」により，畿内・七道は60余りの国に区分され，国はさらに□□□，里に区分された。 (法政大)	郡
☑ 0355 ⌂	藤原京から出土した木簡によって，701年の大宝律令以降は「郡」が，それ以前は「□□□」の文字が使用されていたことが証明されている。 (青山学院大)	評 (こおり)
☑ 0356 ⌂	大宝律令の「令」の定めに従い，諸国の統治は，中央政府から派遣された上級役人の□□□が行った。 (同志社大)	国司 (こくし)
☑ 0357 ⌂	大宝律令の「令」の定めによって，郡の統治は，もとの国造などの地方豪族から任命された□□□が，郡の役所である郡家（郡衙）を拠点に行った。 (学習院大)	郡司 (ぐんじ)
☑ 0358 ⌂	大宝律令の「令」の定めに従い，里の統治は，地方の有力者から選ばれた□□□が行った。 (センター)	里長 (りちょう) (さとおさ)
☑ 0359 ⌂	奈良時代，地方の中心となるのは□□□で，政庁である国衙や役所・倉庫などが設置され，国司の居館も設けられた。 (上智大)	国府 (こくふ)
☑ 0360 ⌂	中央政府から派遣された国司は，国の役所である□□□を拠点に国を統治した。 (慶應義塾大)	国衙（国府） (こくが)
☑ 0361 ⌂	郡司が執務を行った郡の役所のことを□□□といった。 (オリジナル)	郡家（郡衙） (ぐうけ)（ぐんが）

☑ 0362

中央・地方の諸官庁にはそれぞれ長官（かみ）・次官（すけ）・□□□・主典（さかん）の四等官がおかれ，その下に多くの下級官人が配置された。 (立命館大)

判官（じょう）

☑ 0363

国司の長官は□□□と表記された。 (成城大)

守（かみ）

☑ 0364

国司の次官は□□□，判官は掾（じょう），主典は目（さかん）と表記された。 (オリジナル)

介（すけ）

☑ 0365

令には，官人に位階を与えてこれにふさわしい官職に任命すべきことが規定されているが，これは□□□と呼ばれるものである。 (同志社大)

官位相当制

☑ 0366

五位以上の貴族の子，三位以上の貴族の孫が21歳になった時に，父や祖父の位階に応じた官位が与えられる□□□があり，上級官僚は事実上世襲制であった。 (成城大)

蔭位の制（おんい）

☑ 0367

皇族や上級貴族には優遇措置があり，□□□といわれる一定数の戸が与えられた。これらの戸が納める調・庸のすべてと租の半分が貴族らの収入となっていた。 (東海大)

封戸（ふこ）

☑ 0368

官吏たちには給与として，位封（いふ）・職封（しきふ）などの封戸，□□□・職田（しきでん）などの田地，年2回の現物支給である季禄（きろく）などの禄が与えられた。 (センター)

位田（いでん）

☑ 0369

大宝律令の「律」では，笞・杖・徒・流・死の五刑が定められ，国家・天皇・尊属に対する罪は□□□として特に重罪とされた。 (センター)

八虐（はちぎゃく）

☑ 0370

25人程度を1戸に戸主を定めて，□□□戸で1つの里（後に郷）に組織され，郡の下に編成された。 (同志社大)

50戸

☑ 0371 ☐	民衆は戸籍・計帳に登録され，行政組織の最末端，法律・行政上の班田や租税負担の単位として，**25**人程度から編成される☐☐☐に口分田が与えられた。 （慶應義塾大）	郷戸 ごうこ
☑ 0372 ☐	口分田は売買できず，**6**年ごとに作成される戸籍に従って与えられた。これを☐☐☐という。 （慶應義塾大）	班田収授法 はんでんしゅうじゅほう
☑ 0373 ☐	口分田の支給は**6**年ごとの☐☐☐に行われた。 （オリジナル）	班年
☑ 0374 ☐	民衆は，戸ごとに戸籍や毎年作成される☐☐☐に登録され，6歳以上の男女には口分田が与えられた。 （京都大）	計帳
☑ 0375 ☐	民衆は**6**年ごとに作成される戸籍に従って☐☐☐を与えられた。良民女子は男性の3分の2，家人・私奴婢は3分の1と決められていた。 （南山大）	口分田 くぶんでん
☑ 0376 ☐	戸籍は民衆の登録台帳で6年ごとに作成され，これに基づき☐☐歳以上の男女に一定の口分田が班給され，田地の面積に応じて租が課された。 （同志社大）	6 歳以上
☑ 0377 ☐	1段（反）は，☐☐☐歩に相当する。 （オリジナル）	360 歩 ぶ
☑ 0378 ☐	良民の口分田は，男子が☐☐☐段と規定された。 （オリジナル）	2 段 たん
☑ 0379 ☐	班田を円滑に行うために規格的な土地区画がなされたが，そうした区画制度を☐☐☐という。 （立教大）	条里制 じょうりせい

☑ 0380	律令制度における民衆は，口分田などの収穫の一部を納める税すなわち____を負担した。　　　　　　　（中央大）	^そ租
☑ 0381	租は口分田1段につき2束2把，すなわち収穫物の約____%と定められていた。　　　　　　　　　　（早稲田大）	3%
☑ 0382	律令制度に従い，民衆は，絹・糸・海産物など諸国の産物を中央政府に納める税，すなわち____を負担した。　　　　　　　　　　　　　　　　（國學院大）	^{ちょう}調
☑ 0383	律令制度に従い，民衆は，労役の代納物として，米や2丈6尺の麻布を中央政府に納める税，すなわち____を負担した。　　　　　　　　　　　　　　（首都大）	^{よう}庸
☑ 0384	都での労役を____といったが，ほとんどが庸の納付で代えられた。　　　　　　　　　　　　（オリジナル）	^{さいえき}歳役
☑ 0385	租のほかに公民は年齢に応じて調・庸・兵士役などを負担させられ，都まで貢納物を運ぶ人夫である____も義務であった。　　　　　　　　　　　　（立教大）	^{うんきゃく}運脚
☑ 0386	律令制度に従って，民衆は，国司の命で60日を限度に課される，土木工事や国府の雑用などの労役すなわち____を負担した。　　　　　　　　　　（早稲田大）	^{ぞうよう}雑徭
☑ 0387	____は良民の成年男性をさし，兵役に就くもの，仕丁として雑用に使役させられるものもあり，これらの課役は非常に大きな負担となっていた。　　（専修大）	^{せいてい}正丁
☑ 0388	____は良民の61〜65歳の男性をさし，中男（少丁）は良民の17〜20歳の男性をさす。　　（オリジナル）	^{じてい}次丁（^{ろうてい}老丁）

☑ 0389 🏚	公民の租税負担の基準を定めた賦役令では, 次丁（老丁）の調は正丁の**2分の1**, 中男（少丁）の調は正丁の◻︎と規定されていた。 （学習院大）	4分の1
☑ 0390 🏚	凶作に備えて粟などを毎年収めさせて, 蓄えた制度を◻︎という。 （オリジナル）	義倉（ぎそう）
☑ 0391 🏚	律令制度において, 国府や郡家が民衆に稲を貸し付け秋の収穫時に高い利子とともに徴収することを◻︎という。 （慶應義塾大）	出挙（すいこ）
☑ 0392 🏚	出挙には国家が行う◻︎と民間が行う**私出挙**（しすいこ）があり, 前者の利率は**5割**, 後者の利率は**10割**程度であった。 （オリジナル）	公出挙（くすいこ）
☑ 0393 🏚	口分田を班給した後の余りの**乗田**（じょうでん）と呼ばれる田地は, 広く**賃租**（ちんそ）に出され, 耕作者から法定収穫量の20％を◻︎として徴収して太政官の雑用に充てた。（同志社大）	地子（じし）
☑ 0394 🏚	律令制度に従って, 成年男子は, 3〜4人に1人の割合で徴兵され, 諸国の◻︎で訓練を受けて兵役を課された。 （中央大）	軍団
☑ 0395 🏚	諸国の軍団で訓練を受けた兵士の一部は, 衛門府に配属され, ◻︎として宮城の警護にあたった。 （同志社大）	衛士（えじ）
☑ 0396 🏚	**衛士**の任期は◻︎年であった。 （オリジナル）	1年
☑ 0397 🏚	**東国**（とうごく）の兵士から選ばれ, 3年間, 九州北部を警備する兵士を◻︎という。 （オリジナル）	防人（さきもり）

☑ 0398	身分制度は良民と賤民とに分けられ，賤民には官有の陵戸・官戸・公奴婢（官奴婢）と私有の家人・私奴婢があり，これを［　　　］という。　　　　　　　（オリジナル）	五色の賤
☑ 0399	天皇家の墓が五色の賤の1つである［　　　］によって守られる法令があった。　　　　　　　　　　　　　（南山大）	陵戸

THEME

平城京と奈良時代

見出し番号 0400—0475

出題頻度 👑

☑ 0400	7世紀半ば以降しばらく途絶えていた遣唐使は，702年に再開された。それまでの朝鮮半島西岸付近を通る［　　　］から奄美などを経由する南島路となった。　　（新潟大）	北路
☑ 0401	朝鮮半島を統一した新羅と日本の関係は友好的なものとはならなかった。そのため，遣唐使の航路は，当初の北路から南島路，ついで［　　　］へと変わった。　（北海道大）	南路
☑ 0402	752年に派遣された遣唐使の大伴古麻呂は，唐の朝廷で行われた元日朝賀の席で，［　　　］が日本より上席とされたことに抗議した。　　　　　　　　　　（学習院大）	新羅
☑ 0403	吉備真備らとともに遣唐使に随行したが帰国できなかった留学生の［　　　］は，「天の原 ふりさけ見れば 春日なる 三笠の山に いでし月かも」と望郷をうたった。（学習院大）	阿倍仲麻呂
☑ 0404	新羅の北方に建国された［　　　］の都城からは，日本の貨幣である和同開珎が発見されており，交流の証拠となっている。　　　　　　　　　　　　　（京都府立大）	渤海
☑ 0405	渤海使は8〜10世紀に34回来日し，鴻臚館や能登客院，越前の［　　　］に滞在し，渤海からは黒テンの毛皮や人参などがもたらされ，貴族の間で珍重された。（立命館大）	松原客院

☑ 0406	710年に元明天皇が藤原京から遷都した都は、◯◯◯で ある。　　　　　　　　　　　　　　　　　　（早稲田大）	平城京 （へいぜいきょう）
☑ 0407	文武天皇の死後、子（後の聖武天皇）はまだ幼かったため、 文武天皇の母である◯◯◯が即位した。その治世には、 和同開珎の鋳造や平城京への遷都が行われた。　（立教大）	元明天皇
☑ 0408	710年、元明天皇が遷都した平城京には、702年に帰国し た遣唐使が見聞した当時の唐の都◯◯◯（現在の西安 市）の影響が強いとされている。　　　　　　（聖心女子大）	長安
☑ 0409	都の中央北部には、平城宮が建てられ、内部には天皇が 生活する内裏や、政務・儀式の場である◯◯◯・朝堂 院、官庁などがおかれていた。　　　　　　　　（同志社大）	大極殿
☑ 0410	平城宮跡の宮殿や官庁から出土した◯◯◯は当時の上 級貴族の生活を今に伝えている。　　　　　　　（立命館大）	木簡
☑ 0411	平城京は、唐の都長安に倣って、碁盤目状に東西・南北 に走る道路で整然と区画されていた。これを◯◯◯と いう。　　　　　　　　　　　　　　　　　　　（明治大）	条坊制
☑ 0412	平城京は、北部中央に平城宮があり、中央を南北に走る ◯◯◯によって、東側に位置する左京、西側に位置す る右京に分けられた。　　　　　　　　　　　（西南学院大）	朱雀大路
☑ 0413	朱雀大路の南端には平城京の正門にあたる◯◯◯が あった。　　　　　　　　　　　　　　　　　（オリジナル）	羅城門
☑ 0414	平城京では創建後に、左京を東側に延ばして春日山麓に まで達する◯◯◯も築かれた。　　　　　　　（オリジナル）	外京

☑ 0415	平城京には東市，西市の2つの官設の市があった。市は□□□の監督のもとに，正午から日没まで開かれ，各地から税として運ばれた品々などが取引された。　（法政大）	市司（いちのつかさ）
☑ 0416	平城京の造営に雇われた人々には，平城京遷都の2年前に唐の開元通宝（かいげんつうほう）にならって鋳造された□□□が支払われた。　（千葉大）	和同開珎（かいほう）
☑ 0417	平城京の遷都直前の708年には，□□□から銅が献上されたことを機会に，年号を和銅と改め，和同開珎を鋳造した。　（関東学院大）	武蔵国（むさし）
☑ 0418	711年の□□□は，和同開珎の流通を促進するために発せられた。　（法政大）	蓄銭叙位令（ちくせんじょいれい）
☑ 0419	奈良時代，中央から地方へは官道（駅路（えきろ））が七道の諸地域に向けて整備され，途中の約16kmごとに□□□が設置され公用の際に使われた。これを駅制と呼ぶ。　（上智大）	駅家（うまや）
☑ 0420	地方では，駅路から離れて郡家などを結ぶ□□□と呼ばれる道が敷かれた。　（早稲田大）	伝路（でんろ）
☑ 0421	中央政府は支配領域の拡大にもつとめ，政府がその地に住む人々を□□□と呼んだ東北地方には軍事的・政治的政策として城柵が築かれた。　（青山学院大）	蝦夷（えみし）
☑ 0422	蝦夷への軍事侵攻を行う際に足がかりとなった城柵のうち，日本海側の最前線基地として，磐舟柵（いわふねのさく）と□□□があった。　（立教大）	淳足柵（ぬたりのさく）
☑ 0423	8世紀になると，軍事行動によって制圧的な政策が推し進められるようになった。日本海側には□□□がおかれ，秋田城が築かれた。　（法政大）	出羽国（でわ）

☑ 0424 ☼	日本海側の出羽国では，庄内平野にあった出羽柵が，733年に北へ80キロ以上も移転し，これが後に◻︎◻︎◻︎として整備されていく。 (学習院大)	秋田城
☑ 0425 ☼	陸奥国では，724年に，仙台平野の東端に◻︎◻︎◻︎が造営されて拠点が遷り，以後の東北地方経営の中心を担っていった。 (学習院大)	多賀城
☑ 0426 ☼	律令制の施行とともに東北地方への支配がすすめられたが，多賀城には軍政機関である◻︎◻︎◻︎が置かれて東北支配の拠点とされた。 (京都府立大)	鎮守府
☑ 0427 ☼	律令国家は多賀城以北に防御施設と行政施設を兼ねた数多くの◻︎◻︎◻︎を造営し，その周辺に人々を移住させて開拓を行った。 (慶應義塾大)	城柵
☑ 0428 ☼	蝦夷に対応する東北地方などには城柵が設けられ，これに付随する形で，一定の諸国から組織的に移住させられた◻︎◻︎◻︎が編成された。 (早稲田大)	柵戸
☑ 0429 ☼	南九州地方には713年に◻︎◻︎◻︎がおかれ，隼人に対する帰服政策が進められるとともに，政府と薩南諸島との交易も始められた。 (法政大)	大隅国
☑ 0430 ☼	薩摩・大隅の◻︎◻︎◻︎とよばれた人々は720年，大伴旅人らによって討たれた。 (オリジナル)	隼人
☑ 0431 ☼	元明天皇は，即位から数年後，娘の◻︎◻︎◻︎に譲位した。歴代天皇のなかで唯一，母から娘へと皇位の継承が行われた例である。 (立教大)	元正天皇
☑ 0432 ☼	藤原不比等の娘である光明子を妻とした皇太子とは，のちの◻︎◻︎◻︎である。 (近畿大)	聖武天皇

☑ 0433	720年に藤原不比等が死去すると，724年の聖武天皇即位と同時に左大臣になった◯◯◯が，藤原氏から政治の実権を奪った。 (関西大)	長屋王
☑ 0434	長屋王が実権を握っていた722年，人口増加による口分田の不足に対応するため◯◯◯が出された。 (オリジナル)	百万町歩の開墾計画
☑ 0435	723年，政府は◯◯◯を発し，新たに灌漑施設を設けて開墾した土地は三世代，旧来の灌漑施設を利用して開墾した土地は一代限り田地の保有を認めた。 (日本大)	三世一身法
☑ 0436	1988年，平城京内から長屋王邸宅跡が発掘された。敷地から膨大な数の◯◯◯が発見され，その中には「長屋親王」の名が記されていたものもあった。 (駒澤大)	木簡
☑ 0437	729年，藤原不比等の子の4兄弟が謀り，最後は4兄弟のひとりの藤原宇合が長屋王の自宅を取り囲んで長屋王を自殺させた事件を◯◯◯という。 (東京経済大)	長屋王の変
☑ 0438	聖武天皇の皇后となった◯◯◯は，孤児や貧窮者，病人を救う施設の悲田院・施薬院を設置した。また父・藤原不比等から相続した邸宅は，のちに法華寺となった。 (上智大)	光明子(光明皇后)
☑ 0439	不比等の子である◯◯◯・房前・宇合・麻呂の4兄弟(藤原四子)は729年，長屋王を謀略によって自殺させた。 (青山学院大)	藤原武智麻呂
☑ 0440	不比等の子，武智麻呂・房前・◯◯◯・麻呂の4兄弟は，それぞれ南家・北家・式家・京家の藤原四家として力を持っていた。 (駒澤大)	藤原宇合
☑ 0441	藤原不比等の子の4兄弟が相次いで病死すると，皇族出身の◯◯◯が藤原氏の実権を奪った。 (中央大)	橘諸兄

☑ 0442 ☐	729年，皇族出身の橘諸兄が政権を握り，唐から帰国した◻◻◻や玄昉を登用した。 　　　　　　　　　（中央大）	きびのまきび 吉備真備
☑ 0443 ☐	藤原氏から実権を奪った橘諸兄は，唐から帰国した◻◻◻や吉備真備を政治顧問として重用した。 　　　　　　　　　（オリジナル）	げんぼう 玄昉
☑ 0444 ☐	740年，式家の◻◻◻が吉備真備と玄昉の排除を求めて大宰府で反乱を起こした。この反乱は鎮圧されたが，動揺した聖武天皇は平城京を離れた。 　　　（首都大）	ひろつぐ 藤原広嗣
☑ 0445 ☐	玄昉は入唐して，法相宗を学ぶ。735年帰朝。僧正となって橘諸兄を支持するも，740年の藤原広嗣の乱で指弾されたのち，745年に◻◻◻へ左遷された。 （上智大）	つくしかんぜおんじ 筑紫観世音寺
☑ 0446 ☐	平城京を離れた聖武天皇は，現在の京都府木津川市加茂町に位置する◻◻◻に都を移した。 　　　（上智大）	くにきょう 恭仁京
☑ 0447 ☐	聖武天皇が恭仁京の次に都を移したのは，現在の大阪市中央区に位置する◻◻◻だった。 　　　（近畿大）	なにわのみや 難波宮
☑ 0448 ☐	聖武天皇が恭仁・難波につづいて都を移したのは，のちに行基が活躍することでも知られる近江の都，◻◻◻であった。 　　　　　　　　　（慶應義塾大）	しがらきのみや 紫香楽宮
☑ 0449 ☐	政治的な混乱や疫病に心を痛めていた聖武天皇は，仏教がもつ◻◻◻の思想によって世の中を安定させようとした。 　　　　　（立教大）	ちんご 鎮護国家
☑ 0450 ☐	聖武天皇とその娘である◻◻◻の時代には，国分寺・国分尼寺の建立，大仏の造立など，仏教信仰を諸国に浸透させる政策が推進された。 　（関西大）	こうけん 孝謙天皇

☑ 0451	741年，聖武天皇は，光明皇后の勧めにしたがって□□□を発し，国府の近くに国分寺をつくらせた。 （関西学院大）	国分寺建立の 詔
☑ 0452	聖武天皇は紫香楽宮で743年に□□□を発した。 （早稲田大）	大仏造立の詔
☑ 0453	奈良時代，法相宗の僧である□□□は，寺を出て民衆への布教を行い，大仏造立に協力した。 （名古屋大）	行基
☑ 0454	743年，政府は田地の新規開拓を狙い，一定の限度内での土地の永久私有を位階に応じて認める□□□を発した。 （日本女子大）	墾田永年私財法
☑ 0455	749年には□□□から金が献上された。 （オリジナル）	陸奥国
☑ 0456	聖武天皇の娘である□□□のときに大仏は完成した。752年には大仏の開眼供養の儀式が，盛大に行われた。 （南山大）	孝謙天皇
☑ 0457	孝謙天皇の父は仏教信仰で名高い聖武天皇，母は人臣出身で初の皇后とされる光明皇后。天皇は父が造営した□□□の開眼供養を主宰した。 （聖心女子大）	東大寺大仏（盧舎那仏）
☑ 0458	孝謙天皇の時代には，□□□が，光明皇太后を後ろ盾として勢力を伸ばした。 （同志社大）	藤原仲麻呂
☑ 0459	755年に唐で□□□が起こると，藤原仲麻呂は唐の国力低下を見越して，唐の影響下にあった新羅の討伐を計画した。 （学習院大）	安史の乱

☑ 0460 ⌂	光明皇太后の信を得た藤原仲麻呂に対抗する　　　　は，藤原仲麻呂を倒そうと図ったが，757年，計画が発覚し失脚してしまった。　　　　　　　　　　　（立教大）	橘　奈良麻呂 たちばなの な ら ま ろ
☑ 0461 ⌂	758年，藤原仲麻呂は　　　　を即位させて，恵美押勝の名をたまわり，太政大臣にまで上り詰めた。また757年には，養老律令を施行した。　　　　　　　　　（上智大）	淳仁天皇 じゅんにん
☑ 0462 ⌂	760年に光明皇太后が亡くなると，孝謙太上天皇は僧侶の　　　　を溺愛する一方，淳仁天皇や，淳仁天皇を推す恵美押勝と対立するようになった。　　　　　　（明治大）	道鏡 どうきょう
☑ 0463 ⌂	764年，復権を狙った藤原仲麻呂は　　　　の乱と呼ばれる反乱を起こすが，まもなく滅ぼされた。　　　　（日本大）	恵美押勝 え みのおしかつ
☑ 0464 ⌂	764年，孝謙太上天皇は，恵美押勝を滅ぼして淳仁天皇を淡路に流したのちに，　　　　として重祚した。　　　　　　　　　　　　　　　　　　　　　　（上智大）	称徳天皇 しょうとく
☑ 0465 ⌂	道鏡は765年には，　　　　の地位を得，翌年には法王となって仏教界における権力だけでなく政治権力をもにぎり，僧侶や寺院を優遇する仏教政治を行った。　（中央大）	太政大臣禅師 ぜんじ
☑ 0466 ⌂	道鏡は称徳天皇のもとで太政大臣禅師，さらには，　　　　という地位にまで上った。道鏡は，西大寺の造営など造寺・造仏を行って政権安定をはかろうとした。　（畿央大）	法王
☑ 0467 ⌂	が道鏡の即位を促すお告げを下したが，その神意を聞く使いとなった和気清麻呂は，お告げとは反対の報告をして道鏡の皇位をうかがう意図をくじいた。（明治大）	宇佐神宮 う さ じんぐう
☑ 0468 ⌂	称徳天皇が道鏡に皇位を譲ろうとする事態が生じた。結局，宇佐神宮の神意を確認する役を担った　　　　の報告により，道鏡への譲位は行われなかった。　（立教大）	和気清麻呂 わけのきよ ま ろ

☑ 0469	770年，称徳天皇が亡くなると，道鏡は退けられて ◻ に左遷された。 (立教大)	下野薬師寺 しもつけやくしじ
☑ 0470	◻ は称徳天皇の没後，藤原百川らに推されて即位した。 (関西大)	光仁天皇 こうにん
☑ 0471	光仁天皇を擁立したのは，藤原式家出身の ◻ である。 (中央大)	藤原百川 ももかわ
☑ 0472	人口増加等によりしだいに口分田は不足していった。そこで，政府は743年に墾田永年私財法を出し，墾田の私有を認めた。その結果，登場するのが ◻ である。 (愛知大)	初期荘園 しょうえん
☑ 0473	農民のなかには，国家の許可を得ずに自分で勝手に得度し，◻ となるものも増えていった。 (中央大)	私度僧 しどそう
☑ 0474	8世紀には住居も，前代以来の竪穴住居に代わって平地式の ◻ が一般化しつつあった。 (上智大)	掘立柱住居 ほったてばしら
☑ 0475	8世紀頃の婚姻は，男女が同居せず男が女のもとへ通う ◻ が広くみられ，夫婦の結合は緩やかであった。 (立教大)	妻問婚 つまどいこん

THEME

律令国家の時代の文化

見出し番号 0476—0522

出題頻度 ♛

☑ 0476	7世紀後半から8世紀初めまでの，律令国家形成過程の文化を ◻ という。 (関西大)	白鳳文化 はくほう

☑ 0477 ◻	［　　　　］は白鳳文化の代表的な歌人で，『万葉集』に長歌10余首・短歌60余首が掲載されている。　（オリジナル）	柿本人麻呂
☑ 0478 ◻	［　　　　］は白鳳文化の代表的な女流歌人で，『万葉集』に10余首が掲載されている。	額田王
☑ 0479 ◻	百済大寺は，舒明天皇が飛鳥に創建したとされ，天武天皇が移築して［　　　　］と改名されたのち，平城京遷都とともに平城京に移転された。　（オリジナル）	大官大寺
☑ 0480 ◻	天武天皇は，のちの持統天皇である皇后の病気の回復を願い，［　　　　］を創建した。　（京都大）	薬師寺
☑ 0481 ◻	［　　　　］は，蘇我倉山田石川麻呂の霊を弔うため685年につくられた，山田寺の薬師三尊の本尊の頭部だった。　（中央大）	興福寺仏頭
☑ 0482 ◻	［　　　　］は白鳳文化を代表する仏教壁画であったが，1949年に火災で損傷した。　（オリジナル）	法隆寺金堂壁画
☑ 0483 ◻	1972年，奈良県明日香村の［　　　　］が発掘調査され，石室に描かれた壁画が発見された。この発見によって，全国的な考古学ブームが巻き起こった。　（立命館大）	高松塚古墳
☑ 0484 ◻	唐の国際的な文化と国家仏教の影響を受けた奈良時代の文化を，聖武天皇の時代の年号をとって［　　　　］という。　（中央大）	天平文化
☑ 0485 ◻	国家の保護を受けて，律宗・倶舎宗・三論宗・成実宗・法相宗・［　　　　］の仏教学派からなる南都六宗が形成され，仏教教学が研究された。　（中央大）	華厳宗

☑ 0486 ☐	奈良仏教には南都六宗という6つの学系があり, 鑑真の渡来によって, 六宗の一つである □ が盛んになったといわれる。 (青山学院大)	律宗
☑ 0487 ☐	『続日本紀』の天平13年3月条に「…宜しく天下諸国をして各敬みて七重塔一区を造り…」とある。これは □ ・国分尼寺の造営を命じた史料の一部である。 (関西大)	国分寺
☑ 0488 ☐	唐の僧 □ は, 日本への渡航にたびたび失敗したのち, 日本に戒律を伝えた。 (学習院大)	鑑真
☑ 0489 ☐	平城京にある興福寺・西大寺・薬師寺・元興寺・大安寺と, 平城京の東にある東大寺, 斑鳩にある法隆寺は, □ と総称され, 朝廷の保護を受けた。 (南山大)	南都七大寺
☑ 0490 ☐	平城宮の東方には東大寺や藤原氏の氏寺にあたる □ があり, 西方には西大寺が西南方には薬師寺や外国から来日した高僧鑑真ゆかりの唐招提寺が所在している。 (専修大)	興福寺
☑ 0491 ☐	平城京には多くの大寺院が建設され, そのうちの □ は, 仏教を厚く信仰した称徳天皇の発願により建立された。 (関西大)	西大寺
☑ 0492 ☐	飛鳥寺は塔を中心に3金堂をもつ伽藍配置で, 後に平城京に移り南都七大寺の一つとして □ と称されるようになる。 (同志社大)	元興寺
☑ 0493 ☐	平城京には, 右京六条二坊に位置した □ をはじめ, 多数の寺院が建立されたのに加え, 当時の有力官人の多くも邸宅を構えるようになった。 (青山学院大)	薬師寺
☑ 0494 ☐	百済大寺を起源とし, 天武天皇の時代には高市大寺が建立され, のちに大官大寺と改名した。この寺は, 平城京に移って □ となった。 (オリジナル)	大安寺

□ 0495 ▽	平城京には多くの寺院が建立された。仏像も数多く残されており、□□□の不空羂索観音像（さく）は、天平文化を代表する作品として知られている。 （早稲田大）	東大寺法華堂（ほっけどう）（三月堂）
□ 0496 ▽	東大寺法華堂に収められている日光・月光菩薩像（がっこう ぼ さつぞう）や執金剛神像（しゅこんごうしんぞう）は、木を芯として粘土を塗り固めた像、すなわち□□□である。 （関西学院大）	塑像（そ ぞう）
□ 0497 ▽	東大寺法華堂の不空羂索観音像や、興福寺の阿修羅像を含む八部衆像は、原型に麻布を漆で塗り固めたのち原型を抜きとった像、すなわち□□□である。 （青山学院大）	乾漆像（かんしつぞう）
□ 0498 ▽	天平文化の彫刻としては、東大寺法華堂の本尊で、煩悩に苦しむ人びとを残らず救済するという□□□がある。 （関西大）	不空羂索観音像（ふ くうけんじゃくかんのんぞう）（さく）
□ 0499 ▽	粘土でつくった塑像の代表作として東大寺法華堂□□□が知られている。 （畿央大）	日光・月光菩薩像（がっこう ぼ さつぞう）
□ 0500 ▽	天平文化の彫刻としては、東大寺の戒壇堂（かいだんどう）壇上に安置されている仏法の守護神である□□□がある。 （関西大）	四天王像
□ 0501 ▽	奈良市にある□□□には、創建者である鑑真の姿を写した国宝の脱活乾漆像が伝わる。 （関西大）	唐招提寺（とうしょうだい じ）
□ 0502 ▽	764年に称徳天皇の発願によって、多数の木製小塔のなかに収められた□□□がつくられたが、それは年代の明白な現存最古の印刷物とされる。 （オリジナル）	百万塔陀羅尼（ひゃくまんとうだ ら に）
□ 0503 ▽	教育機関としては、官吏養成のために中央に□□□、地方に国学がおかれた。 （明治大）	大学

☑ 0504 ☐	奈良時代，地方の教育機関である［　　　　］では，郡司の子弟が学んだ。　　　　　　　　　　　　　　（センター）	国学
☑ 0505 ☐	大学では儒教を学ぶ［　　　　］や，中国の歴史文化を学ぶ紀伝道（文章道）が重んじられた。　　　　　　（明治大）	明経道
☑ 0506 ☐	物部氏はその後，石上氏となり，奈良時代の石上宅嗣は，文人としても名高く，日本で最初の公開図書館である［　　　　］を開いたことでも知られる。　　　　（駒澤大）	芸亭
☑ 0507 ☐	『［　　　　］』は，天武天皇が稗田阿礼に『帝紀』『旧辞』を読み習わせた内容を太安万侶（安麻呂）が筆録する形でつくられ，元明天皇治世の712年に完成した。　（早稲田大）	古事記
☑ 0508 ☐	712年には［　　　　］，稗田阿礼によって『古事記』が書かれ，720年には『日本書紀』が完成して国史の編纂が本格的に始まった。　　　　　　　　　　　　　　（千葉大）	太安万侶(安麻呂)
☑ 0509 ☐	『［　　　　］』は，舎人親王を中心に編まれており，中国の歴史書の体裁にならい，漢文の編年体で神代から持統天皇に至るまでの歴史が記されている。　　　　（上智大）	日本書紀
☑ 0510 ☐	797年，菅野真道らは六国史の二つ目にあたる『［　　　　］』を完成させた。　　　　　　　　　　　　　　（関西大）	続日本紀
☑ 0511 ☐	『日本書紀』と，これにつづいた漢文正史である『続日本紀』『日本後紀』『続日本後紀』『日本文徳天皇実録』『日本三代実録』は，［　　　　］と総称される。　（関西大）	六国史
☑ 0512 ☐	713年には国ごとの地名の由来や伝説，産物などをこまかく記した［　　　　］の提出を諸国に命じた。　（千葉大）	風土記

☑ 0513 ☐	常陸・出雲・播磨・豊後・肥前の5か国の『風土記』が今に残る。このうちほぼ完全な形で残っているのは『□□□風土記』である。　　　　　　　　（日本大）	出雲国風土記
☑ 0514 ☐	奈良時代の宮廷では漢詩文が重視され，751年には，7世紀後半以降につくられた大友皇子や大津皇子などの漢詩文を収録する漢詩集『□□□』がつくられた。　（國學院大）	懐風藻
☑ 0515 ☐	漢詩の文人としては，□□□や石上宅嗣などの名が知られているほか，和歌集の代表作として，約4500首を収めた『万葉集』がある。　　　　　　　　　　　（上智大）	淡海三船
☑ 0516 ☐	『万葉集』には男女がやりとりをした相聞歌も多く集められているが，その編者として考えられている□□□も，さまざまな女性との相聞歌を残している。　　（学習院大）	大伴家持
☑ 0517 ☐	『万葉集』には東国の民謡である□□□が約240首載せられ，東国から九州の防備のために兵役についた人々の歌である防人歌も，約100首載せられている。　（オリジナル）	東歌
☑ 0518 ☐	『万葉集』には，□□□が農民の苦しい生活を詠んだ貧窮問答歌が収録されている。　　　　　　　　　（東京経済大）	山上憶良
☑ 0519 ☐	校倉造で高床式の構造をもつ東大寺□□□宝庫は，光明皇太后から寄進された聖武太上天皇の遺品を数多く所蔵していた。　　　　　　　　　　　　　　（関西大）	正倉院
☑ 0520 ☐	一部に□□□が採用されている東大寺の正倉院宝庫には，数多くの正倉院宝物が伝えられてきた。　　（佛教大）	校倉造
☑ 0521 ☐	奈良時代の天平文化の時期には，遣唐使などによって盛唐文化の影響がもたらされた。『正倉院鳥毛立女屏風』や薬師寺□□□などが著名である。　　　　　　（京都府立大）	吉祥天像

| ☑ 0522 ☐ | 東大寺正倉院宝庫に収められていた宝物にラクダに乗る西域の人物が描かれている□□□がある。　　　（名城大） | 螺鈿紫檀五絃琵琶
らでんしたんのごげんびわ |

THEME

平安時代初期の政治

見出し番号 0523—0572

出題頻度 👑

| ☑ 0523 ☐ | 781年，光仁天皇につづいて，光仁天皇の子の□□□が即位した。　　　　　　　　　　　　　　　　　（法政大） | 桓武天皇
かんむ |

| ☑ 0524 ☐ | 光仁天皇と渡来系氏族出身の□□□との間に生まれた山部親王が即位し，桓武天皇となった。　　　（早稲田大） | 高野新笠
たかののにいがさ |

| ☑ 0525 ☐ | 784年，桓武天皇は仏教政治の害を断ち，天皇の権力の強化をはかるために平城京から□□□に遷都した。　　　　　　　　　　　　　　　　　（中央大） | 長岡京
ながおかきょう |

| ☑ 0526 ☐ | 長岡京への遷都の後，洪水や造宮使の□□□の暗殺などがおきて社会不安が広まり，造都は中止され，794年，平安京に遷都した。　　　　　　　　　　　　（中央大） | 藤原種継
ふじわらのたねつぐ |

| ☑ 0527 ☐ | 785年，長岡京造営を主導していた藤原種継が暗殺された。そして，この事件に関与した疑いで，時の皇太子□□□が廃太子となり，死に追いやられた。　（早稲田大） | 早良親王
さわら |

| ☑ 0528 ☐ | 794年，桓武天皇は長岡京から□□□へと再遷都し，平安時代がはじまった。　　　　　　　　　　　　（北海道大） | 平安京 |

| ☑ 0529 ☐ | 桓武天皇が784年に遷都した長岡京のある山背国は，794年の平安京遷都にともなって□□□に改められた。　　　　　　　　　　　　　　　　　（オリジナル） | 山城国
やましろ |

☑ 0530 ☐	桓武天皇は，東北以北の [　　　] 地域の開拓を行った。 （関西学院大）	蝦夷 <small>えみし</small>
☑ 0531 ☐	780年，蝦夷の豪族である [　　　] が政府の蝦夷開拓に対して反乱を起こした。それ以来，桓武天皇の時代まで，蝦夷との戦争が相次いでいた。　　　　　　　　（早稲田大）	伊治呰麻呂 <small>これはりのあざまろ</small>
☑ 0532 ☐	東北地方への進攻では，桓武天皇は<ruby>紀古佐美<rt>きのこさみ</rt></ruby>を征東大使に任じ，北方に軍を進めたが大敗を喫した。このため新たに<ruby>坂上田村麻呂<rt>さかのうえのたむらまろ</rt></ruby>を，[　　　] に任じた。　（青山学院大）	征夷大将軍 <small>せいいたいしょうぐん</small>
☑ 0533 ☐	桓武天皇は，[　　　] を征夷大将軍に任命して蝦夷地域に派遣した。　　　　　　　　　　　　　（センター）	坂上田村麻呂 <small>さかのうえのたむらまろ</small>
☑ 0534 ☐	征夷大将軍に任命された坂上田村麻呂は，朝廷に反旗をひるがえしていた蝦夷の族長 [　　　] を802年に服属させた。　　　　　　　　　　　　　　　　（オリジナル）	阿弖流為 <small>あてるい</small>
☑ 0535 ☐	坂上田村麻呂が征夷大将軍に任命されたとき，鎮守府は [　　　] にあった。　　　　　　　　　　　（関西大）	多賀城
☑ 0536 ☐	802年，坂上田村麻呂は，新たに造営した [　　　] に鎮守府を移し，翌803年には最北の城柵として<ruby>志波城<rt>しわ</rt></ruby>をつくった。　　　　　　　　　　　　　　　（上智大）	胆沢城 <small>いさわ</small>
☑ 0537 ☐	東北地方の平定は，[　　　] が築かれる頃に完了した。 （青山学院大）	徳丹城 <small>とくたん</small>
☑ 0538 ☐	<ruby>嵯峨<rt>さが</rt></ruby>天皇の治世は，政治体制の転換期であった。811年に征夷将軍となった [　　　] による蝦夷征討で，武力による領土拡大は終わりを告げた。　　　　（南山大）	文室綿麻呂 <small>ふんやのわたまろ</small>

☑ 0539	蝦夷との交易の際に，不当に安く買い上げる者がいた。878年に起きた ◻ は，こうした原因によって，蝦夷の勢力が秋田城を攻撃した大規模反乱である。（学習院大）	元慶の乱
☑ 0540	792年，桓武天皇は長岡京で，質の低下した兵士や軍団を廃止する一方，少数精鋭の ◻ を採用・編成し，国府の警備や国内の治安維持にあたらせた。　（慶應義塾大）	健児
☑ 0541	健児は， ◻ の子弟や有力農民から採用された。（同志社大）	郡司
☑ 0542	桓武天皇は国家財政の負担を軽減するため，定員外の国司や郡司を廃止する一方，令外官として ◻ を設け，国司の交替を監視させた。　（立命館大）	勘解由使
☑ 0543	◻ は，国司が交替する際，その在任中に不正がなかったことを示す証明文書である。　（オリジナル）	解由状
☑ 0544	9世紀には，国司の担当する地方行政の弛緩を防ぐために，延暦年間・貞観年間・延喜年間にそれぞれ ◻ が編纂された。　（学習院大）	交替式
☑ 0545	桓武天皇は，6年1班の班田の期間を12年1班に改め，◻ の利息を5割から3割に減らし，雑徭の期間を半減するなど負担を軽減した。　（愛知大）	公出挙
☑ 0546	桓武天皇は，官が行う公出挙の利率を5割から3割に引き下げ，雑徭を60日から ◻ に減らした。（オリジナル）	30 日
☑ 0547	桓武天皇の治世下，平安京造営と蝦夷地域開拓という二大事業は民衆の生活を圧迫し，継続か廃止かの ◻ が起きた。　（京都大）	徳政相論 (論争)

☑ 0548 ♡	桓武天皇は新都造営と蝦夷の抵抗の制圧を二大事業として推進していったが、藤原緒嗣は、天下の民が苦しむのは「軍事と＿＿＿＿」であるとして事業停止を主張した。（中央大）	ぞうさく 造作
☑ 0549 ♡	805年、桓武天皇は、＿＿＿＿の二大事業廃止の建議を採用し、菅野真道ら推進派を抑えて、二大事業を廃止した。（上智大）	おつぐ 藤原緒嗣
☑ 0550 ♡	徳政相論が起きたとき、六国史の二つめにあたる『続日本紀』の編者の＿＿＿＿は、二大事業の推進派だった。（國學院大）	すがののまみち 菅野真道
☑ 0551 ♡	806年、桓武天皇の死後に即位した桓武天皇の子の平城天皇は、809年、病弱を理由に、弟の＿＿＿＿に皇位を譲った。（西南学院大）	さが 嵯峨天皇
☑ 0552 ♡	810年、＿＿＿＿が平城京へ遷都しようとして嵯峨天皇と対立する事件が起きた。（聖心女子大）	へいぜいだいじょう 平城太上天皇
☑ 0553 ♟	嵯峨天皇に譲位した平城太上天皇は、平城京への遷都を主張した。しかし嵯峨天皇は遷都に反対だった。このため「＿＿＿＿」とよばれる政治的混乱が生じた。（首都大）	にしょ 二所朝廷
☑ 0554 ♡	「二所朝廷」ののち嵯峨天皇が兵を挙げて主導権争いに勝利すると、平城太上天皇は出家し、平城太上天皇の寵愛を受けた藤原種継の娘＿＿＿＿は自殺した。（國學院大）	くすこ 藤原薬子
☑ 0555 ♡	平城太上天皇は、藤原薬子とその兄＿＿＿＿の協力を得ながら、復位と平城京への遷都を計画した。（早稲田大）	なかなり 藤原仲成
☑ 0556 ♡	810年に起きた、平城太上天皇の出家や藤原薬子の自殺などの一連の事件を＿＿＿＿という。（中央大）	平城太上天皇の変 （薬子の変）

☑ 0557 ☐	810年の平城太上天皇の変で平城太上天皇は出家し，側近で藤原◯◯◯の藤原仲成は射殺された。 （上智大）	式家
☑ 0558 ☐	810年の平城太上天皇の変の際，嵯峨天皇は，自分の命令をすぐに太政官組織に伝える役所として蔵人所（ろうどところ）を設け，令外官として設置した◯◯◯に藤原冬嗣らを任命した。（日本大）	蔵人頭（くろうどのとう）
☑ 0559 ☐	嵯峨天皇は，平安京内の治安維持のため，令外官として◯◯◯を設置した。 （立教大）	検非違使（けびいし）
☑ 0560 ☐	◯◯◯とは，大宝律令制定以後に新設され，律令に規定のない官職のことをいう。 （オリジナル）	令外官（りょうげのかん）
☑ 0561 ☐	嵯峨天皇は法制の整備にも力を注ぎ，律令制定後に新しく出された法令を律令条文の補足・改正である格と施行細則の◯◯◯とに整理・編集した。 （中央大）	式
☑ 0562 ☐	藤原冬嗣は嵯峨天皇の命を受け，社会変化に応じてそれまでに出されてきた法令を格と式に分類し，『◯◯◯』を編纂した。 （近畿大）	弘仁格式（こうにんきゃくしき）
☑ 0563 ☐	『弘仁格式』と，のちの『貞観格式（じょうがん）』，『延喜格式（えんぎ）』を合わせて◯◯◯という。それぞれの格式の制定に合わせ，国司の交替手続きを規定する交替式も制定された。（立教大）	三代格式
☑ 0564 ☐	810年，『弘仁格式』の編纂でも知られる藤原北家の◯◯◯は，嵯峨天皇から初代蔵人頭に任命され，皇室と姻戚関係を結んで権力を強めた。 （法政大）	藤原冬嗣（ふゆつぐ）
☑ 0565 ☐	後の11世紀頃に三代格式のうちの格を，その内容に従って分類・集成した『◯◯◯』が編纂された。（オリジナル）	類聚三代格（るいじゅうさんだいきゃく）

☑ 0566 ⌂	833年, 清原夏野らは, 令の解釈に関する『　　』を完成させた。　　　　　　　　　　　　　（法政大）	令義解
☑ 0567 ⌂	養老令の公撰注釈書を『令義解』というのに対し, 私撰注釈書を『　　　』という。　　　　（オリジナル）	令集解
☑ 0568 ⌂	9世紀後半には令に関する様々な注釈を集めることを目的として　　　などが『令集解』を編纂した。（同志社大）	惟宗直本
☑ 0569 ⌂	戸籍の作成に際して性別や年齢をごまかして負担を免れようとする　　　という行為もめだった。　（立教大）	偽籍
☑ 0570 ⌂	桓武天皇が行った農業政策の効果が薄かったため, 政府は有力農民を利用した直営方式を採用し, 823年に大宰府管内に　　　を設けた。　　　　　　　　（学習院大）	公営田
☑ 0571 ⌂	朝廷は9世紀には, 天皇家の勅旨田, 大宰府などの公営田, 畿内諸国の　　　, 諸官庁の諸司田という直営の田を設置して, 収納物の確保につとめた。　　　（中央大）	官田
☑ 0572 ⌂	地方の有力農民は, 私営田に対する国司の課税を逃れるために, 　　　と呼ばれた中央の有力貴族に保護を求め, 私営田そのものがその有力貴族の荘園となった。　（中央大）	院宮王臣家

THEME

弘仁・貞観文化

見出し番号 0573−0618

出題頻度 ♛

☑ 0573 ⌂	平安遷都から9世紀末頃までの文化を, 嵯峨天皇・清和天皇の時の年号から　　　とよぶ。この時代, 仏教では密教が興隆する。　　　　　　　　　　　（札幌大）	弘仁・貞観文化

☑ 0574	＿＿＿＿＿は804年に入唐し、帰国後に天台宗を開き、伝教大師とよばれた。 (関西大)	最澄
0575	＿＿＿＿＿は最澄と同じく804年に入唐して、2年間の修行ののちに帰国して真言宗を開き、弘法大師とよばれた。 (西南学院大)	空海
0576	比叡山＿＿＿＿＿は天台宗の中心寺となった。 (関西大)	延暦寺
0577	高野山＿＿＿＿＿は真言宗の中心寺となった。 (南山大)	金剛峯寺
0578	天台宗は、密教以外に、＿＿＿＿＿を中心経典とする教学や、禅・戒律といったさまざまな仏教の要素を含んでいた。 (立命館大)	法華経
0579	最澄は、比叡山の天台僧の教育方針を定めた『＿＿＿＿＿』を著した。 (國學院大)	山家学生式
0580	最澄は『＿＿＿＿＿』を著して自己の戒律思想を明らかにした。そして最澄が没した直後に、大乗戒壇設立の勅許がおり、天台宗の自立がはたされた。 (同志社大)	顕戒論
0581	空海が嵯峨天皇から賜った＿＿＿＿＿には、代表的な曼荼羅である両界曼荼羅が所蔵されている。 (明治大)	教王護国寺(東寺)
0582	空海が留学前の797年に著したものに『＿＿＿＿＿』がある。若き日に出合った仏教がいかに儒教や道教より優れた教えであるかを説いた半自伝的書物である。 (慶應義塾大)	三教指帰

☑ 0583 🏳	天台宗と真言宗は，ともに☐☐☐☐によって災いを避け幸福を追求するという姿勢をもっていたため，皇室や貴族の支持を得た。 (中央大)	かじきとう 加持祈禱
☑ 0584 🏳	仏教などを信奉することによって，この世での具体的な神仏の恵みを期待することを☐☐☐という。 (オリジナル)	げんぜりやく 現世利益
☑ 0585 🏳	釈迦が言葉で説いた教え，すなわち経典を読んで理解していく立場を☐☐☐というのに対し，大日如来が説いたという教えを密教という。 (同志社大)	けんぎょう 顕教
☑ 0586 🏳	☐☐☐は，最澄によって初めて日本に紹介されたが，その後，空海によって本格的に導入された。最澄は自分の弟子を空海のもとに派遣して，これを学ばせた。(同志社大)	みっきょう 密教
☑ 0587 🏳	空海の開いた真言宗の密教を東密とよぶのに対し，天台宗の密教は☐☐☐とよばれる。 (札幌大)	たいみつ 台密
☑ 0588 🏳	最澄の弟子の☐☐☐は，838年に最後の遣唐使として入唐，五台山を巡礼し帰国したのち，天台宗に密教を本格的に導入して，慈覚大師とよばれた。 (関西学院大)	えんにん 円仁
☑ 0589 🏳	円仁が著した『☐☐☐』は，アメリカ人日本研究者で駐日大使をつとめたライシャワーに，当時の中国の生活様式に関する記録として高く評価されている。 (獨協大)	にっとうぐほうじゅんれいこうき 入唐求法巡礼行記
☑ 0590 🏳	天台宗においては，最澄の弟子で山門派の祖となる円仁，さらに寺門派の祖となる☐☐☐が入唐し，本格的に密教をとり入れていった。 (成城大)	えんちん ちしょうだいし 円珍（智証大師）
☑ 0591 🏳	天台宗は，やがて円仁と円珍の仏教解釈の相違から円珍派が下山して☐☐☐に入って独立してしまった。 (慶應義塾大)	おんじょうじ みいでら 園城寺（三井寺）

☑ 0592 ☐	円仁の門流は延暦寺によって [ ] と呼ばれ，円珍の門流は園城寺（三井寺）によって寺門派と呼ばれた。 （オリジナル）	山門派（さんもんは）
☑ 0593 ☐	密教が山岳信仰と結びつき，修験道（しゅげんどう）を発達させた。その中でも熊野三山は園城寺を本山とする天台宗 [ ] のもとで信仰を拡大させた。 （津田塾大）	寺門派（じもんは）
☑ 0594 ☐	奈良時代には，仏と神は本来同一であるとする思想，すなわち [ ] が生まれた。 （京都大）	神仏習合
☑ 0595 ☐	天台宗と真言宗は，ともに神仏習合の傾向をもち，従来の仏教と違って山岳に寺を設け山中を修行の場としていたため，山岳信仰と結びつき， [ ] の源流となった。 （南山大）	修験道（しゅげんどう）
☑ 0596 ☐	弘仁・貞観文化期の寺院建築は，山間の地に自由な伽藍配置でつくられたことに一つの特徴があり，「女人高野（にょにんこうや）」の名で知られる [ ] などがある。 （畿央大）	室生寺（むろうじ）
☑ 0597 ☐	奈良時代の後期から一木造（いちぼくづくり）が盛んになった。量感にとみ，神秘的な表現の施された作品が多く，たとえば河内長野（かわち）市の [ ] の国宝，如意輪観音像（にょいりんかんのんぞう）がある。 （立教大）	観心寺（かんしんじ）
☑ 0598 ☐	平安初期の密教芸術で，神仏習合を反映した代表的神像彫刻に，薬師寺の所蔵で，応神天皇に似せて作られた [ ] がある。 （上智大）	僧形八幡神像（そうぎょうはちまんしんぞう）
☑ 0599 ☐	弘仁・貞観文化の時期になると密教美術が発展した。絵画の遺品としては， [ ] の不動明王像（ふどうみょうおうぞう）（黄不動（き ふ どう））や神護寺（じんごじ）の両界曼荼羅が著名である。 （京都府立大）	園城寺（三井寺）
☑ 0600 ☐	灌頂（かんじょう）などの密教における重要な諸行事で用いられる [ ] は，密教の仏の世界を図示したものである。 （同志社大）	曼荼羅（まんだら）（両界曼荼羅（りょうかい））

☑ 0601 ☐	密教の中心仏である大日如来やその使者として忿怒の姿を示す◻︎◻︎◻︎は密教の代表的な尊像である。　（成城大）	ふどうみょうおうぞう 不動明王像
☑ 0602 ☐	平安時代初期になると唐風文化が最盛期をむかえ，◻︎◻︎◻︎の思想が広まることによって漢文学が宮廷で発達した。　（明治学院大）	もんじょうけいこく 文章経国
☑ 0603 ☐	嵯峨天皇の命により編纂された最古の勅撰漢詩集は『◻︎◻︎◻︎』である。　（津田塾大）	りょううんしゅう 凌雲集
☑ 0604 ☐	弘仁・貞観文化期の代表的な漢詩文集に『凌雲集』，『◻︎◻︎◻︎』，『経国集』という3つの勅撰漢詩文集がある。　（成城大）	ぶんかしゅうれいしゅう 文華秀麗集
☑ 0605 ☐	漢詩集に関しては，嵯峨天皇が『凌雲集』，『文華秀麗集』，◻︎◻︎◻︎が『経国集』の編纂を命じており，漢文学がさかんになったことがわかる。　（法政大）	じゅんな 淳和天皇
☑ 0606 ☐	平安時代になると，中国から学んだ漢文学の教養が貴族の間で深まり，勅撰漢詩文集が編纂され，菅原道真の『◻︎◻︎◻︎』など，個人の漢詩文集もつくられた。（京都大）	かんけぶんそう 菅家文草
☑ 0607 ☐	空海の詩や書簡を弟子の真済が『◻︎◻︎◻︎』にまとめた。　（関西学院大）	しょうりょうしゅう 性霊集
☑ 0608 ☐	空海は，詩論書の『◻︎◻︎◻︎』を著した。　（慶應義塾大）	ぶんきょうひふろん 文鏡秘府論
☑ 0609 ☐	空海は，唐風の書にも通じ，嵯峨天皇・橘逸勢とともに◻︎◻︎◻︎と称された。　（中央大）	さんぴつ 三筆

| ☑ 0610 | 空海 が 最 澄 に 送 っ た 3通 の 書 状 を 1巻 に 仕 立 て た 『　　　　』は日本書道史上の名品として名高い。 (札幌大) | 風信帖 |

| ☑ 0611 | 平安時代初期，学問の中でも特に盛んだったのは，中国 の歴史を学ぶ　　　　だった。 (國學院大) | 紀伝道（文章道） |

| ☑ 0612 | 六国史のうち，平安時代初期に編纂がはじめられた3つ目 にあたる『　　　　』は840年に完成した。 (中央大) | 日本後紀 |

| ☑ 0613 | 平安時代初期，貴族は大学の寄宿的私学である　　　　 を設け，そこで子弟を学ばせた。橘氏の学館院などがあ る。 (立命館大) | 大学別曹 |

| ☑ 0614 | 有力貴族は大学の寄宿舎にあたる大学別曹を設けて一族 の子弟を寄宿させ，学生として大学での試験や講義を受け る便宜をはかった。和気氏の　　　　などがある。(中央大) | 弘文院 |

| ☑ 0615 | 藤原氏は大学別曹として　　　　をつくった。 (同志社大) | 勧学院 |

| ☑ 0616 | 在原氏は大学別曹として　　　　をつくった。 (東京経済大) | 奨学院 |

| ☑ 0617 | 空海が創設した庶民の教育の場は，　　　　である。 (明治大) | 綜芸種智院 |

| ☑ 0618 | 薬師寺の僧である景戒が著した仏教説話は『　　　　』で ある。 (南山大) | 日本霊異記 |

☑ 0619 ♡	平安時代中期以降,藤原不比等の次男・藤原房前の血を引く藤原［　　　］が,政治の中心を担うようになった。 (学習院大)	北家
☑ 0620 ♡	藤原冬嗣の子である［　　　］は,他氏排斥によって権力を強めた。　　　　　　　　　　　　　　(慶應義塾大)	藤原良房
☑ 0621 ♡	藤原良房が他氏を排斥した出来事のひとつは,842年の［　　　］である。　　　　　　　　　　　　　(立命館大)	承和の変
☑ 0622 ♡	唐風の書の三筆と称された［　　　］は,承和の変で失脚し,流された。また藤原良房は,承和の変をきっかけにして,のちの文徳天皇を皇太子として擁立した。　(國學院大)	橘 逸勢
☑ 0623 ♡	承和の変は,皇太子恒貞親王派の橘逸勢と［　　　］とが謀反を企てたとするもので,密告者は阿保親王だった。 (同志社大)	伴(大伴)健岑
☑ 0624 ♡	文徳天皇が亡くなると,史上はじめて幼帝として即位したのが［　　　］であった。藤原良房は,摂政に任じられ,天皇を補佐した。　　　　　　　　　　　　(早稲田大)	清和天皇
☑ 0625 ♡	藤原良房は,娘の明子と文徳天皇の間に生まれた孫の惟仁親王を清和天皇として858年に即位させ,自らは臣下として初めて［　　　］の地位に就いた。　　(立教大)	摂政
☑ 0626 ♡	藤原良房は,866年の［　　　］の陰謀にかかわったとされる。この事件は12世紀,『伴大納言絵巻』に描かれている。　　　　　　　　　　　　　　　　(日本大)	応天門の変

☑ 0627 ☐	応天門の変は，大納言の〔　　〕が朝堂院の正門に放火し，その罪を左大臣の 源 信に負わせようとしたが，発覚して伊豆に配流されたものである。　　　　　（同志社大）	<ruby>伴善男<rt>とものよしお</rt></ruby>
☑ 0628 ☐	応天門の変の処理にあたった藤原良房は，伴善男や〔　　〕などの有能な他氏出身の官人を排斥することに成功した。　　　　　　　　　　　　　　　（同志社大）	<ruby>紀夏井<rt>きのなつい</rt></ruby>
☑ 0629 ☐	藤原良房の養子で，六国史の五つ目にあたる『日本文徳天皇実録』の編纂にもたずさわった〔　　〕は，初の関白に任命された。　　　　　　　　　　　　（明治大）	<ruby>藤原基経<rt>もとつね</rt></ruby>
☑ 0630 ☐	887年に即位した〔　　〕は基経を関白に任命する詔を出すが，基経は辞退し，彼をなだめるために出された勅書の文言をめぐって政局は紛糾した。　（青山学院大）	<ruby>宇多天皇<rt>うだ</rt></ruby>
☑ 0631 ☐	887年に即位した宇多天皇は，藤原基経を<ruby>阿衡<rt>あこう</rt></ruby>にするとの勅書を出した。しかし基経は抗議して，888年勅書を撤回させた。この事件を〔　　〕の紛議という。（中央大）	<ruby>阿衡<rt>あこう</rt></ruby>
☑ 0632 ☐	藤原基経の没後，摂政・関白をおかなかった宇多天皇は，六国史を分類し整理してまとめたことでも知られる〔　　〕を重用した。　　　　　　　　　（津田塾大）	<ruby>菅原道真<rt>すがわらのみちざね</rt></ruby>
☑ 0633 ☐	894年（<ruby>寛平<rt>かんぴょう</rt></ruby>6年），菅原道真の建議で〔　　〕は中止された。　　　　　　　　　　　　　　　（同志社大）	<ruby>遣唐使<rt></rt></ruby>
☑ 0634 ☐	宇多天皇の次の〔　　〕も摂政・関白をおかず，<ruby>藤原時平<rt>ときひら</rt></ruby>を左大臣，菅原道真を右大臣として政治を進めたが，901年，時平の策謀によって道真は大宰府に左遷された。（法政大）	<ruby>醍醐天皇<rt>だいご</rt></ruby>
☑ 0635 ☐	藤原基経の子で，醍醐天皇から重用された左大臣の〔　　〕は，901年に謀略によって菅原道真を右大臣から<ruby>大宰権帥<rt>だざいごんのそち</rt></ruby>に降格させ，大宰府に左遷した。　（関西学院大）	<ruby>藤原時平<rt>ときひら</rt></ruby>

原始・古代

中世

近世

近代

現代

☑ 0636 ☐	醍醐天皇と村上天皇が行った親政は，のちに「＿＿＿＿」と称えられる。　　　　　　　　　　　　　　　（京都大）	延喜・天暦の治
☑ 0637 ☐	902年，醍醐天皇は＿＿＿を発したが，荘園整理を国司らに任せたため，その効果が薄かった。　（津田塾大）	延喜の荘園整理令
☑ 0638 ☐	延喜の荘園整理令は，荘園整理を国司らに任せたために効果が薄かった。このため914年，学者の＿＿＿は，政治意見書「意見封事十二箇条」を提出した。　（中央大）	三善清行
☑ 0639 ☐	藤原時平は，六国史の最後となる『＿＿＿』を編纂したことでも知られる。　　　　　　　　　　（慶應義塾大）	日本三代実録
☑ 0640 ☐	菅原道真が六国史を分類整理して編纂した史書は『＿＿＿』である。　　　　　　　　　　　　　（早稲田大）	類聚国史
☑ 0641 ☐	930年に醍醐天皇のあとに即位した＿＿＿の時期には，藤原時平の弟の忠平が摂政・関白となって政治を主導した。　　　　　　　　　　　　　　　　　　　（法政大）	朱雀天皇
☑ 0642 ☐	醍醐天皇につづき朱雀天皇が即位すると，藤原基経の子の＿＿＿が摂政・関白を務めた。　　　　（上智大）	藤原忠平
☑ 0643 ☐	＿＿＿は村上天皇の在位時に，和同開珎以後において鋳造された本朝十二銭のうちの最後の銭貨である。　　　　　　　　　　　　　　　　　　（青山学院大）	乾元大宝
☑ 0644 ☐	村上天皇の没後の969年，村上天皇に重用された左大臣の源高明が藤原北家の勢力に押されて左遷されるという＿＿＿が起きた。　　　　　　　　　（関西学院大）	安和の変

☑ 0645	安和の変において，摂津の〔　　　〕は，源高明の謀反を密告して左遷に追い込み，関白の藤原実頼に接近した。 （日本大）	源満仲
☑ 0646	天皇が幼少や病気などのときに代わって政務をとるのが〔　　　〕である。 （オリジナル）	摂政
☑ 0647	政務全般にわたって天皇を補佐する令外官が〔　　　〕である。 （オリジナル）	関白
☑ 0648	安和の変が起きた969年から11世紀後半まで，藤原北家は摂政・関白の地位を独占し，政治的主導権を握った。この時期の政治を〔　　　〕という。 （千葉大）	摂関政治
☑ 0649	摂関政治は，摂関家の人物が天皇の母方の親族，すなわち〔　　　〕として国政を執るという形態である。（成城大）	外戚
☑ 0650	藤原兼通と〔　　　〕は実の兄弟でありながら，権力争いを繰り広げた。 （早稲田大）	藤原兼家
☑ 0651	藤原北家の〔　　　〕は，摂関の地位をめぐる争いで藤原伊周に勝利し，10世紀末から30年にわたり権力を握り続けた。 （首都大）	藤原道長
☑ 0652	藤原道長が甥の〔　　　〕との権力争いに勝利したのち，摂関時代の黄金期を築きあげたことはよく知られている。 （早稲田大）	藤原伊周
☑ 0653	藤原道長は，〔　　　〕・後朱雀天皇・後冷泉天皇と，3代の天皇の祖父として，その地位を不動のものとした。 （首都大）	後一条天皇

☑ 0654 ☆	藤原道長は1017年に □ となった。　　（オリジナル）	太政大臣
☑ 0655 ☆	道長は一条天皇の中宮となった □ をはじめとして，4人の娘を皇后や皇太子妃とし，政界の実力者となった。　　（青山学院大）	彰子
☑ 0656 ☆	藤原道隆は娘の □ を，藤原道長は娘の彰子を天皇家に嫁がせ，天皇の権威を利用して権力を握った。　（昭和女子大）	定子
☑ 0657 ☆	藤原道長の長男である □ は，摂政・関白として約50年間実権を握って藤原北家の権勢を保った。　（明治大）	藤原頼通
☑ 0658 ▣	摂政・関白は，藤原氏における最高位者として藤原氏の □ を兼ね，大きな権力を握っていたが，その最盛期は，藤原道長とその子頼通の頃である。　（中央大）	氏長者
☑ 0659 ☆	摂関期，政治方針の決定には，公卿の合議である □ が開催され，法令も太政官符や宣旨などによって下されるのが一般的であった。　　（青山学院大）	陣定
☑ 0660 ▣	藤氏長者が11世紀初頭までには朱器台盤・長者印とともに渡荘券文を受けて □ と呼ばれる膨大な所領を相伝・管理するようになる。　（同志社大）	殿下渡領
☑ 0661 ☆	摂政・関白は天皇と太政官の間に立ってすべての政務を把握し，特に諸司・諸国の官人を任命する □ など，人事において大きな権限を握った。　　（首都大）	除目
☑ 0662 ☆	907年，□ が滅び，中国では五代十国の諸王朝が興亡した。江南に都をおいた呉越からは日本に商人が来貢し彼地の文化を伝えた。　　（同志社大）	唐

☑ 0663 ⌒	10世紀に興った＿＿＿は, 907年に唐が滅んだのちの中国を再統一した。 (同志社大)	そう 宋 (北宋)
☑ 0664 ⌒	五代十国を経て宋王朝に入った永観元年 (983), 円融天皇の勅許を得て, ＿＿＿が入宋し, 天台山・五台山を巡礼して, 皇帝の太宗に謁見した。 (同志社大)	ちょうねん 奝然
☑ 0665 ⌒	奝然が, ＿＿＿に安置された釈迦如来像を中国から持ち帰ったことは著名である。 (青山学院大)	せいりょうじ 清涼寺
☑ 0666 ⌒	1019年には, 女真人によって, 対馬・壱岐などが襲われた＿＿＿があった。 (青山学院大)	とい にゅうこう 刀伊の来襲(入寇)
☑ 0667 ⌒	＿＿＿が大宰権帥であった1019 (寛仁3) 年, 九州北部が刀伊 (女真人) に襲来される事件が起こったが, 大宰府の官人や軍勢を指揮してこれを撃退した。 (北海道大)	ふじわらのたかいえ 藤原隆家
☑ 0668 ⌒	10世紀に興った＿＿＿は, 新羅を滅ぼして朝鮮半島を統一した。 (中央大)	こうらい 高麗

THEME

国風文化

見出し番号 0669—0716

出題頻度 ♔

☑ 0669 ⌒	10世紀になると, 大陸文化を消化するなかで, 優美でこまやかな情緒に富む貴族文化が生まれた。この文化を藤原文化または＿＿＿という。 (立命館大)	国風文化
☑ 0670 ⌒	国風文化を象徴する出来事として, すでに9世紀に用いられ始めていた＿＿＿が, 大きく発達した。 (國學院大)	かな文字

☑ 0671 ☐	11世紀初めには，かな文字として平がなや□□□の字形がほぼ固まった。　　　　　　　　　　（センター）	片かな
☑ 0672 ☐	905年，醍醐天皇の命により最初の勅撰和歌集である『□□□』が編纂された。　　　　　　　　（関西学院大）	古今和歌集（こきん）
☑ 0673 ☐	醍醐天皇の命を受けて『古今和歌集』を編纂した□□□は，土佐国から京都へ帰る際の紀行文として『土佐日記』を著した。　　　　　　　　　　　　　　　（関西大）	紀貫之（きのつらゆき）
☑ 0674 ☐	『古今和歌集』から鎌倉時代の『新古今和歌集』までの八つの勅撰和歌集を□□□という。　　　　（センター）	八代集
☑ 0675 ☐	平城天皇の皇子阿保親王（あぼ）の子である□□□には情熱あふれる秀歌が多いが，『伊勢物語』（いせ）は彼の歌に物語を付した120余の短編からなる歌物語である。　　（関西大）	在原業平（ありわらのなりひら）
☑ 0676 ☐	古今集序に論評された，平安前期の和歌の名人である「六歌仙」は在原業平・僧正遍昭（へんじょう）・喜撰（きせん）・大友黒主（おおとものくろぬし）・文屋康秀（ふんやのやす）（ひで）・□□□の6人をさす。　　　　（オリジナル）	小野小町（おののこまち）
☑ 0677 ☐	文化の国風化がすすみ仮名文学の発達がみられるが，文学の主流はあくまでも漢文学で，□□□が『和漢朗詠（ろうえい）集（しゅう）』を編集した。　　　　　　　　　（明治学院大）	藤原公任（きんとう）
☑ 0678 ☐	『□□□』は国風文化の代表的な文学のひとつで，伝説を題材にした，最古といわれるかな物語である。　　　　　　　　　　　　　　　　（慶應義塾大）	竹取物語（たけとり）
☑ 0679 ☐	10世紀末頃成立したとされる『□□□』は現存する最も古い継子（ままこ）いじめの物語である。　（同志社大）	落窪物語（おちくぼ）

☑ 0680	かな物語では，左大将の娘貴宮をめぐる結婚譚である『　　　』などが生まれた。　（中央大）	宇津保物語
☑ 0681	藤原道隆の娘である皇后定子に女房として仕えた『　　　』は，宮廷生活の体験を随筆風に記した『枕草子』を著した。　（明治大）	清少納言
☑ 0682	『　　　』は，藤原道長の娘である中宮彰子に仕えた紫式部が，宮廷貴族の生活を題材にして描いたかな物語で，国風文学の最高傑作とされている。　（センター）	源氏物語
☑ 0683	『古今和歌集』を編纂した紀貫之は，最初のかな日記である『　　　』をつづった。　（早稲田大）	土佐日記
☑ 0684	国風文化において，紫式部の『源氏物語』や，清少納言の『枕草子』，　　　の『蜻蛉日記』，菅原孝標の女の『更級日記』などが有名である。　（関西学院大）	藤原道綱の母
☑ 0685	小野道風・藤原佐理・　　　は和様とよばれる和風の書の名手で，三跡とたたえられた。　（中央大）	藤原行成
☑ 0686	平安時代中期には，なだらかな線と上品な彩色が特徴の日本風絵画，すなわち　　　が流行した。　（京都大）	大和絵
☑ 0687	絵画では宮廷絵師　　　が祖とされる大和絵が生まれ，日本的な風物が主題として描かれるようになった。　（明治大）	巨勢金岡
☑ 0688	調度品には，漆で模様を描き，そこに金・銀などの金属粉を散らして模様とする　　　の技法が施された。　（摂南大）	蒔絵

☑ 0689 ☆	薄く削った貝片を器体にはめこむ[　　]の技法は，工芸品に使われただけでなく，中尊寺の阿弥陀堂内陣須弥壇装飾にも施されている。 （早稲田大）	螺鈿
☑ 0690 ☆	平安時代中期には，白木造・檜皮葺を特徴とする建築様式の[　　]が流行し，貴族の邸宅に用いられた。 （中央大）	寝殿造
☑ 0691 ☆	貴族の服装をみると，男性の正装は束帯やそれを簡略にした[　　]で，女性の正装は唐衣や裳をつけた女房装束（十二単）であった。 （東洋大）	衣冠
☑ 0692 ☆	平安時代，一般庶民の男性は，直垂や，貴族の日常着である狩衣から変化した[　　]などを，女性は，小袖の上に短い腰衣を着ていた。 （南山大）	水干
☑ 0693 ☆	平安時代の男子の成人の儀式を[　　]という。 （オリジナル）	元服
☑ 0694 ☆	平安時代の女性の成人式を[　　]という。 （立教大）	裳着
☑ 0695 ☆	貴族たちの日常生活では，[　　]などの影響を受けて日柄や方角の吉凶に敏感になり，穢れをさけようとする傾向が強かった。 （獨協大）	陰陽道
☑ 0696 ☆	平安時代になると，陰陽道の[　　]のように，朝廷の中で専門技術や知識を伝える家が固定化する分野が見られるようになった。 （学習院大）	安倍氏
☑ 0697 ☆	禁忌の中でも一定の期間外出を慎む[　　]や，外出に際して悪いとされる方角を避ける方違などが有名である。 （中央大）	物忌

☑ 0698
凶の方角を避けて行動することを〔　　　〕という。
（オリジナル）

方違（かたたがえ）

☑ 0699
平安時代中期には，死んだあとに来世で極楽浄土に行って悟りを開くことを願う〔　　　〕が流行し始めた。
（中央大）

浄土教（じょうどきょう）
（浄土信仰）

☑ 0700
浄土教は〔　　　〕を信仰の対象とした。　（北海道大）

阿弥陀仏（あみだぶつ）
（阿弥陀如来）

☑ 0701
僧の〔　　　〕は京の市（いち）で「南無阿弥陀仏（なむあみだぶつ）」の念仏を唱え，庶民から貴族層まで幅広く支持された。　（オリジナル）

空也（くうや）

☑ 0702
僧空也の出自は不明な点が多いが，諸国を遊行・遍歴した後，天慶（てんぎょう）元年（938）入京し，住民に口称（くしょう）念仏を広め，「〔　　　〕」と呼ばれた。　（同志社大）

市聖（いちのひじり）

☑ 0703
10世紀後半には，天台宗の源信（げんしん）が『〔　　　〕』を著し，来世において極楽浄土に往生するための念仏実践の方法を説いた。　（立命館大）

往生要集（おうじょうようしゅう）

☑ 0704
〔　　　〕が編纂した『日本往生極楽記（ごくらくき）』のような，極楽往生を遂げたと信じられた人々の伝記を集めた往生伝がつくられるようになった。　（中央大）

慶滋保胤（よししげのやすたね）

☑ 0705
浄土教が流行した背景には，「11世紀中頃に仏教が衰えて世の中が乱れる」とする〔　　　〕があった。　（立教大）

末法思想（まっぽう）

☑ 0706
末法思想は釈迦の入滅以後，正法・〔　　　〕・末法という三つの段階の時期を経て仏教が衰退していくという思想である。　（成城大）

像法（ぞうほう）

☑ 0707 ☐	⬛⬛⬛⬛の世が到来するとされた1052年が近づくにつれて，浄土教が盛んになった。貴族たちは，極楽浄土を模した仏堂を造立しだした。 （立教大）	末法
☑ 0708 ☐	平安時代中頃には，神は仏が仮に形をかえてこの世に現われたもの（権現）とする⬛⬛⬛⬛がとなえられる。 （千葉大）	本地垂迹説
☑ 0709 ☐	災害や全国的疫病の流行があり，政争に敗れた人々の祟りをおそれる風潮がひろがると，神泉苑や祇園社では⬛⬛⬛⬛が始まった。 （早稲田大）	御霊会
☑ 0710 ☐	藤原道長は晩年になると，娘たちの死など不幸が続いたために浄土教を篤く信奉し，⬛⬛⬛⬛を建立した。 （学習院大）	法成寺
☑ 0711 ☐	浄土教を信奉した藤原頼通は宇治の別荘の阿弥陀堂を『⬛⬛⬛⬛』とした。 （学習院大）	平等院鳳凰堂
☑ 0712 ☐	平等院鳳凰堂の本尊として知られている阿弥陀如来像をつくった仏師定朝は，⬛⬛⬛⬛の手法を完成させ，仏像の大量需要にこたえた。 （立命館大）	寄木造
☑ 0713 ☐	浄土教が普及すると，往生を願う人の臨終に際し，阿弥陀仏が多くの菩薩を従えて極楽浄土から雲に乗って迎えにくる様子を描いた⬛⬛⬛⬛が多く作られた。 （中央大）	来迎図
☑ 0714 ☐	「此の世をば　我が世とぞ思ふ　望月の　かけたることも無しと思へば」という藤原道長の歌は，⬛⬛⬛⬛の『小右記』に収録されている。 （オリジナル）	藤原実資
☑ 0715 ☐	藤原実資は長年にわたって『⬛⬛⬛⬛』と呼ばれる日記を書き続け，摂関期の重要な史料になっている。 （早稲田大）	小右記

| ☑ 0716 | 藤原道長は，日記『＿＿＿＿』を著した。 （千葉大） | 御堂関白記 |

THEME
荘園の発達と武士の台頭

見出し番号 0717—0765

出題頻度

☑ 0717	平安時代になると，水田を経営するものは＿＿＿と呼ばれるようになった。 （早稲田大）	田堵
☑ 0718	田堵の中で，多くの下人をかかえて大規模な経営を行うものを＿＿＿と呼んだ。 （早稲田大）	大名田堵
☑ 0719	10世紀には，田堵と呼ばれる有力農民が耕作と納税を請け負うようになった。そのような有力農民の請負地の多くは＿＿＿と呼ばれた。 （中央大）	名（名田）
☑ 0720	荘園で国家の干渉を受けずに土地や農民を支配できるようになると，かつての田堵のなかには，＿＿＿と呼ばれる，年貢や公事のとりまとめを行うものも現れた。 （法政大）	名主
☑ 0721	口分田や乗田などの公田は名田として有力農民に耕作が委ねられるようになった。これを＿＿＿という。 （慶應義塾大）	負名体制
☑ 0722	受領は国内の田地を名という徴税単位に再編し，名の耕作請負人たる負名から地税化した官物と＿＿＿とを直接徴収する負名体制を作り上げた。 （同志社大）	臨時雑役
☑ 0723	摂関政治のもとでは先例・儀式・縁が重視され，私財を出して朝廷の儀式や寺社の造営を請け負う見返りに官職が与えられる＿＿＿がさかんに行われた。 （法政大）	成功

☑ 0724 ☐	摂関政治のもとでは，私財を納めて収入の多い官職に再任してもらう ☐ もさかんに行われた。 （法政大）	ちょうにん 重任
☑ 0725 ☐	国司に任命されても現地に赴任せず，代理人を派遣する ☐ も行われた。 （清泉女子大）	ようにん 遙任
☑ 0726 ☐	平安時代中期の国司の中には，任国へ自分の代理人である ☐ を送り，交代の時以外には任国へ赴かない者もいた。 （センター）	もくだい 目代
☑ 0727 ☐	「徴税請負人」としての性格を強めた国司（四等官制で，各国に「守」「介」「掾」「目」がいる）の最上級者（普通は「守」）は ☐ と呼ばれるようになった。 （清泉女子大）	ず りょう 受領
☑ 0728 ☐	受領のうち尾張守の ☐ は暴政を行い，988年に郡司や有力農民から告発された。 （青山学院大）	もとなが 藤原元命
☑ 0729 ☐	『今昔物語集』では，信濃守の ☐ が谷底に落ちてもそこに生えている平茸をとることを忘れず，「受領は倒るるところに土をもつかめ」と言ったとされている。（立教大）	のぶただ 藤原陳忠
☑ 0730 ☐	11〜12世紀には，郡司などの地方豪族や有力な田堵のなかには田地の開墾をすすめ，それを私領化して ☐ となる者があらわれた。 （青山学院大）	かいはつりょうしゅ 開発領主
☑ 0731 ☐	開発領主の多くは，国衙の行政を世襲的に請け負う ☐ となった。 （青山学院大）	ざいちょうかんじん 在庁官人
☑ 0732 ☐	墾田永年私財法ののち，大貴族や大寺社は浮浪人や班田農民に賃租して私有地を広げていった。これらの私有地を初期荘園といい，☐ ともいう。 （法政大）	こんでん ち けい 墾田地系荘園

☑ 0733 ☐	開発領主が貴族や寺社に開墾地を寄進することによって成立した荘園を，墾田地系荘園（初期荘園）と比較して，□□□□という。 (関西学院大)	寄進地系荘園
☑ 0734 ☐	税負担を逃れようとした開発領主から所領を寄進されて荘園領主となった中央の貴族は，□□□□とよばれた。 (北海道大)	領家
☑ 0735 ☐	領家が，さらに上級の貴族や有力皇族に荘園を寄進した場合，寄進を受けた上級の領家は□□□□とよばれた。 (津田塾大)	本家
☑ 0736 ☐	領家や本家のうち，実質的に荘園の支配権をもつものを□□□□とよぶ。 (オリジナル)	本所
☑ 0737 ☐	開発領主は，中央の有力な寺社や貴族に所領を寄進し，自らは□□□□などの荘官となり，所領の現地支配の権限をさらに強めていった。 (関西大)	下司
☑ 0738 ☐	上級荘官である□□□□は，下級荘官である下司・公文などを指揮して，荘園を経営した。 (オリジナル)	預所
☑ 0739 ☐	11世紀に入ると，開発領主の中に，領家や本家の権威を背景にして政府や国司に税の免除，すなわち□□□□を承認してもらう者が増えた。 (津田塾大)	不輸
☑ 0740 ☐	不輸の権利を得た荘園のうち，太政官符や□□□□によって税の免除が認められた荘園を官省符荘という。 (同志社大)	民部省符
☑ 0741 ☐	太政官符や民部省符によって，田地の永続的な私有が認められ，さらにその田地が不輸租の扱いとなること（不輸）を認められた荘園を，□□□□という。 (学習院大)	官省符荘

☑ 0742 ☖	国司がその領有や不輸租の認定を行った　　　　は個々の国司の裁定にゆだねられていたが，同時にその効力は国司の任期中に限られていた。　　　　　　（同志社大）	国免荘 <small>こくめんのしょう</small>
☑ 0743 ☖	荘園のなかには本家・領家が政府にはたらきかけ，国衙から派遣される検田使の立ち入りや警察権の介入を拒否する　　　　の特権を獲得するものもあった。　（立教大）	不入 <small>ふにゅう</small>
☑ 0744 ☖	国司は，国内の耕作状況をもとに官物などの負担を定めるため　　　　を派遣したが，荘園領主の権威を背景に，その立ち入りを拒否する荘園も増加した。　　（関西大）	検田使 <small>けんでんし</small>
☑ 0745 ☖	9世紀末，天皇の居所近くを詰所として警衛にあたった　　　　も，実際の武力ではなく，物怪を防ぐ呪力を発揮することが期待された。　　　　　　　（南山大）	滝口の武者(武士) <small>たきぐちのむしゃ</small>
☑ 0746 ☖	9世紀末〜10世紀，朝廷は，武装した地方の豪族や有力農民たちの紛争を解決するため押領使・　　　　を派遣した。　　　　　　　　　　　　　　　（東京大）	追捕使 <small>ついぶし</small>
☑ 0747 ☖	押領使・追捕使に任じられた者のなかには，現地でそのまま在庁官人などとして残り，やがて有力な　　　　となる者もあらわれた。　　　　　　　　（法政大）	武士 (兵) <small>つわもの</small>
☑ 0748 ☖	武士団のなかで，一門の首長を惣領といい，その分家・庶子などを　　　　という。　　　　（オリジナル）	家子 <small>いえのこ</small>
☑ 0749 ☖	武士団のなかで，上級の兵士に従う下級の兵士のことを　　　　という。　　　　　　　　（オリジナル）	郎等 (郎党・郎従) <small>ろうとう（ろうじゅう）</small>
☑ 0750 ☖	11世紀，清和源氏や桓武平氏らの軍事貴族は，地方武士団を広く組織して武家の　　　　となり，大きな勢力を築いていった。　　　　　　　　（青山学院大）	棟梁 <small>とうりょう</small>

☑ 0751

　　　　　は，高望王が臣籍降下したことを機に始まる家系である。　　　　　　　　　　　　　　　　　　　（中央大）

桓武平氏

☑ 0752

大武士団をまとめる指導者を棟梁というが，天皇の血統を有する桓武平氏と　　　　　は，武士団の棟梁の代表であった。　　　　　　　　　　　　　　　　　　　　（西南学院大）

清和源氏

☑ 0753

桓武天皇の皇子である葛原親王の孫である　　　　　が平の姓を受け上総介となり，その子孫が関東各地に広がり，東国の武士団を形成していった。　　　　　　　　（中央大）

高望王

☑ 0754

清和天皇の第六子貞純親王の子であった　　　　　は，六孫王とも名乗ったが，後に源氏の姓を与えられて源経基となり，清和源氏の初代となった。　　　　　（学習院大）

経基王

☑ 0755

東国に根を下ろした桓武平氏の　　　　　は，国司と対立していた。朱雀天皇の摂政・藤原忠平が仲裁に入ったが失敗。939年，反乱を起こした。　　　　　　　　（日本大）

平将門

☑ 0756

古代から東国は独特の発展が目立つ地域だったが，ついに平将門はみずから「　　　　　」と名乗って朝廷に反旗をひるがえした。　　　　　　　　　　　　　　（早稲田大）

新皇

☑ 0757

平将門は，　　　　　・下野・上野の国府を攻め落とし，東国の大半を占領した。　　　　　　　　　　　　　（センター）

常陸

☑ 0758

平将門は反乱を起こし，常陸・上野・下野の国府を攻め落としたが，同じ東国の武士の　　　　　・藤原秀郷らによって討たれた。　　　　　　　　　　　　　（青山学院大）

平貞盛

☑ 0759

平将門の乱と同じ939年，かつて伊予の国司だった　　　　　は，瀬戸内の海賊たちを率いて，日振島を拠点に反乱を起こした。　　　　　　　　　　　（日本女子大）

藤原純友

☑ 0760 ☐	藤原純友は瀬戸内海周辺や大宰府などを襲ったが，朝廷が送った追捕使の小野好古や，清和源氏の祖である◯◯◯らに討伐された。 (上智大)	源経基
☑ 0761 ☐	朱雀天皇の時代に起きた平将門の乱と藤原純友の乱を，合わせて◯◯◯という。この2つの反乱は政府の軍事力低下を露呈させ，朝廷の権威を脅かした。 (中央大)	天慶の乱（承平・天慶の乱）
☑ 0762 ☐	源経基の子，◯◯◯は安和の変に関わり，藤原摂関家との関係を深くした。 (慶應義塾大)	源満仲
☑ 0763 ☐	◯◯◯国に土着していた源満仲とその子の頼光・頼信兄弟は，主に摂関家への奉仕と，その見返りとしての保護を受けながら勢力を拡大していった。 (上智大)	摂津国
☑ 0764 ☐	1028〜1031年，国司と対立した◯◯◯は，上総で反乱を起こした。 (関西学院大)	平忠常
☑ 0765 ☐	平忠常の乱を鎮圧し，清和源氏の東国進出のきっかけをつくったのは，摂津に土着していた源満仲の子◯◯◯である。 (西南学院大)	源頼信

CHAPTER

2

中世

掲載問題数 ７３９問

ここでは，平安時代後期から安土・桃山時代まで
を扱います。
平安時代の後期には，荘園制度とともに力をつ
けた武士が貴族層から支配権を奪います。鎌倉
時代，室町時代，安土・桃山時代と，武士が活
躍した時代を見てゆきましょう。

☑ 0766	国司が支配している土地は [＿＿＿] または国衙領と呼ばれた。 (オリジナル)	公領
☑ 0767	11世紀以降に寄進地系荘園が増え，公領は郡・郷・[＿＿＿] に再編される。 (慶應義塾大)	保
☑ 0768	11世紀半ばに郡郷制の再編がなされると，郡司は [＿＿＿] と並ぶ国衙領内の行政区画の徴税担当者の肩書きにすぎなくなった。 (同志社大)	郷司
☑ 0769	国司は，在地領主や有力農民を郡司・郷司・[＿＿＿] に用いた。 (オリジナル)	保司 (ほし)
☑ 0770	名主を中心に村落が形成され，領主には，米や布などの年貢のほか，運搬・警固などの労役を負担する [＿＿＿] などをおさめるようになった。 (慶應義塾大)	夫役
☑ 0771	名主は，[＿＿＿] などの隷属農民や作人などの農民に名の耕作をさせた。 (法政大)	下人
☑ 0772	名主は，荘園領主に対し，田地にかかり，一般には米で納められた [＿＿＿] と，雑物と夫役からなる公事を負担した。 (法政大)	年貢
☑ 0773	律令制の租にあたる領主への貢納物を年貢といい，律令制の調庸・雑徭にあたる貢納物などを広く [＿＿＿] とよんだ。 (オリジナル)	公事

☑ 0774	1068年，藤原頼通の娘が天皇家に嫁いだものの皇子に恵まれなかったため，摂政・関白を外戚としない◯◯◯が即位した。 （学習院大）	後三条天皇
☑ 0775	後三条天皇は◯◯◯らを登用するとともに，荘園の増加が公領を圧迫している現状を憂い，延久の荘園整理令を出した。 （関西学院大）	大江匡房
☑ 0776	後三条天皇は，1069年に◯◯◯を発した。整理の対象は，後冷泉天皇の寛徳の荘園整理令を出した1045年（寛徳2年）以降につくられた荘園である。 （慶應義塾大）	延久の荘園整理令
☑ 0777	大江匡房らに起草させた延久の荘園整理令では，中央に設けた◯◯◯が書類審査を行い，官符・宣旨を発行して国司に通達した。 （中央大）	記録荘園券契所（記録所）
☑ 0778	後三条天皇は，枡の大きさを一定にした。この公定枡は◯◯◯と称され，枡の基準として，太閤検地まで用いられた。 （関西大）	宣旨枡
☑ 0779	源頼義・義家らは，出羽の豪族清原光頼・武則兄弟の助力を得て，安倍氏を滅ぼした。この争乱を◯◯◯という。 （関西大）	前九年合戦（前九年の役）
☑ 0780	源頼義は子の◯◯◯とともに安倍氏と戦い，出羽の豪族である清原氏の助けを得て安倍氏を滅ぼした。 （成蹊大）	源義家
☑ 0781	源義家は陸奥守となり，◯◯◯の内紛に武力で介入し，制圧した。この戦乱を後三年合戦（後三年の役）という。 （北海道大）	清原氏
☑ 0782	後三年合戦で活躍した藤原清衡を始祖とする◯◯◯は，奥羽地方で産出した金を背景に勢力を伸ばし，100年にわたって繁栄した。 （早稲田大）	奥州藤原氏

☑ 0783 ☐	平安時代後期, 清原清衡は, 藤原氏を称し, 勢力下のほぼ南端にあたる◻に本拠を定め, いわゆる奥州藤原氏三代の栄華の基礎を築いた。 (関西大)	ひらいずみ 平泉
☑ 0784 ☐	奥州藤原氏の繁栄は二代◻, 三代秀衡と続いたが, 四代泰衡の時に源頼朝によって滅ぼされた。 (成城大)	藤原基衡
☑ 0785 ☐	平泉の中尊寺は初代清衡, 毛越寺は二代基衡, 観自在王院は基衡の妻, そして無量光院は三代◻によって創建された仏教寺院である。 (成城大)	藤原秀衡
☑ 0786 ☐	上皇が天皇を後見しつつ政治の実権を握ることを◻という。 (上智大)	いんせい 院政
☑ 0787 ☐	1086 (応徳3) 年に, 院政の道をひらいたのは◻である。院政の経済的基盤は各地の荘園であった。 (神戸学院大)	しらかわ 白河天皇
☑ 0788 ☐	11世紀末, 白河天皇は譲位し, 幼少の◻をたて上皇となった。院政の開始である。 (立教大)	ほりかわ 堀河天皇
☑ 0789 ◼	院政を行う上皇は, 幼少の"在位の君"である天皇の親として, 上皇が政務を行う君主であるという意味の"◻"と呼ばれた。 (立教大)	ちてんのきみ 治天の君
☑ 0790 ☐	上皇の命令を伝える院宣や, 院庁から下される◻は, 院政期には絶大な力を持っていた。 (センター)	いんのちょうくだしぶみ 院庁下文
☑ 0791 ☐	院庁の職員を院司といい, 受領出身の中級貴族が多かったが, とくに上皇の側近となった一団は◻を形成して権勢をふるった。 (オリジナル)	いんのきんしん 院近臣

0792 ☑ ☐	白河上皇は院の御所に [ ] を組織し，源平の武士を側近にするなどして院の権力を強めた。　　　　（近畿大）	北面の武士
0793 ☑ ☐	院政がつづく中で，上皇が上級貴族に一国の支配権を与える [ ] の制度や，上皇自身が国の収益を得る院分国の制度が広まっていった。　　　　（南山大）	知行国
0794 ☑ ☐	院政期には，権力者への荘園寄進が激増し，[ ] の娘に伝えられた八条院領や，後白河上皇が長講堂に寄進した長講堂領などが形成された。　　　　（同志社大）	鳥羽上皇
0795 ☑ ☐	白河上皇が行った院政は，次の鳥羽上皇へ，さらに [ ] へと引き継がれた。院政期は，100年余りつづく。　　　　（同志社大）	後白河上皇
0796 ☑ ☐	仏教を厚く信任した白河上皇は，六勝寺のひとつである [ ] を建立したのち出家して法皇となった。　　　　（早稲田大）	法勝寺
0797 ☑ ☐	院政期，平安京東郊の白河には，堀河天皇の御願寺である [ ] などの六勝寺が建ち並んだ。　　　　（関西大）	尊勝寺
0798 ☑ ☐	白河法皇は，さかんに紀伊国へ赴いて [ ] や高野詣を繰り返して財政を圧迫したが，費用の不足分は成功などで補った。　　　　（関西学院大）	熊野詣
0799 ☑ ☐	院政期に多くの荘園を所有するようになった大寺院は，下級僧侶を [ ] として組織して国司と争い，朝廷に強訴するようになった。　　　　（上智大）	僧兵
0800 ☑ ☐	延暦寺の僧兵である山法師は，日吉神社の神輿を担ぎ，国司との争いや [ ] を行った。　　　　（上智大）	強訴

☑ 0801 ☟	白河上皇は，熊野・高野山を参詣したが，他方で南都の □□□□ や北嶺の 延暦寺 の僧兵による強訴に悩まされた。 （東北学院大）	こうふくじ 興福寺
☑ 0802 ☟	平正盛 は，源義家の子である □□□□ の乱を平定し，正盛の子である 平忠盛 は瀬戸内海の海賊を追討し，鳥羽上皇の信任を得ることになった。 （中央大）	よしちか 源義親
☑ 0803 ☟	源義親 が □□□□ で反乱を起こすと，それを 平正盛 が討った。これを機に平氏が武家の棟梁として台頭し，源氏は一族の内紛などもあり凋落していく。 （獨協大）	いずも 出雲
☑ 0804 ☟	桓武平氏のなかでは，伊勢・伊賀を地盤とする伊勢平氏の □□□□ が殿上人となって貴族の仲間入りをした。 （武蔵大）	ただもり 平忠盛
☑ 0805 ☟	保元の乱 は，□□□□ の死後に誰が院政（親政）を行うのかという対立と，摂関家の正統を誰が継ぐのかという対立が結びついて起きた。 （学習院大）	鳥羽法皇（上皇）
☑ 0806 ☟	1155年に近衛天皇が早世すると，鳥羽上皇・美福門院は □□□□ の院政が行われることを恐れて，その弟である雅仁親王（後白河天皇）を皇位につけた。 （学習院大）	すとく 崇徳上皇
☑ 0807 ☟	1156年，鳥羽上皇が没し，その皇子にあたる後白河天皇と兄の崇徳上皇との間で皇位継承を巡る対立が生じた。いわゆる □□□□ がおこる。 （学習院大）	ほうげん 保元の乱
☑ 0808 ☟	後白河天皇は，藤原通憲（信西）らの進言により，平清盛 や 源義朝 らの武士を動員し，上皇方をやぶった。その結果，崇徳上皇は □□□□ に流された。 （法政大）	さぬき 讃岐
☑ 0809 ☟	保元の乱で，関白・氏長者の地位を巡って父・弟と対立していた □□□□ は後白河天皇に与し，弟らを破った。 （学習院大）	ただみち 藤原忠通

☑ 0810 ☐	1156（保元元）年，崇徳上皇は，摂関家の継承をめざして兄の関白藤原忠通と争っていた左大臣◯◯◯と結んで，武士を集めた。 （法政大）	藤原頼長 _{よりなが}
☑ 0811 ☐	平忠盛の子である◯◯◯は，保元・平治の乱に勝利して，伊勢平氏の地位を確立した。 （早稲田大）	平清盛 _{きよもり}
☑ 0812 ☐	◯◯◯は，保元の乱で平清盛とともに後白河天皇の側について勝利したが，平治の乱では藤原信頼とともに挙兵して，平清盛に滅ぼされた。 （南山大）	源義朝 _{よしとも}
☑ 0813 ☐	保元の乱のとき，平清盛の叔父，◯◯◯は，崇徳上皇側についた。 （オリジナル）	平忠正 _{ただまさ}
☑ 0814 ☐	保元の乱のとき，◯◯◯・為朝父子は，崇徳上皇側についた。 （オリジナル）	源為義 _{ためよし}
☑ 0815 ☐	後白河天皇の近臣の◯◯◯は，藤原忠通とともに武士の動員を進言して保元の乱に勝利し，後白河天皇から重用された。 （同志社大）	藤原通憲（信西） _{みちのり　しんぜい}
☑ 0816 ☐	保元の乱後，院政をはじめた後白河上皇の近臣間の対立から，藤原通憲（信西）に反感を抱いた近臣の一人◯◯◯が源義朝と結んで兵をあげ，通憲は自殺した。 （法政大）	藤原信頼 _{のぶより}
☑ 0817 ☐	藤原通憲と平清盛ばかりが重用されることに反感を抱いた藤原信頼は，◯◯◯を起こしたが，平清盛に武力で圧倒されて滅ぼされた。 （上智大）	平治の乱 _{へいじ}
☑ 0818 ☐	伊勢平氏の嫡流である平清盛は，1159年の平治の乱で，河内源氏の嫡流である◯◯◯を滅ぼした。 （法政大）	源義朝 _{よしとも}

☑ 0819 ☐	平治の乱ののち，源義朝の子である[　　　]は伊豆に流された。 (オリジナル)	<ruby>源頼朝<rt>よりとも</rt></ruby>
☑ 0820 ☐	源頼朝は，義朝の子で，平治の乱ののち，[　　　]に流されていた。 (法政大)	伊豆
☑ 0821 ☐	清盛は2つの乱を経て，武家の棟梁としての地位と権力を大きく高めると，1167年には[　　　]となり，その一族も高位高官にのぼるなど，権勢を極めた。 (関東学院大)	太政大臣
☑ 0822 ☐	住み着いた土地にちなみ，平清盛は[　　　]と呼ばれた。 (オリジナル)	<ruby>六波羅殿<rt>ろく は ら どの</rt></ruby>
☑ 0823 ☐	1167年，清盛は太政大臣になり，のちに娘である[　　　]を<ruby>高倉<rt>たかくら</rt></ruby>天皇の<ruby>中宮<rt>ちゅうぐう</rt></ruby>にした。 (オリジナル)	<ruby>平徳子<rt>とく こ</rt></ruby>(<ruby>建礼門院<rt>けんれいもんいん</rt></ruby>)
☑ 0824 ☐	高倉天皇と徳子の子は[　　　]となり，平清盛は天皇の外戚としても力を強めた。 (学習院大)	<ruby>安徳<rt>あんとく</rt></ruby>天皇
☑ 0825 ☐	平氏の経済基盤は，全盛期には日本全国の約半分にのぼる[　　　]と500余りの<u>荘園</u>であって，その点で摂関家と似ており，貴族的性格が強かった。 (法政大)	知行国
☑ 0826 ☐	平清盛は，父である忠盛以来の[　　　]に力を入れ，平氏政権の経済基盤とした。 (名古屋大)	<ruby>日宋貿易<rt>にっそう</rt></ruby>
☑ 0827 ☐	平清盛が<u>日宋貿易</u>に力を入れていたときの宋とは，女真人の建てた[　　　]に華北を奪われたのち南に遷都した<u>南宋</u>である。 (中央大)	金

☑ 0828 ☐	平清盛が日宋貿易の振興のために摂津の［　　　］を修築した。 （千葉大）	大輪田泊 <small>おおわだのとまり</small>
☑ 0829 ☐	平清盛は，日宋貿易のため，現在の広島県に［　　　］を開いた。 （早稲田大）	音戸の瀬戸 <small>おんどのせと</small>
☑ 0830 ☐	平氏の日宋貿易振興によって，日本からは硫黄が輸出され，宋からは珍宝・書籍・［　　　］が日本にもたらされた。 （関西学院大）	宋銭 <small>そうせん</small>

THEME
院政期の文化

見出し番号 0831—0855

出題頻度 ♛

☑ 0831 ☐	遣唐使中止後も中国商人の来航が続き，香料や薬品・茶碗・書籍などがもたらされた。これらの舶載品は［　　　］と呼ばれた。 （京都大）	唐物 <small>からもの</small>
☑ 0832 ☐	11世紀の貴族たちは［　　　］を通して宋の商人と貿易し，いわゆる「唐物」を入手していた。 （学習院大）	博多
☑ 0833 ☐	寺院に所属しない［　　　］や上人と呼ばれた布教者によって，浄土教の思想が全国に広まった。　（オリジナル）	聖 <small>ひじり</small>
☑ 0834 ☐	浄土教の影響下で藤原清衡が平泉に建てた，院政期を代表する阿弥陀堂である［　　　］は，世界文化遺産に登録されている。 （日本大）	中尊寺金色堂 <small>ちゅうそんじこんじきどう</small>
☑ 0835 ☐	世界文化遺産の登録対象となった「平泉」の構成資産のなかには，藤原清衡建立の中尊寺，基衡建立の［　　　］，秀衡建立の無量光院跡などがある。 （明治大）	毛越寺 <small>もうつうじ</small>

☑ 0836 ☐	三代秀衡の時代に奥州藤原氏は最盛期をむかえる。彼の時代に京都の宇治・平等院鳳凰堂を模してその中心堂宇が建てられた寺が◻️である。　　　（青山学院大）	無量光院
☑ 0837 ☐	浄土教の思想は全国に広がり，福島県の◻️など，地方豪族のつくった阿弥陀堂や浄土教美術の秀作が各地に残されている。　　　　　　　　　　　（同志社大）	白水阿弥陀堂
☑ 0838 ☐	奥州藤原氏の建てた<u>中尊寺金色堂</u>や，陸奥の<u>白水阿弥陀堂</u>，九州豊後の◻️など，地方豪族の作った阿弥陀堂や，浄土教の秀作が各地に残されている。　（国士舘大）	富貴寺大堂
☑ 0839 ☐	院政期に書かれた編年体の歴史物語『◻️』は，<u>赤染衛門</u>が書いたものと推測されている。　　（明治大）	栄華物語
☑ 0840 ☐	院政期に書かれた歴史物語のひとつ『◻️』は，四鏡の1作目にあたり，紀伝体で書かれている。　（法政大）	大鏡
☑ 0841 ☐	『<u>大鏡</u>』のあとを受けた歴史書は『◻️』である。　　　　　　　　　　　　　　　（オリジナル）	今鏡
☑ 0842 ☐	前九年合戦や源氏と平氏の戦いなど，歴史上の合戦を描いた文学は「◻️」と呼ばれている。　（オリジナル）	軍記物語
☑ 0843 ☐	<u>軍記物語</u>の先駆けとなるのは，天慶の乱（承平・天慶の乱）のうち東国を題材とした『◻️』や，前九年合戦（前九年の役）を扱った『<u>陸奥話記</u>』である。（駒澤大）	将門記
☑ 0844 ☐	『◻️』は，源頼義が子の源義家とともに東国の武士を率いて安倍氏と戦った前九年合戦を描いている。　　　　　　　　　　　　　　　　　　　（中央大）	陸奥話記

☑ 0845

日本・インド・中国の説話を集めた院政期の説話集に，『[　　　]』がある。　　　　　　　　　　　　（立教大）

今昔物語集

☑ 0846

院政期に入ると，貴族文化は庶民や地方の文化を取り入れるようになり，後白河上皇が民間の流行歌謡である[　　　]を学んで『梁塵秘抄』を編んだ。　　（武蔵大）

今様

☑ 0847

奈良時代に伝来し散楽に由来する猿楽や，農耕芸能から発展した[　　　]などの芸能も，庶民のみならず貴族の間にも大いに流行した。　　　　　　　　　　　（武蔵大）

田楽

☑ 0848

鎌倉時代には，女性の職人や芸能民も多く活躍しており，水干姿の男装で歌舞を供する芸能民である[　　　]も知られている。　　　　　　　　　　　　　　（明治大）

白拍子

☑ 0849

詞書と絵を交互に書いた[　　　]と呼ばれる巻物には，『源氏物語』のような物語を扱うもののほかに歴史的事件を扱うものもある。　　　　　　　　（オリジナル）

絵巻物

☑ 0850

『源氏物語絵巻』は，大和絵の手法で書かれた絵画に，それを説明する[　　　]をおりまぜて時間の経過を表現した絵巻物の代表的な作品である。　　　（同志社大）

詞書

☑ 0851

京都の高山寺に伝わる院政期の絵巻物『[　　　]』は，動物を擬人化した異色の作品である。　　　（オリジナル）

鳥獣人物戯画
（鳥獣戯画）

☑ 0852

応天門の放火事件をテーマにした『[　　　]』には，躍動感にあふれた新しい芸術の兆しが見える。　（成城大）

伴大納言絵巻

☑ 0853

大和国に住む僧の命蓮の霊験譚である『[　　　]』には，庶民の生活や風俗が描かれている。　　　（中央大）

信貴山縁起絵巻

☑ 0854

平氏が氏神のように尊崇していた□□□□には，平清盛らが奉納した装飾経『平家納経』が今も残る。　（日本大）

いつくしま
厳島神社

☑ 0855

四天王寺が所蔵する大和絵の手法を取り入れた『□□□□』などは，武士の時代の風潮をうかがわせる写経として知られている。　（中央大）

せんめん こ しゃきょう
扇面古写経

THEME

源平の争乱と鎌倉幕府の成立

見出し番号 0856—0900

出題頻度 ♛

☑ 0856

1177（治承元）年には□□□□・僧の俊寛らが，京都郊外にあった俊寛の山荘で平氏打倒をはかり，失敗する鹿ヶ谷の陰謀がおこった。　（法政大）

なりちか
藤原成親

☑ 0857

鹿ヶ谷の陰謀において，後白河法皇の近臣だった僧西光や藤原成親は殺され，僧□□□□らは鬼界ヶ島に配流された。　（学習院大）

しゅんかん
俊寛

☑ 0858

12世紀の後半には，後白河法皇と対立した清盛は，法皇を□□□□に幽閉して，独裁的な権力を握った。　（立命館大）

と ば どの
鳥羽殿

☑ 0859

1180年以来, 5年間にわたった平氏打倒の争乱を□□□□という。その様子は，随筆『方丈記』や, 摂政の九条（藤原）兼実の日記『玉葉』に描かれる。　（早稲田大）

じしょう じゅえい
治承・寿永の乱

☑ 0860

1180年，後白河法皇の子の□□□□は，打倒平氏を広く呼びかけ，挙兵した。　（学習院大）

もちひとおう
以仁王

☑ 0861

畿内に基盤を持っていた源氏の□□□□は，以仁王とともに挙兵した。　（近畿大）

よりまさ
源頼政

☑ 0862	平氏打倒の兵をあげた以仁王と源頼政は，諸国の武士や大寺院に挙兵への呼応を命ずる□□□を発した。 (中央大)	令旨
☑ 0863	平治の乱の敗北で伊豆に流されていた□□□は，以仁王の令旨を受けて挙兵した。 (南山大)	源頼朝
☑ 0864	以仁王の呼びかけに応じて各地の武士団が挙兵すると，平氏は摂津国の□□□に遷都したが，貴族らの反対で平安京に再遷都した。 (立命館大)	福原（福原京）
☑ 0865	1180年12月，□□□は，平清盛の命を受けて南都の興福寺・東大寺を焼き払った。 (北海道大)	平重衡
☑ 0866	1180年の西日本は，夏の干ばつにより凶作となり，翌年から1182年にかけて，畿内や西日本は深刻な飢饉に見舞われた。この飢饉は□□□と呼ばれる。 (東海大)	養和の（大）飢饉
☑ 0867	清盛の独裁は反発を招き，平氏の没落の始まりとなった。1183年7月，□□□らの軍勢が入京し，平氏一門は安徳天皇を擁して都落ちした。 (学習院大)	源義仲（木曽義仲）
☑ 0868	1183年，後白河法皇は「□□□」を出し，源頼朝に東国支配を承認した。 (上智大)	寿永二年十月宣旨
☑ 0869	源頼朝が「寿永二年十月宣旨」によって支配を認められた東国とは，七道のうちの二つ，すなわち東海道，□□□の両道である。 (上智大)	東山道
☑ 0870	1184年に西国で勢力を回復して摂津の福原の地に再集結した平氏を，源義経・範頼が摂津の□□□で敗走させた。 (オリジナル)	一の谷の戦い

☑ 0871	源義経・源範頼らの軍は，先に入京していた源義仲を滅ぼすと，讃岐の屋島の戦いなどで平氏軍を破り，長門の ☐ で遂に平氏を滅ぼした。　　　　　(東北学院大)	壇の浦の戦い
☑ 0872	源頼朝は，朝廷が ☐ の求めに応じて頼朝追討の宣旨を発行したことから，強い態度で朝廷政治の刷新を求めるようになった。　　　　　(学習院大)	源義経
☑ 0873	☐ は源頼朝の配下として平家打倒に活躍，その滅亡後は九州経営に努めたが，やがて伊豆国に配流され殺された。　　　　　(上智大)	源範頼
☑ 0874	源頼朝は公文所別当であった ☐ の献策を容れて後白河法皇にせまり，義経追捕のためと称して守護や地頭を置く権利を獲得した。　　　　　(関西学院大)	大江広元
☑ 0875	1185年，頼朝を恐れた後白河法皇が義経に頼朝討伐を命じると，頼朝は先手を打って京に軍を送り，後白河法皇に迫って全国に ☐ をおく権利を認めさせた。　(東京女子大)	守護
☑ 0876	1185年，頼朝は後白河法皇に，諸国に守護，荘園や公領に ☐ をおく権利を認めさせた。　　(慶應義塾大)	地頭
☑ 0877	源頼朝は，1185年，諸国に守護を，荘園・公領に地頭を任命する権利を得た。地頭には1段あたり5升の ☐ を徴収する権利が認められた。　　(神奈川大)	兵粮米
☑ 0878	鎌倉幕府が地利を定めるためなどに作成させた荘園の土地台帳は ☐ と呼ばれた。　　(同志社大)	大田文
☑ 0879	鎌倉時代，将軍と主従関係を結んだ武士は御家人と呼ばれ，戦時には軍役を，平時には ☐ などの警固役をつとめた。　　　　　(西南学院大)	京都大番役

☑ 0880 ♡	頼朝の時代に規定された［　　　］は，天皇・院を警護する京都大番役の催促や，謀叛人の逮捕・殺害人の逮捕などの，守護の職務についての規定である。　（南山大）	大犯三カ条
☑ 0881 ♡	頼朝は，挙兵後はじめて上洛した1190年に［　　　］という官職に任命されている。　（清泉女子大）	右近衛大将
☑ 0882 ♡	頼朝は敵対関係となった源義経をかくまった奥州藤原氏を滅ぼし，1192年に［　　　］に任じられた。　（東北学院大）	征夷大将軍
☑ 0883 ♡	鎌倉には，御家人の統率と軍事・警察の役割を担った［　　　］などが設けられた。　（南山大）	侍所
☑ 0884 ■	侍所の初代の長官（別当）は，［　　　］である。　（オリジナル）	和田義盛
☑ 0885 ♡	1184年，源頼朝の荘園や知行国を管理するために，公文所が設置され［　　　］が別当に就任した。　（立命館大）	大江広元
☑ 0886 ♡	公文所は，平氏追討の恩賞として，頼朝が従二位に叙せられたのち，公卿の家にならって［　　　］に改称された。　（立命館大）	政所
☑ 0887 ♡	鎌倉幕府を開いた源頼朝は，御家人を対象とした裁判の事務を担当する機関として，［　　　］を設置した。　（武蔵大）	問注所
☑ 0888 ♡	貴族出身の［　　　］は，問注所の初代長官（執事）に任命された。　（明治大）	三善康信

	問題	解答
☑ 0889 ☐	平氏の滅亡後，源頼朝は摂関家の[　　　]を信任して推挙し，後鳥羽天皇の摂政としていた。　（学習院大）	九条（藤原）兼実
☑ 0890 ☐	摂家とは一条家，二条家，[　　　]，九条家，鷹司家の五摂家をさす。　（北海学園大）	近衛家
☑ 0891 ☐	鳥羽天皇の関白となった藤原忠通の後，摂関家は忠通の長子基実に始まる近衛家と，三男兼実に始まる[　　　]に分かれた。　（上智大）	九条家
☑ 0892 ☐	1185年，京都の御家人の統率や治安維持を担う[　　　]がおかれ，北条時政が任命された。　（オリジナル）	京都守護
☑ 0893 ☐	1185年に九州の御家人の統率と，軍事・警察をつかさどる[　　　]がおかれた。　（オリジナル）	鎮西奉行
☑ 0894 ☐	1189年に奥州の御家人の統率と，訴訟取り次ぎの目的で[　　　]がおかれた。　（オリジナル）	奥州総（惣）奉行
☑ 0895 ☐	御家人は[　　　]を将軍から与えられるのと引きかえに，御家人役と称される奉公の義務があった。　（専修大）	御恩
☑ 0896 ☐	主人である将軍と，従者である御家人が，御恩と奉公の関係で結ばれる制度を[　　　]という。　（センター）	封建制度
☑ 0897 ☐	頼朝は御家人を地頭に任命することで，御家人に対し，先祖から伝わる所領支配を保障する[　　　]や，新たに所領を与える新恩給与などの御恩を与えた。（慶應義塾大）	本領安堵

| ☑ 0898 🏛 | 御家人が一族存命のよりどころである土地を命がけで守ることを◻︎◻︎◻︎という。 (立教大) | 一所懸命 |

| ☑ 0899 ☐ | 御恩に対して，御家人は戦時には生命を賭して戦い，平時には，将軍御所の警備・諸門の守備にあたる◻︎◻︎◻︎などをつとめ，従者としての奉公にはげんだ。(同志社大) | 鎌倉番役 |

| ☑ 0900 ☐ | 頼朝自身が貴族社会の一員として，関東御分国（ごぶんこく）といわれる将軍に与えられた知行国や，平家没官領（もっかんりょう）からなる◻︎◻︎◻︎と呼ばれる荘園を支配している側面もあった。(立命館大) | 関東御領（ごりょう） |

THEME

北条氏による執権政治

見出し番号 0901—0956

出題頻度 👑

| ☑ 0901 ☐ | 源頼朝が死去して2代将軍に就いた◻︎◻︎◻︎の政治手法に，御家人たちは反発した。 (千葉大) | 源頼家（よりいえ） |

| ☑ 0902 ☐ | 源頼家が将軍を継ぐと母の北条政子と祖父の◻︎◻︎◻︎は頼家の独裁をおさえ，有力御家人13人の合議制による政治を行おうとして頼家と対立した。 (青山学院大) | 北条時政（ほうじょうときまさ） |

| ☑ 0903 🏛 | ◻︎◻︎◻︎人の有力御家人たちは会議を開き，頼家の権限を制限して，御家人の合議制による幕政主導を目指した。 (上智大) | 13人 |

| ☑ 0904 ☐ | 『吾妻鏡（あずまかがみ）』に登場する「二品」とは，源頼朝の妻◻︎◻︎◻︎のことである。 (日本女子大) | 北条政子 |

| ☑ 0905 ☐ | 1203年，時政は頼家の妻の父である◻︎◻︎◻︎を滅ぼし，頼家を幽閉し，源実朝を3代将軍に就けた。そして時政は，政所別当に就任し，幕府の実権を握った。 (西南学院大) | 比企能員（ひきよしかず） |

☑ 0906 ☐	鎌倉幕府で政務全般を統括する最高責任者を[　　　]といい，初代時政以後，北条氏が世襲した。　（オリジナル）	執権 (しっけん)
☑ 0907 ☐	[　　　]は，初代執権・北条時政の後押しによって将軍となった。　（早稲田大）	源実朝 (さねとも)
☑ 0908 ☐	2代執権・北条義時 (よしとき)は，侍所の初代長官だった[　　　]を滅ぼした。　（学習院大）	和田義盛 (よしもり)
☑ 0909 ☐	2代執権のとき，[　　　]の別当であった北条義時は，和田義盛を滅ぼしたのち，侍所の別当をも兼任して，北条氏の地位を固めた。　（上智大）	政所
☑ 0910 ☐	源頼朝の死後，幕府では，13世紀に入ると内紛が続き，3代将軍の源実朝が源頼家の遺児[　　　]に暗殺された。　（立命館大）	公暁 (くぎょう)
☑ 0911 ☐	4代将軍には九条道家 (みちいえ)の子息三寅 (みとら)が鎌倉に迎えられた。かれは[　　　]と名をあらため，1226年将軍となった。これが藤原将軍（摂家将軍）のはじまりである。　（獨協大）	九条（藤原）頼経 (よりつね)
☑ 0912 ☐	初代執権・北条時政と子の義時が北条氏の権力を強めていた頃，[　　　]は，幕府との対決姿勢を強めて院政を強化しようとしていた。　（近畿大）	後鳥羽上皇 (ごとば)
☑ 0913 ☐	後鳥羽上皇は，従来からの院を警備する武士団に加えて，新たに[　　　]を置いて軍事力の増強につとめ，幕府を倒す機会をうかがった。　（西南学院大）	西面の武士 (さいめん)
☑ 0914 ☐	1221年，後鳥羽上皇は，[　　　]追討の兵をあげた。　（東洋大）	北条義時 (よしとき)

☑ 0915 ⌂	北条義時は，弟の時房と子の泰時に東国武士を統率させて後鳥羽上皇のいる京都に攻め入り，1カ月の戦いののちに勝利を収めた。この戦いを□□□という。　（立命館大）	承久の乱
☑ 0916 ⌂	承久の乱後，2代執権・北条義時は，後鳥羽上皇を□□□に配流した。　（法政大）	隠岐
☑ 0917 ▣	承久の乱ののち，□□□は土佐（のち阿波）に流された。　（オリジナル）	土御門上皇
☑ 0918 ▣	承久の乱ののち，□□□は佐渡に流された。　（オリジナル）	順徳上皇
☑ 0919 ⌂	北条義時は承久の乱を鎮めて□□□を廃位させ，乱に関わった3人の上皇を島流しにした。　（慶應義塾大）	仲恭天皇
☑ 0920 ▣	鎌倉幕府は500余カ所と伝えられる「平家没官領」や，3000余カ所と伝えられる「承久没収地」の支配権を「□□□」の名目で御家人に給与した。　（学習院大）	地頭職
☑ 0921 ⌂	□□□は，1221年の承久の乱での勝利によって没収した朝廷側の所領約3000か所に新たに派遣された地頭である。　（オリジナル）	新補地頭
☑ 0922 ⌂	承久の乱後，大量の東国御家人が地頭として西国へ移住することとなった。これら承久の乱後に新たに任じられた地頭の給与基準を□□□という。　（聖心女子大）	新補率法
☑ 0923 ⌂	新補地頭は，新補率法によって，1段につき5升の□□□を徴収する権利を認められていた。　（センター）	加徴米

☑ 0924 ☐	承久の乱後，2代執権・北条義時は，朝廷の監視や京都警備，西国の御家人統括や行政・司法を担う役職として □ を設けた。 （東京女子大）	六波羅探題
☑ 0925 ☐	2代執権・北条義時の子である □ は，承久の乱で勝利を収めたのち，義時の後をついで3代執権となり，北条氏の執権政治をさらに発展させた。 （明治大）	北条泰時
☑ 0926 ☐	1225年，3代執権・北条泰時は，執権を補佐する新しい役職として □ を設置した。 （関西大）	連署
☑ 0927 ☐	初代連署を務めたのは，承久の乱で北条泰時とともに戦った泰時の叔父，□ である。これ以降，連署は北条氏の有力者が代々受け継ぐこととなった。 （上智大）	北条時房
☑ 0928 ☐	3代執権の北条泰時は，新たに □ をおいて，有力御家人や行政の実務にすぐれた者たちを選任し，合議制にもとづく政務処理や裁判にあたらせた。 （武蔵大）	評定衆
☑ 0929 ☐	寛喜の大飢饉で社会不安が起こると，1232年，3代執権・北条泰時は武家社会の法律 □ を制定した。 （千葉大）	御成敗式目（貞永式目）
☑ 0930 ☐	御成敗式目は，最初の整った武家法典であり，□ カ条で成り立っている。 （青山学院大）	51カ条
☑ 0931 ☐	御成敗式目は頼朝以来の □ が重視された。 （オリジナル）	先例
☑ 0932 ☐	御成敗式目は，守護・地頭の権限や，御家人の義務と権利について規定を設けた。その基準は，頼朝以来の武家社会での慣習・道徳，すなわち □ だった。（法政大）	道理

☑ 0933	鎌倉時代，朝廷の支配下では公家法，荘園領主のもとでは◻◻◻が適用された。 （成蹊大）	本所法
☑ 0934	御成敗式目の後，必要に応じて発布された個別の法令は，◻◻◻と呼ばれた。 （愛知学院大）	式目追加
☑ 0935	御成敗式目の式目制定の趣旨は，3代執権・北条泰時が，六波羅探題をつとめていた弟の◻◻◻に送った書状（北条泰時書状）として今に残る。 （早稲田大）	北条重時
☑ 0936	5代執権・◻◻◻は，引付の設置などによって，北条氏の執権政治を確固たるものにし，しだいに独裁的な性格を強めた。 （大阪大）	北条時頼
☑ 0937	5代執権・北条時頼は1247年，幕府内で力を強めていた有力御家人◻◻◻の一族を滅ぼし，北条氏の幕府内での地位を不動のものとした（宝治合戦）。 （関西大）	三浦泰村
☑ 0938	1249年12月，5代執権・北条時頼は，評定衆の会議である評定のもとに，御家人らの所領に関する訴訟を専門とする機関として◻◻◻を設置した。 （東京女子大）	引付
☑ 0939	5代執権・北条時頼は，引付の判決原案をつくらせる◻◻◻を組織した。 （学習院大）	引付衆
☑ 0940	幕府は京都から九条頼経（4代）を将軍職の後継者として迎えいれた。これ以降，頼経とその子◻◻◻（5代）の2代にわたり摂家将軍（藤原将軍）が続いた。 （愛知大）	九条（藤原）頼嗣
☑ 0941	北条時頼が執権になると，摂関家出身の将軍は追放され，後嵯峨上皇の皇子◻◻◻が迎えられた。皇族将軍は4代続いたが，実権はなかった。 （龍谷大）	宗尊親王

☑ 0942 ⌂	13世紀後半における武士の住居は, 河川近くの微高地などに構えた□□□□である。 (センター)	館 (たち)
☑ 0943 ⌂	館の周囲には□□□□が, その外側には<u>堀</u>がめぐらされていた。 (オリジナル)	土塁 (どるい)
☑ 0944 ⌂	鎌倉時代の武士の多くは,所領内の重要な拠点に館をかまえ,その周辺に□□□□・<u>門田</u>・<u>正作</u>・<u>用作</u>などと呼ばれる年貢・公事のかからない直営地をもっていた。 (龍谷大)	佃 (つくだ)
☑ 0945 ⌂	鎌倉時代の武士がさかんに行った, 馬上から犬を傷つけない弓で馬場に放った犬を追う競技を□□□□という。 (オリジナル)	犬追物 (いぬおうもの)
☑ 0946 ⌂	13世紀後半の武士が励んだ武芸のひとつで, 走る馬に乗って様々な的に矢を当てる武芸を□□□□という。 (センター)	笠懸 (かさがけ)
☑ 0947 ⌂	13世紀後半の武士は, 走る馬に乗って3つの的に矢を当てる技術を競う□□□□など, 武芸の訓練を怠らなかった。 (青山学院大)	流鏑馬 (やぶさめ)
☑ 0948 ⌂	武士の間では, <u>騎射三物</u>と総称される<u>犬追物</u>・<u>笠懸</u>・<u>流鏑馬</u>といった武芸鍛錬が盛んで, □□□□という軍事訓練の意味をもつ大規模な狩猟も行われた。 (立命館大)	巻狩 (まきがり)
☑ 0949 ⌂	鎌倉時代の武士は□□□□を中心に結びつき, <u>庶子</u>たちは所領を分け与えられていた。かれらは一門・一家と呼ばれ, 戦時には結束して戦った。 (立命館大)	惣領 (家督) (そうりょう) (かとく)
☑ 0950 ⌂	戦時には一門の指揮官, 平時には庶子 (分家) のまとめ役をつとめた惣領は,荘園領主・国衙への年貢納入の責任者もつとめた。こうした体制を□□□□という。 (慶應義塾大)	惣領制 (そうりょうせい)

☑ 0951

鎌倉時代の武士は惣領制と呼ばれる同族結合を築き，分割相続を原則としていた。宗家の首長を惣領と呼び，他を□□□と呼んだ。 （立教大）

庶子（しょし）

☑ 0952

御家人の生活窮乏は，モンゴル襲来（蒙古襲来（もうこしゅうらい），元寇（げんこう））の恩給が不十分だったこと，貨幣経済の発展，□□□の繰り返しによる所領の細分化が理由である。 （青山学院大）

分割相続

☑ 0953

鎌倉時代末には，分割相続からしだいに宗家の長の□□□へと変化した。 （オリジナル）

単独相続

☑ 0954

分割相続で所領の細分化と狭小化が進み，一門の勢力が弱体化すると，死後は一門に返すことを条件とする所領譲渡が行われた。この規則を□□□という。 （早稲田大）

一期分（いちごぶん）

☑ 0955

地頭の所領拡大に手を焼いた荘園・公領の領主たちは，地頭に荘園の管理をすべて任せ，一定の年貢納入だけを請け負わせる□□□の契約を結んだ。 （センター）

地頭請所（じとううけしょ）

☑ 0956

荘園・公領の領主が，所領拡大をもくろむ地頭に対し，土地を分け与えて相互の支配権を認め合う取り決めを□□□という。 （立教大）

下地中分（したじちゅうぶん）

THEME

モンゴル襲来と鎌倉幕府の衰退

見出し番号 0957—0990

出題頻度 ♛

☑ 0957

13世紀はじめ，モンゴル高原では，□□□が諸部族を統一し，その後継者は東ヨーロッパにまでおよぶモンゴル帝国を築いた。 （駒澤大）

チンギス=ハン（成吉思汗）

☑ 0958

モンゴル帝国は，女真人（じょしんじん）が建てた□□□を滅ぼし，朝鮮半島の高麗（こうらい）を侵略した。 （東北学院大）

金

☑ 0959 ⌂	チンギス＝ハンの孫の〔　　　〕は，中国を支配するため都を大都（現・北京）に移した。　　　　　　　　　　（同志社大）	フビライ＝ハン（忽必烈汗）
☑ 0960 ⌂	チンギス＝ハンの孫のフビライ＝ハンは，南宋を征服して中国全土を支配するために都を〔　　　〕に移して国号を元と定めた。　　　　　　　　　　　　　　　　（東北学院大）	大都（北京）
☑ 0961 ⌂	1271年，フビライは国号を〔　　　〕と改めた。（同志社大）	元
☑ 0962 ⌂	フビライは朝鮮半島の〔　　　〕王朝を服属させた。　　　　　　　　　　　　　　　　　　　　　　　　（早稲田大）	高麗
☑ 0963 ⌂	高麗王朝がフビライに降伏しても，義勇軍の〔　　　〕は朝鮮で最後まで抵抗を続けた。　　　　　　　　（立教大）	三別抄
☑ 0964 ⌂	高麗王朝を服属させたフビライは日本にも朝貢要求をつきつけたが，8代執権・〔　　　〕は拒否した。（学習院大）	北条時宗
☑ 0965 ⌂	朝貢要求を拒否されたフビライは，服属させた高麗王朝の軍とともに，二度にわたって日本を攻撃した。これを〔　　　〕という。　　　　　　　　　　　　　　　（京都大）	モンゴル襲来（蒙古襲来，元寇）
☑ 0966 ⌂	1274年のモンゴル襲来を〔　　　〕という。（同志社大）	文永の役
☑ 0967 ⌂	元は，西暦1274年，朝鮮半島の合浦から進発させた約3万の兵で攻め寄せ，〔　　　〕に上陸した。しかし，内部の対立もあり，元軍は撤退した。　　　　　（上智大）	博多湾

☑ 0968 ☐	幕府は元軍の再来襲に備えて，御家人を<u>異国警固番役</u>に動員し，<u>博多湾</u>の沿岸に□□□□を構築させるなど防衛策をとった。 (上智大)	防塁 （石築地・石塁）
☑ 0969 ☐	文永の役の後，幕府は元軍の再襲来に備え，九州北部の要地を御家人に警護させる□□□□を強化した。 (慶應義塾大)	異国警固番役
☑ 0970 ◪	長門国，特に関門海峡とその周辺の沿岸には□□□□をおき，長門・周防・安芸の御家人を動員した。 (慶應義塾大)	長門警固番役
☑ 0971 ☐	元は，文永の役後の1279年に中国の□□□□を滅ぼした。 (オリジナル)	南宋
☑ 0972 ☐	元軍は，1281年，約14万の大軍で博多湾に迫ったが，防塁で上陸できず，暴風雨がおこって退却した。これを□□□□という。 (オリジナル)	弘安の役
☑ 0973 ◪	<u>江南軍</u>に動員されていた<u>南宋</u>の人々も，□□□□に動員されていた<u>高麗</u>の人々も戦意は低かった。 (上智大)	東路軍
☑ 0974 ☐	『<u>蒙古襲来絵詞</u>』は，奮戦した<u>肥後</u>国の御家人□□□□の姿や元軍の様子を描いている。 (関西大)	竹崎季長
☑ 0975 ☐	鎌倉時代中期，<u>竹崎季長</u>は，文永の役における自らの戦功を伝えるために『□□□□』を描かせた。 (同志社大)	蒙古襲来絵詞 （絵巻）
☑ 0976 ◪	モンゴル襲来は鎌倉幕府に大きな影響を与えた。文永の役で元軍は，集団戦法と「□□□□」と呼ばれる火薬を利用した武器を用いた。 (成城大)	てつはう

□ 0977	モンゴル襲来後，西国一体に幕府勢力を強め，九州に北条氏一門を ［　　　］ としておくり，政務や裁判にあたらせた。　　　　　　　　　　　　　　（慶應義塾大）	鎮西探題 ちんぜいたんだい
□ 0978	弘安の役の後，北条時宗が急逝すると，その子［　　　］が僅か14歳で執権に就任した。　　　　　　　　（成蹊大）	北条貞時 さだとき
□ 0979	北条氏の嫡流の当主は，<u>北条義時</u>の号「徳宗」にちなんで［　　　］と呼ばれる。　　　　　　　　　（学習院大）	得宗 とくそう
□ 0980	弘安の役の後，西国一帯で幕府の支配力が強まるにつれ，北条氏の惣領の権力が強まり，［　　　］が行われるようになった。　　　　　　　　　　　　　（國學院大）	得宗専制政治 とくそうせんせい
□ 0981	モンゴル襲来の後，北条氏の権力はさらに拡大し，得宗の勢力は強大となる。この結果，得宗の家臣である［　　　］と本来の御家人との対立も激化する。（青山学院大）	御内人 み うちびと
□ 0982	<u>御内人</u>の代表者を［　　　］という。　　（明治大）	内管領 うちかんれい
□ 0983	得宗家の家長が主宰する会議はのちに［　　　］と呼ばれて制度化され，評定衆をしのぐ実質的な幕府最高決定機関の様相を呈するに至った。　　　　　　（学習院大）	寄合 よりあい
□ 0984	1285年，御内人の抑制に力を入れていた有力御家人の［　　　］が，御内人の代表者に滅ぼされた。　　（國學院大）	安達泰盛 あ だちやすもり
□ 0985	1285年に<u>安達泰盛</u>が滅ぼされた事件を［　　　］という。　　　　　　　　　　　　　　　　（センター）	霜月騒動 しもつきそうどう

☑ 0986 ♡	霜月騒動と呼ばれる事件では，得宗家家臣の筆頭者である　　　　が有力御家人の安達泰盛を討ち，権力を固めた。 （関西学院大）	平頼綱
☑ 0987 ♡	1297年に北条貞時が出した徳政令を　　　　という。これは，日本初の徳政令だった。 （東京女子大）	永仁の徳政令
☑ 0988 ♡	永仁の徳政令では，過去　　　年以内に売却・質入れした御家人の所領は無償で取り戻せることとされた。一方で，再審査請求をする越訴が禁じられた。 （法政大）	20年
☑ 0989 ♡	永仁の徳政令の内容は，　　　　の停止，御家人所領の質入れや売買の禁止，それ以前に質入れ・売却した土地を無償で取り返す許可，などであった。 （成蹊大）	越訴
☑ 0990 ♡	モンゴル襲来後，武力を背景に年貢の納入を拒否し，物資を略奪するなどして，荘園領主に反抗する新興武士たち，すなわち　　　　が増加した。 （立教大）	悪党

THEME

鎌倉時代の社会・経済

見出し番号 0991—1012

出題頻度

☑ 0991 ♡	13世紀後半，農民の生活は窮乏していた。1275年，高野山の荘園の農民たちは，領主に「紀伊国　　　　民の訴状」を提出した。 （同志社大）	阿氐河荘民
☑ 0992 ♡	13世紀後半，二種類の異なった作物を同一の耕地で，1年2回耕作する　　　　が普及した。 （明治大）	二毛作
☑ 0993 ♡	13世紀後半に普及した二毛作においては，　　　　が裏作として栽培された。 （南山大）	麦

□ 0994 ☆	13世紀後半，草木を焼いた灰を肥料とする◯◯◯が普及した。 (日本大)	草木灰 (そうもくばい)
□ 0995 ☆	13世紀後半，刈った草を田に敷いて肥料とする◯◯◯が普及した。 (中央大)	刈敷 (かりしき)
□ 0996 ☆	13世紀後半，◯◯◯（耕作器の犂など）の使用が全国に広まった。 (國學院大)	鉄製農具
□ 0997 ☆	13世紀後半，牛馬を利用する農耕すなわち◯◯◯が普及した。 (法政大)	牛馬耕 (ぎゅうばこう)
□ 0998 ☆	また，耕作に牛が利用されるようになり，牛に◯◯◯をひかせて土を掘り起こす農法が普及した。 (立命館大)	犂 (からすき)
□ 0999 ☆	◯◯◯は樹皮を和紙の原料とした。 (上智大)	楮 (こうぞ)
□ 1000 ☆	13世紀後半，灯油の原料である◯◯◯の栽培が普及した。 (日本大)	荏胡麻 (えごま)
□ 1001 ☆	13世紀後半，農村内で金属を鍛えて道具をつくる◯◯◯などの手工業者も多かった。 (センター)	鍛冶 (かじ)
□ 1002 ☆	鋳鉄（ちゅうてつ）の加工に関わる職人は◯◯◯と呼ばれた。 (学習院大)	鋳物師 (いもじ)

☑ 1003 ⬚	13世紀後半，荘園・公領の中心地，街道や港湾など交通の要地，寺社の門前などで定期的に物資を売買する ▢ が開かれるようになった。 （中央大）	定期市
☑ 1004 ⬚	13世紀後半，月に三度の市，すなわち ▢ が一般化した。 （法政大）	<ruby>三斎市<rt>さんさいいち</rt></ruby>
☑ 1005 ⬚	鎌倉時代には，<u>行商人</u>のように中央と地方を移動しながら交易を行う者が活躍し，また常設の小売店である ▢ も出現した。 （関西学院大）	<ruby>見世棚<rt>みせだな</rt></ruby>（店棚）
☑ 1006 ⬚	<ruby>一遍<rt>いっぺん</rt></ruby>を描いた『<ruby>一遍上人絵伝<rt>いっぺんしょうにんえでん</rt></ruby>』には，簡単な小屋などが建てられた，備前国 ▢ の定期市の様子が描かれている。 （日本大）	福岡
☑ 1007 ⬚	荘園領主のもとには，物資を調達・納入する職人・商人が集まり， ▢ を形成した。 （京都府立大）	<ruby>座<rt>ざ</rt></ruby>
☑ 1008 ⬚	13世紀後半，米などの現物に代わって，中国から輸入される貨幣， ▢ が用いられるようになった。 （首都大）	<ruby>宋銭<rt>そうせん</rt></ruby>
☑ 1009 ⬚	13世紀後半，遠隔地の取引には，金銭の輸送や貸借を手形で決済する ▢ が利用されるようになった。 （東京大）	<ruby>為替<rt>かわせ</rt></ruby>
☑ 1010 ⬚	13世紀後半，銭を貸して利子をとる，金融業者である ▢ が多く登場した。 （オリジナル）	<ruby>借上<rt>かしあげ</rt></ruby>
☑ 1011 ⬚	13世紀後半，港や大河川沿いの交通の要地で，年貢や商品の保管・輸送・委託販売を行う業者組織，すなわち ▢ が発達した。 （上智大）	<ruby>問<rt>とい</rt></ruby>（<ruby>問丸<rt>といまる</rt></ruby>）

| ☑ 1012 | 民間にも ◻︎ と呼ばれる相互扶助の金融制度ができた。 (立命館大) | たのもし し（むじん）
頼母子（無尽） |

THEME

鎌倉時代の文化

見出し番号 1013—1110

出題頻度 ♛

☑ 1013	鎌倉時代の新仏教のひとつである浄土宗は，「南無阿弥陀仏」と念仏を唱えさえすれば極楽往生できるという ◻︎ を教えた。 (青山学院大)	せんじゅねんぶつ 専修念仏
☑ 1014	浄土系仏教は鎌倉仏教に数えられるが，鎌倉時代初期に現れた ◻︎ は専修念仏の教えを説いたことで知られる。 (神戸学院大)	ほうねん 法然
☑ 1015	平安時代末期になると，源信の影響を受けた法然が専修念仏の教えを説き，『 ◻︎ 』などを通して，南都六宗・天台宗・真言宗に対する浄土門の優位を主張した。(関西大)	せんちゃく本願念仏集 選択本願念仏集 （せんじゃく）
☑ 1016	浄土宗の中心寺院は京都の ◻︎ である。 (上智大)	ちおんいん 知恩院
☑ 1017	鎌倉時代の新仏教の浄土真宗（一向宗）は，天台宗に学んだ ◻︎ によって開かれた。 (南山大)	しんらん 親鸞
☑ 1018	法然や親鸞は，旧仏教側から非難を受け，法然は讃岐に，弟子の親鸞は ◻︎ に流された。 (関西学院大)	えちご（国） 越後（国）
☑ 1019	越後へ流された親鸞は許されたのち，◻︎ を中心に布教を行った。 (駒澤大)	ひたち（国） 常陸（国）

☑ 1020	親鸞が著したものとしては『＿＿＿＿』があり，浄土真宗の根本聖典とされている。 （駒澤大）	きょうぎょうしんしょう 教行信証
☑ 1021	親鸞は師の教えをさらに深め，煩悩が多く，そのことを自覚している者こそが阿弥陀仏の第一の救済対象であるとする＿＿＿＿を主張した。 （駒澤大）	あくにんしょうき 悪人正機
☑ 1022	親鸞の弟子唯円は，師の教えが乱れるのをなげいて師の語録を『＿＿＿＿』としてまとめた。 （西南学院大）	たんにしょう 歎異抄
☑ 1023	浄土真宗の中心寺院は京都の＿＿＿＿である。 （オリジナル）	ほんがんじ 本願寺
☑ 1024	鎌倉時代に興った新仏教の時宗は，浄土教を学んだ＿＿＿＿によって開かれた。 （関西学院大）	いっぺん 一遍
☑ 1025	一遍は，踊りながら念仏を唱える＿＿＿＿を創始し，農民や地方武士に広めた。 （同志社大）	おどりねんぶつ 踊念仏
☑ 1026	時宗の中心寺院は＿＿＿＿である。 （慶應義塾大）	しょうじょうこうじ 清浄光寺
☑ 1027	鎌倉時代に現れた新仏教の一つである日蓮宗（法華宗）は，＿＿＿＿によって開かれた。 （関西大）	にちれん 日蓮
☑ 1028	天台宗の根本経典である＿＿＿＿を重視すべき事を強調し，他宗を非難した日蓮は幕府に『立正安国論』を提出して国難を予言し，迫害を受けた。 （立命館大）	ほけきょう 法華経 （ほっけきょう）

☑ 1029	日蓮宗は「南無妙法蓮華経」という◻◻◻を唱えることで救われると説いた。 （関西大）	だいもく 題目
☑ 1030	1257年から鎌倉で災害が立て続けに起こった。日蓮は、『◻◻◻』で，現世の人々が正法に背き善神がこの国を離れたために災害が発生した，と説いた。 （南山大）	りっしょうあんこくろん 立正安国論
☑ 1031	山梨県身延町には日蓮宗総本山の◻◻◻がある。開祖日蓮は法華経を信じ南無妙法蓮華経の題目を唱えれば，救われると説いた。 （西南学院大）	く おん じ 久遠寺
☑ 1032	臨済宗は，天台宗を学んだのち南宋に渡った◻◻◻によって伝えられた。 （法政大）	えいさい 栄西 （ようさい）
☑ 1033	鎌倉時代の新仏教である◻◻◻は，坐禅で鍛練し釈迦の境地に近づく禅宗の一派で，公家や幕府有力者に広まり，幕府にも重んじられた。 （青山学院大）	りんざいしゅう 臨済宗
☑ 1034	栄西は，『◻◻◻』を著して，禅宗が末法の時代にふさわしいものであり，国家鎮護にも有用であることを説いた。 （関西大）	こうぜん ご こくろん 興禅護国論
☑ 1035	鎌倉時代には，栄西が臨済宗を南宋から伝えている。彼の著書には源実朝に献上された『◻◻◻』がある。 （慶應義塾大）	きっ さ ようじょう き 喫茶養生記
☑ 1036	臨済宗の中心寺院は◻◻◻である。 （学習院大）	けんにん じ 建仁寺
☑ 1037	道元が開いたのは禅宗の一派である◻◻◻である。 （オリジナル）	そうとうしゅう 曹洞宗

☑ 1038	鎌倉時代の新仏教である曹洞宗は，栄西の弟子に学んだのち，南宋に渡って禅を学んだ〔　　　〕によって伝えられた。　　　　　　　　　　　　　　　　　（立教大）	どうげん 道元
☑ 1039	曹洞宗の教えは，「　　　　」すなわち「余念を排してひたすら坐禅せよ」というものである。　　　（オリジナル）	しかんたざ 只管打坐
☑ 1040	道元は，主著『　　　　』を通して，ひたすら坐禅に専念することが正しい仏道修行であるとし，坐禅それ自体が悟りそのものであると説いた。　　　　　　　（関西大）	しょうぼうげんぞう 正法眼蔵
☑ 1041	道元は，〔　　　〕に永平寺を開いた。　　　　（関西大）	えちぜん 越前（国）
☑ 1042	道元は，京都での教化活動を断念して，1243年，越前に移住し，しばらくしてここに大仏寺を開き，のちに〔　　　〕と改称した。　　　　　　　　　　（同志社大）	えいへいじ 永平寺
☑ 1043	5代執権・時頼は，モンゴル襲来前の1246年に南宋から来た中国人僧の〔　　　〕を重用した。　（國學院大）	らんけいどうりゅう 蘭溪道隆
☑ 1044	蘭溪道隆は，執権北条時頼の支援を受けて〔　　　〕を開いた。　　　　　　　　　　　　　　　　　　　（松山大）	けんちょうじ 建長寺
☑ 1045	文永の役と弘安の役の間の1279年，8代執権時宗が南宋から招いた僧の〔　　　〕は，円覚寺に住み，鎌倉武士たちに禅の精神を教えた。　　　　　　　　　（早稲田大）	むがくそげん 無学祖元
☑ 1046	8代執権時宗は，無学祖元のために〔　　　〕を建立した。　　　　　　　　　　　　　　　　　　　　　　（名古屋大）	えんがくじ 円覚寺

☑ 1047 ☐	鎌倉時代前期，〔　　　〕の本山である興福寺の僧・貞慶（解脱）は，法然を批判し，朝廷に専修念仏の禁止を求めた。 (京都大)	法相宗 ほっそうしゅう
☑ 1048 ☐	華厳宗の明恵（高弁）は，『〔　　　〕』を著して法然を激しく批判した。 (関西大)	摧邪輪 ざいじゃりん（ざい）
☑ 1049 ☐	明恵（高弁）は栄西とも親交を結び，後鳥羽上皇から授けられた京都栂尾の〔　　　〕で茶を栽培したことは有名である。 (学習院大)	高山寺 こうざんじ
☑ 1050 ☐	鎌倉時代中期，興福寺の僧の子として生まれ真言律宗を開いた〔　　　〕は，誰でも仏になれると考え，病人の救済に力を注いだ。 (センター)	叡尊（思円）えいぞん（しえん）
☑ 1051 ☐	叡尊の弟子で，弱者救済と真言律宗の興隆のために力を尽くした僧は〔　　　〕である。 (早稲田大)	忍性（良観）にんしょう（りょうかん）
☑ 1052 ☐	忍性が重病者の保護・救済のために奈良に建てた福祉施設は〔　　　〕である。 (國學院大)	北山十八間戸 きたやまじゅうはっけんど
☑ 1053 ☐	鎌倉末期，鎌倉仏教の影響を受けた独自の神道理論が伊勢神宮の外宮神官である〔　　　〕によってつくられた。 (早稲田大)	度会家行 わたらいいえゆき
☑ 1054 ☐	鎌倉時代末期には，度会家行が反本地垂迹説に基づく〔　　　〕を唱えた。 (関西大)	伊勢神道 いせしんとう（度会神道）
☑ 1055 ☐	度会家行の主著は『〔　　　〕』である。 (立教大)	類聚神祇本源 るいじゅうじんぎほんげん

☑ 1056	僧の□□□は，源平の争乱で焼失した東大寺南大門を，広く寄付を募って再建した。 (北海道大)	ちょうげん 重源
☑ 1057	「東大寺盧舎那仏」は南都焼き打ちで著しく損傷したが，短期間に修復された。これは，宋人□□□と日本人鋳物師との協力の成果であった。 (学習院大)	ちん な けい 陳和卿 (わ)
☑ 1058	<u>てんじくよう 天竺様</u>とも呼ばれ，大陸的な雄大さと豪放な力強さをもつ建築様式を□□□といい，<u>東大寺南大門</u>が再建される際にも用いられた。 (上智大)	だいぶつよう 大仏様
☑ 1059	北条時宗は，モンゴル襲来でなくなった人びとの追善のため，円覚寺を建立した。境内に残る<u>しゃ り でん 舎利殿</u>は，□□□と呼ばれる建築技法の代表的な作品である。 (関西大)	ぜんしゅうよう からよう 禅宗様 (唐様)
☑ 1060	大陸からは，細かな部材を組み合わせて，整然とした美しさを表す<u>禅宗様</u>が伝えられ，この建築様式は□□□などの禅寺の建築に用いられた。 (西南学院大)	えん がく じ しゃ り でん 円覚寺舎利殿
☑ 1061	<u>和様</u>に大仏様・禅宗様の細部技法をとりいれた建築様式を□□□という。 (オリジナル)	せっちゅうよう 折衷様
☑ 1062	和様の代表的な建築として，1194年源頼朝の寄進による□□□がある。 (駒澤大)	いしやまでら た ほうとう 石山寺多宝塔
☑ 1063	平安末期に建てられた<u>ほうじゅうじ ど の 法住寺殿</u>の消失跡に，本堂のみが建築された。この本堂は，前代以来の<u>和様</u>の代表建築である□□□である。 (國學院大)	れん げ おういんほんどう 蓮華王院本堂 さんじゅうさんげんどう (三十三間堂)
☑ 1064	鎌倉時代を代表する仏師で，<u>東大寺南大門金剛力士像</u>を彫り上げたのは，<u>こうけい 康慶</u>の子の□□□と，康慶の弟子<u>かい 快慶</u>らである。 (学習院大)	うんけい 運慶

☑1065	東大寺僧形八幡像は重源の命で□□□がつくった。 （オリジナル）	快慶 <small>かいけい</small>
☑1066	東大寺の仏像の復興に活躍したのが，運慶とその長男である□□□や，快慶を中心とする慶派仏師であった。 （成城大）	湛慶 <small>たんけい</small>
☑1067	慶派仏師はその活動基盤をなした場所にちなんで□□□とも呼ばれる。 （成城大）	奈良仏師 <small>な ら ぶっし</small>
☑1068	運慶の三男で，興福寺の龍灯鬼像を造った□□□らが登場し，力強い写実性を有し，豊かな表情にあふれる仏像を生みだした。 （立教大）	康弁 <small>こうべん</small>
☑1069	六波羅蜜寺に伝わる，市聖と呼ばれた□□□は運慶の四男である康勝によってつくられた。 （成城大）	空也上人像 <small>くう や しょうにんぞう</small>
☑1070	鎌倉明月院に所蔵される木像は□□□である。 （オリジナル）	上杉重房像 <small>うえすぎしげふさぞう</small>
☑1071	東大寺には，1180年の南都焼討ちで焼失した同寺の復興で活躍した僧侶の肖像彫刻□□□が伝えられ，迫真の写実性を示している。 （成城大）	重源上人像 <small>ちょうげんしょうにんぞう</small>
☑1072	『□□□』は，菅原道真の人生と怨霊談を描いた鎌倉時代の絵巻物である。 （オリジナル）	北野天神縁起絵巻 <small>えん ぎ え まき</small>
☑1073	□□□は，『春日権現験記絵』で寺社の縁起を描いた。 （慶應義塾大）	高階隆兼 <small>たかしなたかかね</small>

☑ 1074	高僧を題材とした絵巻物も制作された。浄土宗の開祖の生涯を描いた『法然上人絵伝』や時宗の開祖の生涯を描いた『____』はその代表作である。 (成城大)	一遍上人絵伝
☑ 1075	____らの描いた『一遍上人絵伝』には, 鎌倉時代の地方市場の情景が描かれている。 (学習院大)	円伊
☑ 1076	鎌倉時代の絵巻物である『____』は, 武蔵国の武士兄弟の生活を対比的に描いた作品で, 地方武士の生活を描いた点が特徴である。 (明治大)	男衾三郎絵巻
☑ 1077	藤原信実が描いた後鳥羽上皇像など, 大和絵の肖像画を____という。 (早稲田大)	似絵
☑ 1078	師の禅僧が教えを伝えた証に自らの肖像画に賛（詩文）を加えて弟子に贈ったものを____といい, 「自画自賛」の語源ともなった。 (神奈川大)	頂相（ちんそう）
☑ 1079	書道では, 伏見天皇の皇子の尊円入道親王が, 平安時代以来の和様をもとに宋の書風をとり入れた____を創始した。 (東海大)	青蓮院流
☑ 1080	鎌倉時代には, 砂鉄に恵まれた中国地方に____と呼ばれる名匠が現れ, 京都の藤四郎吉光や鎌倉の（岡崎）正宗とともにその作品が現代に伝えられている。 (早稲田大)	（長船）長光
☑ 1081	鎌倉時代には, 宋・元の影響で陶器の生産が発展し, 尾張国では____の作製が始まった。 (関西学院大)	瀬戸焼
☑ 1082	鎌倉時代, 貴族の間では懐古的な風潮が広がり, 朝廷の儀式・先例を研究する____の学問や古典研究がさかんに行われた。 (日本大)	有職故実

131

□ 1083 □	有職故実の書である『＿＿＿』の著者である順徳天皇（じゅんとく）は、承久の乱（さど）後に佐渡に配流され、当地で無念の死を遂げた。　　　　　　　　　　　　　　　　　　　　（南山大）	きん ぴ しょう 禁秘抄
□ 1084 □	亀卜道（きぼくどう）は宮主職（みやじ）を世襲した卜部氏（うら べ し）が代々受け継ぎ、のちにその家から『＿＿＿』を編纂した卜部兼方（うら べ かねかた）などの学者が輩出することになった。　　　　　　　　（同志社大）	しゃく に ほん ぎ 釈日本紀
□ 1085 □	金沢（北条）実時（かねざわ ほうじょう さねとき）は、鎌倉の要港であった金沢に＿＿＿という私設の図書館を設立し、多くの和漢の書を集めた。（西南学院大）	かねざわぶん こ 金沢文庫
□ 1086 □	鎌倉時代の末期には＿＿＿がうちたてた儒学の一派である宋学が伝えられ、そこで説かれた大義名分論は、のちの討幕運動のよりどころともなった。　　（青山学院大）	しゅ き しゅ し 朱熹（朱子）
□ 1087 □	最末期の鎌倉幕府は、御家人の不満が高まっており、後醍醐天皇（だい ご）は宋学（朱子学）が説いた＿＿＿を討幕のための理論的な拠りどころとした。　　　　（昭和女子大）	たい ぎ めいぶんろん 大義名分論
□ 1088 □	『玉葉』（ぎょくよう）は＿＿＿の日記であり、鎌倉初期を知る重要な資料のひとつである。　　　　　　　　　　（駒澤大）	く じょう　　かねざね 九条（藤原）兼実
□ 1089 □	関白九条兼実の弟で天台座主（てんだい ざ す）の＿＿＿は1220年、末法思想と道理の理念に基づいて、歴史物語『愚管抄』（ぐ かんしょう）を著した。　　　　　　　　　　　　　　　　　　（明治大）	じ えん 慈円
□ 1090 □	『＿＿＿』は、承久の乱の前に、後鳥羽上皇らの討幕計画をいさめる狙いで慈円が著した史論書であり、保元の乱など平安末期の出来事が描かれている。　（立命館大）	ぐ かんしょう 愚管抄
□ 1091 □	慈円の『愚管抄』では、末法思想と＿＿＿に基づいた歴史解釈がなされている。　　　　　　　　（同志社大）	どう り 道理

☑1092	13世紀後半，鎌倉幕府の歴史を編年体で記述し，承久の乱などを描いた作者不詳の歴史物は『　　　』である。 （日本女子大）	吾妻鏡 <small>あずまかがみ</small>
☑1093	『大鏡』以前の歴史を扱った歴史書は『　　　』である。 （オリジナル）	水鏡 <small>みずかがみ</small>
☑1094	1322年に虎関師錬が著わした『　　　』は，日本で最初の日本仏教史で，漢文体で著されている。（オリジナル）	元亨釈書 <small>げんこうしゃくしょ</small>
☑1095	後鳥羽上皇の命により，藤原定家らは，八代集最後の勅撰和歌集となる『　　　』を編纂した。（関西大）	新古今和歌集 <small>しんこきん</small>
☑1096	西行と同時代，『新古今和歌集』を編纂した　　　は，『明月記』を著した。（慶應義塾大）	藤原定家 <small>さだいえ</small>
☑1097	鎌倉幕府将軍源実朝は万葉調の歌を詠んで，歌集『　　　』を残した。（京都府立大）	金槐和歌集 <small>きんかい</small>
☑1098	武士の家に生まれた西行は，出家して諸国を遍歴しつつ，歌集『　　　』を残した。（国士舘大）	山家集 <small>さんかしゅう</small>
☑1099	『　　　』の作者の鴨長明は，人間も社会も転変してすべてはむなしいと説いた。（国士舘大）	方丈記 <small>ほうじょうき</small>
☑1100	兼好法師（吉田兼好・卜部兼好）は随筆集『　　　』で，鎌倉時代から南北朝時代にかけての動乱期における人々と社会について描いた。（東京女子大）	徒然草 <small>つれづれぐさ</small>

☑ 1101	今川了俊は◯◯◯◯の随筆『徒然草』の原稿整理にも携わったという伝承がある。 (学習院大)	けんこうほうし 兼好法師 (よしだけんこう・うらべかね (吉田兼好・卜部兼好)
☑ 1102	『◯◯◯◯』は，無住の著した仏教説話集である。 (同志社大)	しゃせきしゅう 沙石集
☑ 1103	鎌倉時代の説話集では他に，橘成季が1254年に撰した『◯◯◯◯』がある。 (オリジナル)	こ こんちょもんじゅう 古今著聞集
☑ 1104	公家の一族どうしでの所領争い解決のために阿仏尼は京都から鎌倉に赴き，その旅を『◯◯◯◯』に記している。 (学習院大)	い ざよい 十六夜日記
☑ 1105	鎌倉時代の紀行文である『十六夜日記』は，作者である◯◯◯◯が訴訟のために京から鎌倉に下るための旅を記したものである。 (立教大)	あ ぶつ に 阿仏尼
☑ 1106	『◯◯◯◯』は，平氏の興亡を主題とする，鎌倉時代の作者不詳の軍記物語である。 (東洋大)	平家物語
☑ 1107	『平家物語』は，軍記物語の代表だが，この物語は盲目の◯◯◯◯によって語られ，人々の間に広まっていった。 (愛知大)	び わ ほう し 琵琶法師
☑ 1108	『平家物語』は琵琶法師により◯◯◯◯として語られ，広く社会に浸透した。 (京都産業大)	へいきょく 平曲
☑ 1109	保元の乱を題材につくられた，鎌倉時代の作者不詳の軍記物語は『◯◯◯◯』である。 (センター)	ほうげん 保元物語

☑ 1110 | 12世紀後半の京都における争乱を題材とした作品の一つに，1159年の争乱を取り上げた『⬜』がある。 (駒澤大) | 平治物語
へいじ

THEME
鎌倉幕府の滅亡と南北朝の動乱

見出し番号 1111—1149

出題頻度 ♛

☑ 1111 | 北条時頼の時代には，幕府みずから制度改革につとめる一方で，朝廷側にも政治の刷新と制度改革を求め，これを受けた⬜の院政下で院評定衆が設置された。(立命館大) | 後嵯峨上皇
ごさが

☑ 1112 | 後嵯峨上皇は院政の後継者を指名せずに死去し，皇統は⬜の流れをくむ持明院統と亀山上皇の流れをくむ大覚寺統とに分裂することになる。 (上智大) | 後深草天皇(上皇)
ごふかくさ

☑ 1113 | こうしたなかで，幕府は1317年，両方の皇統から交代して天皇を出す⬜の方式を提案し，1318年に大覚寺統の後醍醐天皇が即位した。 (明治学院大) | 両統迭立
てつりつ

☑ 1114 | 1324年，両統迭立を支持する幕府に不満を持った⬜は，討幕の計画を立てたが未遂に終わった。この事件を正中の変という。 (立命館大) | 後醍醐天皇
ごだいご

☑ 1115 | 1331年，後醍醐天皇が再び挙兵を企てて失敗するという⬜が起きた。 (学習院大) | 元弘の変
げんこう

☑ 1116 | 元弘の変の結果，後醍醐天皇は⬜に流された。 (センター) | 隠岐
おき

☑ 1117 | 正中・元弘の変が起きたときの執権は14代の⬜である。 (東京女子大) | 北条高時
たかとき

☑ 1118	正中・元弘の変が起きたときの内管領は〔　　　〕である。 （センター）	長崎高資 ながさきたかすけ
☑ 1119	元弘の変の後，幕府は〔　　　〕を擁立し，後醍醐天皇を <u>隠岐</u>に配流した。　　　　　　　　　　　　　　（北海学園大）	光厳天皇 こうごん
☑ 1120	後醍醐天皇が隠岐に流されたあとも，後醍醐天皇の子の 〔　　　〕は，<u>悪党</u>などの勢力を結集して幕府に立ち向 かった。　　　　　　　　　　　　　　　　　　　（明治大）	護良親王 もりよし（もりなが）
☑ 1121	<u>護良親王</u>や当時<u>悪党</u>と呼ばれた反幕府勢力の〔　　　〕ら が蜂起した。　　　　　　　　　　　　　　　（西南学院大）	楠木正成 （す）の き まさしげ
☑ 1122	鎌倉幕府の有力御家人〔　　　〕は，幕府軍の指揮官とし て京都に向かったものの，後醍醐天皇の呼びかけに応え て寝返り，<u>六波羅探題</u>を攻め落とした。　　　　（関西大）	足利高氏 あしかがたかうじ（のち尊氏）
☑ 1123	1333年，〔　　　〕は足利義詮とともに関東で挙兵し，鎌 倉に攻め入って得宗の北条高時らを滅ぼした。これによ り，鎌倉幕府は滅亡した。　　　　　　　　　（國學院大）	新田義貞 にった よしさだ
☑ 1124	後醍醐天皇は，摂政・関白をおかない政治体制，すなわ ち<u>天皇親政</u>を目標として，〔　　　〕と呼ばれる政治を 行った。　　　　　　　　　　　　　　　　　　（中央大）	建武の新政 けん む しんせい
☑ 1125	後醍醐天皇は，「延喜・〔　　　〕の治」を理想とした天皇 親政を試みたが，政権内の軋轢等により短期間に成果を あげることはできなかった。　　　　　　　　　（上智大）	天暦 てんりゃく
☑ 1126	鎌倉幕府を倒した後醍醐天皇は，<u>建武の新政</u>を行い，所 領に関するあらゆる権利を，天皇の命によって発給され た〔　　　〕で安堵しようとした。　　　　　　　（京都大）	綸旨 りん じ

☑ 1127 ☪	後醍醐天皇は，建武政権の主要政務機関として◯◯◯◯ を設けた。 (南山大)	記録所
☑ 1128 ☪	鎌倉幕府の滅亡後に開始された建武の新政では，鎌倉幕府の引付を継承する機関として◯◯◯◯がおかれ，公家や武士の所領をめぐる多くの裁判が行われた。 (武蔵大)	雑訴決断所
☑ 1129 ☪	後醍醐天皇は，京都の治安維持を担う機関として◯◯◯◯を設置した。 (オリジナル)	武者所
☑ 1130 ☪	後醍醐天皇によって始められた建武の新政は，◯◯◯◯に「此比都ニハヤル物。夜討，強盗…」などと，風刺された。 (青山学院大)	二条河原落書
☑ 1131 ☪	1335年，北条高時の子の◯◯◯◯が反乱を起こして鎌倉を占領した。 (國學院大)	北条時行
☑ 1132 ☪	北条時行が1335年に起こした反乱を◯◯◯◯という。 (学習院大)	中先代の乱
☑ 1133 ☪	中先代の乱を治めるという口実で鎌倉に下った足利尊氏は1336年，京都を制圧した。後醍醐天皇は，◯◯◯◯の山中へのがれた。 (上智大)	吉野
☑ 1134 ☪	建武3年（1336年）に制定された建武式目に先立ち，足利尊氏は京都近郊の合戦において，後醍醐天皇の軍をほぼ壊滅させ，持明院統の◯◯◯◯を擁立した。 (北海道大)	光明天皇
☑ 1135 ☪	尊氏が楠木正成・新田義貞を破り，正成が戦死したのは◯◯◯◯である。 (学習院大)	湊川の戦い

☑ 1136	足利尊氏が京都に擁立した持明院統の朝廷を[　　]という。 　　　　　　　　　　　　　　　　　　　（オリジナル）	北朝
☑ 1137	京都を制圧された後醍醐天皇は，吉野の山中へのがれ，大覚寺統の正統性を主張し，[　　]を標榜した。 　　　　　　　　　　　　　　　　　　　　　（上智大）	南朝
☑ 1138	持明院統を擁立した足利尊氏（北朝）が，後醍醐天皇方（南朝）についた楠木正成を摂津国，[　　]を越前国で倒して武家政権を確立した。 　　　　　　　　（福井大）	新田義貞
☑ 1139	1336年，光明天皇をたてた足利尊氏は，当面の政治方針を明らかにする[　　]を発表したのち，京都に室町幕府を創始し，1338年には征夷大将軍に任命された。（法政大）	建武式目
☑ 1140	室町幕府の法令は，鎌倉幕府の御成敗式目に付け加える形で制定した。また，建武年間以降の追加法令を[　　]という。 　　　　　　　　　　　　　（オリジナル）	建武以来追加
☑ 1141	後醍醐天皇の子の[　　]は，後醍醐天皇の死後に南朝を引き継いだ。 　　　　　　　　　　　　　（オリジナル）	後村上天皇
☑ 1142	南北朝の動乱初期，常陸国の小田城を拠点とした公卿[　　]は，北朝を支持する室町幕府に一定の理解を示しつつも，南朝側についた。 　　　　　（慶應義塾大）	北畠親房
☑ 1143	北畠親房の子，[　　]は陸奥から畿内を転戦し，1338年に和泉の石津で敗死するまで南朝のために戦った。 　　　　　　　　　　　　　　　　　　　　（上智大）	北畠顕家
☑ 1144	動乱の形勢は北朝側に有利に展開したが，尊氏は弟[　　]とも政治方針をめぐって対立し，武力衝突に至った。 　　　　　　　　　　　　　　（龍谷大）	足利直義

| ☑ 1145 | 南北朝の動乱期，足利尊氏の執事◻は，法秩序を重視する足利直義と対立した。 (中央大) | 高師直 |

| ☑ 1146 | 1350年の直義派と尊氏派（高師直派）の武力衝突を◻という。これにより南北朝の動乱は，旧直義派，尊氏派（幕府），南朝の三者の戦いとなった。(オリジナル) | 観応の擾乱 |

| ☑ 1147 | 後醍醐天皇の子の◻は，南北朝の動乱期に南朝側として九州で活躍した。 (関西学院大) | 懐良親王（かねなが） |

| ☑ 1148 | 1368年に建国された明は，大宰府にいた南朝の◻懐良親王に倭寇の鎮圧を求めたが，結局実効性はなかった。 (明治大) | 征西大将軍 |

| ☑ 1149 | 室町幕府は1371年，◻を九州探題として送り込み，九州の南朝を制圧した。 (早稲田大) | 今川了俊（貞世） |

THEME
室町幕府の確立

見出し番号 1150—1192

出題頻度 👑

| ☑ 1150 | 室町幕府3代将軍◻の代になって南北朝の合体が実現した。 (学習院大) | 足利義満 |

| ☑ 1151 | 1392年，義満の斡旋を受け，南朝の◻が北朝の後小松天皇に譲位して，ここに両朝の合体が実現した。 (関西学院大) | 後亀山天皇 |

| ☑ 1152 | 14世紀を通じて持明院統と大覚寺統との間で皇位を巡る対立があった。1392年，いわゆる南北朝合一で皇位継承者は◻に一本化された。 (学習院大) | 後小松天皇 |

☑ 1153 ☐	京都室町に◻︎と呼ばれた壮麗な邸宅をつくった足利義満は，朝廷と幕府，公武両政権の頂点に君臨する権力を確立した。 (早稲田大)	花の御所(室町殿)
☑ 1154 ☐	義満の嗣立直前に管領となった◻︎は今川貞世を高く評価しており，1370年に九州探題に抜擢した。 (学習院大)	細川頼之
☑ 1155 ☐	足利義満の頃，室町幕府の機構は整った。将軍の補佐役である◻︎は，侍所・政所などの中央諸機関を統轄し，各国の守護に将軍の命令を伝達した。 (関西学院大)	管領
☑ 1156 ☐	交代で管領に任命された足利氏一門の細川・斯波・畠山の3氏は◻︎と呼ばれた。 (南山大)	三管領
☑ 1157 ☐	足利義満の時代には，室町幕府の統治機構がほぼ整う。この時代に，京都内外の警備や刑事裁判を行う侍所の長官として，◻︎が設置された。 (センター)	所司
☑ 1158 ☐	侍所所司は，◻︎すなわち京極・山名・赤松・一色の4氏から任命されるのが慣例だった。 (早稲田大)	四職
☑ 1159 ☐	足利氏の古来の家臣・守護一族・有力地方武士を編成した幕府直轄軍を◻︎という。 (京都大)	奉公衆
☑ 1160 ☐	室町幕府の財政は，直轄領である◻︎からの収入や高利貸業者の土倉や酒屋からの徴税などによってまかなわれていた。 (神奈川大)	御料所
☑ 1161 ☐	室町幕府は，高利貸を営む金融業者の土倉に◻︎という税を課して，幕府の財政基盤のひとつとした。 (日本女子大)	土倉役(倉役)

☑ 1162 ☐	室町幕府は，金融業も営んでいた酒造業者に[　　　]という税を課して幕府の財政基盤のひとつとした。 （國學院大）	酒屋役
☑ 1163 ☐	鎌倉・室町時代，交通・運輸の活発化に目をつけた幕府や諸権門などは，交通の要地に[　　　]を設置し，通行税を徴収して新たな財源とした。　　　　　（立命館大）	関所
☑ 1164 ☐	地方と中央を結ぶ流通が発達すると，荘園領主は次々と関所を設けて[　　　]・津料といった通行税を徴収するようになった。　　　　　　　　　　（関西学院大）	関銭
☑ 1165 ☐	水上交通による物資輸送の増大に目をつけた幕府・寺院・公家らは，港での通行税として[　　　]を徴収し，新たな財源とした。　　　　　　　　　　（同志社大）	津料
☑ 1166 ☐	足利義満は，朝廷が諸国に課していた税である[　　　]の徴収権を，幕府の管轄下においた。　　　（法政大）	段銭
☑ 1167 ☐	室町幕府は，国家的行事の際には，守護を通して全国的に税を賦課することもあった。なかでも，家屋に対して賦課された税のことを[　　　]という。　　　（立教大）	棟別銭 （むなべち）
☑ 1168 ☐	室町幕府の地方機関である[　　　]は，東国の統治を行った。　　　　　　　　　　　　　　　　（名古屋大）	鎌倉府
☑ 1169 ☐	足利尊氏は鎌倉幕府の基盤であった関東をとくに重視し，1349年，その子足利基氏を[　　　]として東国の支配をまかせた。　　　　　　　　　　　（近畿大）	鎌倉公方
☑ 1170 ☐	鎌倉公方の補佐職を[　　　]といい，上杉氏が世襲した。 （津田塾大）	関東管領

☑ 1171 ☐	足利尊氏の子である◯◯◯とその子孫は，鎌倉公方を世襲した。 (上智大)	足利基氏 もとうじ
☑ 1172 ☐	室町幕府の地方機関である◯◯◯は，当初は奥羽全体，後に奥州のみを統制した。 (オリジナル)	奥州探題 おうしゅうたんだい
☑ 1173 ☐	室町幕府の地方機関である◯◯◯は，奥州探題から分かれて出羽国を統制した。 (オリジナル)	羽州探題 うしゅうたんだい
☑ 1174 ☐	室町幕府の地方機関である◯◯◯は，九州を統制した。 (南山大)	九州探題 たんだい
☑ 1175 ☐	守護の権限は，鎌倉時代の大犯三ヶ条より拡大された。一つは，紛争当事者が実力で作物を刈り取る行為である◯◯◯を取り締まる権限であった。 (同志社大)	刈田狼藉 かりたろうぜき
☑ 1176 ☐	守護の権限が大幅に強化され，刈田狼藉を取り締まる権限や，幕府の裁決を強制執行する◯◯◯と呼ばれる権限などが新たに加わった。 (成蹊大)	使節遵行 しせつじゅんぎょう
☑ 1177 ☐	◯◯◯は，守護が任国の荘園・公領の年貢の半分を徴発し国内の武士に分け与える権限を認めたものだった。 (西南学院大)	半済令 はんぜいれい
☑ 1178 ☐	半済令は，当初1年間の期限つきで，その適用も◯◯◯・美濃・尾張の3国に限定されていたが，やがて永続的・全国的に行われるようになった。 (明治大)	近江 おうみ
☑ 1179 ☐	荘園や公領の領主が年貢徴収を守護にうけおわせる◯◯◯もさかんに行われるようになった。 (駒澤大)	守護請 しゅごうけ

☑ 1180	南北朝動乱期に権限が拡大した守護たちの中に，一国を領国のように支配するものが現れた。こうした守護を □□□□という。 (近畿大)	守護大名 <small>だいみょう</small>

☑ 1181	足利義満は，1390年に美濃・尾張・伊勢の守護を兼ねた□□□□を討伐した。 (オリジナル)	土岐康行 <small>と き やすゆき</small>

☑ 1182	強大になった守護の統制をはかるため3代将軍足利義満は，1391年の□□□□で山名氏清らを滅ぼし，1399年の応永の乱で大内義弘を討伐した。 (九州産業大)	明徳の乱 <small>めいとく</small>

☑ 1183	1391年，足利義満は西国11カ国を束ねる有力守護大名の□□□□を明徳の乱で滅ぼした。 (学習院大)	山名氏清 <small>やま な うじきよ</small>

☑ 1184	有力守護大名の山名氏清は，□□□□と呼ばれた。 (オリジナル)	六分一衆 (六分一殿)

☑ 1185	足利義満は，1399年，有力守護大名である□□□□を応永の乱で討伐した。 (関西大)	大内義弘 <small>おおうちよしひろ</small>

☑ 1186	1399年，大内義弘は，鎌倉公方の□□□□らと共謀して反乱をおこした。 (オリジナル)	足利満兼 <small>みつかね</small>

☑ 1187	九州探題今川了俊の失脚後,対朝鮮貿易の実権を握った大内義弘は，外交権の独占を目指す将軍足利義満と対立し，戦闘の結果，敗死した。これが□□□□である。 (学習院大)	応永の乱 <small>おうえい</small>

☑ 1188	周防，長門，石見，豊前，和泉，紀伊の守護である大内義弘は，自身の領国で反乱を起こし，□□□□で籠城し，敗死する。 (獨協大)	堺 <small>さかい</small>

☑ 1189 ☐	1394年になると，義満は将軍職を義持にゆずり，みずからは[　　　]になったが，翌年には辞任して出家し，法皇に準じた扱いを受けて政治を続けた。　（関西学院大）	太政大臣
☑ 1190 ☐	4代将軍足利義持の時には関東で鎌倉府の内紛に端を発した前関東管領[　　　]が起きた。　（東北学院大）	上杉禅秀の乱
☑ 1191 ☐	室町幕府は[　　　]の反抗的姿勢を警戒しつつも，上杉禅秀の乱では彼を支援したが，乱後はむしろ禅秀派の残党を援助して対立を深めた。　（慶應義塾大）	足利持氏
☑ 1192 ☐	1428年，5代将軍[　　　]の死後，幕府は後継者が決まらず，石清水八幡宮の神前の籤によって選ばれた，弟の足利義教が6代将軍となった。　（オリジナル）	足利義量

THEME

室町幕府の対外関係

見出し番号 1193—1237

出題頻度 ♛

☑ 1193 ☐	建長寺の再建費用を得るため，鎌倉幕府の許可により1325年に中国・元に出帆，翌年に帰国して銅銭3000貫を寺に納めた船のことを[　　　]と呼ぶ。　（青山学院大）	建長寺船
☑ 1194 ☐	1342年，室町幕府は鎌倉幕府にならって[　　　]を元に派遣した。　（佛教大）	天龍寺船
☑ 1195 ☐	足利尊氏・直義兄弟は，[　　　]の冥福を祈るために天龍寺を建立しようとした。その費用調達のため，1342年に天龍寺船を派遣した。　（オリジナル）	後醍醐天皇
☑ 1196 ☐	建長寺船，天龍寺船の両船とも[　　　]に派遣されたが，正式な外交関係にはなく，私的なものだった。　（西南学院大）	元

☑ 1197	元の支配を脱した朱元璋（太祖洪武帝）は，1368年に南京に都をおいて，中国に漢民族の王朝〔　　〕を建てた。 （立教大）	明
☑ 1198	中国では元が次第に衰えていき，〔　　〕が将軍になった1368年，明が建国された。 （上智大）	足利義満
☑ 1199	〔　　〕は元の支配を排して明王朝を建国した。明は近隣の諸国に朝貢を求めた。 （関西学院大）	朱元璋
☑ 1200	中国では元の支配を脱して，1368年に朱元璋によって漢民族の王朝である明が建国された。朱元璋は即位して明の初代皇帝太祖〔　　〕となった。 （同志社大）	洪武帝
☑ 1201	南北朝の動乱期，中国大陸や朝鮮半島の沿岸部を襲い，人々から恐れられていた〔　　〕と呼ばれる海賊集団が猛威をふるっていた。 （同志社大）	倭寇
☑ 1202	対馬・壱岐・肥前〔　　〕地方の住民を中心とする海賊集団が朝鮮半島や中国大陸沿岸で活動し，倭寇として恐れられていた。 （法政大）	松浦
☑ 1203	倭寇に苦しんだ〔　　〕は，日本に使者を派遣して取り締まりを求めたが，南北朝時代の動乱のさなかにあった日本は，十分な対応ができなかった。 （法政大）	高麗
☑ 1204	明は，倭寇の禁圧に乗り出し，日本に使者楊載を派遣する。楊載は，1369年に大宰府にいた征西大将軍の〔　　〕に国書を呈し，倭寇の禁止を要請した。 （獨協大）	懐良親王 （かねなが）
☑ 1205	足利義満は，明との間に国交を開き，〔　　〕を行った。 （オリジナル）	日明貿易 （勘合貿易）

☑ 1206 🏛	1368年に建国された中国の明との間では，日明貿易が行われた。第1回の遣明船の正使は◻◻◻であった。 (法政大)	祖阿 (そ あ)
☑ 1207 🏛	1401年に送られた遣明使で副使をつとめた博多商人の◻◻◻の名は，室町時代までの中国・朝鮮との外交文書をまとめた『善隣国宝記』に記されている。 (早稲田大)	肥富 (こいつみ)
☑ 1208 🏛	1401年，日本からの遣明使に対し，明は「◻◻◻源道義」あてに返書と暦を送った。 (慶應義塾大)	日本国王
☑ 1209 🏛	日本からの国書に対し，翌年明の皇帝は「日本国王源道義」あての返書と，明の◻◻◻を与えた。 (青山学院大)	暦 (大統暦) (だいとうれき)
☑ 1210 🏛	暦の受け取りは明への服属を意味していたため，日明貿易は◻◻◻の形式となったが，滞在費・運搬費は明が負担するため，日本は莫大な利益を得た。 (首都大)	朝貢貿易 (ちょうこう)
☑ 1211 🏛	◻◻◻とは，中国の皇帝が周辺国の王に官号や爵位を与えて君臣関係を結ぶことを意味し，朝貢は，政治的儀礼であると同時に，貿易の側面をもっていた。 (南山大)	冊封 (さくほう)
☑ 1212 🏛	日本は，遣明船が通交する時でも，明が交付する◻◻◻と呼ばれる証票を持参しなければならなかった。 (津田塾大)	勘合 (かんごう)
☑ 1213 🏛	遣明船は，貿易統制のため明が交付した勘合と呼ばれる証票の持参を義務づけられたため，日明貿易は◻◻◻とも呼ばれた。 (オリジナル)	勘合貿易
☑ 1214 🏛	勘合は，明からの船は「本字勘合」，日本からの船は「◻◻◻」を持参し，底簿と照合した。 (青山学院大)	日字勘合

☑ 1215 ☐	明に向かう貿易船は，明の皇帝から与えられた勘合をもっていなければ，目的地の____に入港できなかった。 (上智大)	寧波 (ニンポー)
☑ 1216 ☐	博多や堺の商人たちは，日明貿易で得た利益の約1割を____として幕府や寺社に納めた。 (津田塾大)	抽分銭 (ちゅうぶんせん)
☑ 1217 ☐	日明貿易は，4代将軍____が朝貢という形式に反対したために中断したが，6代将軍・足利義教(よしのり)のときに再開された。 (首都大)	足利義持 (よしもち)
☑ 1218 ☐	大内氏は，15世紀後半の室町幕府衰退後も，神谷寿禎(かみやじゅてい)などの____と結んで日明貿易をつづけた。 (関西大)	博多商人
☑ 1219 ☐	15世紀後半に室町幕府が衰退しても，細川氏は，____と結んで，日明貿易を続行した。 (千葉大)	堺商人
☑ 1220 ☐	1523年，細川氏と大内氏は，日明貿易の主導権を争って，明の港で衝突した。これを____という。 (早稲田大)	寧波の乱 (ニンポー)
☑ 1221 ☐	寧波の乱ののち，____は日明貿易を独占し，その城下町である山口の繁栄はつづいたが，16世紀半ばに滅亡すると，日明貿易は断絶した。 (学習院大)	大内氏
☑ 1222 ☐	日明貿易において，貿易品は，日本から硫黄・銅・____・槍(やり)・鎧(よろい)・扇・屏風(びょうぶ)などが輸出され，明から生糸・絹織物・陶磁器・書籍・絵画などが輸入された。 (同志社大)	刀剣
☑ 1223 ☐	日明貿易によって大量にもたらされた____は，日本の貨幣経済に大きな影響を与えた。 (立命館大)	銅銭（明銭）

☑ 1224 ☐	日明貿易によって日本にもたらされた銅銭（明銭）・生糸・高級織物・書画は，日本で[　　　]と呼ばれ，珍重された。　　　　　　　　　　　　　　　　　　　　（北海道大）	からもの 唐物
☑ 1225 ☐	朝鮮半島では，1392年に倭寇の撃退で名をあげた[　　　]によって高麗が倒され，朝鮮が建国された。　　　　　　　　　　　　　　　　　　　　（愛知学院大）	り せいけい 李成桂 （イソンゲ）
☑ 1226 ☐	14世紀末，高麗にかわって成立した[　　　]は，倭寇を禁圧できる幕府や大名たちとの間に使節を往来させ，交渉を持った。　　　　　　　　　　　　　　　　　（立教大）	ちょうせん 朝鮮
☑ 1227 ☐	足利義満は，朝鮮との間に国交を開き，[　　　]を行った。　　　　　　　　　　　　　　　　　　　　（オリジナル）	日朝貿易
☑ 1228 ☐	日朝貿易は，当初から守護・国人・商人も参加して栄え，朝鮮は対馬の[　　　]を通じて通行の制度を定め統制した。　　　　　　　　　　　　　　　　　　（関西学院大）	そう 宗氏
☑ 1229 ☐	宗氏は，朝鮮との間に[　　　]を結び，日朝貿易の統制を行った。　　　　　　　　　　　　　　　　　（オリジナル）	か きつ 嘉吉条約 き がい （癸亥条約）
☑ 1230 ☐	朝鮮は日本との貿易港として乃而浦・富山浦・塩浦の3港（三浦）を開いて，この3港と首都漢城に[　　　]を置き，日本の外交使節の接待及び貿易管理を行なった。（同志社大）	わ かん 倭館
☑ 1231 ☐	1418年，倭寇の禁圧に積極的であった対馬島主[　　　]が死去し，倭寇の活動が活発化した。　　　　　（獨協大）	そうさだしげ 宗貞茂
☑ 1232 ☐	1419年，朝鮮は大軍をもって倭寇の根拠地と考えていた[　　　]を襲撃した。　　　　　　　　　　　（同志社大）	対馬

☑ 1233 🏚	1419年，日朝貿易においては宗氏の当主が交代した際，倭寇の動きが活発化した。このため朝鮮は対馬を倭寇の拠点と見て攻撃した。これを◯◯◯という。（國學院大）	応永の外寇
☑ 1234 🏚	応永の外寇後，幕府は朝鮮に使節を派遣し，朝鮮からは◯◯◯が回礼使として使節の帰国に同行した。（立教大）	宋希璟
☑ 1235 🏚	朝鮮側は，三浦に定住する日本人の活動に制限を加えるようになり，1510年，これに不満をもった日本人による暴動が発生した。これを◯◯◯という。（東海大）	三浦の乱
☑ 1236 🏚	室町時代の日朝貿易における朝鮮からの輸入品では，◯◯◯が最も多かった。（南山大）	木綿（綿布）
☑ 1237 🏚	室町時代の日朝貿易における朝鮮からの輸入品には，経・律・論の三蔵を中心とした仏教聖典の叢書である◯◯◯も含まれていた。（センター）	大蔵経

THEME

琉球と蝦夷地

見出し番号 1238—1253

出題頻度 👑

☑ 1238 🏚	沖縄では，12世紀から◯◯◯と呼ばれる豪族が各地に成立し，14世紀には北山・中山・南山の3王国が分立した。（京都大）	按司
☑ 1239 🏚	琉球では，各地の首長である按司が◯◯◯を拠点として勢力を広げていき，やがて北山・中山・南山の三つの勢力に統合されていった。（名古屋学院大）	グスク
☑ 1240 🏚	1429年，尚巴志が沖縄に首里を都として建てた「◯◯◯」は，明や日本と国交を結び，東南アジアの中継貿易拠点として栄えた。（千葉大）	琉球王国

☑ 1241 ☐	1429年に◯◯◯が三山を統一することにより成立した琉球王国の船が，朝鮮半島からマラッカ海峡に至る広い範囲で<u>中継貿易</u>に活躍するようになった。　　（中央大）	尚巴志 <small>しょう は し</small>
☑ 1242 ☐	琉球王国の貿易立国としての自信は，かつて，王府◯◯◯の正殿に架けられた「<u>万国津梁の鐘</u><small>ばんこくしんりょう</small>」の銘文に謳われている。　　　　　　　　　（北海道大）	首里城 <small>しゅ り じょう</small>
☑ 1243 ☐	東アジアにおける重要な交易市場となった<u>首里</u>の外港である◯◯◯には各国の特産物がもたらされ，琉球王国は繁栄した。　　　　　　　　　　　　　（高崎経済大）	那覇 <small>な は</small>
☑ 1244 ☐	「沖縄学の父」と呼ばれた<u>伊波普猷</u><small>い は ふ ゆう</small>は，琉球の島々に伝わる歌謡を琉球王府が集めて編纂したものである『◯◯◯』の研究を行った。　　　　　（立教大）	おもろさうし
☑ 1245 ☐	14世紀，津軽の◯◯◯と畿内を廻船で結ぶ日本海貿易が栄えた。　　　　　　　　　　　　　　　（名古屋大）	十三湊 <small>と さ みなと</small>
☑ 1246 ☐	15世紀頃，◯◯◯と呼ばれた北海道南部に，津軽の豪族・安藤（安東）氏の支配下の和人（本州系の日本人）が進出した。　　　　　　　　　　　　　（センター）	蝦夷ヶ島 <small>え ぞ が しま</small>
☑ 1247 ☐	北海道に古くから住む民族が15〜16世紀に形成した集落は，◯◯◯と呼ばれている。　　　（慶應義塾大）	コタン
☑ 1248 ☐	和人たちのなかには，道南に◯◯◯とよばれる拠点をきずき，地域の領主となったものもいた。　（神戸女子大）	館 <small>たて</small>
☑ 1249 ☐	和人は道南地方に<u>道南十二館</u><small>どうなんじゅう に たて</small>と呼ばれる館を建てた。そのひとつである◯◯◯で発見された多量の宋銭は，日本海貿易がさかんだったことを物語る。　（日本大）	志苔館 <small>し のりだて</small>

☑ 1250 🏛	中世の北海道は蝦夷ヶ島と呼ばれていた。その南部には道南十二館を中心に和人居住地が広がり、◯◯◯の豪族安藤（安東）氏の支配のもとにあった。 （摂南大）	津軽
☑ 1251 ♡	北方地域においては、津軽十三湊を拠点として、同地を支配する◯◯◯を中心とした勢力が、北方交易により繁栄していた。 （中央大）	安藤氏（安東氏）
☑ 1252 ♡	1457年、アイヌは大首長◯◯◯を中心に蜂起し、和人居住地のほとんどを攻め落とした。 （センター）	コシャマイン
☑ 1253 🏛	和人の北海道南部への進出をうけ、耐えかねたアイヌは1457年、大首長コシャマインを指導者として蜂起したが、上之国の領主◯◯◯によって倒された。（京都府立大）	蠣崎氏

THEME

室町時代の社会

見出し番号 1254—1268

出題頻度

👑

☑ 1254 ♡	鎌倉後期から南北朝の動乱期にかけて荘園や公領のなかに村が生まれ、次第に◯◯◯といわれる自立的・自治的な村となっていった。 （愛知学院大）	惣（惣村）
☑ 1255 ♡	惣村は、村人の強い連帯意識のもとに◯◯◯・沙汰人などを指導者として運営された。 （愛知学院大）	おとな（長・乙名）
☑ 1256 ♡	室町時代の惣村は、村民の会議である◯◯◯の決定に従って、おとな・沙汰人などと呼ばれる指導者によって運営された。 （法政大）	寄合
☑ 1257 ♡	惣村では鎮守の神社において組織された◯◯◯の場で、村の宗教行事を行ったり、村政に関わる諸問題を話し合ったりした。 （中央大）	宮座

☑ 1258	例えば「村びと以外の者は地下をはらう（村から追放する）」などのように，寄合で定められた惣百姓が守るべき規約を[　　　]という。　　　　　　　　（明治大）	惣掟（村法・村掟）
☑ 1259	惣村では，住人の農業経営に不可欠となる，共同利用の山野である[　　　]や用水を管理した。　　　　（南山大）	入会地
☑ 1260	室町時代，惣村の運営や入会地の利用等について惣掟を定め，[　　　]と呼ばれる警察・司法権を行使することもあった。　　　　　　　　　　　　　　　　（立教大）	地下検断（自検断）
☑ 1261	村請・百姓請ともいわれ，領主への年貢を惣村がひとまとめに請け負うことを[　　　]という。　（青山学院大）	地下請
☑ 1262	室町時代，志や利害，立場を同じくするものが共通の目的を達成するために協力関係を結ぶことが一般化した。こうした組織や人間関係を[　　　]と呼ぶ。　（中央大）	一揆
☑ 1263	惣村が荘園・郷の枠を超えて連合し，大規模な反乱を起こすことを[　　　]という。　　　　　　（青山学院大）	土一揆
☑ 1264	惣百姓たちが，耕作を放棄して全員で一時他領へ逃げるなどして抵抗することを[　　　]という。　　（立命館大）	逃散
☑ 1265	惣百姓たちが，不法を働く荘官の免職や，水害・干害の際には年貢の減免を求めて，領主のもとに大挙して押しかけることを[　　　]という。　　　　　　（京都大）	強訴
☑ 1266	一揆の組織にあたり，神仏の前で[　　　]を燃やし，その灰を飲むことで脱落しないことを誓い合う一味神水という儀礼を行う地域もあった。　　　　　（明治大）	起請文

☑ 1267

一揆の結束を固めるため，起請文を焼いて水に溶かして皆で飲む［　　　　］など神仏の権威が利用された。
（慶應義塾大）

一味神水

☑ 1268

惣村の有力者のなかには，守護と主従関係を結んで［　　　　］となるものも現れたため，領主の現地支配は次第に困難になっていった。
（法政大）

地侍

THEME

室町幕府の衰退と土一揆

見出し番号 1269—1307

出題頻度 👑

☑ 1269

惣村は，時には荘園・公領の枠を越えて連合した。このような勢力が大きな武力となって中央の政界に衝撃をあたえたのが，1428年の［　　　　］である。
（法政大）

正長の徳政一揆
（正長の土一揆）

☑ 1270

正長の徳政一揆（土一揆）が起きた1428年は，［　　　　］が6代将軍に就任した正長元年のことである。（同志社大）

足利義教

☑ 1271

6代将軍［　　　　］は，将軍権力の強化を狙って専制政治を行い，1438年鎌倉公方と対立する関東管領の支援を名目に出兵して鎌倉公方を滅ぼした。
（青山学院大）

足利義教

☑ 1272

6代将軍足利義教が鎌倉公方を滅ぼした事件を［　　　　］という。
（國學院大）

永享の乱

☑ 1273

6代将軍足利義教は，守護大名の弾圧などの専制政治を行い，このような政治に対し不満を抱いた鎌倉公方［　　　　］を攻撃して，自殺に追い込んだ。
（立教大）

足利持氏

☑ 1274

関東管領の［　　　　］は足利持氏を諫めて融和を図ったが，永享の乱では幕府と協力して足利持氏を滅ぼす役回りとなった。
（慶應義塾大）

上杉憲実

☑ 1275	足利義教は，1440年には，鎌倉公方の遺子を迎えて城に立てこもった下総の◻︎◻︎◻︎らを滅ぼすなど，将軍に服従しないものの弾圧を行った。 （青山学院大）	結城氏朝
☑ 1276	足利義教は1441年◻︎◻︎◻︎によって殺害され，将軍の権威が大きく失墜することになった。 （青山学院大）	赤松満祐
☑ 1277	6代将軍の行動に危険を感じた播磨・備前・美作国の守護赤松満祐が，1441年にこの将軍を自邸に招いて討った。これを◻︎◻︎◻︎という。 （東北学院大）	嘉吉の変
☑ 1278	1467年〜1477年にかけて◻︎◻︎◻︎が起こり，東軍は細川勝元，西軍は山名持豊（山名宗全）を中心に幕府内部・守護を二分して洛中で戦闘がくりひろげられた。（東北学院大）	応仁の乱（応仁・文明の乱）
☑ 1279	8代将軍◻︎◻︎◻︎のとき，次の将軍をめぐり，弟の足利義視と，息子の足利義尚を推す妻との間で争いが起きた。 （オリジナル）	足利義政
☑ 1280	足利義政は，子が生まれる以前に弟を将軍の継嗣と定めていたが，実子◻︎◻︎◻︎が生まれ，家督争いが起こった。 （駒澤大）	足利義尚
☑ 1281	将軍家の家督をめぐって義政の弟の◻︎◻︎◻︎と，子の義尚を推す義政の妻日野富子が対立した。応仁の乱が始まると，事実上，東西二つの幕府が成立した。 （龍谷大）	足利義視
☑ 1282	8代将軍足利義政のときに起きた家督争いにおいて，8代将軍の御台所（妻）の◻︎◻︎◻︎は足利義尚を推していた。 （首都大）	日野富子
☑ 1283	応仁の乱では，幕府の実力者である◻︎◻︎◻︎と，細川勝元が幕府の主導権を握ろうとして争った。 （オリジナル）	山名持豊（宗全）

☑ 1284 ☐	応仁の乱は，<u>山名持豊（山名宗全）</u>が率いる西軍と，□が率いる東軍に分かれ，約11年にわたり続いた。 （愛知大）	細川勝元^{かつもと}
☑ 1285 ☐	1467年にはじまった応仁の乱の間に，□が9代将軍に就いた。　（オリジナル）	足利義尚
☑ 1286 ☐	15世紀後半には，守護大名家の家督争いがはげしくなっていて，畠山氏の家督をめぐる□と<u>畠山政長</u>の争いはとくに長期化した。　（同志社大）	畠山義就^{はたけやまよしひろ}（よしなり）
☑ 1287 ☐	畠山氏とともに応仁の乱のきっかけとなった管領家は□氏である。　（オリジナル）	斯波氏^{しば}
☑ 1288 ☐	応仁の乱頃さかんに活動した，徒歩で軍役に服す雑兵^{ぞうひょう}のことを□という。　（オリジナル）	足軽^{あしがる}
☑ 1289 ☐	1428年，将軍足利義教の代始めに，近江国坂本^{おうみ}の□が蜂起したことをきっかけとして，正長の徳政一揆（土一揆）が発生した。　（京都大）	馬借^{ばしゃく}
☑ 1290 ☐	興福寺の尋尊^{じんそん}がまとめた『□』は正長の徳政一揆のことを「日本開闢^{かいびゃく}以来，土民蜂起これ初めなり」（原漢文）と記している。　（同志社大）	大乗院日記目録^{だいじょういん}
☑ 1291 ☐	徳政一揆は畿内とその周辺各地に広がっていった。このとき春日社領^{かすが}の大和国神戸四箇郷^{やまと　かんべ}の農民らによって刻まれた碑文が，奈良市の□沿いに現存している。（立命館大）	柳生街道^{やぎゅう}
☑ 1292 ☐	正長の土一揆を背景に，国人・土民らが守護□の軍勢に対して国外退去を要求した<u>播磨の土一揆^{はりま}</u>がおこった。　（立教大）	赤松満祐^{あかまつみつすけ}

☑ 1293	1429年には，〔　　　　〕が起こり，国人・土民らが守護の赤松満祐の軍勢に対して国外への退去を要求した。 （西南学院大）	はりま 播磨の土一揆
☑ 1294	足利義教の暗殺後に，義教の息子の足利義勝（よしかつ）が将軍に就くと，政治的混乱の中で京都の農民が「代始めの徳政」を求めて〔　　　　〕を起こした。　　　　　（学習院大）	か きつ 嘉吉の徳政一揆 （嘉吉の土一揆）
☑ 1295	嘉吉の徳政一揆で徳政を要求した数万人の一揆が京都を占拠して土倉や酒屋を襲ったため，幕府は要求を受け入れて債務の破棄を公認する〔　　　　〕を発布した。（日本女子大）	とくせいれい 徳政令
☑ 1296	嘉吉の土一揆では，幕府に「天下一同徳政令」を発布させると，さらに，幕府の関与なく一揆側が債務の破棄・売り地の取り戻しを行う〔　　　　〕が広まった。　　（早稲田大）	し とくせい 私徳政
☑ 1297	1454年の享徳（きょうとく）の土一揆以来，一揆側が幕府に債務額の一部に当たる手数料である〔　　　　〕を支払うことを条件に，徳政令を出すようになる。　　　　　（早稲田大）	ぶ いちせん 分一銭
☑ 1298	応仁の乱以降には，争いを繰り返す守護勢力から地域の秩序を守るため，国人に加え，地域住民を広く組織した〔　　　　〕が発生するようになった。　　（慶應義塾大）	くにいっ き 国一揆
☑ 1299	1485年，畠山氏を国外へ追放した国一揆を〔　　　　〕という。　　　　　　　　　　　　　　　（関西学院大）	やましろ 山城の国一揆
☑ 1300	山城の国一揆において国人や農民らは，宇治の〔　　　　〕に集まり，畠山氏排除の方針を決めた。　　（法政大）	びょうどういん 平等院
☑ 1301	山城の国一揆は，京都・山城国の守護大名である〔　　　　〕氏の畠山義就（よしひろ）・畠山政長の両名が，応仁の乱後も跡目争いをつづけたために起きた。　　　　　（北海道大）	はたけやま 畠山氏

☑ 1302	山城の国一揆は，□□□年間にわたり一揆の自治的支配を実現した。　　　　　　　　　　　（オリジナル）	8年
☑ 1303	関白一条兼良の子である□□□が記した日記『大乗院寺社雑事記』には，畠山政長・義就の両軍勢を山城の国人や土民が退去させた様子が描かれている。　（明治大）	尋尊（じんそん）
☑ 1304	山城国の山科（やましな）にある浄土真宗（一向宗）本願寺の僧の□□□は，応仁の乱の頃に信仰者団体の講（こう）を組織し，御文（おふみ）で農村を布教して回った。　　　　　　（日本大）	蓮如（れんにょ）（兼寿（けんじゅ））
☑ 1305	1488年，9代将軍・足利義尚（よしひさ）が将軍をつとめていた頃，加（か）賀国の本願寺派門徒は，国人たちと一揆を結んで守護を倒した。これを□□□という。　　　　　（同志社大）	加賀の一向一揆（かがのいっこういっき）
☑ 1306	加賀の一向一揆により，守護の□□□が倒された。これ以降，約100年間にわたり加賀国は本願寺の僧侶・有力農民らによる自治的な政治がおこなわれた。（同志社大）	富樫政親（とがしまさちか）
☑ 1307	『実悟記拾遺（じつごきしゅうい）』には，加賀国について「近年ハ□□□ノ持タル国ノヤウニナリ行キ候」と記されている。　　　　　　　　　　　　　　　　（同志社大）	百姓（ひゃくしょう）

THEME
室町時代の産業・経済

見出し番号 1308—1335

出題頻度 ♛

☑ 1308	15世紀の前半には麦，□□□を裏作とする三毛作も行われるようになる。　　　　　　　　（青山学院大）	そば
☑ 1309	室町時代には二毛作がさらに普及し，畿内では米・麦・そばの□□□も行われた。　　　　　　（上智大）	三毛作

☑ 1310	水稲の品種改良により，それぞれ早稲，中稲，〔　　　〕の作付けも行われ，地域に応じた稲が各地で栽培されるようになった。　　　　　　　　　　　　　　（青山学院大）	晩稲
☑ 1311	鎌倉時代後期から室町時代にかけて，〔　　　〕という多収穫の輸入品種も普及し，稲の品種も改良された。　　　　　　　　　　　　　　　　　　（東北学院大）	大唐米（赤米・唐法師）
☑ 1312	室町時代には，刈敷・草木灰とともに〔　　　〕が使用されるようになり，地味が向上して収穫が安定した。　　　　　　　　　　　　　　　　　　　（國學院大）	下肥
☑ 1313	室町時代には灌漑・排水の技術も改良され，揚水用の〔　　　〕の使用もはじまった。　　　　　　（中部大）	水車（龍骨車）
☑ 1314	製塩業では，塩田に人力で海水をくみあげて自然蒸発によって濃い塩水をつくり塩をとり出す従来の〔　　　〕に加えて，新しい塩田法が普及した。　　　　（上智大）	揚浜（法）
☑ 1315	製塩業において，海面より低い位置に堤防を設け，満潮時に海水を引き入れて乾燥・濃縮させる〔　　　〕が普及した。　　　　　　　　　　　　　　　　（オリジナル）	古式入浜（入浜塩田）
☑ 1316	応仁の乱後には月に6回開かれる〔　　　〕が定着していった。　　　　　　　　　　　　　　　　　（関西学院大）	六斎市
☑ 1317	室町時代には，〔　　　〕と呼ばれる常設の小売店が一般化した。　　　　　　　　　　　　　　　　　　（立命館大）	見世棚（店棚）
☑ 1318	荷物運搬のために〔　　　〕を背負って移動する行商人も室町時代には増加し，近江商人などが活躍する。　　　　　　　　　　　　　　　　　　　（学習院大）	連雀

☑ 1319	行商も増え，荷を天秤棒に下げて品物を売り歩いた □□□ と呼ばれた行商人のほか，女性の行商人もいた。 （京都府立大）	振売
☑ 1320	室町時代の京都では，炭や薪を売る女性行商人の □□□ や鵜飼集団の桂女など，女性の活躍が目立った。 （南山大）	大原女
☑ 1321	室町時代には京都の郊外の鵜飼集団の女性である □□□ が鮎の行商を行い，淀の魚市がひらかれている。 （愛知学院大）	桂女
☑ 1322	室町時代には，鋳物師などの手工業者や商人による職業別の組合，すなわち □□□ が増加し，それぞれの市場を独占していた。 （関西大）	座
☑ 1323	室町時代には，大寺社から，□□□ の称号をうけて関銭の免除や独占的な販売を認められた商人もいた。 （中部大）	神人
☑ 1324	座の構成員のうち，神社を本所とする座に属するものは神人と呼ばれた。また，天皇家に食料などを貢納した団体や人は，□□□ と呼ばれていた。 （京都府立大）	供御人
☑ 1325	中世の座の構成員のうち有力な神社に属するものは神人，朝廷に属するものは供御人と呼ばれたが，京都の □□□ を本所とする麹座はよく知られている。 （関西学院大）	北野社 （北野天満宮）
☑ 1326	山城国 □□□ は，石清水八幡宮を本所として，畿内・尾張・阿波などの10カ国近い油の販売と，その原料の荏胡麻購入の独占権を持っていた。 （東洋大）	大山崎の油神人 （油座）
☑ 1327	室町時代には，宋銭とともに □□□ や洪武通宝などの銅銭（明銭）が輸入され，流通した。 （明治大）	永楽通宝

☑ 1328 ☐	中国銭を模倣するなどの粗悪な◯◯◯が鋳造されるようになり，円滑な流通を阻害した。 　　　　　　　　　　　　　　　　　　（立命館大）	私鋳銭 (しちゅうせん)
☑ 1329 ☐	15世紀末以降，◯◯◯という慣行が各地で見られ，さまざまな品位の銅銭が流通して市場に混乱がもたらされた。 　　　　　　　　　　　　　　　　　　（北海道大）	撰銭 (えりぜに) (せんせん)
☑ 1330 ☐	室町幕府は，良銭・悪銭の基準や混入率などを決めたり，一定の悪銭の流通を禁止したり，良銭の流通を強制する◯◯◯を発布した。 　　　　　　　　　　　　　　　　　　（中央大）	撰銭令 (えりぜにれい)
☑ 1331 ☐	足利氏による幕府も置かれた京では，経済活動も盛んになり，高利貸しを営む◯◯◯などが富裕になっていった。 　　　　　　　　　　　　　　　　　　（学習院大）	土倉 (どそう)
☑ 1332 ☐	◯◯◯などの富裕な商工業者には土倉と呼ばれる高貸しを兼ねていた者が多かった。 　　　　　　　　　　　　　　　　　　（オリジナル）	酒屋 (さかや)
☑ 1333 ☐	鎌倉時代の問（問丸）は，室町時代に運送，倉庫，委託販売業を兼ねる◯◯◯として発展し，為替（割符）を利用して遠隔地取引を行った。 　　　　　　　　　　　　　　　　　　（慶應義塾大）	問屋 (といや)
☑ 1334 ☐	室町時代，◯◯◯は大津や坂本を本拠地として，車借とともに京都の輸送路で活躍した運送業者である。 　　　　　　　　　　　　　　　　　　（立教大）	馬借 (ばしゃく)
☑ 1335 ☐	室町時代には，商品経済がさかんになると，遠隔地との取引では◯◯◯が使用された。 　　　　　　　　　　　　　　　　　　（中部大）	割符 (さいふ)

THEME

室町時代の文化

出題頻度

見出し番号 1336—1452

☑ 1336 ☐	室町時代の初期には，南北朝動乱期を背景とした □ が生まれた。 （オリジナル）	南北朝文化
☑ 1337 ☐	足利義満は京都の北山に，壮麗な山荘，北山殿を建てた。この頃の文化を，この山荘にちなんで □ という。 （同志社大）	北山文化
☑ 1338 ☐	応仁の乱後，足利義政は，京都東山に山荘を建てた。この頃の文化を，この山荘にちなんで □ という。 （上智大）	東山文化
☑ 1339 ☐	幕府の保護を受けて □ が広まり，夢窓疎石が禅の構想によってつくった西芳寺庭園や，禅の精神を描いた水墨画などに留まらず，大陸文化が普及した。（神奈川大）	臨済宗
☑ 1340 ☐	室町幕府が保護し武家社会に広まった臨済宗は， □ が初代将軍足利尊氏の帰依を受けて以来，大いに栄えた。 （オリジナル）	夢窓疎石
☑ 1341 ☐	三代将軍足利義満は，大陸から招来された禅宗の中では臨済宗を重んじ，中国南宋の官寺制度にならった □ などを完備させた。 （成蹊大）	五山・十刹の制
☑ 1342 ☐	五山・十刹の制では， □ が五山の上におかれ，京都五山と鎌倉五山の諸寺があった。 （明治大）	南禅寺
☑ 1343 ☐	五山・十刹の制において，十刹は五山につぐ官寺をいい，さらに十刹の次位に □ を定めた。 （明治大）	諸山

☑ 1344 ☐	京都五山第1位の◯◯◯は，後醍醐天皇の冥福を祈るために建立されたものである。　　　　　　　　　　（東洋大）	天龍寺 てんりゅうじ
☑ 1345 ◼	義満は1382年，花の御所の東側に相国寺を造営して，五山に加えた。この寺には僧録司が置かれ，初代僧録には◯◯◯が就任した。　　　　　　　　　　　　　　　　（関西大）	春屋妙葩 しゅんおくみょうは
☑ 1346 ☐	京都五山の第2位で，夢窓疎石が開いた◯◯◯は，雪舟が身を寄せていたことでも知られる。　　　　　　（中央大）	相国寺 しょうこくじ
☑ 1347 ☐	京都五山の第3位で，鎌倉幕府2代将軍源頼家の援助で栄西が創建したのは◯◯◯である。　　　　　　　（立命館大）	建仁寺 けんにんじ
☑ 1348 ☐	1235年に入宋した円爾は，1243年，九条道家によって造営中の◯◯◯の開山として招かれた。　　　　（同志社大）	東福寺 とうふくじ
☑ 1349 ☐	京都五山は，天龍寺・相国寺・建仁寺・東福寺・◯◯◯で，南禅寺を五山の上に置いた。　　　　　　　（法政大）	万寿寺 まんじゅじ
☑ 1350 ☐	鎌倉五山第1位の◯◯◯は，鎌倉幕府5代執権・北条時頼が創建した。　　　　　　　　　　　　　　　　　（東洋大）	建長寺 けんちょうじ
☑ 1351 ☐	建長寺を開山した臨済宗の中国人僧は◯◯◯である。　　　　　　　　　　　　　　　　　　　　　　　（國學院大）	蘭溪道隆 らんけいどうりゅう
☑ 1352 ☐	建長寺に次ぐ鎌倉五山の第2位で，鎌倉幕府8代執権・北条時宗により元の侵攻で犠牲になった死者を弔うため，鎌倉に創建されたのは◯◯◯である。　　（オリジナル）	円覚寺 えんがくじ

☑ 1353	◻ は，鎌倉の円覚寺開山となった。 　　　　　　（南山大）	無学祖元 _{む がく そ げん}
☑ 1354	鎌倉五山の第3位で，北条政子が源義朝邸跡に創建したのは ◻ である。 　　　　　　（オリジナル）	寿福寺 _{じゅふく じ}
☑ 1355	鎌倉五山の第4位は ◻ である。 　　　　　　（オリジナル）	浄智寺 _{じょう ち じ}
☑ 1356	鎌倉五山は，建長寺・円覚寺・寿福寺・浄智寺・ ◻ である。 　　　　　　（オリジナル）	浄妙寺 _{じょうみょう じ}
☑ 1357	室町幕府の衰退とともに臨済宗の中でも五山派はおとろえ，より自由な活動を求めて民衆への布教を志した ◻ と呼ばれる一派が広がった。 　　　　　　（関西大）	林下 _{りん か}
☑ 1358	一休宗純が応仁・文明の乱中に住持となったのは，1431年に林下となった ◻ である。 　　　　　　（オリジナル）	大徳寺 _{だいとく じ}
☑ 1359	◻ は，応仁・文明の乱で罹災した大徳寺の再建に尽力した臨済宗の僧侶で，漢詩集『狂雲集』に僧侶の腐敗を批判する漢詩を残した。 　　　　　　（学習院大）	一休宗純 _{いっきゅうそうじゅん}
☑ 1360	6代将軍足利義教の頃に出た日蓮宗（法華宗）の僧の ◻ は，他宗と激論を行って幕府から迫害された。 　　　　　　（関西大）	日親 _{にっしん}
☑ 1361	日親は自らの著書である『 ◻ 』を時の将軍足利義教に献じ改宗を求めようとした。 　　　　　　（オリジナル）	立正治国論 _{りっしょう ち こくろん}

中世

近世

近代

現代

☑ 1362 ☐	室町時代において，地方武士・農民は自治的結合体をなしていた農村の道場を中心に ◯◯◯◯ をむすんで信仰を深めた。　　　　　　　　　　　　　　　（同志社大）	講
☑ 1363 ☐	本願寺8世の ◯◯◯◯ は浄土真宗の門徒たちに手紙形式の平易な文章で教えを説いて，北陸・東海・近畿に教線を拡大した。　　　　　　　　　　　　　（同志社大）	蓮如（兼寿） れんにょ　けんじゅ
☑ 1364 ☐	蓮如の ◯◯◯◯ による布教で勢力を拡大した本願寺が，やがて一向一揆を軍事力として利用し，織田信長や豊臣秀吉と対峙する。　　　　　　　　　　（センター）	御文 お ふみ
☑ 1365 ☐	蓮如は越前の ◯◯◯◯ に道場を構え布教の拠点とし，また，その後京都の東郊に山科本願寺を建てた。　　　　　　　　　　　　　　　（オリジナル）	吉崎 よしざき
☑ 1366 ☐	幕府の御ひざもとの京都では，1532年に町衆の法華宗徒が ◯◯◯◯ を結んで一向一揆と対決し，町政を自治的に運営した。　　　　　　　　　　　（西南学院大）	法華一揆 ほっけ いっき
☑ 1367 ☐	法華一揆は一時的に町の自治を実現したが，延暦寺との衝突で焼打ちにあい，一時京都を追われた。この事件を ◯◯◯◯ という。　　　　　　　　　　　（立教大）	天文法華の乱 てんぶんほっけ
☑ 1368 ☐	1542年，京に戻った日蓮宗は勢力を回復し，再び寺院が建てられた。その支持基盤となったのは， ◯◯◯◯ と呼ばれる富裕な都市民であった。　　　　　　（南山大）	町衆 ちょうしゅう （まちしゅう）
☑ 1369 ☐	室町時代には ◯◯◯◯ が神祇信仰と儒教・仏教を統合した神道を創唱して，全国の神職を組織化していった。　　　　　　　　　　　　　　　　（関西大）	吉田兼倶 かねとも
☑ 1370 ☐	反本地垂迹説（神本仏迹説）にもとづいた神道理論としては，室町時代に吉田兼倶が完成した ◯◯◯◯ がある。　　　　　　　　　　　　　　　　（成蹊大）	唯一神道 ゆいいつしんとう （吉田神道）

☐ 1371 ☐	『大鏡』『今鏡』『水鏡』四鏡の最後のひとつで, 南北朝動乱期に源平の争乱以後の歴史を公家の立場で記述した, 作者不詳の歴史物語は『　　　　』である。　（慶應義塾大）	増鏡 ますかがみ
☐ 1372 ☐	鎌倉幕府が滅亡し, 後醍醐天皇の政権もまた吉野に逃れた後, 　　　　による『神皇正統記』が書かれた。　（関西学院大）	北畠親房 きたばたけちかふさ
☐ 1373 ☐	北畠親房は, 南朝の正統性を述べるため, 歴史物語『　　　　』を著した。　（関西学院大）	神皇正統記 じんのうしょうとうき
☐ 1374 ☐	北畠親房は, その主著（『神皇正統記』）を後醍醐天皇の後継者であった　　　　に献呈するために著したとされている。　（学習院大）	後村上天皇 ごむらかみ
☐ 1375 ☐	作者不詳の軍記物語『　　　　』は, 北条氏の最期を無残に, 高師直を悪役として, 南北朝動乱を描いている。（南山大）	太平記 たいへいき
☐ 1376 ☐	『太平記』は, 「　　　　」といわれる人々によって語り継がれ, 楠木正成の逸話などは人々の一般常識となってゆく。　（愛知大）	太平記読み
☐ 1377 ☐	『　　　　』は, 室町幕府の正当性を主張する立場から, 室町幕府の成立過程を描いている。　（日本大）	梅松論 ばいしょうろん
☐ 1378 ☐	義満の命を受けて九州統治にあたっていた　　　　は, 和歌・連歌などの文学的才能もあり, 『難太平記』の著者としても知られている。　（明治大）	今川了俊（貞世） りょうしゅん さだよ
☐ 1379 ☐	元から日本に来た　　　　は, 北条貞時から帰依を受け, 五山文学の礎を築いた。広く仏教, 朱子学, 書道などに精通し, その門下には虎関師錬らがいる。（慶應義塾大）	一山一寧 いっさんいちねい

☑ 1380
☑

五山文学を代表する僧の [　　　] は，義満の頃に世に出て宋学の研究や漢詩文の創作を行い，『空華集』を著した。　　　　　　　　　　　　　　　（立命館大）

義堂周信
ぎ どうしゅうしん

義堂周信と [　　　] は，宋学研究や漢詩文創作を中心とした<u>五山文学</u>の最盛期を支えた。　　　　　　　（北海道大）

絶海中津
ぜっかいちゅうしん

北畠親房は朝廷や公家の儀式・官職について述べた『[　　　]』を著した。　　　　　　　　　　　　　　　（上智大）

職原抄
しょくげんしょう

宮中の年中行事に関して後醍醐天皇が著した有職故実書は『[　　　]』である。　　　　　　　　　　　（オリジナル）

建武年中行事
けん む ねんじゅう

公家の [　　　] は，将軍義尚への政治上の意見書『<u>樵談治要</u>』や有職故実書の『<u>公事根源</u>』を著わした。　　　　　　　　　　　　　　　　　　　　（関西大）

一条兼良
いちじょうかねよし
（かねら）

<u>一条兼良</u>は応仁の乱終息後に帰京し，日野富子に古典を講義し，『[　　　]』を著して足利義尚に贈った。　　　　　　　　　　　　　　　　　　　　（学習院大）

樵談治要
しょうだん ち ょう

室町時代には有職故実や古典の研究が盛んに行われた。<u>一条兼良</u>は，朝廷の年中行事の起源や変遷について述べた『[　　　]』を著した。　　　　　　　　（京都大）

公事根源
く じ こんげん

『源氏物語』の注釈書である『[　　　]』は，一条兼良の著作である。　　　　　　　　　　　　　　　（京都大）

花鳥余情
か ちょう よ せい
（よじょう）

応仁の乱の直前に，遣明使の副使として留学した五山の禅僧であった [　　　] は，朱子学を研究して帰国し，<u>薩南学派</u>を創始した。　　　　　　　　　　（立教大）

桂庵玄樹
けいあんげんじゅ

□ 1389 ■	桂庵玄樹は，九州の大名に招かれ，島津氏らに儒学の講義をし，のちの ［　　　］ の礎を築いた。 　　　　　　　　　（愛知大）	さつなん 薩南学派
□ 1390 ⌂	応仁の乱により京都が荒廃していた頃，［　　　］ のように，美濃や関東地方をめぐり，すぐれた漢詩文集を残した禅僧も現れた。 　　　　　　　（京都府立大）	ばんりしゅうく 万里集九
□ 1391 ⌂	15世紀の中頃，関東管領 ［　　　］ は，鎌倉後期に最高学府だった足利学校を再興し，全国から禅僧・武士を集めて高度な教育を施し，書籍の収集を行わせた。 （近畿大）	のりざね 上杉憲実
□ 1392 ⌂	15世紀には，上杉憲実が鎌倉円覚寺の禅僧を迎えて ［　　　］ を再興した。多くの蔵書が集められ，全国から集まった禅僧や武士らに高等教育を施した。 （早稲田大）	足利学校
□ 1393 ⌂	地方武士の子弟の教育は寺院で行われ，教科書には『［　　　］』や『御成敗式目』が使われた。 　（同志社大）	ていきんおうらい 庭訓往来
□ 1394 ⌂	室町時代には，奈良の商人がつくった『［　　　］』という国語辞書が広まった。 　　　　　　　　（南山大）	せつようしゅう 節用集
□ 1395 ⌂	足利義満は北山殿に舎利殿として ［　　　］ を建てた。北山殿は，義満の死後，鹿苑寺という臨済宗寺院となった。 　　　　　　　　　　　　　　　　　　（学習院大）	金閣
□ 1396 ⌂	義満が，のちに ［　　　］ と称される山荘を建てたことから，14世紀末から15世紀初頭の文化は北山文化と呼ばれている。 　　　　　　　　　　　　　　　　（東洋大）	ろくおんじ 鹿苑寺
□ 1397 ⌂	金閣（鹿苑寺舎利殿）の建築様式は，伝統的な ［　　　］ 風と禅宗様を折衷したものである。 　　　（法政大）	しんでんづくり 寝殿造

☑ 1398 ⌂	足利義政によって東山山荘に建てられた◻︎は，禅の精神に基づく簡素さや，「幽玄」「わび・さび」と呼ばれる美意識を特徴とし，東山文化の象徴となった。(同志社大)	銀閣
☑ 1399 ⌂	足利義政の書斎として使われていた東山山荘の◻︎は，畳や襖，明障子などをもつ，書院造の代表的な遺物である。 (関西学院大)	とうぐどうどうじんさい 東求堂同仁斎
☑ 1400 ⌂	寝殿造を母体とし，床（押板・床の間）・違い棚・付書院などの特徴をもつ建築様式の◻︎は，近代和風住宅の原型となった。 (東洋大)	しょいんづくり 書院造
☑ 1401 ⌂	水を使わず岩石や砂利と組み合わせて象徴的な自然をつくり出す庭園様式である◻︎は龍安寺石庭や大徳寺大仙院庭園などに採用された。 (青山学院大)	かれさんすい 枯山水
☑ 1402 ⌂	室町時代において芸能や美術，連歌などの技能をもち，剃髪・出家した僧として身分を超えて将軍に仕えた人々を◻︎という。 (青山学院大)	どうぼうしゅう 同朋衆
☑ 1403 ⌂	東山文化期の有名な作庭師として，将軍義政の同朋衆で◻︎をあげることができる。 (東洋大)	ぜんあみ 善阿弥
☑ 1404 📖	善阿弥は孫の又四郎と共に慈照寺銀閣の作庭にたずさわり，◻︎として卑賤視されながらも高度な精神的境地を表した。 (同志社大)	かわらもの 河原者 （山水河原者） せんずい
☑ 1405 ⌂	渡来僧・留学僧は禅宗の精神を具現化したものとして水墨画を伝えた。北山文化を代表する画僧の◻︎は，『五百羅漢図』という水墨画を描いた。 (上智大)	みんちょう ちょうでんす 明兆 （兆殿司）
☑ 1406 ⌂	北山文化の代表的な水墨画僧◻︎は『瓢鮎図』を描いた。 (北海道大)	じょせつ 如拙

☑ 1407	妙心寺に所蔵される如拙の『瓢鮎図』は，禅宗の課題である　　　　を題材にしている。　　　　　　　　（法政大）	公案 こうあん
☑ 1408	五山の僧によって水墨画も描かれ，如拙の『瓢鮎図』や　　　　の『寒山拾得図』がある。　　　　　　　（駒澤大）	周文 しゅうぶん
☑ 1409	室町時代の禅僧である　　　　は，禅画の制約を乗り越え，『四季山水図巻』や『秋冬山水図』を描いて日本的水墨画様式を大成した。　　　　　　　　　　（慶應義塾大）	雪舟 せっしゅう
☑ 1410	大和絵では　　　　が土佐派，水墨画に大和絵の手法を取り入れた狩野正信・元信が狩野派を起こした。　（駒澤大）	土佐光信 とさみつのぶ
☑ 1411	・元信父子は，水墨画に土佐派の大和絵の手法をとり入れて，狩野派を創始した。　　　　　　（上智大）	狩野正信 かのうまさのぶ
☑ 1412	土佐派の地位を高めた土佐光信が大和絵で活躍するとともに，大和絵と漢画の様式を融合した狩野派を確立した初代正信，2代　　　　が活躍した。　　　　　（成城大）	狩野元信 もとのぶ
☑ 1413	江戸幕府の御用達として大判の鋳造を請け負った後藤家の始祖となる　　　　が，刀装の金具のすぐれた品を作ったとされている。　　　　　　　　　　　　（成城大）	後藤祐乗 ごとうゆうじょう
☑ 1414	能は，散楽に起源をもつと言われる　　　　や，地方農村の労働歌舞であった田楽のような民間芸能を集成したものである。　　　　　　　　　　　　　　（同志社大）	猿楽 さるがく
☑ 1415	足利義満は猿楽や田楽から発達した能を好み，　　　　・世阿弥父子を取り立てたことによって，能は洗練された芸能に昇華された。　　　　　　　　　　　（成蹊大）	観阿弥 かんあみ

☑ 1416	寺社の保護を受けて，能は各地で興行されるようになった。なかでも興福寺を本所とした観世・宝生・（　　　）・金剛の座は大和猿楽四座といわれる。　　（明治大）	金春
☑ 1417	（　　　）を本所とした四座を大和猿楽四座という。　　　　　　　　　　　　　　　　　（法政大）	興福寺
☑ 1418	観阿弥・世阿弥父子は，大和猿楽四座のひとつ観世座から出て，義満の保護を受けつつ美を追求し，（　　　）を完成させた。　　　　　　　　（センター）	能（能楽）
☑ 1419	世阿弥は，能の真髄を述べた『（　　　）』をまとめた。　　　　　　　　　　　　　　　（法政大）	風姿花伝（花伝書）
☑ 1420	観阿弥と子の世阿弥は，芸術性の高い猿楽能を完成させた。父子は，能の脚本である（　　　）を数多く著した。　　　　　　　　　　　　　　（法政大）	謡曲
☑ 1421	室町時代には，各地の祭礼などで，素朴で娯楽性の強い能がさかんに演じられた。能の合間に演じられた，風刺性の強い喜劇である（　　　）も人気を博した。　（日本大）	狂言
☑ 1422	和歌を上の句と下の句に分け，一座の人々が次々に句をつけていく（　　　）は，室町時代以降都鄙を問わず広く流行した。　　　　　　　　　　（同志社大）	連歌
☑ 1423	摂関家の（　　　）は秀逸な連歌を集めて『菟玖波集』という連歌集を准勅撰集として編んで連歌の地位を格段に高めた。　　　　　　　　　　（同志社大）	二条良基
☑ 1424	二条良基はバサラ大名として知られる佐々木導誉や連歌師の救済と協力して連歌集『（　　　）』を編み，勅撰に準じる勅許を得た。　　　（学習院大）	菟玖波集

| ☑ 1425 ☆ | 二条良基は，連歌の規則を制定した連歌式目である『□□□』を制定した。 （立命館大） | おうあんしんしき
応安新式 |

| ☑ 1426 ☆ | 応仁の頃になると，□□□が正風連歌を確立した。 （京都府立大） | そうぎ
宗祇 |

| ☑ 1427 ☆ | 応仁のころ宗祇が□□□を確立し，全国をめぐりその普及につとめた。 （法政大） | しょうふうれんが
正風連歌 |

| ☑ 1428 ☆ | 応仁のころ宗祇が『□□□』をまとめた。 （法政大） | しんせんつくばしゅう
新撰菟玖波集 |

| ☑ 1429 ☆ | 宗祇が弟子たちと一緒に詠んだものが『□□□』である。 （オリジナル） | みなせさんぎんひゃくいん
水無瀬三吟百韻 |

| ☑ 1430 ☆ | 応仁の頃，□□□は自由な気風をもつ俳諧連歌を作り出した。 （京都府立大） | そうかん
宗鑑 |

| ☑ 1431 ☆ | 宗鑑は『犬筑波集』を編集し，より自由な作風の□□□の祖となった。 （関西学院大） | はいかいれんが
俳諧連歌 |

| ☑ 1432 ☆ | 宗鑑は，より自由で庶民的精神を根本とする俳諧連歌をつくり，『□□□』を編纂した。 （駒澤大） | いぬつくばしゅう
犬筑波集 |

| ☑ 1433 ☆ | □□□は，「古今和歌集」の故実・解釈などの秘伝を弟子に伝えることである。 （明治大） | こきんでんじゅ
古今伝授 |

□ 1434 ☐	古今伝授は，武士で二条流歌人でもあった◯◯◯が1471年に宗祇に伝授したのが始まりであるとされる。　（明治大）	とうつねより 東常縁
□ 1435 ☐	室町時代，庶民によって生み出された文化のうち，『閑吟集』などの作品が残る芸能を◯◯◯という。（センター）	こうた 小歌
□ 1436 ☐	室町時代に編纂された，庶民に愛された小歌の歌集は『◯◯◯』である。　（同志社大）	かんぎんしゅう 閑吟集
□ 1437 ☐	戦国時代，古浄瑠璃・小歌などとともに流行した◯◯◯は，織田信長が愛好した。　（聖心女子大）	こうわかまい 幸若舞
□ 1438 ☐	幸若舞や，江戸時代に登場する義太夫節の源流である◯◯◯が人々に愛好された。　（同志社大）	こじょうるり 古浄瑠璃
□ 1439 ☐	室町時代には衣装に華美な飾り物を付ける◯◯◯と呼ばれる踊りがさかんになった。　（同志社大）	ふりゅう 風流（風流踊り）
□ 1440 ☐	現在行われている盆踊りは，室町時代からさかんになったようで，風流と，◯◯◯が結びついて生まれた。　（駒澤大）	念仏踊り
□ 1441 ☐	風流には念仏踊りとの融合が見られ，次第に◯◯◯として定着した。　（同志社大）	盆踊り
□ 1442 ☐	南北朝文化は，動乱の中で成長してきた新興武士たちが担い手であったことから，◯◯◯と呼ばれる華美で人目を引く振舞いをする風潮に特徴があった。　（南山大）	バサラ

☑ 1443 ☐	近江のバサラ大名 [____] は，連歌や能，茶の湯などに通じ，京極氏の家督をついだ。 (オリジナル)	佐々木導誉 (佐々木高氏)
☑ 1444 ☐	南北朝時代にかけて武家や庶民に茶の湯が普及すると，娯楽としての性格が強まり，[____] と呼ばれる茶の産地を当てる賭けごとが流行した。 (南山大)	闘茶
☑ 1445 ☐	侘茶を創出した [____] は，大徳寺派の禅僧であった一休宗純に禅を学んだ人物であった。 (成城大)	村田珠光
☑ 1446 ☐	村田珠光が，禅と茶の精神を統合し，[____] を創出した。禅の影響により独特の哲学と美意識が茶の湯で実現された。 (法政大)	侘茶
☑ 1447 ☐	堺の豪商 [____] は，茶人として村田珠光から侘茶方式を受け継いだ。 (学習院大)	武野紹鷗
☑ 1448 ☐	生花では，座敷の床（床の間）を飾る [____] が確立した。 (立命館大)	立花 (りっか)
☑ 1449 ☐	花道は，もともと仏前に花を飾るという行為が，床の間の発生と関わって室内装飾として発展した。はじめは [____] のなかから花を立てる名手が現れた。 (立命館大)	同朋衆
☑ 1450 ☐	生花では，押板に三具足を置き，花を立てる立花様式が生まれ，その名人として立阿弥や [____] が知られている。 (成城大)	池坊専慶
☑ 1451 ☐	生花は床の間を飾る立花様式が定まり，京都 [____] にいた池坊専慶がその芸術性を高めた。 (立命館大)	六角堂

| ☑ 1452 ☐ | 庶民的な短編小説として，『浦島太郎』『一寸法師』など仏教思想の強い　　　があったが，読むだけでなく絵を見て楽しむこともできた。　　　　　　　　（駒澤大） | 御伽草子 |

☑ 1453 ☐	足利義満は，有力守護を在京させ，幕府の運営にあたらせた。一般の守護も領国は　　　に統治させ，自身は在京して幕府に出仕することを原則とした。　（立命館大）	守護代
☑ 1454 ☐	地頭などの中小武士である　　　は相互に地域的な連合を結び，紛争解決や地域防衛を行いつつ農民を服従させようとした。　　　　　　　　　　（慶應義塾大）	国人
☑ 1455 ☐	足利持氏の遺児である　　　によって鎌倉公方家は再興されるが，関東管領上杉憲忠と対立を深めて，これを討ったことで享徳の乱が始まった。　　（慶應義塾大）	足利成氏
☑ 1456 ☐	1454年の享徳の乱により，鎌倉公方の足利成氏は，下総に移った。これにより鎌倉公方は，下総の　　　と，伊豆の堀越公方に分かれた。　　　　　　　（オリジナル）	古河公方
☑ 1457 ☐	享徳の乱を機に，鎌倉公方が足利持氏の子成氏の古河公方と将軍義政の兄弟政知の　　　とに分裂し，関東管領上杉氏も2派に分かれて争った。　　　　（近畿大）	堀越公方
☑ 1458 ☐	太田道灌は，関東管領を務めた山内上杉家と勢力を争った　　　に仕えた武将で，享徳の乱のさなかに家督を継ぎ，江戸城を構えた。　　　　　　　（早稲田大）	扇谷上杉家
☑ 1459 ☐	北条早雲は，1493年，当時の堀越公方であった　　　を下して伊豆を奪い，その後小田原城を奪取して勢力を広げた。　　　　　　　　　　　　　（明治大）	足利茶々丸

☑ 1460	今川氏に身を寄せていた伊勢宗瑞（のちの〔　　　〕）は戦国大名として早くから名を上げた。 （慶應義塾大）	北条早雲
☑ 1461	北条早雲の子の北条氏綱につづいた孫の〔　　　〕は，関東管領の上杉憲政を越後に追放して，覇権を関東一帯に広げた。 （立教大）	北条氏康
☑ 1462	越後国守護の上杉氏の守護代をつとめていた長尾景虎は，関東管領の上杉憲政から家督と関東管領職を継いで〔　　　〕を名乗った。 （立命館大）	上杉謙信
☑ 1463	駿河国の守護から戦国大名となったのは〔　　　〕氏である。 （筑波大）	今川氏
☑ 1464	美濃で守護代，さらには守護を倒して戦国大名となった〔　　　〕が，大山崎の油商人から立身したとの伝承もある。 （南山大）	斎藤道三
☑ 1465	美濃国の斎藤道三は，守護の〔　　　〕氏を滅ぼして戦国大名になった。 （南山大）	土岐氏
☑ 1466	1549年，細川晴元の執事であった〔　　　〕は，晴元と将軍足利義輝を京都から追い落として政権を掌握した。 （日本大）	三好長慶
☑ 1467	応仁の乱後，幕府の実権は管領家の細川家から，その家臣の三好長慶へ，さらにその家臣の〔　　　〕へと移った。 （京都大）	松永久秀
☑ 1468	〔　　　〕は，安芸国の国人から戦国大名になった。 （北海道大）	毛利元就

☑ 1469 📖	毛利元就は大内義隆を討った ⬚ を厳島の戦いで破り，周防・長門を領有し，次いで出雲の尼子氏を倒して中国地方を制覇した。 　（オリジナル）	陶晴賢
☑ 1470 ☐	甲斐国の守護から戦国大名になったのは ⬚ 氏である。 　（慶應義塾大）	武田氏
☑ 1471 📖	越後の上杉謙信は，関東を統一すべく北条・武田と戦闘を繰り返した。特に ⬚ では，武田信玄との激闘が繰り広げられたとされる。 　（松山大）	川中島（の戦い）
☑ 1472 ☐	⬚ は尾張国の守護代から戦国大名となり，「天下布武」と刻んだ印章を使って桶狭間や長篠で戦った。 　（センター）	織田信長
☑ 1473 ☐	戦国大名のなかで全国統一の野望を最初にいだき，実行に移したのは ⬚ 国の織田信長であった。 　（近畿大）	尾張国
☑ 1474 ☐	毛利氏は， ⬚ 国高田郡吉田を本拠とし，中国地方10カ国を領有する戦国大名であった。 　（明治学院大）	安芸国
☑ 1475 ☐	1584年に島津氏に敗れるまで肥前を治めていた ⬚ 氏は国人領主から戦国大名となった。 　（明治大）	龍造寺氏
☑ 1476 ☐	戦国大名の領国支配の基本法である ⬚ は，中世法の集大成的な性格をもっていた。 　（一橋大）	分国法（家法）
☑ 1477 ☐	⬚ 国の戦国大名だった朝倉氏の分国法は『朝倉孝景条々』である。 　（北海道大）	越前国

□ 1478	今川氏の分国法は, 今川氏親が定めた『　　　』の33カ条と, その子の今川義元が加えた21カ条によって成り立っている。 (オリジナル)	今川仮名目録
□ 1479	陸奥国の戦国大名だった伊達氏の分国法は『　　　』である。 (学習院大)	塵芥集
□ 1480	分国法としては, 甲斐武田氏の　　　などが有名である。 (明治大)	甲州法度之次第
□ 1481	国南部の六角氏の分国法は, 『六角氏式目 (義治式目)』という。 (南山大)	近江国
□ 1482	阿波・讃岐・淡路を支配した三好氏の分国法は　　　である。 (オリジナル)	新加制式
□ 1483	国人吉の相良氏の分国法は『相良氏 (家) 法度』という。 (同志社大)	肥後国
□ 1484	分国法のうち, 領国内での平和を実現するために私闘を禁ずる法を　　　という。 (慶應義塾大)	喧嘩両成敗法
□ 1485	戦国大名は, 家臣である領主または名主に, 田畑の面積・収入額を自己申告させる検地を行った。これを　　　という。 (法政大)	指出検地
□ 1486	戦国大名たちは領国内の土地について, 指出方式による検地を行い, そこから収納する年貢を　　　という基準によって掌握した。 (成蹊大)	貫高

☑ 1487 ☐	家臣団に組み入れた地侍を有力家臣にあずけて組織化する制度を[　　　]という。 (西南学院大)	寄親・寄子制
☑ 1488 ☐	戦国大名が国内の交通制度を整えて関所を廃し市場を開設し，城下に家臣を集めると，商工業者が集中し，[　　　]が形成された。 (センター)	城下町
☑ 1489 ☐	北条氏の小田原，武田氏の甲府，上杉氏の春日山，浅井氏の小谷，朝倉氏の[　　　]などの城下町が形成された。 (津田塾大)	一乗谷
☑ 1490 ☐	中世末期には，[　　　]の門徒を中心とした一向一揆の勢力が強大化した。 (関西大)	浄土真宗(一向宗)
☑ 1491 ☐	戦国時代には，特に浄土真宗の盛んな地域では寺院や道場を中心に[　　　]が各地に形成され，門徒が集住した。 (青山学院大)	寺内町
☑ 1492 ☐	代表的な寺内町として，摂津の石山，[　　　]の金沢，河内の富田林があげられる。 (センター)	加賀
☑ 1493 ☐	戦国時代，伊勢の宇治・山田，近江の坂本などは寺社の[　　　]として栄えた。 (関西大)	門前町
☑ 1494 ☐	戦国時代には，信濃国の長野，[　　　]国の山田のような大寺社の門前町だけでなく，地方の中小の寺社の門前町も繁栄した。 (駒澤大)	伊勢国
☑ 1495 ☐	広島県福山市の芦田川河口で発見された[　　　]は，活発な商業活動を行った中世の港町の遺跡である。 (学習院大)	草戸千軒町遺跡

☑ 1496
🖐
戦国時代の主な港町に，日明貿易で栄えた堺と博多，伊勢の _____・大湊（おおみなと），若狭（わかさ）の小浜（おばま）があげられる。（明治大）

桑名（くわな）

☑ 1497
🖐
薩摩（さつま）半島南西端の _____ は古代から中世を通じて日本列島を代表する貿易港だった。　　　　　　　（学習院大）

坊津（ぼうのつ）

☑ 1498
🖐
戦国大名は商品流通の活性化をめざした。販売座席（市座（いちざ））や市場税を設けない _____ を法令で奨励した。
（早稲田大）

楽市（らくいち）

☑ 1499
🖐
戦国大名は，商品流通を促進するために _____ を撤廃するとともに，宿駅・伝馬制度を整えていった。
（同志社大）

関所

☑ 1500
🖐
_____ は，和泉国（いずみ）の港町で，15世紀後半から貿易で繁栄した。　　　　　　　　　　　　（駒澤大）

堺

☑ 1501
🖐
戦国時代の主な自治組織に，堺の門閥豪商が結成した36人の _____ がある。　　　　　　　　（関西大）

会合衆（かいごうしゅう）（えごうしゅう）

☑ 1502
🖐
戦国時代の主な自治組織に，博多で結成された12人の _____ がある。　　　　　　　　（明治大）

年行司（ねんぎょうじ）

☑ 1503
🖐
古くからの政治都市である京都にも，富裕な商工業者である _____ を中心に自治的団体である町（ちょう）が生まれ，月（つき）行事（ぎょうじ）によって自治的に運営された。　　（明治大）

町衆（ちょうしゅう）（まちしゅう）

☑ 1504
🖐
京都の祭礼で現在も行われている _____ は，応仁の乱の後に町衆たちの祭として復興されたものである。
（関西大）

祇園祭（ぎおんまつり）

3

近世

掲載問題数 824問

ここでは，安土・桃山時代から江戸時代までを
扱います。
織田信長・豊臣秀吉により，戦国時代が終わり
を告げ，徳川氏による幕藩体制が確立します。
260年余りも続いた江戸時代を見てゆきましょ
う。

ヨーロッパ人の渡来

見出し番号 1505—1537

☑ 1505	15世紀後半，ヨーロッパ諸国はキリスト教の布教，海洋貿易の拡大をめざし，ヨーロッパを中心に世界の諸地域と広く交流が進む◻︎と呼ばれる時代が訪れた。　（愛知大）	大航海時代
☑ 1506	日本にポルトガル人が漂着した当時，ポルトガルは東アジアの貿易拠点を中国の◻︎においていた。　（立教大）	マカオ
☑ 1507	日本に最初にやってきたヨーロッパ人となった◻︎は，1543年に日本に漂着して以来，毎年のように九州の諸港に来航するようになった。　（慶應義塾大）	ポルトガル人
☑ 1508	1543年，ポルトガル人が◻︎に漂着し，鉄砲を伝えた。　（新潟大）	種子島
☑ 1509	ポルトガル人を乗せた中国人倭寇の船が，種子島に漂着した。島主の◻︎は，彼らのもっていた鉄砲を買い求め，家臣に使用法と製造法を学ばせた。　（広島修道大）	種子島時堯
☑ 1510	ポルトガル人は，種子島に漂着して鉄砲を伝え，その後に鉄砲が各地に普及して，和泉の◻︎などでも生産されるようになっていった。　（学習院大）	堺
☑ 1511	鉄砲はすぐに和泉の堺，紀伊の根来・雑賀，近江の◻︎などで大量に生産され，数年後には戦闘で使用されるようになった。　（青山学院大）	国友
☑ 1512	スペインはフィリピン諸島の◻︎をアジア貿易の拠点とした。　（オリジナル）	マニラ

| 1513 | スペイン人も，1584年，肥前の〔　　〕に来航し，日本との貿易を開始した。 (広島修道大) | 平戸 |

| 1514 | 当時の日本では，ポルトガル人やスペイン人を南蛮人とよんだ。このため，彼らとの貿易は〔　　〕と呼ばれた。 (中央大) | 南蛮貿易 |

| 1515 | 南蛮人は，鉄砲や火薬のほかに，中国産の〔　　〕などを日本にもたらした。 (関西大) | 生糸 |

| 1516 | 16世紀の中頃から生産量が飛躍的に伸びていた〔　　〕は，南蛮貿易における日本の主な輸出品となった。 (青山学院大) | 銀 |

| 1517 | 南蛮貿易は，当時キリスト教の世界布教を目指していた〔　　〕の布教活動と一体化していた。 (日本女子大) | イエズス会（耶蘇会） |

| 1518 | 1549年，イエズス会の〔　　〕が来日し，日本に初めてキリスト教を伝えた。 (関西学院大) | フランシスコ＝ザビエル |

| 1519 | 1549年，フランシスコ＝ザビエルが最初に到着したのは，島津貴久が支配していた〔　　〕である。 (日本大) | 鹿児島 |

| 1520 | 南蛮貿易の主な貿易港は，平戸，長崎と，今の大分市にあたる〔　　〕である。 (センター) | 府内 |

| 1521 | フランシスコ＝ザビエルは，京都での布教を志したが，京都の荒廃を知り，〔　　〕が治める山口を活動の拠点とした。 (慶應義塾大) | 大内義隆 |

☑ 1522 ☑	大内義隆や大友義鎮（宗麟）は，キリスト教の教会堂である　　　　を領内に設立した。　　　　（同志社大）	南蛮寺
☑ 1523 ☑	宣教師は，南蛮寺（教会堂）や　　　　（高等教育学校，宣教師の養成学校）・セミナリオ（初等教育学校，神学校）などをつくって布教につとめた。　　　（オリジナル）	コレジオ
☑ 1524 ☑	キリスト教に入信した大名はキリシタン大名と呼ばれた。キリシタン大名は，初等教育学校（神学校）である　　　　をつくった。　　　　（オリジナル）	セミナリオ
☑ 1525 ☑	来日した宣教師として，『日本史』を著した　　　　らが知られている。　　　　（広島修道大）	ルイス＝フロイス
☑ 1526 ☑	宣教師の　　　　は，書簡の中で堺の町を「ベニス市の如く執政官に依りて治めらる。」と記述した。　（上智大）	ガスパル＝ヴィレラ
☑ 1527 ☑	キリシタン大名にローマ教皇への使節の派遣をすすめ，天正遣欧使節を実現させたイエズス会の宣教師は　　　　である。　　　　（立教大）	ヴァリニャーノ
☑ 1528 ☑	イエズス会の宣教師ヴァリニャーノは，金属製の活字による　　　　印刷術を日本に伝えた。　　（オリジナル）	活版
☑ 1529 ☑	大内義隆のあとをついで豊後の戦国大名になった　　　　は，キリスト教の洗礼を受け，「豊後のキリシタン王」と呼ばれた。　　　　（東京経済大）	大友義鎮（宗麟）
☑ 1530 ☑	肥前国大村の戦国大名でキリシタン大名の　　　　は，イエズス会の教会に長崎を寄進した。　　（近畿大）	大村純忠

| 1531 | 大村純忠の甥の□□□□はキリシタン大名である。
（学習院大） | ありまはるのぶ
有馬晴信 |

| 1532 | 大村領の貿易港である□□□□はイエズス会に寄付されて教会領となり，同港の領民はことごとく信者になったといわれる。　（明治大） | 長崎 |

| 1533 | キリシタン大名の大友義鎮・有馬晴信・大村純忠らは，少年らを1582年に□□□□としてローマ教皇グレゴリウス13世のもとに送った。　（オリジナル） | てんしょうけんおうしせつ
天正遣欧使節 |

| 1534 | 天正遣欧使節は，正使□□□□，^{ちぢわ}千々石ミゲルらいずれも13歳前後の少年たちからなる使節団を送ったものである。　（同志社大） | 伊東マンショ |

| 1535 | 天正遣欧使節は，四少年のなかでは，正使が伊東マンショと□□□□，そして副使として中浦ジュリアンと原マルチノが従った。　（慶應義塾大） | ^{ちぢわ}千々石ミゲル |

| 1536 | 天正遣欧使節のひとりである□□□□は，帰国後に逆さづりの刑に処された。　（津田塾大） | 中浦ジュリアン |

| 1537 | ヨーロッパから帰国し，活字印刷機によるイエズス会の出版活動に従事していた□□□□は，1614年にマカオに追放され，現地で病没した。　（慶應義塾大） | 原マルチノ |

THEME

織豊政権による天下統一

見出し番号 1538〜1612

出題頻度 ♛

| 1538 | □□□□は尾張国の守護代から戦国大名となり，「^{てんかふ}天下布武」と刻んだ印章を使って，全国統一に乗り出した。　（オリジナル） | ^{おだのぶなが}織田信長 |

☑ 1539 ☐	1560年, 織田信長は◯◯◯で東海一の戦国大名だった今川義元(いまがわよしもと)を倒した。　　　　　　　　　　(センター)	桶狭間の戦い(おけはざま)
☑ 1540 ☐	1567年, 織田信長は美濃国(みの)の戦国大名◯◯◯を稲葉山城の戦いで破り, 稲葉山城を岐阜城と改名して, 岐阜城に移った。　　　　　　　　　　(関西学院大)	斎藤竜興(さいとうたつおき)
☑ 1541 ☐	1567年, 美濃の斎藤氏を滅ぼした信長は, 「◯◯◯」の印章を使用して, 上洛(じょうらく)の意志を明らかにした。　(成蹊大)	天下布武(てんかふぶ)
☑ 1542 ☐	1568年, 織田信長は入京して天皇に迫り, ◯◯◯を将軍職に就けた。　　　　　　　　　　(西南学院大)	足利義昭(よしあき)
☑ 1543 ☐	織田信長は1568年に足利義昭を奉じて上洛し, 義昭の兄◯◯◯を殺害した三好三人衆と対立する関係となった。　　　　　　　　　　(学習院大)	足利義輝(よしてる)
☑ 1544 ☐	織田信長は, 会合衆が治める自治都市として有名だった◯◯◯を直轄地とした。　　　　　　　　　　(オリジナル)	堺
☑ 1545 ☐	織田信長は, 1570年には姉川の戦いで近江(おうみ)の◯◯◯と越前(えちぜん)の朝倉氏を破った。　　　　　　　　　　(東洋大)	浅井氏(あざい)
☑ 1546 ☐	1571年, 織田信長は比叡山(ひえいざん)◯◯◯を焼打ちした。　　　　　　　　　　(関西大)	延暦寺(えんりゃくじ)
☑ 1547 ☐	1573年, 織田信長は, 将軍職の権威を復活させようと信長に敵対した足利義昭を京都から追放し, ◯◯◯を実質的に滅亡させた。　　　　　　　　　　(センター)	室町幕府

□ 1548 ☑	1574年，織田信長は現在の三重県で[　　　]一向一揆を鎮圧した。　　　　　　　　　　　　　（オリジナル）	長島
□ 1549 ☑	織田信長は，1575年には[　　　]で鉄砲を用いた戦術により強力な騎馬隊を擁する武田勝頼を破った。（東洋大）	長篠の戦い
□ 1550 ☑	長篠の戦いで，武田軍が騎馬隊中心だったのに対し，織田信長は[　　　]を多用した。　　　　　　（立命館大）	鉄砲
□ 1551 ☑	鉄砲の普及によって，[　　　]を用いる戦国大名が現れると，それまでの騎馬戦中心の戦法や，防護施設としての城の構造は変化していった。　　　　　（センター）	足軽隊
□ 1552 ☑	1576年，織田信長は近江に[　　　]を築いた。（日本女子大）	安土城
□ 1553 ☑	信長は，独自の商業活動をしていた堺を直轄地に組み入れ，関所を撤廃させ，安土城下などに[　　　]を発令した。　　　　　　　　　　　　　　　（中央大）	楽市令
□ 1554 ☑	信長は楽市令を城下に発布した。その第1条は，「諸[　　　]・諸役・諸公事等」に関しことごとく「免許」のこととしている。　　　　　　　　　（中央大）	座
□ 1555 ☑	信長は1574年，長島一向一揆を，1575年には[　　　]一向一揆を平定し，1580年には石山本願寺を屈服させた。　　　　　　　　　　　　　（オリジナル）	越前
□ 1556 ☑	石山本願寺の第11代法主の[　　　]は，諸国の門徒に呼びかけて織田信長と10年におよぶ石山戦争を展開したが，敗北した。　　　　　　　　　　（早稲田大）	顕如（光佐）

☑ 1557 ⌂	1580年, 織田信長は浄土真宗（一向宗）の総本山の □□□□ を屈服させた。 (学習院大)	石山本願寺
☑ 1558 ⌂	信長は甲州征伐を行い, 1582年の天目山の戦いにおいて □□□□ を滅ぼした。 (明治大)	武田勝頼
☑ 1559 ⌂	1582年, 織田信長は毛利氏を討ちに行く途中, 滞在した京都の本能寺で, 家臣の □□□□ の裏切りにあい, 敗死した。これを本能寺の変という。 (南山大)	明智光秀
☑ 1560 ⌂	四国への派兵を計画していた織田信長は, 明智光秀が起こした □□□□ で敗死し, 計画は実行されなかった。 (センター)	本能寺の変
☑ 1561 ⌂	□□□□ は, 尾張の地侍の生まれながら, 織田信長の下で有力家臣にのし上がり, 信長の死後, 全国統一の野望を受け継いだ。 (関西学院大)	豊臣（羽柴）秀吉
☑ 1562 ⌂	備中高松城を水攻めにしていた秀吉は, 本能寺の変に際して, 即座に軍をとって返し, 明智光秀の軍を □□□□ 国の山崎で打ち破った。 (獨協大)	山城国
☑ 1563 ⌂	1582年, 羽柴秀吉が明智光秀を討った戦いを □□□□ という。 (立教大)	山崎の戦い
☑ 1564 ⌂	羽柴秀吉は, 山崎の戦いで明智光秀を倒し, 1583年には, 信長の重臣であった柴田勝家を □□□□ で破り, 信長の後継者としての地位を固めた。 (西南学院大)	賤ヶ岳の戦い
☑ 1565 ⌂	1583年, 秀吉は石山本願寺の跡地に □□□□ の築城を開始し, 88年にほぼ完成させた。城下町には平野などから商人が呼びよせられた。 (法政大)	大坂城

☑ 1566	徳川家康は秀吉と対立し，1584年に[　　　]で戦ったが，のちに和睦した。 (関西大)	小牧・長久手の戦い
☑ 1567	1584年，秀吉は小牧・長久手の戦いで，織田信長の次男である織田信雄と[　　　]の連合軍と戦ったのち，和睦した。 (南山大)	徳川家康
☑ 1568	羽柴（豊臣）秀吉は1584年，[　　　]から将軍への就任を請われたがこれを辞退し，翌85年，関白に任じられた。 (立命館大)	正親町天皇
☑ 1569	1585年，秀吉は朝廷から[　　　]に任命された。 (東京大)	関白
☑ 1570	1585年，豊臣秀吉は[　　　]をやぶって四国を平定した。 (オリジナル)	長宗我部元親
☑ 1571	1585年，天皇から全国の支配権をゆだねられた秀吉は[　　　]によって，全国の戦国大名に停戦を呼びかけた。 (中央大)	惣無事令
☑ 1572	秀吉は1586年，[　　　]に任じられ，豊臣の姓を授けられた。 (明治大)	太政大臣
☑ 1573	秀吉は，天皇の命令と称して停戦を命じたが，九州の[　　　]はそれに背いたため降伏させられた。 (オリジナル)	島津義久
☑ 1574	豊臣秀吉がバテレン追放令を出したのは，大村純忠が[　　　]に長崎を寄進したと知って，キリスト教に危機感を覚えたからである。 (北海道大)	イエズス会

☑ 1575 ☐	1587年，秀吉は九州を平定すると，大名の入信を許可制とし，「日本は神国たるところ，きりしたん国より邪法を授け候儀…」で始まる，◯◯◯◯を出した。　　（成蹊大）	バテレン追放令
☑ 1576 ☐	バテレン追放令のなかで，黒船すなわち，ポルトガル・◯◯◯の2国の船については，商売を主とすることから出入を許されていた。　　（関西大）	スペイン
☑ 1577 ☐	豊臣秀吉は，1588年には京都に新築した聚楽第(じゅらくてい)に◯◯◯を迎えて歓待し，徳川家康をはじめとする諸大名に天皇と秀吉への忠誠を誓わせた。　　（東洋大）	後陽成天皇(ごようぜい)
☑ 1578 ☐	1588年，豊臣秀吉は，京都に築いた◯◯◯に天皇と諸大名を迎え，諸大名に天皇の前で忠誠を誓わせた。　　（津田塾大）	聚楽第(じゅらくてい)
☑ 1579 ☐	豊臣秀吉は1588年に◯◯◯を出して百姓から刀や鉄砲など武器を取り上げ，一揆の防止を図った。　（愛知学院大）	刀狩令(かたながりれい)
☑ 1580 ☐	豊臣政権期，京都の東山に◯◯◯が建造された。その大仏建立のために，刀狩令が発せられたことはよく知られる。　　（学習院大）	方広寺(ほうこうじ)
☑ 1581 ☐	1590年，小田原の◯◯◯・氏直(うじなお)父子を攻め滅ぼし，また，伊達政宗(だてまさむね)などの東北の諸大名も服属させ，ここに秀吉は全国統一をなしとげた。　　（西南学院大）	北条氏政(うじまさ)
☑ 1582 ☐	1590年，豊臣秀吉は伊達政宗らを服属させて◯◯◯平定を成し遂げ，天下統一を完成させた。　　（東京大）	奥州(おうしゅう)
☑ 1583 ☐	1591年，豊臣秀吉は甥である豊臣秀次に関白の地位を譲り，自らは◯◯◯と称した。　　（オリジナル）	太閤(たいこう)

☑ 1584 📖

1595（文禄4）年，▢が高野山に追放され自殺に追い込まれた事件は，豊臣政権にとって大きな危機であった。 （学習院大）

豊臣秀次
<small>ひでつぐ</small>

☑ 1585 📖

豊臣政権は，膨大な財政基盤に支えられていた。当時直轄領のことを▢といったが，秀吉のそれは200万石を超え大きな年貢収入をもたらした。 （中央大）

蔵入地
<small>くらいりち</small>

☑ 1586 📖

豊臣政権は，菱大判とも呼ばれる▢を鋳造するなど，金銀貨幣の鋳造を行った。 （立命館大）

天正大判
<small>てんしょうおおばん</small>

☑ 1587 📖

秀吉は全国に▢を実施し，生産力を米に換算して石高を設定した。 （早稲田大）

太閤検地
<small>たいこうけんち</small>

☑ 1588 📖

明智光秀を討った秀吉は，面積の表示と枡の容量を統一し，検地を開始していった。検地により全国の生産力を米の収穫量で示す▢が確立した。 （早稲田大）

石高制
<small>こくだかせい</small>

☑ 1589 📖

貫高制にかわって石高制が確立したため，太閤検地を「▢」ともいう。 （オリジナル）

天正の石直し
<small>てんしょう こくなお</small>

☑ 1590 📖

1591年，秀吉は禁中に献納するためといって，▢という国郡別に石高を記した帳簿，および国絵図（国郡図）の作成・提出を諸大名に命じた。 （中央大）

検地帳（御前帳）
<small>けんちちょう ごぜんちょう</small>

☑ 1591 📖

太閤検地では，実際に耕作している農民の田畑と屋敷地を検地帳に登録する▢を原則とした。農民は，自分の田畑を法的に承認され，名請人となった。 （日本大）

一地一作人
<small>いっちいっさくにん</small>

☑ 1592 📖

太閤検地のとき，統一的に公定された枡のことを▢という。 （オリジナル）

京枡
<small>きょうます</small>

☑ 1593 ❑	豊臣秀吉は，太閤検地において土地面積の表示を町・段・畝・□□□に統一した。 (関西学院大)	歩
☑ 1594 ❑	1段あたりの米の標準収穫高を□□□という。 (オリジナル)	石盛
☑ 1595 ❑	石盛に面積を乗じて算定したものを□□□という。 (オリジナル)	石高（村高）
☑ 1596 ❑	朝鮮出兵のため，豊臣政権は□□□を出して，武家奉公人・町人・百姓ごとの全国的な戸口調査をおこなった。 (学習院大)	人掃令（身分統制令）
☑ 1597 ❑	太閤検地・刀狩・人掃令などによって，兵・町人・百姓の身分を職業に基づいて明確に分ける□□□が完成した。 (名古屋大)	兵農分離
☑ 1598 ❑	1588年，豊臣秀吉は□□□を発布して，倭寇などの海賊行為を禁じた。 (首都大)	海賊取締令
☑ 1599 ❑	1596年に土佐に漂着した□□□の乗組員が，スペインが領土拡張に宣教師を利用していると証言したことにより，26聖人殉教が起きた。 (立教大)	サン＝フェリペ号
☑ 1600 ❑	全国統一を果たした秀吉は，□□□のポルトガル政庁，高山国（台湾）などに国書を送って入貢を促した。 (佛教大)	ゴア
☑ 1601 ❑	豊臣秀吉は，明を征服しようという野望を抱き，朝鮮に先導を要求したが拒否されたため，加藤清正と□□□を大将とする軍を朝鮮に派遣した。 (南山大)	小西行長

☑ 1602

1592年の豊臣秀吉による朝鮮への出兵のことを□□□という。 (オリジナル)

文禄の役
ぶんろく えき

☑ 1603

1597年の豊臣秀吉による朝鮮への再出兵のことを□□□という。 (オリジナル)

慶長の役
けいちょう えき

☑ 1604

豊臣秀吉は，2度にわたり朝鮮に大軍を送った。文禄・慶長の役は，朝鮮では□□□と呼ばれている。 (同志社大)

壬辰・丁酉倭乱
じんしん ていゆう わ らん

☑ 1605

肥前の□□□に本陣を構え，大軍を朝鮮に送ったが，二度にわたる朝鮮への出兵は，豊臣政権を衰退させる原因となった。 (佛教大)

名護屋
な ご や

☑ 1606

秀吉軍は□□□が率いる水軍に悩まされ，制海権を確保することはできず，休戦となった。これを文禄の役とよぶ。 (成城大)

李舜臣
り しゅんしん
(イスンシン)

☑ 1607

朝鮮水軍の活躍，□□□と呼ばれる非正規軍の抵抗運動，明からの援軍の到着などがあり，しだいに戦局は日本側に不利になった。 (中央大)

義兵 (義民軍)
ぎへい ぎみんぐん

☑ 1608

豊臣秀吉は晩年，浅野長政ら家臣を□□□という役職に就けて政務を行わせた。 (関西学院大)

五奉行
ご ぶぎょう

☑ 1609

豊臣秀吉が選んだ五奉行には浅野長政の他に，□□□，増田長盛，前田玄以，長束正家がいた。 (オリジナル)

石田三成
いし だ みつなり

☑ 1610

小早川隆景の死後，有力大名の徳川家康，前田利家，毛利輝元らの最有力大名は，□□□と呼ばれ，重要政務を合議した。 (オリジナル)

五大老
ご たいろう

☑ 1611 ☐	五大老のうち，筆頭の地位にあったのは，[___]である。 (オリジナル)	とくがわいえやす 徳川家康
☑ 1612 ☐	五大老のうち，金沢に城下町を建設したのは[___]である。 (オリジナル)	まえだとしいえ 前田利家

☑ 1613 ☐	桃山文化を代表するのが城郭建築（じょうかく）である。それまでの城郭は土塁と空堀を持つ山城（やまじろ）と麓の居館からなっていたが，このころには平山城（ひらやまじろ）や[___]へと移っていた。 （中央大）	ひらじろ 平城
☑ 1614 ☐	安土・桃山時代の城郭の中心部である[___]には天守（てんしゅ）（天主）がつくられた。 （オリジナル）	本丸
☑ 1615 ☐	城郭の中心をなす重層の[___]は，織田信長が近江（おうみ）につくった安土城の例に見られるように，天下人の居所を示す，重要な意味をもった。 （立命館大）	てんしゅ 天守（天主）
☑ 1616 ☐	桃山文化を代表するのが城郭建築である。城郭は大名の居館を兼ね，内部に[___]の邸宅が建てられた。 （中央大）	しょいんづくり 書院造
☑ 1617 ☐	豊臣秀吉が晩年に築いて住んだ[___]は，のちに城跡に桃が植えられて桃山城と呼ばれるようになった。 （関西大）	ふしみ 伏見城
☑ 1618 ☐	都久夫須磨神社（つくぶすま）の本殿や[___]は，伏見城の遺構を移築した建築物といわれている。 （立教大）	西本願寺書院

☑ 1619 ☐	安土・桃山時代の城は，戦時の防塞としての機能よりも領国支配の利便性が求められた。代表的な城である姫路城は，□□□□□の居城だった。　　　　（西南学院大）	いけ だ てるまさ 池田輝政
☑ 1620 ☐	安土・桃山時代，城の内部の襖・壁・屏風には，金箔地に青や緑で彩色する□□□□□が障壁画として描かれた。　　　　（立命館大）	だみ え 濃絵
☑ 1621 ☐	□□□□□は，水墨画と大和絵とを融合させて，新しい装飾画を大成し，『唐獅子図屏風』などの作品を残した。　　　　（同志社大）	か のうえいとく 狩野永徳
☑ 1622 ☐	織田信長が上杉謙信に贈った風俗画『□□□□□』は，現存する狩野永徳の代表作である。　　　　（慶應義塾大）	らくちゅうらくがい ず びょうぶ 洛中洛外図屏風
☑ 1623 ☐	□□□□□は，『牡丹図』『松鷹図』などの作品を残し，その後の狩野派の発展を支えた。　　　　（同志社大）	さんらく 狩野山楽
☑ 1624 ☐	安土・桃山時代の風俗画には，諸種の職人の活動状態を描いた職人尽図があり，とくに川越喜多院に伝わる□□□□□が描いた『職人尽図屏風』は有名である。（関西大）	よしのぶ 狩野吉信
☑ 1625 ☐	□□□□□は，室町水墨画の伝統を受け継いで『松林図屏風』を描いた。　　　　（早稲田大）	は せ がわとうはく 長谷川等伯
☑ 1626 ☐	桃山文化を象徴するものとして，城郭建築が挙げられる。そして，□□□□□により『山水図屏風』が，長谷川等伯によって『松林図屏風』が描かれた。　　　　（関東学院大）	かいほうゆうしょう 海北友松
☑ 1627 ☐	宣教師は実用的な学問をもたらすとともに，油絵や銅版画の技術を伝え，西洋画の影響を受けた狩野派の画家は□□□□□を描いた。　　　　（名城大）	なんばん 南蛮屏風

☑ 1628 ⌂	ローマ字による、『平家物語』や『伊曽保物語』などの日本古典、『日葡辞書』などの日本語辞書の出版も行われた。これらは　　　　と呼ばれた。　　　（関西学院大）	キリシタン版
☑ 1629 ⌂	豊臣秀吉の朝鮮侵略の際に，朝鮮から　　　　印刷術がもたらされた。　　　　　　　　　　　　（センター）	木活字(木製活字)
☑ 1630 ⌂	活字印刷の技術も朝鮮から伝えられた。　　　　の命で木活字本が出版され，慶長勅版と呼ばれる。　　（関西大）	後陽成天皇
☑ 1631 ⌂	カステラ・カッパ・カルタ・シャボン・ラシャ・パン・ジュバン・コンペイトウなどは，かつて日本に伝えられ，今も日本に残る　　　　である。　　　　　　（センター）	ポルトガル語
☑ 1632 ⌂	茶の湯は，東山文化期に侘茶が創始され，戦国期に堺の商人である　　　　に引きつがれて，安土・桃山時代に，その弟子である千利休により大成された。　（立命館大）	武野紹鷗
☑ 1633 ⌂	堺の商家に生まれ大徳寺に帰依した千宗易は，侘茶を確立し，天皇から　　　　の名を賜った。　　　（関西大）	千利休
☑ 1634 ⌂	簡素・閑寂を志向したものに千利休が大成した侘茶があり，利休が作った　　　　は，その思想を具現化した草庵茶室であった。　　　　　　　　　　　　（成蹊大）	妙喜庵待庵
☑ 1635 ⌂	千利休と茶道を保護した豊臣秀吉は，1587年，京都で貧富・身分の区別なく民衆が参加できる茶会として，　　　　を開いた。　　　　　　　　　　　（國學院大）	北野大茶湯
☑ 1636 ⌂	利休の死後，侘茶は，利休の弟子となった大名で，著名な茶器の焼き物を創始したことでも知られる　　　　らにより受け継がれた。　　　　　　　　　（立命館大）	古田織部

☑ 1637 ☁	すぐれた造園家としても知られる［　　　］は，古田織部を師として茶の湯をたしなみ，「きれいさび」と呼ばれるおだやかで優美な茶の湯の世界を構築した。　（立命館大）	こぼりえんしゅう 小堀遠州
☑ 1638 ☁	17世紀初め，［　　　］が，京都でかぶき踊りを踊る阿国歌舞伎を演じて人気を博した。　（センター）	いずものおくに くに おくに 出雲お国（阿国）
☑ 1639 ☁	三味線は，［　　　］の三絃（三線）が1560年頃に伝えられたものである。　（オリジナル）	りゅうきゅう 琉球
☑ 1640 ☁	堺の商人の［　　　］が節付けした小歌を隆達節という。　（オリジナル）	たかさぶりゅうたつ 高三隆達
☑ 1641 ☁	安土・桃山時代には，［　　　］が衣服として一般に用いられ，特に女性の間で流行した。　（南山大）	こそで 小袖

THEME

江戸幕府の成立

見出し番号 1642—1657

出題頻度

♛

☑ 1642 ☁	［　　　］は三河に生まれ，尾張の織田氏と駿河・遠江の今川氏にはさまれ苦闘するが，1560年に桶狭間の戦いで今川義元が倒れると自立した。　（オリジナル）	とくがわいえやす 徳川家康
☑ 1643 ☁	豊臣政権の勢力が急速に衰えるなかで，徳川家康は，北条氏のあとを受けて関東約［　　　］万石を領有する最大の実力者であった。　（獨協大）	250万石
☑ 1644 ☁	豊臣秀吉の死後，五大老筆頭の徳川家康が，豊臣秀頼を支持して政権存続を目指す五奉行の一人［　　　］と対立した。　（東京経済大）	みつなり 石田三成

☑ 1645	徳川家康と石田三成の対立は1600年，全国の諸大名を東軍と西軍に二分する◯◯◯へと発展した。　（東京経済大）	せきがはら 関ヶ原の戦い
☑ 1646	1600年9月に，東西両軍は◯◯◯国の関ヶ原で天下分け目の合戦に臨んだ。　（獨協大）	みの 美濃国
☑ 1647	関ヶ原の戦いにおける石田側の西軍の総大将（盟主）は◯◯◯である。　（立教大）	もうりてるもと 毛利輝元
☑ 1648	石田三成，大谷吉継らの西軍は，毛利輝元を総大将に立て，これに，備前・美作など57万石を領する◯◯◯も加わった。　（獨協大）	うきたひでいえ 宇喜多秀家
☑ 1649	関ヶ原の戦い後，五大老の一人，毛利輝元は周防・長門の2国に減封，◯◯◯は，出羽米沢30万石に移封された。　（関西大）	かげかつ 上杉景勝
☑ 1650	1603（慶長8）年，徳川家康は，すべての大名に対する指揮権の正統性を得るため，◯◯◯の宣下を受け，江戸に幕府を開いた。　（明治大）	せいいたいしょうぐん 征夷大将軍
☑ 1651	徳川家康は1603年に得た征夷大将軍の職をそのわずか2年後に◯◯◯に譲り，徳川氏の権力を固めようとした。　（京都大）	ひでただ 徳川秀忠
☑ 1652	家康は1607年，◯◯◯に移り，その後も大御所として政治の実権を握り続けた。　（関西大）	すんぷ 駿府
☑ 1653	関ヶ原の戦いに勝利したことで天下の実権を握った徳川家康は，豊臣秀吉の遺子である秀頼との対立を深め，◯◯◯鐘銘事件を機に，その対立は決定的となる。　（法政大）	ほうこうじ 方広寺

☑ 1654	江戸幕府と豊臣氏の対立により，1614年に◯◯◯が起こった。 (オリジナル)	大坂冬の陣
☑ 1655	家康は1615年に◯◯◯で豊臣氏を滅ぼすと，さまざまな法令を発布した。 (西南学院大)	大坂夏の陣
☑ 1656	徳川家康は，1614〜1615年の大坂の役で，大坂城に居座っていた◯◯◯を滅ぼした。 (センター)	豊臣秀頼
☑ 1657	1615年，大坂夏の陣で大坂城が陥落，これにより，◯◯◯と呼ばれる平和な時代が到来した。 (明治大)	元和偃武

THEME
幕藩体制

見出し番号 1658—1675

出題頻度 ♔

☑ 1658	江戸時代の幕府と藩による土地と人民を統治する支配体制を◯◯◯という。 (オリジナル)	幕藩体制
☑ 1659	幕藩体制において石高1万石以上で将軍直属の武士を◯◯◯という。 (センター)	大名
☑ 1660	御三家と呼ばれた尾張・紀伊・水戸の三藩など，徳川一門の大名である◯◯◯は，要所におかれた。 (オリジナル)	親藩
☑ 1661	古くから徳川氏の家臣であった大名である◯◯◯は，要所におかれた。 (オリジナル)	譜代

☑ 1662 ☐	関ヶ原の戦い前後に徳川氏に従った大名である［　　　］は，遠隔地におかれた。 (オリジナル)	外様 <small>とざま</small>
☑ 1663 ☐	江戸幕府の軍事力は，将軍直属の家臣団である旗本 <small>はたもと</small>・御家人の軍事力と，大名たちが負担する［　　　］によって構成された。 (早稲田大)	軍役 <small>ぐんやく</small>
☑ 1664 ☐	幕府は1615年，大坂の役の直後に，大名の軍事力を弱める目的で，その居城以外の城を破壊させる［　　　］を定めた。 (立命館大)	一国一城令
☑ 1665 ☐	1615年，徳川家康は秀忠の名義で，大名を厳しく統制する［　　　］を発した。その後，将軍の代がわりごとに発布されるのが基本となった。 (東京女子大)	武家諸法度 <small>ぶけしょはっと</small>
☑ 1666 ☐	徳川家康は，権力を保持していたもののすでに将軍職を辞し［　　　］となっていたため，武家諸法度は2代将軍徳川秀忠の名で出された。 (聖心女子大)	大御所 <small>おおごしょ</small>
☑ 1667 ☐	徳川家康が秀忠名義で発した武家諸法度と，家光のときの武家諸法度は，どちらも南禅寺金地院 <small>なんぜんじこんちいん</small>の［　　　］によって起草された。 (京都大)	崇伝 <small>すうでん</small>
☑ 1668 ☐	2代将軍徳川秀忠は1617年，大名・公家・寺社に［　　　］を発給した。 (南山大)	領知宛行状 <small>りょうちあてがい</small>
☑ 1669 ☐	幕府の方針にそむいた大名は，領地没収となる［　　　］など，重い処分をうけ，主家を失った武士が増加した。 (成城大)	改易 <small>かいえき</small>
☑ 1670 ☐	［　　　］とは，大名の領地を移すことである。 (オリジナル)	転封 <small>てんぽう</small>（国替 <small>くにがえ</small>）

☑ 1671	関ヶ原の戦いで家康側の東軍についた[____]は，1619年，2代将軍徳川秀忠に，広島城を無断で修築したことが武家諸法度に違反するとして改易された。 （慶應義塾大）	福島正則 (まさのり)
☑ 1672	大名は，江戸城などの修築や河川の修復などの土木工事を命じられた。これは[____]と呼ばれ，大名にとっては大きな財政負担となった。 （同志社大）	普請役 (ふしんやく)
☑ 1673	2代将軍徳川秀忠の将軍職を世襲して，3代将軍に[____]が就き，外国に対して，「日本国大君」の称号を用いた。 （京都大）	徳川家光 (いえみつ)
☑ 1674	秀忠が死ぬと，3代家光は自ら将軍として力を発揮し，肥後の外様大名[____]を処分し，九州も将軍権力が広くおよぶ地とした。 （学習院大）	加藤忠広 (ただひろ)
☑ 1675	3代将軍徳川家光は，1635年，寛永令(かんえいれい)と呼ばれる武家諸法度を発し，国元と江戸を1年交代で往復する[____]を大名に義務付け，大名の妻子の江戸定住を強制した。 （関西大）	参勤交代

THEME

江戸幕府の職制

見出し番号 1676—1704

出題頻度 👑

☑ 1676	幕府の直轄地は[____]と呼ばれ，約400万石あった。 （オリジナル）	幕領 (ばくりょう)
☑ 1677	1万石未満の将軍直属の家臣で，将軍への謁見(えっけん)，すなわち御目見得(おめみえ)を許される家臣を[____]とよぶ。 （オリジナル）	旗本 (はたもと)
☑ 1678	1万石未満の将軍直属の家臣で，将軍への謁見，すなわち御目見得を許されない家臣を[____]とよぶ。 （オリジナル）	御家人 (ごけにん)

☑ 1679 ⌂	旗本や御家人など，将軍直属の家臣を総称して＿＿とよぶ。　　　　　　　　　　　　　　　（オリジナル）	直参（幕臣）じきさん
☑ 1680 ⌂	江戸幕府の中央組織のうち，2万5000石以上の譜代城主から選ばれる＿＿は幕政を統括する役職であり，若年寄はその補佐と旗本の監督を行った。　　　　　（明治大）	老中ろうじゅう
☑ 1681 ⌂	江戸幕府の行政組織は寛永年間にほぼ確立したといわれる。はじめ＿＿と呼ばれて幕政の中枢にあった重臣は老中と呼ばれ，政務を統轄するようになった。（愛知学院大）	年寄としより
☑ 1682 ⌂	江戸幕府では，老中を補佐し旗本を監督する＿＿，旗本を監察する目付がおかれた。　　　　　　（愛知学院大）	若年寄わかどしより
☑ 1683 ⌂	臨時の最高職である＿＿は将軍の代がわりなどの重要事項の決定にのみ合議に加わった。　　　（愛知学院大）	大老たいろう
☑ 1684 ⌂	将軍の下で政務を統轄する常置の最高職は老中で，非常時などには大老が土井・酒井・井伊・堀田など10万石以上の＿＿から選任された。　　　　　　　　（関西大）	譜代大名
☑ 1685 ⌂	江戸幕府の中央組織のうち，大名を監察するのは＿＿，旗本・御家人を監察するのは目付である。　　　　　　　　　　　　　　　　　　　　（法政大）	大目付おおめつけ
☑ 1686 ⌂	江戸幕府の中央組織である三奉行，すなわち町奉行・勘定奉行・寺社奉行のうち，譜代大名より任命される＿＿は将軍直属だった。　　　　　　　（慶應義塾大）	寺社奉行じしゃぶぎょう
☑ 1687 ⌂	徳川幕府において，全国の直轄領の村々の民政を統轄したのは，＿＿であった。　　　　　　　　（法政大）	勘定奉行かんじょうぶぎょう

☑ 1688 ⌂	江戸には三奉行の1つである南北2つの□□□□が置かれた。 （オリジナル）	町奉行 まちぶぎょう
☑ 1689 ⌂	大目付・勘定奉行・町奉行は，老中の支配下にあって，□□□□から選任されることになっていた。 （オリジナル）	旗本
☑ 1690 ⌂	町奉行などの配下の下級役人を□□□□といい，その配下を同心という。 （オリジナル）	与力 よりき
☑ 1691 ⌂	江戸幕府の中央の重要役職には原則として複数の譜代大名・旗本らがつき，□□□□と合議制で政務を取り扱った。 （愛知学院大）	月番交代 つきばん
☑ 1692 ⌂	三奉行のそれぞれの役職は月番交代で，役職をまたがる訴訟事項については，大目付・三奉行が□□□□で合議し，採決した。 （明治大）	評定所 ひょうじょうしょ
☑ 1693 ⌂	江戸幕府は，地方組織である□□□□に朝廷の統制や西国大名の監視をさせ，摂家（摂政・関白・三大臣）に朝廷統制の主導権を持たせた。 （京都大）	京都所司代 しょしだい
☑ 1694 ⌂	京都（二条）・大坂・駿府・伏見（のち廃止）には，□□□□がおかれた。 （オリジナル）	城代 じょうだい
☑ 1695 ⌂	江戸幕府の地方組織としては，江戸以外の重要都市である京都・大坂・駿府には，□□□□がおかれた。 （立命館大）	町奉行
☑ 1696 ⌂	江戸幕府の地方組織である□□□□は，伏見・長崎・佐渡・日光など，江戸以外の幕府直轄地におかれた。 （上智大）	遠国奉行 おんごく

1697	城代は重要都市の京都・大坂・駿府・伏見におかれ，□□□は幕領の関東・飛騨・美濃におかれた。その他の幕領には代官が派遣された。 （中央大）	郡代 くんだい
1698	幕領を支配する役人としては，郡代・代官がおかれ，三奉行のなかの□□□が統轄した。 （立命館大）	勘定奉行
1699	江戸時代の大名の領地および，その支配機構のことを□□□という。 （オリジナル）	藩 はん
1700	大名を藩主，その家臣を□□□という。 （オリジナル）	藩士 はんし
1701	藩主は参勤交代が義務づけられた。そのため，国元に不在の期間が長く，藩政は□□□らによって運営されるのが一般的であった。 （東北学院大）	家老 かろう
1702	主君と家臣との関係は，主君から下された□□□の支配，あるいは蔵米を支給されることに対し，家臣は奉公することで成り立っていた。 （駒澤大）	知行地 ちぎょうち
1703	藩の家臣たちに対しては，知行高に応じて給与として俸禄を与える場合と，家臣自ら農民を支配し年貢を徴収する□□□を採用する場合があった。 （東北学院大）	地方知行制 じかたちぎょうせい
1704	17世紀半ば，藩の直轄領（蔵入地）からの年貢を蔵米として支給する□□□が一般化し，藩の機構も整った。 （関西学院大）	俸禄制度 ほうろく

THEME
朝廷と宗教の統制

見出し番号 1705—1730

出題頻度

☑ 1705	1613（慶長18）年に，家業（家職）を持つことと宮中を警備することを公家の義務として命じる　　　　を制定した。　　　　　　　　　　　　　　　　　　　（明治大）	公家衆法度 （く げ しゅうはっと）
☑ 1706	1615年に　　　　を制定し，天皇には学問を奨励し，また，公家の席次や紫衣に関わることなど，日常生活から公務に至るまで細部にわたる規制を定めた。　　（立命館大）	禁中並公家諸法度 （きんちゅうならびにく げ しょはっと）
☑ 1707	三大臣は　　　　・左大臣・右大臣をさす。　（北海学園大）	太政大臣
☑ 1708	朝幕間の連絡・交渉をつかさどる役職として公家から選任された　　　　をおき，それを通じて京都所司代が朝廷・公家の監視にあたった。　　　　　　　　（立命館大）	武家伝奏 （ぶ け てんそう）
☑ 1709	徳川秀忠の娘和子（まさこ）は，後水尾天皇（ごみずのお）に入内（じゅだい）した。これを機に，徳川家は，天皇の領地である　　　　を増やすなど，折々に財政援助をした。　　　　　　　　　　　　（京都大）	禁裏御料 （きんり ごりょう）
☑ 1710	家康は大坂夏の陣で豊臣氏を滅ぼすと，さまざまな法令を発布して，　　　　以下の公家らに統制基準を明示し，また諸大名を従わせた。　　　　　　　　　　（西南学院大）	後水尾天皇 （ごみずのお）
☑ 1711	1627年，後水尾天皇が幕府に届け出ることなく紫衣（しえ）の着用を勅許（ちょっきょ）したことを幕府が問題とし，関係者を処罰した。これを　　　　という。　　　　　　　　　（早稲田大）	紫衣事件 （しえ）
☑ 1712	紫衣事件で，後水尾天皇は譲位し，大徳寺（だいとくじ）の　　　　は流罪となった。　　　　　　　　　　　　　　　　（立教大）	沢庵（沢庵宗彭） （たくあん）（そうほう）

☑ 1713 ☁	後水尾天皇の譲位の後は，秀忠の孫にあたる女帝 [___] が即位した。 (青山学院大)	明正天皇
☑ 1714 ☁	後水尾天皇が譲位したことに，幕府は困惑したが，秀忠の娘である [___] の生んだ興子内親王が即位し明正天皇となることから容認された。 (学習院大)	徳川和子 (東福門院)
☑ 1715 ☁	1601年以後に順次出された寺院法度は，宗派ごとに [___] を整えさせ，寺院・僧侶を幕府の完全な統制下におくことが企図されていた。 (立命館大)	本末制度
☑ 1716 ☁	江戸幕府は1612年直轄領に [___] を出し，翌年これを全国に及ぼすなど，このののちキリスト教信者や宣教師に対して激しい迫害をおこなった。 (青山学院大)	禁教令
☑ 1717 ☁	禁教令が出され，多くの信者は改宗したが，一部の信者は迫害に屈せず，ひそかに信仰を維持したものもいた。このものを [___] とも呼ぶ。 (広島修道大)	潜伏 (隠れ) キリシタン
☑ 1718 ☁	[___] は転宗を拒否したキリシタン大名で，高槻城主であった。 (学習院大)	高山右近
☑ 1719 ☁	江戸時代に入ると，慶長17年 (1612)，禁教令が出され，同19年，キリシタン大名で知られた高山右近は，[___] へ追放された。 (関西大)	マニラ
☑ 1720 ☁	禁教令によって国外追放されたキリスト教徒たちは，マカオ・マニラに向かった。マニラがある国は [___] である。 (センター)	フィリピン
☑ 1721 ☁	1622年，長崎立山で55名のキリスト教徒が処刑されるという [___] が起きた。 (首都大)	元和の大殉教

☑ 1722	1629年頃にはキリシタン摘発のために◯◯◯◯が開始され，長崎奉行がこれを管理した。 　　　　　　　　　（関西大）	え ぶみ 絵踏
☑ 1723	江戸時代，誰もが檀那寺の檀家となる◯◯◯◯も，戸籍管理を行う「役場」の機能を仏教寺院が果たしていたものととらえられる。 　　　　　（立命館大）	て らうけ 寺請制度
☑ 1724	キリスト教や日蓮宗不受不施派を禁圧するため，すべての人びとがいずれかの寺院の檀家になることを義務づけ，◯◯◯◯に記載した。 　　　　　（関西大）	あらためちょう 宗門改帳 (宗旨人別改帳)
☑ 1725	江戸幕府は，寺請制度を設けて民衆が信仰する宗教を調査する◯◯◯◯を行った。1664年には，諸藩にも宗門改帳の作成を命じた。 　　　　　（法政大）	しゅうもんあらた 宗門改め
☑ 1726	1665（寛文5）年，幕府は，本山・本寺を頂点にした教団組織単位を超えて，全宗派の寺院僧侶に統一した統制策である◯◯◯◯を発布した。 　　　（学習院大）	しょしゅうじ じ いんはっと 諸宗寺院法度
☑ 1727	1654年に来日した◯◯◯◯は，宇治に黄檗宗の本山万福寺をひらいた。 　　　　　　　　　　　（京都大）	いんげんりゅうき 隠元隆琦
☑ 1728	隠元隆琦は，17世紀半ばに来日し，禅宗の一派である◯◯◯◯を伝え，山城宇治に寺地を与えられ，その地に万福寺を開創した。 　　　　　（成蹊大）	おうばくしゅう 黄檗宗
☑ 1729	黄檗宗の本山◯◯◯◯の伽藍は中国の様式を取り入れたものとして知られている。 　　　　　（成蹊大）	まんぷくじ 万福寺
☑ 1730	1665（寛文5）年，幕府は，神社・神職に対して諸社禰宜神主法度を制定し，公家の◯◯◯◯家を本所として統制させた。 　　　　　　（関西大）	吉田家

☑ 1731	江戸時代の職能にもとづく社会の秩序を[　　]と呼ぶこともある。　　　　　　　　　　　　　　（オリジナル）	士農工商
☑ 1732	近世の村は，太閤検地や江戸時代初期に行われた検地によって，その範囲をおよそ確定させた。これを[　　]という。　　　　　　　　　　　　　　　　　　（法政大）	村切
☑ 1733	幕藩体制を支えた農村は，[　　]に登録された高請地としての田・畑や家屋敷を所持する本百姓を中心的な構成員としていた。　　　　　　　　　　　　　　（中央大）	検地帳
☑ 1734	[　　]は，村方三役の指導のもと，村法に従って村の運営に参加した。　　　　　　　　　　（東京経済大）	本百姓
☑ 1735	[　　]と呼ばれる村役人である名主（庄屋・肝煎）・組頭・百姓代は，村の運営の中心を担った。　（南山大）	村方三役
☑ 1736	村方三役のうち，村の長のことを[　　]と呼ぶ。　　　　　　　　　　　　　　　　　　　（オリジナル）	名主（庄屋・肝煎）
☑ 1737	名主は関西では[　　]，東北では肝煎と呼ばれた。　　　　　　　　　　　　　　　　　　　（オリジナル）	庄屋
☑ 1738	村方三役のうち，名主の補佐役を[　　]という。　　　　　　　　　　　　　　　　　　　（オリジナル）	組頭

☑ 1739 ⌂	名主は◻︎を徴収して村の運営費にあて，毎年，掟書の「五人組帳前書」を読み聞かせた。 （早稲田大）	むらいりよう 村入用
☑ 1740 ⌂	百姓たちは，田植えや稲刈りなどの◻︎と呼ばれる共同労働で協力し合い，互いの生活や労働を支え合って暮らした。 （早稲田大）	ゆい 結（もやい）
☑ 1741 ⌂	年貢の納入や犯罪の防止などのため，村民は数戸ずつ◻︎と呼ばれる近隣組織に編成され，連帯責任を負わされた。 （立教大）	五人組
☑ 1742 ⌂	近世の村においては表向き地下検断は否定されたが，村掟を作ってそれに従わない者を◻︎や追放により制裁することは行われていた。 （愛知学院大）	むらはちぶ 村八分
☑ 1743 ⌂	江戸幕府・諸藩・旗本は，年貢・諸役を徴収するために村の自治的運営を利用した。このような仕組みを◻︎という。 （法政大）	むらうけせい 村請制
☑ 1744 ⌂	検地帳に田畑屋敷地の所持を登録された百姓を◻︎という。 （オリジナル）	ほんびやくしよう 本百姓
☑ 1745 ⌂	村には，自らは田・畑を持たず地主の下で小作を営み，日雇いに従事する◻︎と呼ばれる百姓がいた。 （青山学院大）	みずのみ むだか 水呑（無高）
☑ 1746 ⌂	本百姓に隷属した農民を◻︎という。 （オリジナル）	な ご ひかん ふだい 名子（被官・譜代）
☑ 1747 ⌂	石高の40〜50%の米や貨幣で領主に納める年貢，すなわち本年貢を◻︎という。 （関西大）	ほん と ものなり 本途物成

☑ 1748	雑税の総称で，山野河海の利用や農業以外の副業にかかる税を［　　　　］という。　　　　　　　　　（中央大）	<ruby>小物成<rt>こものなり</rt></ruby>
☑ 1749	江戸時代の年貢には，村高を基準にして賦課される［　　　　］と呼ばれる付加税があった。　　　（東北学院大）	<ruby>高掛物<rt>たかがかりもの</rt></ruby>
☑ 1750	農民は，諸国が一国単位でかけられる河川の土木工事などの夫役，すなわち［　　　　］を課せられた。　（センター）	<ruby>国役<rt>くにやく</rt></ruby>
☑ 1751	陸上交通では幕府や大名・旗本などの御用通行が最優先され，使用される人馬は，宿駅およびその周辺の町人・百姓が負担した。これを［　　　　］と呼んだ。　（同志社大）	<ruby>伝馬役<rt>てんまやく</rt></ruby>
☑ 1752	宿駅の伝馬役を補うために人馬を徴発される村を［　　　　］という。　　　　　　　　　　　　　　（上智大）	<ruby>助郷<rt>すけごう</rt></ruby>
☑ 1753	田畑永代売買の禁止令が出されたきっかけは，1641〜1642年の［　　　　］である。　　　　　　　（法政大）	<ruby>寛永<rt>かんえい</rt></ruby>の<ruby>（大）<rt>だい</rt></ruby><ruby>飢饉<rt>ききん</rt></ruby>
☑ 1754	1643年，江戸幕府は，富農への土地集中による本百姓の没落を防ぐため，［　　　　］を発布した。　（國學院大）	<ruby>田畑永代売買の禁止令<rt>でんばたえいたいばいばい</rt></ruby>
☑ 1755	1673年，江戸幕府は，10石未満の耕地しか所持していない百姓の分割相続を禁止する［　　　　］を発した。　　　　　　　　　　　　　　　　　　（東京女子大）	<ruby>分地制限令<rt>ぶんちせいげんれい</rt></ruby>
☑ 1756	城下町では，城郭を核として，武家屋敷の集まる武家地，町屋が集まる［　　　　］，寺社地というように，居住地域が身分ごとに区分されていた。　　　　　　（津田塾大）	町人地

☑ 1757 ☐	町の正規の構成員は，家屋敷を持つ◯◯◯であったが，住民の少数を占めるにすぎなかった。 (立教大)	家持町人 （いえもち）
☑ 1758 ☐	宅地を借りて自分で家屋を建てて住む◯◯◯や，長屋等の家屋の一部を借りて住む借家・店借（たながり）などは，町の運営には参加できないのが通常だった。 (立教大)	地借 （じがり）
☑ 1759 ☐	町（ちょう）の運営は，名主・◯◯◯・月行事（がちぎょうじ）などの町人の代表者が，町法（町掟）にしたがって行った。 (関西学院大)	年寄
☑ 1760 ☐	大工・左官・鍛冶など手工業者は総称として◯◯◯と呼ばれ，奉公人は，徒弟（とてい）として親方のもとに住み込み，技術を教わった。 (津田塾大)	職人
☑ 1761 ☐	日本の近世社会において士農工商の下におかれた◯◯◯は，死牛馬やその皮革の処理，牢番や行刑役（ぎょうけいやく）などを強いられて蔑視された。 (センター)	かわた （長吏・えた）（ちょうり）
☑ 1762 ☐	江戸時代の身分制度は，豊臣政権の刀狩令を出発点として，士と農工商が区別され，その下に賤民として，かわた（長吏・えた）（ちょうり）・◯◯◯がおかれた。 (立教大)	非人 （ひにん）
☑ 1763 ☐	夫が◯◯◯と呼ばれる離縁状を妻に渡して離婚するという風習も女性の地位の低さを印象づけるが，実際には協議による離婚が多かった。 (愛知学院大)	三行半 （みくだりはん）

THEME
江戸時代初期の対外政策

見出し番号 1764—1826

出題頻度 ♛

☑ 1764 ☐	1600年に豊後（ぶんご）に漂着したオランダ船◯◯◯には，ウィリアム＝アダムズや，ヤン＝ヨーステンらが乗船していた。 (立教大)	リーフデ号

☑ 1765 ⌂	リーフデ号航海士の□□□は，江戸幕府の外交と貿易の顧問になった。 (関西学院大)	ヤン゠ヨーステン (耶揚子)
☑ 1766 ⌂	リーフデ号のイギリス人水先案内人で，江戸幕府の外交・貿易の顧問となった□□□は，三浦按針という日本名を持った。 (京都大)	ウィリアム゠アダムズ
☑ 1767 ⌂	ヤン゠ヨーステンの日本名は□□□といい，与えられた領地は現在の東京駅の近くで，この日本名が八重洲の地名となったとされている。 (オリジナル)	耶揚子
☑ 1768 ⌂	1609年にはオランダが，1613年にはイギリスが，幕府から許可を得て，肥前の□□□に商館を開いた。 (学習院大)	平戸
☑ 1769 ⌂	オランダ人・イギリス人は，先発のポルトガル人・スペイン人の「南蛮人」に対して「□□□」と呼ばれた。 (同志社大)	紅毛人
☑ 1770 ⌂	家康は1609年に房総半島に漂着したルソンの前総督□□□に便宜をはかって，当時イスパニアの植民地であったノビスパンへ送り届けた。 (慶應義塾大)	ドン゠ロドリゴ
☑ 1771 ⌂	1610年，江戸幕府は通商開拓を求めて，当時ノビスパンとよばれていたスペイン領□□□に京都の商人を派遣したが，通商開拓は失敗に終わった。 (センター)	メキシコ
☑ 1772 ⌂	江戸幕府がスペイン領メキシコに送った京都商人は□□□である。 (同志社大)	田中勝介
☑ 1773 ⌂	仙台藩主の□□□は，幕府に少し遅れた1613年に，通商を求めてヨーロッパに使節を派遣したが不成功に終わった。 (学習院大)	伊達政宗

☑ 1774 ☐	伊達政宗が使節としてヨーロッパに送った家臣代表は□□□である。　　　　　　　　　　　　　　（関西大）	はせくらつねなが 支倉常長
☑ 1775 ☐	伊達政宗が，ルイス＝ソテロの同行を受けて1613年にヨーロッパに派遣した使節を□□□という。　（関西大）	けいちょうけんおうしせつ 慶長遣欧使節
☑ 1776 ☐	南蛮貿易では，貿易品として，ヨーロッパからは鉄砲・火薬・毛織物がもたらされ，日本からは□□□や刀剣・工芸品が輸出された。　　　　　　　　　　　　　（関西大）	銀
☑ 1777 ☐	輸入生糸の価格を決定し，特定の商人たちに一括購入をさせ，仲間構成員に分配するという，幕府がもうけた制度を□□□という。　　　　　　　　　　　　（青山学院大）	いとわっぷ 糸割符制度
☑ 1778 ☐	1604年ポルトガル人らの利益独占を排除するため，江戸幕府が商人に糸割符仲間を組織させた三つの都市とは，□□□・堺・長崎である。　　　　　　　（同志社大）	京都
☑ 1779 ☐	糸割符仲間は，京都・堺・長崎の商人に江戸・大坂の商人が加わって□□□と呼ばれるようになった。　　　　　　　　　　　　　　　　　　（慶應義塾大）	五カ所商人
☑ 1780 ☐	江戸幕府は，当初，キリスト教は禁じたものの貿易は認めており，□□□を得て東南アジア方面に渡航する商人も多かった。　　　　　　　　　　　　　（学習院大）	しゅいんじょう 朱印状
☑ 1781 ☐	江戸幕府は，海外進出する日本人に朱印状と呼ばれる海外渡航の許可状を与えた。朱印状による貿易を□□□という。　　　　　　　　　　　　　　　　　（上智大）	しゅいんせん 朱印船貿易
☑ 1782 ☐	朱印船を出した大名には，島津氏・有馬氏らの九州諸大名がおり，商人には長崎で活躍した□□□らがいた。　　　　　　　　　　　　　　　　　（同志社大）	すえつぐへいぞう 末次平蔵

☑ 1783 〽	朱印船を派遣した商人たちのなかには，海外に移住する者さえも現れた。移住先には自治制をしいた[　　]も作られるほどであった。 (立教大)	日本町
☑ 1784 〽	海外では東南アジアなどに日本町が形成され，[　　]のようにアユタヤの王室に重用されたものもいた。 (青山学院大)	山田長政 <small>ながまさ</small>
☑ 1785 〽	江戸時代，明は<u>海禁政策</u>をとっていた。このため日本と明の商人は第三国で取引をした。このような貿易形態を[　　]という。 (オリジナル)	出会貿易 <small>で あい</small>
☑ 1786 〽	江戸時代，対馬藩の藩主[　　]は，<u>己酉約条</u>によって対朝鮮貿易を独占する特権を得た。 (中央大)	宗氏 <small>そう</small>
☑ 1787 〽	日本と朝鮮の関係は，豊臣秀吉の朝鮮侵略によって途絶えていたが，1609（慶長14）年に対馬の宗氏が朝鮮と[　　]を結んだ。 (慶應義塾大)	己酉約条 <small>き ゆうやくじょう</small>
☑ 1788 〽	<u>己酉約条</u>によって，[　　]に倭館が設置された。 (立命館大)	釜山 <small>ふ ざん</small> （プサン）
☑ 1789 〽	朝鮮からは1607年以降使節が来日し，4回目からは[　　]と呼ばれた。 (オリジナル)	朝鮮通信使
☑ 1790 〽	初期3回の朝鮮使節は，豊臣政権による朝鮮侵略の際，日本へ連行された朝鮮人捕虜の返還を企図した使節で，[　　]と呼ばれた。 (早稲田大)	回答兼刷還使 <small>かいとうけんさっかん し</small>
☑ 1791 〽	己酉約条以後，朝鮮から12回の使節が来日し，来日の機会の半分以上は，将軍の[　　]のときだった。 (センター)	代がわり

□ 1792	江戸幕府は，朝鮮を相対的に低位の国として位置づけよ うと画策したが，その一方で◯◯のように，こうし た動向に反発する人物も存在した。 　　　　（明治大）	雨森芳洲
□ 1793	琉球王国は，1609年に薩摩の◯◯の軍に征服され，薩 摩藩の支配下に入った。 　　　　（慶應義塾大）	島津家久
□ 1794	1609年，琉球王国は征服されて◯◯の支配下となっ た。 　　　　（関西学院大）	薩摩藩
□ 1795	1609年に薩摩藩の支配下となった以降も，琉球王国は表 向き独立国家として，中国との◯◯をつづけた。 　　　　（上智大）	朝貢貿易
□ 1796	琉球王国は，琉球国王の代がかわるごとに◯◯を幕 府に送った。 　　　　（立教大）	謝恩使
□ 1797	琉球王国は，将軍の代がかわるごとに◯◯を幕府に 送った。 　　　　（西南学院大）	慶賀使
□ 1798	蝦夷ヶ島に勢力をもつ蠣崎氏は，近世には◯◯と称 し，1604年，徳川家康からアイヌとの交易独占権を保障 された。 　　　　（北海道大）	松前氏
□ 1799	松前氏は蝦夷地のアイヌとの交易を独占し，家臣に ◯◯と呼ばれた交易地を知行として与えた。 　　　　（愛知教育大）	商場（場所）
□ 1800	同時期の蝦夷地では，松前氏の支配に抵抗してアイヌ集 団が蜂起し，◯◯が起きた。これにより，アイヌは 松前藩に服従することを余儀なくされた。 　（東北学院大）	シャクシャインの 戦い

□ 1801 ☐	シャクシャインの戦いは，松前藩が藩士たちにアイヌと の交易場所を与える◯◯◯が蝦夷地にまでおよび，ア イヌ民族の不満が高まったことによる。　　（学習院大）	商場知行制 <small>あきないばちぎょうせい</small>
□ 1802 ☐	シャクシャインは，◯◯◯の協力を得た松前藩に敗れ た。　　　　　　　　　　　　　　　　　　　　（北海道大）	津軽藩 <small>つがる</small>
□ 1803 ☐	シャクシャインらの反乱を鎮圧して以降，松前藩はアイ ヌへの支配を強化した。18世紀前半には，内地商人に多 くの商場を請け負わせる◯◯◯が定着した。（西南学院大）	場所請負制度 <small>ばしょうけおい</small>
□ 1804 ☐	1789年，◯◯◯が起こり，松前藩に鎮圧されたが，幕 府はアイヌとロシアとが連携することを恐れ警戒した。 　　　　　　　　　　　　　　　　　　　　　　（青山学院大）	クナシリ・メナシ の蜂起 <small>ほうき</small>
□ 1805 ☐	1616年に中国船以外の外国船が寄港を許可された二つ の港とは◯◯◯・長崎である。　　　　　　　（南山大）	平戸 <small>ひらど</small>
□ 1806 ☐	1623年，オランダとの競争に敗れた◯◯◯は，平戸の 商館を閉鎖して退去した。　　　　　　　　（関西学院大）	イギリス
□ 1807 ☐	1624年，江戸幕府は◯◯◯の来航を禁止した。 　　　　　　　　　　　　　　　　　　　　　　　（同志社大）	スペイン船
□ 1808 ☐	1633年，江戸幕府は，◯◯◯という許可状を得た海外 渡航船以外の海外渡航を禁ずる，寛永十年の鎖国令を出 した。　　　　　　　　　　　　　　　　　　　（慶應義塾大）	老中奉書 <small>ろうじゅうほうしょ</small>
□ 1809 ☐	◯◯◯は，1633年以降も江戸幕府から海外渡航を許さ れた。　　　　　　　　　　　　　　　　　　　　（上智大）	奉書船 <small>ほうしょせん</small>

☑ 1810	1635年に日本人の海外渡航と海外居住者の帰国を禁じた江戸幕府は，同時に外国船の寄港を ___ に制限した。 (東京大)	長崎
☑ 1811	1637年，キリスト教徒を中心とする一揆，すなわち ___ が起こった。江戸幕府は，老中の松平信綱率いる12万の兵を送ってこれを鎮圧した。 (早稲田大)	島原の乱 (島原・天草一揆)
☑ 1812	島原の乱は，原城跡に立てこもった ___ などキリスト教徒が多かったことからキリシタン一揆とも評価される。 (学習院大)	益田(天草四郎)時貞
☑ 1813	飢饉にあえぐ領民に過酷な年貢を課して，島原の乱の原因をつくった島原城主は ___ 氏である。 (関西大)	松倉氏
☑ 1814	島原の乱は，島原城主松倉氏や天草領主 ___ 氏が領民に苛酷な年貢を課し，キリスト教徒を弾圧したことに対する百姓一揆の性格をもっていた。 (青山学院大)	寺沢氏
☑ 1815	島原の乱に幕府は ___ を派遣したが失敗し，次いで老中松平信綱を派遣し，九州諸大名らの兵力を動員してようやく1638年に鎮圧した。 (青山学院大)	板倉重昌
☑ 1816	島原の乱（島原・天草一揆）で，幕府は九州の諸大名らの兵力を動員して鎮圧したが，その際幕府に協力して海上から砲撃した外国勢力は ___ である。 (学習院大)	オランダ
☑ 1817	島原の乱を受けて，江戸幕府は1639年， ___ の来航を禁じた。 (関西学院大)	ポルトガル船
☑ 1818	島原の乱を受けて，江戸幕府は1641年， ___ のオランダ商館を長崎の出島に移設して，長崎奉行に厳しく監視させるようになった。 (西南学院大)	平戸

☑ 1819 ☐	1641年，平戸のオランダ商館が平戸から長崎の◯◯◯◯に移された。これにより日本は，鎖国（さこく）の状態になった。　　　　　　　　　　　　　　　（京都大）	出島（でじま）
☑ 1820 ☐	鎖国中，長崎に来航する貿易船は中国船と◯◯◯◯に限られた。　　　　　　　　　　　　　　　　　　（関西学院大）	オランダ船
☑ 1821 ☐	鎖国の間，江戸幕府は，オランダ船が来航のたびに提出する◯◯◯◯によって，海外の情報を入手した。　（中央大）	オランダ風説書（ふうせつがき）
☑ 1822 ☐	オランダ風説書は，◯◯◯◯と呼ばれたオランダ商館長から提出された海外事情の報告書である。　　（オリジナル）	カピタン
☑ 1823 ☐	オランダ商館長の◯◯◯◯も恒例化していた。オランダ人は貿易を重視するあまり，幕府に対して「譜代の御被官（家来）」という態度をとった。　　　　　（愛知教育大）	江戸参府（さんぷ）
☑ 1824 ☐	17世紀半ば，ヨーロッパとの関係が途絶する中，東アジアで明（みん）が滅び，さらに◯◯◯◯が成立するという激変があった。　　　　　　　　　　　　　　　　　（青山学院大）	清（しん）
☑ 1825 ☐	1688年，江戸幕府は，清船の来航を年間◯◯◯◯隻に制限し，清国人の居住を唐人屋敷（とうじんやしき）に制限した。　（関西学院大）	70隻
☑ 1826 ☐	貿易のために来日した中国人は長崎の町に雑居していたが，1688年，その居住を◯◯◯◯と呼ばれる施設に限定し，貿易統制を徹底した。　　　　　　　　　　　（京都大）	唐人屋敷（とうじんやしき）

THEME
寛永文化
見出し番号 1827—1846

出題頻度
♛

☑ 1827 ♡ 江戸時代初期にあたる17世紀前半の寛永文化においては，□□□を中心に儒学がさかんになった。 (オリジナル)	朱子学
☑ 1828 ♡ 元禅僧で，還俗して朱子学の啓蒙につとめた□□□は，近世朱子学の祖といわれる。 (東洋大)	藤原惺窩
☑ 1829 ♡ 藤原惺窩の門人□□□は徳川家康の招きに応じて侍講となり，またその子孫も代々儒者として江戸幕府に仕えた。 (関西大)	林羅山（道春）
☑ 1830 ♟ 藤原惺窩は，朱子学を体系化して京学派を形成した。その門人には，徳川家康に仕えた林羅山や，私塾・春秋館などを建てた□□□がいる。 (慶應義塾大)	松永尺五
☑ 1831 ♡ 3代将軍徳川家光が大改築を行った徳川家康の霊廟である□□□は，権現造の代表的建築である。 (関西学院大)	日光東照宮
☑ 1832 ♡ 寛永文化を代表する建築物は，□□□の日光東照宮や数寄屋造の桂離宮である。 (神奈川大)	権現造
☑ 1833 ♟ 徳川家康の霊廟である日光東照宮は，豪華絢爛な建物群として知られ，500以上の極彩色で飾られた□□□などが有名である。 (南山大)	陽明門
☑ 1834 ♡ 桂離宮のように，書院造に草庵風の茶室をとり入れた建築様式を□□□という。 (法政大)	数寄屋造

☑ 1835 ☐	京都近郊には，後陽成天皇の弟八条宮智仁親王の別邸として，簡素でありながらも優美な □ が造営された。 (佛教大)	桂離宮
☑ 1836 ☐	いわゆる寛永期の文化の代表的建築として知られる，後水尾院の山荘 □ の造営も，幕府の援助によるものであった。 (京都大)	修学院離宮
☑ 1837 ☐	寛永期の絵画では，狩野派の絵師たちが幕府の御用絵師として組織化された。その代表的人物が，「大徳寺方丈襖絵」を描いた □ である。 (同志社大)	狩野探幽
☑ 1838 ☐	狩野探幽の門人で狩野派を破門された □ は，『夕顔棚納涼図屏風』を描いた。 (オリジナル)	久隅守景
☑ 1839 ☐	京都では上層町人である □ が現れ，装飾性を強調した大胆な構図で新たな様式を生み出した。その代表作が建仁寺所蔵の『風神雷神図屏風』である。 (同志社大)	俵屋宗達
☑ 1840 ☐	俵屋宗達と同じく京都の上層町人であった □ は，多才な文化人として知られ，書や蒔絵や陶芸（楽焼）で，優品を数多く作り出した。 (同志社大)	本阿弥光悦
☑ 1841 ☐	朝鮮出兵の際，日本につれて来られた陶工が，□ の有田で，磁器の生産をはじめた。 (京都大)	肥前国
☑ 1842 ☐	文禄・慶長の役の後，有田では陶磁器生産がはじめられ，□ は上絵付の赤絵の技法を完成した。 (龍谷大)	酒井田柿右衛門
☑ 1843 ☐	豊臣秀吉の朝鮮侵略の際に，肥前国の鍋島直茂によって日本に連れてこられた朝鮮人陶工が創始した □ は，伊万里焼とも呼ばれ，肥前の名産品となった。(同志社大)	有田焼

☑ 1844

豊臣秀吉の朝鮮侵略の際に日本に連れてこられた朝鮮陶工の沈寿官らは，薩摩で◯◯◯◯を創始した。

(オリジナル)

薩摩焼

☑ 1845

17世紀前半に花開いた寛永文化では立花も愛好され，京都の◯◯◯が優美で繊細な作風によって池坊流を発展させていった。

(立命館大)

池坊専好

☑ 1846

俳諧は中世の連歌の発句が俳句として独立したものだった。江戸時代前期に活躍した◯◯◯は俳諧の式目を定め，優雅さや用語の面白さを句風とした。

(愛知学院大)

松永貞徳

THEME

文治政治

見出し番号 1847—1889

出題頻度 👑

☑ 1847

1651年に◯◯◯は江戸幕府第4代将軍となった。幕府の機構は整備され，社会秩序と平和が確立していくなかで，牢人やかぶき者の対策が課題となっていた。

(中央大)

徳川家綱

☑ 1848

4代将軍に徳川家綱が就いたとき，家綱がまだ11歳と幼かったため，叔父で会津藩主の◯◯◯らが補佐した。

(立教大)

保科正之

☑ 1849

幼い4代将軍徳川家綱を支えて権力を維持したのは，家光の異母弟である保科正之や，大老になった◯◯◯たち譜代大名であった。

(学習院大)

酒井忠清

☑ 1850

3代から4代への将軍代がわりに際して，兵学者の◯◯◯らが幕府転覆を計画したとして処罰される事件が起こった。

(新潟大)

由井正雪 (由比正雪)

☑ 1851

由井正雪の乱は，事件の起こった年号をとって◯◯◯とも呼ばれる。

(同志社大)

慶安の変

☑ 1852 🖎	4代将軍徳川家綱の頃から，幕府の政治は武力を背景にした専制的な武断主義（政治）から，儒学の道徳や礼儀や秩序を重んじる [____] へと変わっていった。　（中央大）	ぶん ち 文治主義（政治）
☑ 1853 🖎	牢人が増加していた背景には，跡継ぎのいない武家の当主が臨終の際に養子を願い出ることを禁じた [____] という令があった。　（早稲田大）	まつ ご よう し 末期養子の禁止
☑ 1854 🖎	江戸幕府は，由井正雪の乱ののちに末期養子の禁止を緩和し，50歳未満の大名に対して末期養子を承認した。その目的は，[____] の増加を防ぐことだった。　（南山大）	ろうにん 牢人
☑ 1855 🖎	江戸幕府は，異様な振る舞い・風体をした無頼の徒で，社会秩序を乱す要因となっていた [____] の取り締まりを強化して，殺伐とした世相をあらためようとした。　（成城大）	かぶき者
☑ 1856 🖎	1663年，成人した4代将軍徳川家綱は，代がわりの武家諸法度を発布するとともに，[____] の禁止を命じた。　（関西学院大）	じゅん し 殉死
☑ 1857 🖎	4代将軍家綱は，牢人の発生を防止するため，末期養子の禁止の緩和や，すべての大名にいっせいに [____] を発給し，幕藩体制の確立につとめた。　（法政大）	りょう ち あてがいじょう 領知宛行状
☑ 1858 🖎	4代将軍家綱の時代には，1651年の由井正雪の乱や，1657年に江戸でおきた [____] を乗り越えて，幕政の安定がはかられた。　（同志社大）	めいれき 明暦の大火
☑ 1859 🖎	水戸藩主の水戸光圀は，明から亡命してきた朱舜水を招いて教えを受けるとともに，[____] を設けて『大日本史』の編纂を開始した。　（明治大）	しょうこうかん 彰考館
☑ 1860 🖎	徳川光圀の事蹟としては，領内の寺社整理，のちに『[____]』と呼ばれる歴史書の編纂開始などが知られる。　（中央大）	大日本史

☑ 1861	いくつかの藩では，儒者を顧問にして藩政の刷新をはかった。◯◯◯◯は，閑谷学校を設けたほか，熊沢蕃山を招いて重く用い，蕃山は花畠教場を設けた。　（駒沢大）	池田光政 みつまさ
☑ 1862	岡山藩の大名池田光政は，『大学或問』を著した儒者◯◯◯◯を登用し，藩政の安定をはかるとともに，教育・学問の興隆をはかった。　（京都大）	熊沢蕃山 くまざわばんざん
☑ 1863	朱子学では，神道を儒教流に解釈する垂加神道を説いた◯◯◯◯などをはじめとする人物があらわれた。（成蹊大）	山崎闇斎 あんさい
☑ 1864	4代将軍徳川家綱の頃の加賀藩主◯◯◯◯は，木下順庵などの朱子学者を用いて藩政改革を行った。　（早稲田大）	前田綱紀 つなのり
☑ 1865	5代将軍徳川綱吉は，加賀藩主の前田綱紀に仕えた朱子学者の◯◯◯◯を侍講とし，朱子学を幕府の正学とした。　（関西大）	木下順庵 じゅんあん
☑ 1866	1680年，5代将軍に◯◯◯◯が就くと，武士に忠と孝，礼儀による秩序を要求し，儒教を重んじる政策を志向した。　（センター）	徳川綱吉 つなよし
☑ 1867	綱吉の代がわりの◯◯◯◯では，第一条の「文武弓馬の道，専ら相嗜むべき事」が「文武忠孝を励し，礼儀を正すべき事」に改められた。　（成城大）	武家諸法度 ぶけしょはっと （天和令） てんなれい
☑ 1868	1684年，5代将軍徳川綱吉の補佐役を担っていた大老◯◯◯◯が暗殺された。　（同志社大）	堀田正俊 ほったまさとし
☑ 1869	5代将軍徳川綱吉は，大老堀田正俊の没後，◯◯◯◯を重用し，側用人から老中に据えて幕政を差配させた。　（駒澤大）	柳沢吉保 やなぎさわよしやす

☑ 1870 ☐	徳川家康は儒者[　　]を登用し，その子孫（林家）は代々，儒者として幕府に仕えた。　　　　　　　（関西大）	林羅山（道春）
☑ 1871 ☐	元禄3年，林羅山が上野忍ヶ岡に設けていた孔子廟と私塾が[　　]に移され，学問所として整備されると，林家は大学頭に任じられた。　　　　　　　　　　（関西大）	湯島
☑ 1872 ☐	湯島聖堂と学問所が発足すると，[　　]が大学頭に任命され，以後，この職は林家の世襲となる。　（早稲田大）	林鳳岡（信篤）
☑ 1873 ☐	江戸幕府は儒学の中でも，とくに[　　]を重んじた。　　　　　　　　　　　　　　　　　　　　　　（新潟大）	朱子学
☑ 1874 ☐	儒学道徳や礼儀による秩序を重んじる立場から，[　　]などの朝廷儀式も復興された。　　　　　（愛知学院大）	大嘗会
☑ 1875 ☐	5代将軍徳川綱吉は神道的な政策として，1684年に[　　]を発し，喪に服する日数や忌引をする日数を定めた。　　　　　　　　　　　　　　　　　　　（上智大）	服忌令
☑ 1876 ☐	仏教にも帰依した5代将軍徳川綱吉は，1685年以降に，護持院の高僧である隆光に進言されて，生類すべての殺生を禁ずる[　　]を発した。　　　　　　　　（関西大）	生類憐みの令
☑ 1877 ☐	綱吉は財政難を立て直すべく，1695年に貨幣改鋳を行い，金の含有量が57％と少なく質の悪い[　　]を発行したが，物価が高騰して民衆を苦しめた。　（慶應義塾大）	元禄小判
☑ 1878 ☐	勘定吟味役（のち勘定奉行）の[　　]が品位を落とす改鋳を提案し，1695年以降，5代将軍徳川綱吉のもとで元禄小判が発行された。　　　　　　　　　　（関西大）	荻原重秀

☑ 1879	貨幣の改鋳による差益は，□□□□と呼ばれたが，この差益により幕府は多額の収益を得ることができた。(中央大)	出目(でめ)
☑ 1880	1707年駿河(するが)・相模(さがみ)両国を中心に降砂の被害をもたらした□□□□による大災害で，幕府は全国に「諸国高役(しょこくたかやく)（国役(くやく)）金」を命じた。(学習院大)	富士山大噴火
☑ 1881	1709年に徳川綱吉が亡くなると，6代将軍には□□□□が就いた。(中央大)	徳川家宣(いえのぶ)
☑ 1882	6代将軍徳川家宣・7代将軍徳川家継(いえつぐ)の時代である18世紀初頭の改革政治は，一般的に□□□□と呼ばれている。(東北学院大)	正徳の政治(しょうとく)（正徳の治）
☑ 1883	側用人の□□□□は，儒者の新井白石(はくせき)とともに，正徳の政治を進めた。(オリジナル)	間部詮房(まなべあきふさ)
☑ 1884	正徳2（1712）年家宣は51歳で病没した。息子の□□□□が後を継いだが，満3歳2ヶ月の幼児であり，将軍権威は弱体化した。(学習院大)	徳川家継(いえつぐ)
☑ 1885	新井白石の政治は，将軍の権威を高めるため，将軍と皇女との婚約をまとめたり，宮家である□□□□を創設したりするなど，天皇家との結び付きを強めた。(昭和女子大)	閑院宮家(かんいんのみや)
☑ 1886	1711年，新井白石は朝鮮□□□□に対する接待を簡素化した。(慶應義塾大)	通信使
☑ 1887	新井白石は朝鮮に外交文書を出す際に，将軍の称号を，徳川家光以来の「日本国大君殿下」から「□□□□」に改めた。(早稲田大)	日本国王

☑ 1888	1714年，新井白石は物価の高騰を抑えるために，徳川家康が発行した慶長小判と同じ金含有率84％の_____を発行させたが，社会を混乱させた。　　　　（國學院大）	しょうとく 正徳小判
☑ 1889	新井白石は，長崎貿易で多くの金が流出していたため，貿易額を制限する_____を発布させた。　　　（北海道大）	かいはくごししんれい 海舶互市新例 (長崎新令・正徳新令)

江戸時代の産業の発達

見出し番号 1890—1927

出題頻度 ♛

☑ 1890	しうんじがた 紫雲寺潟新田や川口新田などに代表される_____は，当時の経済状況を反映したものである。　　　（慶應義塾大）	ちょうにんうけおいしんでん 町人請負新田
☑ 1891	全国の田畑面積は江戸時代初期には約160万町歩だったのが，18世紀前半には約_____万町歩まで増えた。　　　（関西学院大）	300万町歩
☑ 1892	新田開発のために用水が引かれたが，_____は武蔵国足立郡の新田開発のために利根川から引いたものである。　　　　　　　　　　　　　　　　（慶應義塾大）	みぬまだい 見沼代用水
☑ 1893	農具については，それまで鉄の部分が少ない_____が使われていたが，やがて柄の先がすべて金属製の深耕可能なものが開発された。　　　　　　（慶應義塾大）	ふろぐわ 風呂鍬
☑ 1894	江戸時代中期には，深耕用の_____が普及した。　　　　　　　　　　　　　　　　　　（学習院大）	びっちゅうぐわ 備中鍬
☑ 1895	江戸時代中期には，脱穀具の_____が普及した。　　　　　　　　　　　　　　　　　　（早稲田大）	せんばこき 千歯扱

1896 ☑ ◯	江戸時代の農具として，選別用の唐箕や[　　　]があげられる。 (札幌大)	千石簁
1897 ☑ ◯	揚水機については，一人で操作できる[　　　]が発明され，それまでの二人で扱う龍骨車よりも効率的なこともあって普及していった。 (慶應義塾大)	踏車
1898 ☑ ◯	江戸時代中期には，金で買う油粕，〆粕，干鰯などの肥料，すなわち[　　　]の利用が広まっていった。 (名古屋大)	金肥
1899 ☑ ◯	江戸時代中期，商品作物の発達したところでは，漁獲物肥料の[　　　]が使用された。 (東京女子大)	干鰯
1900 ☑ ◯	江戸時代，房総半島の[　　　]地方でとれた鰯は，綿作などの肥料として各地で使われるようになった。 (札幌大)	九十九里浜
1901 ☑ ◯	17世紀中頃の伊予国の戦国武将の軍物語である『[　　　]』の一部に，農書に相当する記述が見られた。 (立命館大)	清良記
1902 ☑ ◯	[　　　]の『農業全書』は，自らの経験や見聞をいかし，日本の風土に合わせて書かれたもので，商品作物の栽培法に重点が置かれている。 (関西大)	宮崎安貞
1903 ☑ ◯	19世紀には，[　　　]が『農具便利論』や『広益国産考』などの農書を著し，農具の用法や商品作物の栽培法などの普及につとめた。 (立命館大)	大蔵永常
1904 ☑ ◯	報徳仕法を説いて勤労と倹約をすすめた[　　　]のように，荒廃した土地を回復させて農村を復興させようという動きもあったが，根本的な解決にはならなかった。(学習院大)	二宮尊徳(金次郎)

☑1905 ☐	江戸時代中期には，◯◯◯・桑・漆・茶の四木や，麻・藍・紅花の三草などの商品作物が生産され，貨幣と交換された。 (一橋大)	楮 (こうぞ)
☑1906 ☐	商品作物のなかには，出羽国の◯◯◯や，河内国の木綿など，特産物として著名になる商品作物もあらわれた。 (新潟大)	紅花 (べにばな)
☑1907 ☐	江戸時代中期の漁業では，上総九十九里浜の◯◯◯による鰯漁や，松前の鰊漁，土佐の鰹漁・鯨漁が有名だった。 (立命館大)	地曳網 (じびきあみ)
☑1908 ☐	江戸時代中期の林業では，尾張藩の◯◯◯や秋田藩の秋田杉が有名になった。 (センター)	木曽檜 (きそひのき)
☑1909 ☐	江戸時代中期には，高度な土木技術が必要な製塩法である◯◯◯が発達した。 (東洋大)	入浜塩田 (いりはまえんでん)
☑1910 ☐	江戸幕府は，16世紀以来，採掘が進んでいた鉱山を引き続き開発して増産をはかり，伊豆金山や◯◯◯を直轄領とした。 (関西大)	佐渡金山 (さど)
☑1911 ☐	戦国時代以降，全国各地で鉱山の開発がすすんだ。江戸時代になると，佐渡国の相川金銀山や石見国の◯◯◯などが，幕府直轄の鉱山として繁栄した。 (新潟大)	大森銀山
☑1912 ☐	朝鮮の技術者によって，◯◯◯という精錬技術が石見銀山に伝えられ，17世紀初めに石見銀山は爆発的な産銀量を誇るようになった。 (オリジナル)	灰吹法 (はいふき)
☑1913 ☐	佐渡相川金銀山・伊豆金山・但馬◯◯◯・石見大森銀山など主要鉱山からの収入は，幕府の重要な財源だった。 (国士舘大)	生野銀山 (いくの)

☑ 1914 ♡	17世紀後半から，下野の足尾銅山や伊予の[　　　]などで採掘された銅が，幕府の管理のもと，海外へ輸出された。　　　　　　　　　　　　　　　　　　　（南山大）	べっし 別子銅山
☑ 1915 ♡	江戸期の日本は世界有数の銅産出国であった。羽後の[　　　]は，宝永年間に銅山としての開発が進み，当時の銅生産の一角を占めた。　　　　　　（慶應義塾大）	あに 阿仁銅山
☑ 1916 ♡	江戸時代中期には，砂鉄と木炭から製鉄する[　　　]が，中国地方を中心に行われた。　　　　　　（東京経済大）	たたら製鉄
☑ 1917 ♡	江戸時代中期，京都の[　　　]は，高度な技術を要する高機を使って絹織物を独占的に生産した。　（関西学院大）	にしじん 西陣
☑ 1918 ♡	[　　　]は西陣から高機技術を導入して絹織物生産を発達させた。　　　　　　　　　　　　　　　　（センター）	きりゅう 桐生
☑ 1919 ♡	綿織物として，久留米[　　　]と小倉織が有名になった。　　　　　　　　　　　　　　　　　　　（オリジナル）	かすり 絣
☑ 1920 ♡	江戸時代中期，奈良は麻織物の[　　　]の生産で有名だった。　　　　　　　　　　　　　　　　　　　（東洋大）	さらし 晒
☑ 1921 ♡	麻織物では他に，越後[　　　]が有名だった。　　　　　　　　　　　　　　　　　　　　　　　　（オリジナル）	ちぢみ 縮
☑ 1922 ♡	公文書に使用される上質な和紙を[　　　]といい，越前の名産品だった。ほかに，越前の鳥ノ子紙・播磨の杉原紙・美濃の美濃紙が有名だった。　　　　（オリジナル）	ほうしょがみ 奉書紙

☑ 1923 ☐	江戸時代中期，[＿＿＿]とも呼ばれる肥前の有田焼は，佐賀藩の保護を受けて長崎貿易の主要な輸出品となった。 (立命館大)	伊万里焼
☑ 1924 ☐	有田焼の影響で加賀でつくられた焼き物は[＿＿＿]である。 (オリジナル)	九谷焼
☑ 1925 ☐	漆塗りでは能登の[＿＿＿]，会津の<u>会津塗</u>のほか，堺・飛騨・能代などの各地の<u>春慶塗</u>も有名である。 (オリジナル)	輪島塗
☑ 1926 ☐	江戸時代中期，現在の兵庫県にある灘と大阪府にある[＿＿＿]は，酒の生産で有名だった。 (センター)	池田
☑ 1927 ☐	江戸時代中期，現在の千葉県にある[＿＿＿]や野田は醬油生産で有名になった。 (立教大)	銚子

THEME
江戸時代の交通・経済

見出し番号 1928—1989

☑ 1928 ☐	江戸の[＿＿＿]からのびる幹線道路を<u>五街道</u>という。 (中央大)	日本橋
☑ 1929 ☐	<u>五街道</u>のうち，新居関（今切関）を通過し，江戸と京都を結ぶのは[＿＿＿]である。 (オリジナル)	東海道
☑ 1930 ☐	五街道のうち，碓氷関を通過して江戸と京都を結ぶのは[＿＿＿]である。 (日本女子大)	中山道

☑ 1931 ☐	江戸日本橋を起点に東海道・中山道・〔　　　〕・日光道中・奥州道中の五街道が主要道路として幕府の直轄下におかれた。　　　　　　　　　　　　　　（同志社大）	こうしゅうどうちゅう 甲州道中
☑ 1932 ☐	五街道は幕府の直轄下におかれ，17世紀半ば以降は〔　　　〕が管理した。　　　　　　　　　　　　（明治大）	どうちゅうぶぎょう 道中奉行
☑ 1933 ☐	江戸幕府は，江戸，京都，大坂を中心に，五街道や，そのほかの主要道路である〔　　　〕を設けて，街道網の整備を行った。　　　　　　　　　　　　　　（津田塾大）	わきかいどう（わきおうかん） 脇街道（脇往還）
☑ 1934 ☐	中山道には板橋から守山まで67の〔　　　〕が設けられた。　　　　　　　　　　　　　　　　　　（同志社大）	しゅくえき（しゅくば） 宿駅（宿場）
☑ 1935 ☐	江戸時代の主要な街道には宿駅が置かれ，約4キロメートルごとに〔　　　〕が設置された。また，幕府は治安維持などを目的として関所を設置した。　　　　（立教大）	いちりづか 一里塚
☑ 1936 ☐	関所は治安維持を主目的に要所に設置された。東海道の浜名湖口に設置された〔　　　〕もそのひとつで，建物が一部現存する。　　　　　　　　　　　　　（同志社大）	あらいのせき（いまぎれのせき） 新居関（今切関）
☑ 1937 ☐	代表的な関所として，東海道では1600年に東海道浜名湖今切に設置された吉田藩の新居関（今切関）と1618年頃に設置された小田原藩の〔　　　〕がある。　（オリジナル）	はこねのせき 箱根関
☑ 1938 ☐	江戸から木曽を経由して京にいたる街道である中山道に置かれた関所としては，上野国と信濃国の境に位置する〔　　　〕の関所が著名である。　　　　（関西大）	うすい 碓氷
☑ 1939 ☐	街道沿いには一里塚や橋，渡船場，関所がおかれた。関所は徴税や，いわゆる「〔　　　〕に出女」に留意して検問を行った。　　　　　　　　　　　　　（同志社大）	いりでっぽう 入鉄砲

☑ 1940 ☐	宿駅には，その中心に大名などが利用する本陣・脇本陣がおかれ，一般旅行者の宿舎として□□□□もおかれた。 （関西学院大）	旅籠（旅籠屋）
☑ 1941 ☐	宿駅内には，問屋・年寄・帳付などの宿役人が，伝馬役の手配や公文書の作成，荷物の継ぎ送りなどの業務を行う施設，すなわち□□□□が設置されていた。 （センター）	問屋場
☑ 1942 ☐	宿役人が行った荷物の継ぎ送りを□□□□という。 （青山学院大）	継飛脚
☑ 1943 ☐	継飛脚は幕府公用の飛脚で，大名が江戸と国元間においた飛脚を□□□□といった。 （オリジナル）	大名飛脚
☑ 1944 ☐	民間の飛脚を□□□□という。東海道を毎月3度・6日で走ったので三度飛脚・定六とも呼ばれた。 （オリジナル）	町飛脚
☑ 1945 ☐	町飛脚を扱う業者は□□□□である。 （オリジナル）	飛脚問屋
☑ 1946 ☐	17世紀初めには京の商人□□□□によって富士川・鴨川・高瀬川などの舟運が開かれた。 （青山学院大）	角倉了以
☑ 1947 ☐	利根川・信濃川などの河川では，河川舟運に適した物資運搬用の小船である□□□□が活用され，広く普及した。 （青山学院大）	高瀬船
☑ 1948 ☐	17世紀中頃には江戸の商人□□□□により東廻り海運，西廻り海運が整備されると，全国各地から江戸，大坂への海上交通ネットワークが成立した。 （青山学院大）	河村瑞賢

☑ 1949

海上交通網のうち，津軽海峡経由で江戸に至る航路を[　　]という。　　　　　　　　　　　　　（同志社大）

東廻り海運

☑ 1950

海上交通網のうち，下関経由で大坂に至る航路を[　　]という。　　　　　　　　　　　　　　　（立教大）

西廻り海運

☑ 1951

江戸と大坂との間の[　　]が整備され，海上交通の大動脈となり，定期船が運航されるようになる。　　　　　　　　　　　　　　　　　（青山学院大）

南海路

☑ 1952

17世紀前半から運行を始めた[　　]は，木綿・油・酒などを大坂から江戸に運んだ。　　　　（津田塾大）

菱垣廻船（ひがきかいせん）

☑ 1953

18世紀前半に大坂・江戸間で運行を始めた[　　]は，始め酒荷（さかに）専用の商船だったが，酒以外の商品も運ぶようになって菱垣廻船を衰退させた。　　（関西学院大）

樽廻船（たるかいせん）

☑ 1954

18世紀末頃から，日本海の北前船（きたまえぶね）や尾張国（おわり）の知多半島（ちた）の[　　]など，遠隔地を結ぶ廻船も発達した。　（同志社大）

内海船（うつみぶね）

☑ 1955

江戸時代，[　　]は，蝦夷地（えぞち）の松前藩から日本海沿岸を進み関門海峡を抜けて大坂に至る海運を担っていた。　　　　　　　　　　　　　　　　　　　（学習院大）

北前船（きたまえぶね）

☑ 1956

江戸・京都と並び三都のひとつに数えられる大坂は，全国の物資の集散を担って商業都市として栄え，「[　　]」と呼ばれた。　　　　　　　　　　　　　（名古屋大）

天下の台所

☑ 1957

江戸は「[　　]」と呼ばれ，18世紀前半には人口が100万人をこえた。　　　　　　　　　　　（オリジナル）

将軍のお膝元（ひざもと）

☑ 1958	近世社会において<u>三都</u>と呼ばれた江戸・大坂・□□□□や全国の城下町の発達は，農業をはじめ他の諸産業の発達や市場の形成にも大きな影響を及ぼした。　（札幌大）	京都
☑ 1959	大坂は，西日本や日本海側の諸藩を中心に多くの□□□□が置かれ，藩の年貢米や特産物が販売され，換金されていた。　（東北学院大）	蔵屋敷
☑ 1960	諸藩は，領内の年貢米や特産物を江戸や大坂においた蔵屋敷に運び，それらを販売して現金化した。こうした商品は□□□□と呼ばれた。　（神奈川大）	<ruby>蔵物<rt>くらもの</rt></ruby>
☑ 1961	年貢米などの<u>蔵物</u>の出納・売却を担当する者を□□□□といった。　（同志社大）	<ruby>蔵元<rt>くらもと</rt></ruby>
☑ 1962	蔵物の保管や販売を請け負った商人を<u>蔵元</u>，その販売代金の保管・藩への送金を担当した商人を□□□□といった。　（摂南大）	<ruby>掛屋<rt>かけや</rt></ruby>
☑ 1963	<u>蔵物</u>に対し，□□□□と呼ばれる商品は，民間商人の手を経て各産地から送られ，江戸をはじめ全国へと出荷された。　（同志社大）	<ruby>納屋物<rt>なやもの</rt></ruby>
☑ 1964	江戸では，旗本や御家人の代理として蔵米の受け取りや売却にあたる□□□□が，大きな役割を果たした。　（津田塾大）	<ruby>札差<rt>ふださし</rt></ruby>（<ruby>蔵宿<rt>くらやど</rt></ruby>）
☑ 1965	江戸幕府は18世紀以降，問屋の同業者組織である<u>仲間</u>を，<u>運上</u>・□□□□という営業税を負担させる代わりに公認した。　（慶應義塾大）	<ruby>冥加<rt>みょうが</rt></ruby>
☑ 1966	□□□□は，江戸・大坂間の安全と流通の独占を目指し，<u>江戸</u>で結成された問屋の連合組織である。　（学習院大）	<ruby>十組問屋<rt>とくみといや</rt></ruby>

☑ 1967 ☐	◻◻◻◻は，江戸・大坂間の安全と流通の独占を目指し，大坂で結成された問屋の連合組織である。 （法政大）	二十四組問屋
☑ 1968 ☐	各地の大名などの蔵屋敷がおかれた大坂には年貢米が大量に集まるようになり，これが米の卸売市場である◻◻◻◻米市場で取引された。 （立教大）	堂島
☑ 1969 ☐	江戸の◻◻◻◻では，魚市場が発達した。 （センター）	日本橋
☑ 1970 ☐	大坂では，堂島の米市場，◻◻◻◻の魚市場，天満の青物市場が栄えた。 （オリジナル）	雑喉場
☑ 1971 ☐	江戸の◻◻◻◻では，青物市場が発達した。 （オリジナル）	神田
☑ 1972 ☐	東日本では◻◻◻◻貨が取引の中心であった。 （東京経済大）	金貨
☑ 1973 ☐	西日本では◻◻◻◻貨が取引の中心であった。 （オリジナル）	銀貨
☑ 1974 ☐	全国に通じる貨幣としての同じ規格の金貨・銀貨は，1600年頃に徳川家康がつくらせた◻◻◻◻がはじまりとされている。 （國學院大）	慶長金銀
☑ 1975 ☐	徳川家康がつくらせた◻◻◻◻は，金含有率84％で質のよい小判だった。 （青山学院大）	慶長小判

☑ 1976 ☐	流通を目的として大量に発行された最初の金貨といわれる慶長小判と一分金は，額面で流通した□□□□であった。 (立教大)	計数貨幣
☑ 1977 ☐	銀座は，重さをはかって取引する□□□□を鋳造した。 (関西学院大)	秤量貨幣（しょうりょうかへい）
☑ 1978 ☐	金貨の鋳造を行う□□□□は，江戸と京都におかれた。 (センター)	金座
☑ 1979 ☐	□□□□は，徳川家康に招聘されて金座を主宰した。 (関西大)	後藤庄三郎（ごとうしょうざぶろう）
☑ 1980 ☐	銀貨の鋳造を行う□□□□は，まず伏見・駿府におかれ，やがて江戸・京都に移されたのち，江戸に一本化された。 (中央大)	銀座
☑ 1981 ☐	金貨・銭貨は計数貨幣であったのに対し，□□□□と呼ばれる大きめの銀貨も豆板銀（まめいたぎん）と呼ばれる小型・補助用の銀貨も秤量貨幣であった。 (中央大)	丁銀（ちょうぎん）
☑ 1982 ☐	3代将軍徳川家光のときの1636年に江戸と近江坂本（おうみ）におかれた銭座（ぜにざ）では，□□□□が大量に鋳造され，銭貨として広く普及した。 (千葉大)	寛永通宝（かんえいつうほう）
☑ 1983 ☐	17世紀後半から各藩内で流通した紙幣である□□□□は，藩の財政を支えた。 (中央大)	藩札
☑ 1984 ☐	都市での金融は，金・銀・銭の交換にも従事した□□□□などが行ったが，農村の金融は，富裕な農民が行うことが多かった。 (新潟大)	両替商

☑ 1985	有力な両替商は両替ばかりでなく，融資を行ったり，遠隔地間の送金を手形で処理する□□□業務を営んでいた。 (中央大)	為替 かわせ
☑ 1986	両替商のなかでも□□□と呼ばれる者は，公金の出納などを行い，幕府や藩の財政に深く関わった。 (関西大)	本両替
☑ 1987	本両替に対し，もっぱら小額貨幣の交換を行うものを□□□とよぶ。 (オリジナル)	銭両替（銭屋）
☑ 1988	大坂では天王寺屋・鴻池屋などの本両替仲間より選抜された□□□が，大坂両替仲間を支配していた。 (オリジナル)	十人両替 じゅうにんりょうがえ
☑ 1989	江戸の商人の□□□は，「現金掛値なし」という新商法で呉服店の越後屋を繁盛させる一方，両替商としても有名だった。 (関西学院大)	三井高利 みついたかとし

THEME
元禄文化

見出し番号 1990—2061

出題頻度 ♛

☑ 1990	5代将軍徳川綱吉の時代は政治の安定と経済の発展とを背景にして，いわゆる□□□が出現した。 (愛知学院大)	元禄時代 げんろく
☑ 1991	5代将軍徳川綱吉の頃の元禄時代を中心とする元禄文化は，儒学の影響を受けつつも，上方の□□□や武士を担い手とする人間的で華麗な文化だった。 (センター)	町人
☑ 1992	朱子学者の林羅山と，その子である林鵞峰は，漢文編年体の歴史書『□□□』を編纂した。 (慶應義塾大)	本朝通鑑 ほんちょうつがん

☑ 1993 ♛	木下順庵の弟子で，朱子学者の◯◯◯◯◯は，8代将軍徳川吉宗に侍講として重用された。 （京都大）	室鳩巣 むろきゅうそう
☑ 1994 ♛	元禄時代には，戦国時代に土佐で開かれた朱子学一派の◯◯◯◯◯が，野中兼山らを輩出した。 （東洋大）	南学（海南学派） なんがく
☑ 1995 ♛	南学の実質上の祖といわれるのは，◯◯◯◯◯である。 （オリジナル）	谷時中 たにじちゅう
☑ 1996 ♛	谷時中に学んだ◯◯◯◯◯は，土佐藩の家老として，新田開発や殖産興業に取り組んだ。 （慶應義塾大）	野中兼山 のなかけんざん
☑ 1997 ♛	元禄時代，南学から出て神道を儒学流に解釈した◯◯◯◯◯一門の崎門学は，のちに尊王論の根拠となった。 （上智大）	山崎闇斎 やまざきあんさい
☑ 1998 ♛	17世紀後半，谷時中門下の儒者であった山崎闇斎は伊勢神宮への参拝を契機に神道に傾倒し，朱子学と神道の合一を求めて◯◯◯◯◯を起こした。 （関西大）	垂加神道 すいかしんとう
☑ 1999 ♛	実践を重んじる◯◯◯◯◯という一派の儒学も徐々に影響力を持つようになっていき，中江藤樹，熊沢蕃山のような著名な学者も現れた。 （防衛大）	陽明学 ようめいがく
☑ 2000 ♛	朱子学の形式面に飽き足らなかった◯◯◯◯◯は，陽明学を受容して近江聖人と呼ばれたが，現実を批判的に認識する姿勢をとり幕府に警戒された。 （東京経済大）	中江藤樹 なかえとうじゅ
☑ 2001 ♛	中江藤樹の門人で，岡山藩に登用された陽明学者の◯◯◯◯◯は，知行合一の立場から『大学或問』などを著して幕政を批判し，幕府に幽閉されて病死した。（学習院大）	熊沢蕃山 くまざわばんざん

☑ 2002 ⌣	熊沢蕃山は『 ⬚ 』の名でよく知られている書を執筆し，幕政について批判的な意見を述べたが，その後下総古河に幽閉され，そこで死亡した。 （中央大）	大学或問
☑ 2003 ⌣	元禄時代，儒学の始祖の孔子や孟子の古典に立ち返ろうとした古学派の創始者のひとり ⬚ は，『聖教要録』を著した。 （東洋大）	山鹿素行
☑ 2004 ⌣	元禄時代，古学派の創始者のひとり ⬚ は，朱子学を批判し，『童子問』を著した。 （関西大）	伊藤仁斎
☑ 2005 ⌣	古学派からは山鹿素行のほか，京都で ⬚ を開いた伊藤仁斎らがあらわれた。 （神戸女子大）	古義堂
☑ 2006 ⌣	古学派の学者である京都の伊藤仁斎の学派は， ⬚ と呼ばれる。 （オリジナル）	堀川学派 **(古義学)**
☑ 2007 ⌣	吉宗側近の諮問に応じた儒学者の一人である ⬚ は，それに関連して『政談』や『明律国字解』などを著した。 （学習院大）	荻生徂徠
☑ 2008 ⌣	荻生徂徠は，政治・経済にも強く関心を示し，その著書『 ⬚ 』では都市の膨張を抑えて武士を農村に帰還させることを説くなど，新しい経世論を展開した。 （関西大）	政談
☑ 2009 ⌣	荻生徂徠は，古典を理解するには古典成立時の言葉を理解する必要があると主張し，その方法論上の特色から ⬚ と呼ばれている。 （中央大）	古文辞学 **(徂徠学・蘐園学)**
☑ 2010 ⌣	古学の一派で，古文辞学派の祖とされる荻生徂徠は，江戸で ⬚ を開いた。 （オリジナル）	蘐園塾

☑ 2011	荻生徂徠門下の◻︎は『経済録』や『経済録拾遺』を著し武士の商業活動の必要性を説いた。 　　　　　(立教大)	だざいしゅんだい 太宰春台
☑ 2012	太宰春台が藩の専売制度の必要性を主張した著書は『◻︎』である。 　　　　　(関西大)	けいざいろくしゅうい 経済録拾遺
☑ 2013	6代将軍徳川家宣に日本史を講義するため、新井白石は、『◻︎』を著した。 　　　　　(オリジナル)	とくしよろん 読史余論
☑ 2014	新井白石は、『日本書紀』を合理的に解釈する『◻︎』を著した。 　　　　　(オリジナル)	こしつう 古史通
☑ 2015	『◻︎』は新井白石の自伝である。 　　(オリジナル)	おりたくしばのき 折たく柴の記
☑ 2016	主に薬効という観点から自然物を分析・研究する中国伝来の◻︎は、江戸時代中期以降、日本独自の発展を見せた。 　　　　　(京都大)	ほんぞうがく 本草学 (博物学)
☑ 2017	金沢藩主前田綱紀に命じられ、◻︎が着手した『庶物類纂』は本草学の成果の一つで、二人の死後は幕府が引き継ぎ、編纂の開始から約50年をかけて完成させた。(京都大)	いのうじゃくすい 稲生若水
☑ 2018	1682年の朝鮮通信使が九州・福岡に立ち寄った際には、当時福岡藩に仕え、のちに『大和本草』などを著した◻︎が、対応した。 　　　　　(関西大)	かいばらえきけん 貝原益軒
☑ 2019	元禄時代、本草学 (博物学) の学者である貝原益軒の著書『◻︎』は、実学書として利用された。 　　　　　(慶應義塾大)	やまとほんぞう 大和本草

☑ 2020 ☖	中国伝来の数学をもとに発展させた日本独自の数学を◻︎という。 (オリジナル)	和算（わさん）
☑ 2021 ☖	吉田光由（みつよし）は中国の数学書をもとに1627（寛永4）年，『◻︎』を刊行した。 (関西大)	塵劫記（じんこうき）
☑ 2022 ☖	江戸時代には，測量や商取引の必要性から和算が発達した。元禄時代，◻︎は筆算代数学とその計算法や円周率計算においてすぐれた研究を残した。 (慶應義塾大)	関孝和（せきたかかず）
☑ 2023 ☖	関孝和が著した数学書は『◻︎』である。 (オリジナル)	発微算法（はつびさんぽう）
☑ 2024 ☖	天文・暦学では◻︎が，これまでの暦の誤差を修正して日本独自の貞享暦（じょうきょうれき）を作り，その功績により幕府の天文方に任じられた。 (関西大)	渋川春海（しぶかわはるみ）（安井算哲（やすいさんてつ））
☑ 2025 ☖	渋川春海は，平安時代より使用されていた唐由来の◻︎の誤りを修正し，はじめての国産の暦を編修した。 (慶應義塾大)	宣明暦（せんみょうれき）
☑ 2026 ☖	渋川春海は，中国の元の◻︎を基にして，それまで使用されていた暦を正して新たな暦を作成した。 (慶應義塾大)	授時暦（じゅじれき）
☑ 2027 ☖	渋川春海は平安時代以来用いられてきた暦の誤差を修正して，日本独自の暦である◻︎をつくり出した。 (同志社大)	貞享暦（じょうきょうれき）
☑ 2028 ☖	元禄時代，5代将軍徳川綱吉が歌学方に登用した◻︎は，『源氏物語』や『枕草子』を研究した。 (関西学院大)	北村季吟（きぎん）

☑ 2029 ☐	元禄期に『万葉集』の注釈書を著した[ ]の研究は，のちに国学へと発展した。 （オリジナル）	けいちゅう 契沖
☑ 2030 ☐	大坂や和泉で活躍した僧侶・和学者契沖は，注釈研究の成果を『[ ]』として著した。 （関西大）	まんようだいしょうき 万葉代匠記
☑ 2031 ☐	[ ]は，肥後藩家老加藤氏の家臣で牢人となり，俳句を学び，奇抜な趣向をねらう句風を特色としていた。 （愛知学院大）	にしやまそういん 西山宗因
☑ 2032 ◩	俳諧では奇抜な趣向をねらう談林俳諧に対して，さび・かるみという幽玄閑寂の[ ]を確立した俳風が現れた。 （専修大）	しょうふう しょうふう はいかい 蕉風（正風）俳諧
☑ 2033 ☐	元禄時代，伊賀出身の[ ]は，談林俳諧と一線を画し，自然と人間を鋭く見つめる俳句で，蕉風（正風）俳諧を確立した。 （西南学院大）	まつおばしょう 松尾芭蕉
☑ 2034 ☐	俳諧では，松尾芭蕉がこれを芸術として確立した。彼が東北地方を旅したときの紀行文と句をおさめる，1702（元禄15）年刊行の『[ ]』はとくに名高い。 （関西大）	奥の細道
☑ 2035 ☐	松尾芭蕉の江戸から上方，阿波に至る紀行文は『[ ]』で，彼とその一門の句集が『猿蓑』である。 （オリジナル）	おい こぶみ 笈の小文
☑ 2036 ☐	井原西鶴は，現実の世相や風俗を背景に人びとの生活を描いた[ ]と呼ばれる小説を描いた。 （國學院大）	うきよぞうし 浮世草子
☑ 2037 ☐	元禄時代，大坂の町人だった[ ]は，西山宗因に学び，奇抜な趣向をねらう談林俳諧で注目を集めたのち，『武道伝来記』など数々の小説を残した。 （日本女子大）	いはらさいかく 井原西鶴

□ 2038 □	西鶴の作品は, 好色物・町人物・武家物の三つに大別される が, 町人物では, 大晦日をめぐる町人の生活を描い た『　　　』などが有名である。 (関西大)	<ruby>世間胸算用<rt>せけんむねさんよう</rt></ruby> 世間胸算用
□ 2039 □	『　　　』は, 井原西鶴の作品で, 町人が金銭と出世を 追求する町人物と呼ばれる浮世草子である。 (学習院大)	<ruby>日本永代蔵<rt>にっぽんえいたいぐら</rt></ruby> 日本永代蔵
□ 2040 □	上方の人形浄瑠璃作者　　　の作品は竹本義太夫らに よって語られ, 民衆の共感をよんだ。 (愛知学院大)	<ruby>近松門左衛門<rt>ちかまつもんざえもん</rt></ruby> 近松門左衛門
□ 2041 □	元禄時代, 近松門左衛門の作品を, 人形遣いの辰松八郎 兵衛らが演じて人気を博した　　　は, 現在の文楽に 継承される。 (オリジナル)	<ruby>人形浄瑠璃<rt>にんぎょうじょうるり</rt></ruby> 人形浄瑠璃
□ 2042 □	近松門左衛門の代表作で, 中国人を父に持つ和藤内（鄭 成功）を主人公にして異国情緒を醸し出し, 鎖国下の社会 で人気を呼んだ作品は『　　　』である。 (慶應義塾大)	<ruby>国性(姓)爺合戦<rt>こくせんやかっせん</rt></ruby> 国性(姓)爺合戦
□ 2043 □	近松門左衛門の1703年の代表的人形浄瑠璃作品で, 同年 に起きた心中事件を題材に, 徳兵衛とお初の恋を描いて いるのは『　　　』である。 (京都大)	<ruby>曽根崎心中<rt>そねざきしんじゅう</rt></ruby> 曽根崎心中
□ 2044 □	近松門左衛門が1720年につくり出した代表的人形浄瑠 璃作品で, 同年に起きた紙屋と遊女の心中事件を脚色し た作品は『　　　』である。 (中央大)	<ruby>心中天網島<rt>しんじゅうてんのあみじま</rt></ruby> 心中天網島
□ 2045 □	近松門左衛門の作品には, 当時の恋愛・心中・殺人など の世相に題材を求めた　　　や, 歴史上の説話や伝説 に題材をとった時代物などがある。 (立命館大)	<ruby>世話物<rt>せわもの</rt></ruby> 世話物
□ 2046 □	近松門左衛門の人形浄瑠璃において　　　が披露した 語りは, 義太夫節という音曲に成長していった。 (京都大)	<ruby>竹本義太夫<rt>たけもとぎだゆう</rt></ruby> 竹本義太夫

☑ 2047 ☟	歌舞伎は，17世紀初めの出雲お国（阿国）が演じた女歌舞伎からはじまり，元服前の少年が女役を演じる◯◯◯に移行し，野郎歌舞伎へと発展した。 （オリジナル）	若衆歌舞伎
☑ 2048 ☟	歌舞伎は江戸・上方に常設の芝居小屋がおかれ，民衆の演劇として発達した。江戸では勇壮な演技の荒事を得意とした◯◯◯があらわれた。 （愛知学院大）	市川団十郎(初代)
☑ 2049 ☟	上方の歌舞伎では恋愛物の和事を得意とした◯◯◯があらわれた。 （愛知学院大）	坂田藤十郎(初代)
☑ 2050 ☟	上方の歌舞伎で女形芸を大成したのは◯◯◯である。 （オリジナル）	芳沢あやめ
☑ 2051 ☟	元禄文化の絵画では，幕府や大名に抱えられた◯◯◯のほかに，土佐派が朝廷に抱えられた。 （関東学院大）	狩野派
☑ 2052 ☟	寛永期から元禄時代の画家である土佐派の◯◯◯は，朝廷絵師として活躍した。 （関西大）	土佐光起
☑ 2053 ☟	土佐派からわかれた◯◯◯とその子具慶は，狩野派に加えて幕府の御用絵師となって住吉派を形成し，活躍した。 （同志社大）	住吉如慶
☑ 2054 ☟	元禄時代，画家の◯◯◯は，俵屋宗達の装飾的画法を取り入れて琳派（光琳派）を興し，代表作『燕子花図屏風』を描いた。 （西南学院大）	尾形光琳
☑ 2055 ☟	尾形光琳の絵画作品では，水流の左右に白梅と紅梅を配した『◯◯◯』がある。 （オリジナル）	紅白梅図屏風

☑ 2056 🖐	18世紀半ば以降，絵画には様々な画風が生まれた。とくに庶民的な風俗画である◻︎◻︎◻︎が流行した。　（上智大）	うきよえ 浮世絵
☑ 2057 🖐	浮世絵は，17世紀後半，◻︎◻︎◻︎によって大成され，その後，18世紀後半から19世紀にかけて全面的に開花する。　（獨協大）	ひしかわもろのぶ 菱川師宣
☑ 2058 🖐	菱川師宣の代表的な浮世絵作品で，振り返った女性の姿を描いた肉筆美人画は『◻︎◻︎◻︎』である。　（西南学院大）	見返り美人図
☑ 2059 🖐	元禄時代，陶器では，◻︎◻︎◻︎が，上絵付法をもとに色絵を完成させて，色絵藤花文茶壺などの作品を残し，仁和寺の保護を受けて京焼の祖となった。　（同志社大）	の の むらにんせい 野々村仁清
☑ 2060 🖐	尾形光琳の弟の◻︎◻︎◻︎は，装飾的で高雅な陶器の作品を残し，兄弟合作による作品も制作された。　（同志社大）	お がたけんざん 尾形乾山
☑ 2061 🖐	京都の宮崎友禅が創始した染物が，◻︎◻︎◻︎である。　（オリジナル）	ゆうぜんぞめ 友禅染

THEME

享保の改革

見出し番号 2062―2089

出題頻度 👑

☑ 2062 🖐	1716年，7代将軍◻︎◻︎◻︎が8歳で死去すると，徳川家康以来の宗家が途絶えた。　（中央大）	いえつぐ 徳川家継
☑ 2063 🖐	紀伊藩主であった◻︎◻︎◻︎は，徳川宗家の血統に近いという理由から，1716年に将軍に就任した。　（北海学園大）	よしむね 徳川吉宗

☑ 2064	8代将軍徳川吉宗は側用人の側近政治をやめ, 自ら主導して多くの政治的課題にとり組んだ。吉宗の改革を□□□□という。 (東京女子大)	享保の改革
☑ 2065	8代将軍徳川吉宗は, 米価の安定につとめたことから, □□□□と呼ばれた。 (オリジナル)	米公方 (米将軍)
☑ 2066	8代将軍徳川吉宗は人材登用に, 家格や禄高より能力を重視する□□□□を導入した。 (上智大)	足高の制
☑ 2067	□□□□は, 徳川吉宗に抜擢されて江戸町奉行になり, 『公事方御定書』の編纂や町火消制度を設けた。 (オリジナル)	大岡忠相
☑ 2068	武蔵国川崎宿の名主から代官の職務に抜擢された□□□□は, 荒川・多摩川などの治水工事に業績を残した。 (東北学院大)	田中丘隅
☑ 2069	川崎宿の名主であった田中丘隅は宿の名主であった経験をもとに『□□□□』という意見書を1721年にまとめ, 将軍徳川吉宗に献上した。 (早稲田大)	民間省要
☑ 2070	古学派を継承した儒学者の□□□□は, 武士の土着などの統治の具体策を説く経世論で, 柳沢吉保や8代将軍徳川吉宗に用いられた。 (慶應義塾大)	荻生徂徠
☑ 2071	享保期には朱子学者の□□□□が将軍吉宗に仕えて幕政にも関与した。 (東京経済大)	室鳩巣
☑ 2072	8代将軍徳川吉宗は, 金銀貸借の争いを幕府ではなく当事者間で解決させる□□□□を発した。 (同志社大)	相対済し令

☑ 2073 ☐	____とは，一定の上納を課す代わりに参勤交代の江戸在住期間を半分にするという，諸藩の財政圧迫を減らすための政策である。 (日本大)	上げ米
☑ 2074 📁	8代将軍徳川吉宗は，石高1万石につき____石を上納させる上げ米を実施する代わりに参勤交代による諸藩の負担を減らした。 (中央大)	100 石
☑ 2075 ☐	8代将軍徳川吉宗が改革するまでの年貢の徴収方法は，年貢率が毎年の収穫前の豊凶で決まる____であったため，不正が多かった。 (早稲田大)	検見法
☑ 2076 ☐	8代将軍徳川吉宗は，一定期間は年貢を固定して行う____を採用して，年貢収入の安定化をはかった。 (立命館大)	定免法
☑ 2077 ☐	吉宗は，米を増産するため商人資本の力を借りて____の開発を行った。この結果，幕府直轄領は400万石から450万石に増えた。 (関西大)	町人請負新田
☑ 2078 ☐	吉宗は，百姓が田畑を手放さざるを得ない状況を防ぐため，1722年に____を発したが，逆に，農民を金銭的な困窮に追い込んだ。 (明治大)	質流し(れ)禁令
☑ 2079 ☐	8代将軍徳川吉宗は，評定所に幕府の成文法である『____』をつくらせて制定し，裁判の基準を明確にした。 (学習院大)	公事方御定書
☑ 2080 ☐	8代将軍徳川吉宗が次男宗武に興させた田安家と，四男宗尹に興させた一橋家と，9代将軍徳川家重の次男重好にはじまる清水家は，____と呼ばれる。 (センター)	三卿
☑ 2081 ☐	8代将軍徳川吉宗は庶民の意見をとり入れるため，1721年，評定所の門前に____を設置した。 (法政大)	目安箱

☑ 2082 ⌂	8代将軍徳川吉宗は，目安箱の意見を参考にして，貧民が対象の医療施設である ◻︎ を設置した。　　(同志社大)	小石川養生所
☑ 2083 ⌂	8代将軍徳川吉宗は火災対策として，**47**組（のち48組）の ◻︎ を組織した。　　(上智大)	町火消
☑ 2084 ⌂	江戸時代，大名火消や ◻︎ が，武家屋敷地を主な対象としたのに対し，町場を対象にする消火組織が町火消であった。　　(学習院大)	定火消
☑ 2085 ⌂	江戸では明暦の大火をはじめ，たびたび火災にみまわれたため，江戸の都市政策として幕府によって ◻︎ などの防火施設が設けられた。　　(成蹊大)	広小路
☑ 2086 ⌂	主著に『蕃薯考』を持つ ◻︎ は，8代将軍徳川吉宗の命を受けて甘藷（サツマイモ）の栽培を普及させ，天明の大飢饉で多くの人々の命を救ったとされている。(中央大)	青木昆陽
☑ 2087 ⌂	漢訳洋書の輸入制限が緩和された時代に，青木昆陽や ◻︎ がオランダ語を学んだ。　　(慶應義塾大)	野呂元丈
☑ 2088 ⌂	1732年，西日本では近世最大の飢饉である ◻︎ が起きた。　　(國學院大)	享保の飢饉
☑ 2089 ⌂	享保の飢饉の翌年，米価の急騰の原因をつくったとして，有力な米問屋が家屋や家財を破壊される ◻︎ にあった。　　(明治大)	打ちこわし

THEME

田沼時代

見出し番号 2090→2108

出題頻度

☑ 2090	_____は，10代将軍徳川家治のときの1772年に，側用人から老中になって幕政を主導した。　　（名古屋大）	田沼意次
☑ 2091	田沼意次は10代将軍_____のもとで従来の緊縮政策を捨て，商業資本の積極的利用による財政再建を図ろうとした。　　　　　　　　　　　　　　　　（同志社大）	徳川家治
☑ 2092	商業活動の利用で財政再建を目指した田沼意次は，仲間に対し，積極的に営業の独占権である株を認め，_____として公認した。　　　　　　　　　　　（京都大）	株仲間
☑ 2093	18世紀にはいると，営業税である_____や冥加を納めるかわりに，幕府や藩から営業権や独占権の保障をうける株仲間が結成されるようになった。　（青山学院大）	運上
☑ 2094	都市や農村の商人や職人の仲間を株仲間として広く公認し，運上や_____など営業税の増収を目指した。　　　　　　　　　　　　　　　　（愛知学院大）	冥加
☑ 2095	田沼意次の政治は，幕府役人の間で_____や縁故による人事が横行し，武士の風紀を荒廃させたとして批判された。　　　　　　　　　　　　　　　（関西大）	賄賂
☑ 2096	田沼意次は，銅の鋳造と取引を行う_____を設立した。　　　　　　　　　　　　　　　　（センター）	銅座
☑ 2097	田沼意次は，新たに_____や真鍮座・鉄座を組織して，専売による増収を図った。　　　　　（学習院大）	朝鮮人参座

☑ 2098 ☐	徳川家治は，定量の計数銀貨である〔　　　〕を鋳造し，金を中心とする貨幣制度への一本化を試みた。　（愛知学院大）	南鐐二朱銀
☑ 2099 ☐	田沼意次は〔　　　〕や俵物の輸出によって，清から金銀を輸入しようとした。　（オリジナル）	銅
☑ 2100 ☐	17世紀末以降，幕府は干し鮑・いりこ・ふかひれといった〔　　　〕の生産を奨励して，一手に買い上げて輸出するようになった。　（愛知学院大）	俵物
☑ 2101 ☐	田沼意次が新田開発のために〔　　　〕や手賀沼の干拓事業を行った。　（中央大）	印旛沼
☑ 2102 ☐	田沼意次は，ロシア研究書である『　　　』を献上された。　（日本女子大）	赤蝦夷風説考
☑ 2103 ☐	『赤蝦夷風説考』を献上したのは，著者の仙台藩医〔　　　〕である。　（同志社大）	工藤平助
☑ 2104 ☐	田沼意次は，ロシアとの交易の可能性を調査させるため，蝦夷地に〔　　　〕を派遣した。　（法政大）	最上徳内
☑ 2105 ☐	田沼意次の子の〔　　　〕は異例の出世を果たして1783年に若年寄となったが，翌年に江戸城内で刺殺された。　（オリジナル）	田沼意知
☑ 2106 ☐	1782 ～ 1788年，〔　　　〕が起こり，東北地方に多数の餓死者が出た。　（日本大）	天明の飢饉

☑ 2107

天明年間には［　　　］の噴火や冷害によって大飢饉が起こり，百姓一揆や打ちこわしが頻発して社会不安が高まった。　　　　　　　　　　　　　　　　　（関西大）

浅間山 あさまやま

☑ 2108

田沼意次が失脚した翌年の1787年，全国30余りの主要都市で打ちこわしが相次ぎ，社会が不安定になった。これを［　　　］という。　　　　　　　　　　（東京女子大）

天明の打ちこわし てんめい

THEME

百姓一揆

見出し番号 2109—2117

出題頻度 ♔

☑ 2109

幕府や藩の政策によって生活が脅かされた百姓は［　　　］を結んで要求を掲げた。　　　　（関西学院大）

百姓一揆 ひゃくしょういっき

☑ 2110

江戸時代の百姓一揆は現在，明治初期のものを含めて，［　　　］件ほどが確認されている。　　（聖心女子大）

3700 件

☑ 2111

年貢や諸役などの重い負担に耐えていた百姓の抵抗は17世紀後半から，村々の代表者が要求をまとめて直訴する［　　　］として展開した。　　　　　　（関西大）

代表越訴型一揆 おっそがたいっき

☑ 2112

代表越訴型一揆の代表者として死んでいった上野の磔茂左衛門や下総の佐倉惣五郎は，のちに［　　　］として伝説化した。　　　　　　　　　　　　（上智大）

義民 ぎみん

☑ 2113

17世紀初めは，代表越訴型一揆や，村を捨て他領や山中に集団逃亡する［　　　］で百姓は対抗した。　（立教大）

逃散 ちょうさん

☑ 2114

百姓一揆は，18世紀頃になると，村の百姓全員が参加する［　　　］が多くなった。　　　　　　　（立教大）

惣百姓一揆 そうびゃくしょういっき

☑ 2115 ☐	1686年に起きた信濃の松本藩の嘉助騒動や，1738年に起きた陸奥の磐城平藩の元文一揆など，惣百姓一揆が藩領全域におよぶ◻︎◻︎◻︎も起きるようになった。　（立命館大）	全藩一揆 ぜんはんいっき
☑ 2116 ☐	8代将軍徳川吉宗の頃，貧しくなった小百姓たちは，しばしば村役人と対立し，村役人の不正を追及して，公正な運営を求める◻︎◻︎◻︎を起こした。　（千葉大）	村方騒動 むらかたそうどう
☑ 2117 ☐	11代将軍徳川家斉が幕政を主導した化政期から，村々が連合して合法的に訴願する，すなわち◻︎◻︎◻︎が行われるようになった。　（関西学院大）	国訴 こくそ（くにそ）

THEME

洋学の発展

見出し番号 2118—2130

出題頻度 ♛

☑ 2118 ☐	17世紀末に西川如見が『◻︎◻︎◻︎』を著して世界地理を紹介した。　（名城大）	華夷通商考 かいつうしょうこう
☑ 2119 ☐	江戸時代後期，◻︎◻︎◻︎は，江戸の小石川のキリシタン屋敷に幽閉中のイタリア人宣教師を尋問して洋学の知識を広げ，『西洋紀聞』を著した。　（法政大）	新井白石 あらいはくせき
☑ 2120 ☐	『采覧異言』は，新井白石がイタリア人宣教師◻︎◻︎◻︎を尋問した際の情報に，中国地理書からの知識も加えて書かれた。　（立教大）	ヨハン＝シドッチ（シドッチ）
☑ 2121 ☐	8代将軍徳川吉宗が漢訳洋書輸入の禁を緩和し，サツマイモの栽培を全国に広めた◻︎◻︎◻︎や医師の野呂元丈にオランダ語を学ばせたことから，蘭学が発達した。　（関西大）	青木昆陽 こんよう
☑ 2122 ☐	◻︎◻︎◻︎は，1759年に日本初の解剖図録『蔵志』を著した。　（明治大）	山脇東洋 やまわきとうよう

☑ 2123 ⮑	1774年，前野良沢と杉田玄白は，西洋解剖書の『ターヘル=アナトミア』を翻訳した『◯◯◯◯』を刊行した。 （中央大）	かいたいしんしょ 解体新書
☑ 2124 ⮑	江戸時代後期，青木昆陽に師事した蘭学者の◯◯◯◯は，晩年に回想録である『蘭学事始』を著した。　（慶應義塾大）	すぎたげんぱく 杉田玄白
☑ 2125 ⮑	『解体新書』の扉絵・解剖図を描いたのが，洋画家の◯◯◯◯で，漢画の技法に陰影法や遠近法を取り入れた。代表作に「不忍池図」がある。　　　　　（慶應義塾大）	おだのなおたけ 小田野直武
☑ 2126 ⮑	日本の医学にとって『解体新書』は画期的な業績であったと評価できる。これ以後も大槻玄沢が『◯◯◯◯』という蘭学入門書を著した。　　　　　　（学習院大）	らんがくかいてい 蘭学階梯
☑ 2127 ⮑	大槻玄沢は江戸に蘭学塾の◯◯◯◯を開設し人材育成につとめた。　　　　　　　　　　　　　（関西学院大）	しらんどう 芝蘭堂
☑ 2128 ⮑	18世紀なかば以降には蘭学が発達した。蘭学は医学の分野でいち早く取り入れられ，ほかにも，稲村三伯は蘭日辞書『◯◯◯◯』をつくった。　　　　（青山学院大）	わげ ハルマ和解
☑ 2129 ⮑	蘭日辞書の『ハルマ和解』は◯◯◯◯によって作成されたが，その後の蘭学の進歩に大きな貢献をした。 （学習院大）	いなむらさんぱく 稲村三伯
☑ 2130 ⮑	江戸時代後期，長崎で学んだ知識をもとに本草学を研究した◯◯◯◯は，エレキテルの実験を行った。　（近畿大）	ひらがげんない 平賀源内

宝暦・天明の文化

見出し番号 2131—2165

☑ 2131	契沖や北村季吟の古典研究は，のちに［　　　］として本居宣長らに引き継がれる。　　　　　　　　　　（國學院大）	国学
☑ 2132	18世紀半ばになると固有の民族精神の原理（古道）を明らかにしようとする国学が生まれた。［　　　］は古語・古典研究のための学校建設を建白した。　　（西南学院大）	荷田春満
☑ 2133	江戸時代後期，荷田春満と，その門人で『国意考』を著した［　　　］は，外来思想である儒学・仏教・洋学を排除し，日本古来の思想を追求した。　　　　　（関西大）	賀茂真淵
☑ 2134	江戸時代後期，国学者の［　　　］は，日本古来の精神，古道への回帰を主張し，国学を思想的に高めた。（学習院大）	本居宣長
☑ 2135	本居宣長の主著は『［　　　］』である。　（関西学院大）	古事記伝
☑ 2136	［　　　］は，幕府の支援を受けて，国史や律令の研究・講習，ならびに史料の編纂などを目的とした和学講談所を創設したことでも著名である。　　　　　　　（獨協大）	塙保己一
☑ 2137	塙保己一は，1793年，［　　　］を江戸麹町に創設した。　　　　　　　　　　　　　　　　　　　　　（獨協大）	和学講談所
☑ 2138	武蔵国出身の盲目の国学者塙保己一は，古典の調査・収集につとめ，和学講談所を設立して編纂事業を進め，『［　　　］』と呼ばれる一大叢書を作り上げた。　（愛知大）	群書類従

☑ 2139	絵を主体とする小説が□□□□と呼ばれ，『桃太郎』などの子供向きのものは赤本，大人向きのものは黄表紙となった。 (法政大)	草双紙（絵草紙） （くさぞうし　えぞうし）
☑ 2140	江戸時代後期，江戸の遊里を描いて流行した小説を□□□□という。 (東京経済大)	洒落本 （しゃれぼん）
☑ 2141	戯作者で浮世絵師でもある□□□□は寛政の改革期に洒落本を書いて処罰された。 (京都大)	山東京伝 （さんとうきょうでん）
☑ 2142	洒落本の『□□□□』は，山東京伝が処罰されるきっかけとなった。 (中央大)	仕懸文庫 （しかけぶんこ）
☑ 2143	江戸時代後期に流行した，風刺のきいた絵入りの小説を□□□□という。 (明治大)	黄表紙 （きびょうし）
☑ 2144	江戸時代後期，黄表紙作家の□□□□は，『鸚鵡返文武二道』や『金々先生栄花夢』などの黄表紙を書いて幕府に弾圧された。 (東京経済大)	恋川春町 （こいかわはるまち）
☑ 2145	江戸時代後期に流行した，文を主体として歴史や伝説を描写した小説を，絵本に対して，□□□□という。 (中央大)	読本 （よみほん）
☑ 2146	□□□□は代表的な読本である『雨月物語』を著した。 (オリジナル)	上田秋成 （あきなり）
☑ 2147	19世紀前半は，文学が出版を通じて地方の人々に広く受容された。地方で文芸作品などを手にすることができたのは，□□□□が存在していたからである。 (中部大)	貸本屋 （かしほんや）

☑ 2148 ☐	京都の俳人で画家の ⬚ は，池大雅との合作で画帖「十便十宜図」をつくりあげた。　　　　　（オリジナル）	与謝蕪村（蕪村）
☑ 2149 ☐	柄井川柳らが刊行した『 ⬚ 』には，為政者を風刺し，世相を皮肉るものが少なくなかった。　　　　（関西大）	誹風柳多留
☑ 2150 ☐	江戸時代後期，御家人の ⬚ は，狂歌の代表的な作者であった。　　　　　　　　　　　（東京経済大）	大田南畝（蜀山人）
☑ 2151 ☐	「歌よみは下手こそよけれあめつちの…」とは，狂歌師 ⬚ が，『古今和歌集』の仮名序を茶化して詠んだ歌である。　　　　　　　　　　　　　　　（関西大）	石川雅望（宿屋飯盛）
☑ 2152 ☐	江戸時代後期， ⬚ は，人形浄瑠璃脚本『仮名手本忠臣蔵』を著した。　　　　　　　　（立教大）	竹田出雲（2世）
☑ 2153 ☐	多色刷りで極彩色の版画である ⬚ を創作したのは，「弾琴美人」などを描いた鈴木春信である。（上智大）	錦絵
☑ 2154 ☐	1765年，錦絵と呼ばれる多色刷り木版画を創始させた ⬚ は，巧みな技法によって風流人たちを楽しませた。　　　　　　　　　　　　　　　　（獨協大）	鈴木春信
☑ 2155 ☐	18世紀後半の浮世絵画家 ⬚ は『婦女人相十品』などで知られる。　　　　　　　　　（オリジナル）	喜多川歌麿
☑ 2156 ☐	18世紀末の浮世絵画家 ⬚ は「三代目大谷鬼次の奴江戸兵衛」や「市川鰕蔵」を描いた。（関西学院大）	東洲斎写楽

☑ 2157	東洲斎写楽は，役者絵・相撲絵を人物の上半身や顔のみを大写しにして描く◯◯◯◯の手法を駆使して描いた「市川鰕蔵」などの作品が有名である。 （上智大）	大首絵
☑ 2158	黄檗宗と共に伝わった明や清の画法は日本の◯◯◯◯に影響を与え，池大雅や田能村竹田などの画家が生まれた。 （京都大）	文人画（南画）
☑ 2159	中国からもたらされた文人画が好まれ，18世紀後半の池大雅と与謝蕪村がこの画風を大成した。二人の合作として「◯◯◯◯」が知られる。 （同志社大）	十便十宜図
☑ 2160	『雪松図屏風』や『保津川図屏風』などを描いた京都の◯◯◯◯やその弟子たちは，洋画の遠近法を取り入れて日本的な写生画の様式をつくりあげた。 （上智大）	円山応挙
☑ 2161	江戸時代後期，『◯◯◯◯』などで知られる円山応挙は，遠近法を取り入れ立体感のある写生画を描く円山派を創始した。 （センター）	雪松図屏風
☑ 2162	江戸時代後期の洋風画家である◯◯◯◯は，平賀源内に影響を受けて銅版画を創始し，「不忍池図」などの作品を残した。 （南山大）	司馬江漢
☑ 2163	西洋画も，近世初期に南蛮人がもたらしたのち，蘭学の隆盛とともに伝えられ，『浅間山図屏風』の◯◯◯◯らが代表である。 （上智大）	亜欧堂田善
☑ 2164	蘭学の隆盛とともに油絵の具など西洋絵画の技法が長崎を通して伝えられ，長崎に遊学した◯◯◯◯がその技法を取り入れた。 （同志社大）	平賀源内
☑ 2165	司馬江漢は，平賀源内に学んで日本における◯◯◯◯の創始者となった。 （上智大）	銅版画

寛政の改革

見出し番号 2166—2192

☑ 2166	1787年，□□□が11代将軍に就いた。 （青山学院大）	徳川家斉 いえなり
☑ 2167	8代将軍徳川吉宗の孫で，白河藩の藩主□□□は，11代将軍徳川家斉のときに老中に就任し，将軍を補佐した。 （東京大）	松平定信 さだのぶ
☑ 2168	松平定信は1787年から1793年にかけて□□□を行った。その重要課題は，天明の飢饉で危機に陥った農村の復興と，打ちこわしで乱れた都市の安定化だった。 （東京大）	寛政の改革 かんせい
☑ 2169	自伝『□□□』を著した松平定信の政策は，厳しい統制や倹約令によって民衆の反発を受けた。 （早稲田大）	宇下人言 うげのひとこと
☑ 2170	松平定信は，諸大名に対し飢饉対策として，1万石につき50石の米穀を貯蔵する□□□を命じた。 （関西大）	囲米 かこいまい
☑ 2171	凶作に備えた穀物倉で，富裕者の義捐や課税によるものを□□□という。 （オリジナル）	義倉 ぎそう
☑ 2172	凶作に備えた穀物倉で，住民拠出のものを□□□という。 （オリジナル）	社倉 しゃそう
☑ 2173	松平定信は，□□□を発し，定職をもたない者を故郷へ帰し，農業人口の確保を図ろうとした。 （東北学院大）	旧里帰農令 きゅうりきのうれい

☑ 2174 ☐	人別帳から除外されたならず者たちを◯◯◯という。 (中央大)	むしゅくにん 無宿人
☑ 2175 ☐	松平定信は，治安維持対策として，人別帳から除外されたならず者たちを強制的に収容する◯◯◯を設置し，技術を身につけさせ，職業に就かせた。 (センター)	にんそくよせば 人足寄場
☑ 2176 ☐	人足寄場が設置された場所は◯◯◯である。 (センター)	いしかわじま 石川島
☑ 2177 ☐	松平定信は，飢饉・災害に備えての貧民救済策として，町々に町費の倹約を命じて節約分の7割を積み立てさせ，米・金を蓄えさせる◯◯◯を命じた。 (慶應義塾大)	しちぶつみきん 七分積金 (七分金積立)
☑ 2178 ☐	米の販売を本業として貸金業も営んだ◯◯◯は，棄捐令によって武士への貸金を放棄させられた。 (日本大)	ふださし 札差
☑ 2179 ☐	松平定信は，困窮する武士の救済策として大名・旗本に倹約を求めるとともに，札差に武士への貸金を放棄させる◯◯◯を出した。 (國學院大)	きえんれい 棄捐令
☑ 2180 ☐	こうかく 光格天皇が，皇位についたことのない実父に太上天皇の称号を贈る事に関して，定信は拒否し，武家伝奏を処分した。これを◯◯◯という。 (同志社大)	そんごういっけん 尊号一件 (尊号事件)
☑ 2181 ☐	松平定信は風紀引き締めのため，1790年に朱子学を正学せいがくとするとともに，湯島聖堂の学問所で朱子学以外の講義や研究を禁止する◯◯◯を発令した。 (明治大)	かんせいいがく 寛政異学の禁
☑ 2182 ☐	寛政の改革では朱子学を正学とし，江戸幕府直轄の教育機関として，林家りんけ主催の◯◯◯が設立された。 (北海道大)	しょうへいざか 昌平坂学問所 しょうへいこう (昌平黌)

☑ 2183 ⬠	松平定信に朱子学を正学とするよう進言した〔 〕は，尾藤二洲・岡田寒泉とともに，寛政の三博士とよばれた。 (オリジナル)	柴野栗山
☑ 2184 ⬠	〔 〕は1796年に幕府儒官に任じられ，岡田寒泉にかわって，寛政の三博士のひとりとなった人物である。 (上智大)	古賀精里
☑ 2185 ⬠	黄表紙『鸚鵡返文武二道』を著した恋川春町や洒落本『仕懸文庫』を著した〔 〕は，寛政の改革できびしく取り締まられた。 (関西大)	山東京伝
☑ 2186 ⬠	寛政の改革で出版統制令が出され，洒落本や黄表紙の代表的な作家である山東京伝や，彼の作品の出版元である〔 〕が処罰された。 (立教大)	蔦屋重三郎
☑ 2187 ⬠	松平定信が政治への風刺や批判を抑えるために発令した出版統制令によって，海岸防備の必要性を訴えた〔 〕は弾圧された。 (学習院大)	林子平
☑ 2188 ⬠	林子平は著書の『〔 〕』で海岸防備の必要性を訴えた。 (青山学院大)	海国兵談
☑ 2189 ⬠	林子平が朝鮮・琉球・蝦夷についての地理書『〔 〕』を著した。 (同志社大)	三国通覧図説
☑ 2190 ⬠	藩主が改革の先頭に立って藩士の綱紀を引き締め，荒廃した農村の復興に努めた。熊本藩主〔 〕による宝暦の改革は全国の藩政改革の模範とされた。 (西南学院大)	細川重賢（銀台）
☑ 2191 ⬠	〔 〕は，18世紀の末に藩政改革を行った秋田藩主である。 (オリジナル)	佐竹義和

| ☑ 2192 ♡ | 寛政の改革の時期，米沢藩主の〔　　　〕は，特産品を奨励するなど藩政改革を行って名君と呼ばれた。（センター） | 上杉治憲（鷹山）
はるのり　ようざん |

THEME
列強の接近

見出し番号 2193—2216

出題頻度
♛

☑ 2193 ♡	1792年にはロシア使節〔　　　〕が根室に来航し，漂流した日本人大黒屋光太夫らを送り届けるとともに，通商を求めたが，幕府はこれを拒否した。　　　　　　（和歌山大）	ラクスマン
☑ 2194 ♡	ラクスマンの来航は，ロシアの女性皇帝〔　　　〕の命によるものである。　　　　　　　　　　　　　　　　（オリジナル）	エカチェリーナ2世
☑ 2195 ♡	ラクスマンが来航した場所は〔　　　〕である。　（同志社大）	根室 ねむろ
☑ 2196 ♡	将軍家に代々仕える奥医師の〔　　　〕は，大黒屋光太夫の見聞をもとに『北槎聞略』を著した。　　　　（関西学院大）	桂川甫周 かつらがわほしゅう
☑ 2197 ♡	1798（寛政10）年，幕府は〔　　　〕・最上徳内らを択捉島に派遣し，「大日本恵登呂府」の標柱を建てさせた。（学習院大）	近藤重蔵 じゅうぞう
☑ 2198 ♡	1798年，江戸幕府は海防のため〔　　　〕を調査させ，翌年に東蝦夷地を直轄地にした。　　　　　　　　（慶應義塾大）	択捉島 えとろふとう
☑ 2199 ♡	1804年，〔　　　〕は，ラクスマンが持ち帰った入港許可証を携えて来航し，日本に国交を求めた。　　　（法政大）	レザノフ

☑ 2200	ロシア大使として[　　　]に入港したレザノフは日本に国交を求めたが，幕府はこれに応じなかった。 （慶應義塾大）	長崎
☑ 2201	江戸幕府は海防強化のために，1807年，松前藩と[　　　]を直轄領にした。 （新潟大）	蝦夷地
☑ 2202	工藤平助や林子平は，オランダ商館長や[　　　]関係者らから情報を得て，幕府にロシア対策の必要性を説いた。 （和歌山大）	まつまえ 松前藩
☑ 2203	江戸幕府の直轄領になるにともない，松前藩と蝦夷地は[　　　]の支配下となった。 （日本大）	まつまえぶぎょう 松前奉行
☑ 2204	1808年，[　　　]は江戸幕府から派遣されて樺太（サハリン）を探査した。 （慶應義塾大）	ま みやりんぞう 間宮林蔵
☑ 2205	間宮林蔵らによる北方探検では[　　　]と沿海州の間に海峡があることがわかり，島であることが確認された。 （立教大）	からふと 樺太 （サハリン）
☑ 2206	1811年，国後島に上陸したロシア軍艦艦長[　　　]を，日本は逮捕し抑留した。 （日本大）	ゴローウニン
☑ 2207	1812年，ロシアはゴローウニン事件に対抗して，択捉航路を開拓した商人[　　　]を抑留。しかし日本・ロシアともに抑留者を解放して，日露関係は改善した。（立教大）	たかだやかへえ 高田屋嘉兵衛
☑ 2208	1821年に幕府は蝦夷地の直轄をやめ，[　　　]に還付した。 （オリジナル）	松前藩

☑ 2209 ☐	19世紀に入ると，ナポレオン戦争の余波が長崎まで波及する事態が生じ，入港中のオランダ船をイギリス軍艦がだ捕しようとした◻︎◻︎が起きた。 （名古屋大）	フェートン号事件
☑ 2210 ☐	フェートン号事件により，長崎奉行の◻︎◻︎は阻止できなかった責任をとり，同艦が長崎を退去した夜に切腹した。 （学習院大）	松平康英 やすひで
☑ 2211 ☐	幕府は，1810年に江戸湾の防備を◻︎◻︎・会津藩に命じ，諸大名には，全国各地の海岸線に台場を設けて大砲を備えさせた。 （学習院大）	白河藩
☑ 2212 ☐	幕府は1825年に◻︎◻︎を出して，外国船の撃退を命じた。 （津田塾大）	異国船打払令 い こくせんうちはらいれい （無二念打払令） む に ねん
☑ 2213 ☐	1837年，アメリカ商船◻︎◻︎が来航し，日本人漂流民を送還するとともに日本との貿易を求めたが，江戸幕府に撃退された。 （西南学院大）	モリソン号
☑ 2214 ☐	◻︎◻︎は著書『戊戌夢物語』で，モリソン号の撃退を批判した。 （國學院大）	高野長英 ちょうえい
☑ 2215 ☐	◻︎◻︎は著書『慎機論』で，モリソン号の撃退を批判した。 （早稲田大）	渡辺崋山 か ざん
☑ 2216 ☐	江戸幕府は，外交政策を批判した渡辺崋山と高野長英らを逮捕収監し厳しく処罰した。これを◻︎◻︎という。 （東洋大）	蛮社の獄 ばんしゃ ごく

2217	17世紀の後半以降，農村を拠点に取引をおこなう □□□ が出現した。　　　　　　　（東北福祉大）	在郷商人（ざいごう）（在方商人）（ざいかた）
2218	8代将軍徳川吉宗の頃の農村では，都市の問屋が，産地の百姓たちに資金や原料・器具を供給して商品を生産させる □□□ が普及し，貨幣経済がさらに浸透した。（首都大）	問屋制家内工業（とい やせい）
2219	将軍徳川家斉は将軍職を徳川家慶に譲った後も □□□ として実権を握り，その治世は約50年に及んだ。（愛知学院大）	大御所（おおごしょ）
2220	1805年，江戸幕府は無宿者や博徒を取り締まる □□□ を設置し，関東の代官配下から任命した。（青山学院大）	関東取締出役（とりしまりしゅつやく）（で）
2221	1827年，江戸幕府は地域の治安の取り締まりにあたらせるため，関東の村々に □□□ を設けた。（東京女子大）	寄場組合（よせ ば くみあい）
2222	1830年代になると，収穫が例年の半分以下の凶作となり，全国的な米不足となって，□□□ といわれる厳しい飢饉となった。（上智大）	天保の飢饉（てんぽう）（き きん）
2223	甲斐国都留郡の一揆勢が1836（天保7）年甲府の米屋などを襲った □□□ は，幕領であるだけに幕府に与えた影響は大きかった。（学習院大）	郡内騒動（ぐんないそうどう）
2224	1836年には，三河国加茂郡で世直しを求める □□□ が起きた。（オリジナル）	加茂一揆（か も いっき）

☑ 2225 ☐	1837年, 大坂町奉行所の元<ruby>与力<rt>よりき</rt></ruby>で<ruby>陽明<rt>ようめい</rt></ruby>学者の◯◯◯◯は, 貧民救済のために, 門弟や民衆を動員して蜂起した。 (立命館大)	<ruby>大塩平八郎<rt>おおしおへいはちろう</rt></ruby>
☑ 2226 ☐	大塩平八郎は, 大坂町奉行の元与力で, 隠居後は自宅に家塾の◯◯◯を開いて門弟に陽明学を教えていた。 (上智大)	<ruby>洗心洞<rt>せんしんどう</rt></ruby>
☑ 2227 ☐	1837年, 大塩の乱に触発された国学者の◯◯◯は大塩平八郎の門弟と称して<ruby>越後<rt>えちご</rt></ruby>柏崎の桑名藩の陣屋を襲撃した。 (立教大)	<ruby>生田万<rt>いくたよろず</rt></ruby>
☑ 2228 ☐	1837年に12代将軍に◯◯◯◯が就き, 1841年に大御所の徳川家斉が死去した。 (上智大)	<ruby>徳川家慶<rt>いえよし</rt></ruby>
☑ 2229 ☐	徳川家慶政権は家斉の死後1841 (天保12) 年から実質的に運営された。浜松藩主◯◯◯◯が<ruby>老中<rt>ろうじゅう</rt></ruby>首座となり, 緊縮策を取った。 (学習院大)	<ruby>水野忠邦<rt>ただくに</rt></ruby>
☑ 2230 ☐	1841〜43年に水野忠邦が行った幕政改革を◯◯◯◯という。 (東京経済大)	<ruby>天保<rt>てんぽう</rt></ruby>の改革
☑ 2231 ☐	1843年, 水野忠邦は, <ruby>飢饉<rt>ききん</rt></ruby>で荒廃した農村の再建をはかるため, 百姓の出稼ぎを禁じるとともに江戸に流入した貧民の帰郷を強制する法令である◯◯◯◯を出した。 (近畿大)	人返しの法
☑ 2232 ☐	江戸時代後期, ◯◯◯◯は恋愛ものの小説すなわち人情本を著して天保の改革で処罰された。 (青山学院大)	<ruby>為永春水<rt>ためながしゅんすい</rt></ruby>
☑ 2233 ☐	江戸時代後期, ◯◯◯◯は源氏物語を独自の<ruby>合巻<rt>ごうかん</rt></ruby>作品に改作して天保の改革の時に絶版処分された。 (早稲田大)	<ruby>柳亭種彦<rt>りゅうていたねひこ</rt></ruby>

☑ 2234	水野忠邦は，物価高騰の原因が上方市場からの商品流通の独占にあると判断し，□□□を命じたが，商品輸送量が減り，物価はさらに高騰した。 (関西大)	株仲間の解散
☑ 2235	幕府は，川越藩松平家，庄内藩酒井家，長岡藩牧野家の三藩の領知を交換する計画を立てた。これを□□□と呼ぶ。 (慶應義塾大)	三方領知替え （さんぽうりょうちがえ）
☑ 2236	水野忠邦は財政の安定と対外防備の強化を狙い，江戸と大坂の十里四方の約50万石の土地を直轄地とする□□□を発したが，大名や旗本に反対された。 (明治大)	上知令 （じょうちれい） （あげち）
☑ 2237	天保の改革の財政再建失敗の理由は，農村で□□□が普及して多くの百姓が賃金労働者になっていたために年貢収入が増えなかったからである。 (首都大)	工場制手工業 （マニュファクチュア）

THEME

雄藩の改革

見出し番号 2238—2255

出題頻度 ♛

☑ 2238	藩政改革を成功させて台頭した藩を雄藩（ゆうはん）という。雄藩のひとつ□□□は，専売制と琉球王国（りゅうきゅう）との貿易で藩財政再建を成し遂げた。 (近畿大)	薩摩藩（鹿児島藩）
☑ 2239	薩摩藩では1827年から□□□が改革に着手し，藩の借財の事実上の棚上げを実現するとともに，黒砂糖の専売強化や琉球との貿易拡大を進めた。 (高崎経済大)	調所広郷 （ずしょひろさと）
☑ 2240	島津氏は，1827年からはじめた財政改革の中で奄美三島（あまみ）の産物である□□□の上納を強制してこれを交易に使い，莫大な利益を上げた。 (関西大)	黒砂糖
☑ 2241	1827年，薩摩藩では調所広郷が奄美三島特産の黒砂糖の専売を強化し，□□□を介した密貿易によって，藩財政を立て直した。 (東北福祉大)	琉球王国 （りゅうきゅう）

☑ 2242 ◻	薩摩藩主 [____] は鹿児島磯ノ浜に反射炉を築造し，造船所やガラス製造所までを建設している。 （東北福祉大）	島津斉彬 なりあきら
☑ 2243 ◻	1857年，薩摩藩は反射炉などの洋式工場群を [____] と命名した。 （東北福祉大）	集成館 しゅうせいかん
☑ 2244 ◻	雄藩のひとつである [____] は，下関を通過する廻船から，本来は大坂に運ばれるはずの商品を購入し，その委託販売などで収益を上げて藩財政を再建した。（学習院大）	長州藩（萩藩） はぎ
☑ 2245 ◻	長州藩の財政再建を主導した家老は [____] である。 （同志社大）	村田清風 せいふう
☑ 2246 ◻	長州藩は，倉庫・金融業を行う，藩直営の [____] を下関に設置した。 （京都大）	越荷方 こしにかた
☑ 2247 ◻	雄藩のひとつ佐賀藩（肥前藩）藩主の [____] は，均田制を実施して農村を復興させ，陶磁器の専売を進めて藩財政を再建した。 （上智大）	鍋島直正 なべしまなおまさ
☑ 2248 ◻	佐賀藩の鍋島直正は [____] を実施し，本百姓体制の再建を目指した。 （東北学院大）	均田制 きんでんせい
☑ 2249 ◻	佐賀藩は藩財政の立て直しに成功する一方，[____] を建設するなど，洋式軍事工業を導入した。 （センター）	大砲製造所
☑ 2250 ◻	[____] では「おこぜ組」とよばれる改革派藩士を起用し，改革を行った。 （オリジナル）	土佐藩（高知藩） とさ

☑ 2251 ⌁	モリソン号事件の翌年の1838年，水戸藩主の◯◯◯は幕政の改革を求めて戊戌封事という意見書を書き，日本の状況を「内憂外患」と指摘した。　　　　　　（日本大）	徳川斉昭 <ruby>なりあき</ruby>
☑ 2252 ⌁	幕末期，幕府や諸藩は欧米諸国の技術を受容して近代化をはかろうとした。幕府では伊豆韮山の代官◯◯◯が中心となって，砲台や反射炉の建設などに取り組んだ。（明治大）	江川太郎左衛門（坦庵）
☑ 2253 ⌁	アヘン戦争に危機感を強めた水野忠邦は，1841年に江戸近郊の徳丸ガ原で◯◯◯に洋式砲術の演習を実演させ，洋式砲術の採用に踏み切った。　　　　（学習院大）	高島秋帆
☑ 2254 ⌁	1853年，水戸藩は幕府に命じられて，江戸に幕府の造船所である◯◯◯をつくった。　　　　　　（オリジナル）	石川島造船所
☑ 2255 ⌁	1865年幕府は，フランス人技師の指導で◯◯◯に製鉄所を建設した。　　　　　　　　　　　　　（センター）	横須賀

THEME

藩校と庶民教育

見出し番号 2256—2292

出題頻度 ⌁

☑ 2256 ⌁	江戸時代後期，諸藩が設立した教育機関である◯◯◯は，初め朱子学を中心に教育していたが，18世紀後半の藩政改革が進むにつれ，洋学と国学をとり入れた。（センター）	藩校（藩学）
☑ 2257 ⌁	各藩は後に藩校を設立するようになり，人材育成に努めた。秋田藩の◯◯◯など，東北にもさまざまな藩校が設立された。　　　　　　　　（東北学院大）	明徳館 <ruby>めいとくかん</ruby>
☑ 2258 ⌁	米沢藩主上杉治憲は，藩政の改革や殖産興業を行った。さらに細井平洲をこの地に招き，1776年，藩校◯◯◯を再興して，文教政策を進めた。　　　（関西大）	興譲館 <ruby>こうじょうかん</ruby>

2259 ☑ ☁	江戸時代後期，肥後藩主の細川重賢は熊本の藩校として □ を設立した。 (関西大)	時習館
2260 ☑ ☁	幕府による昌平坂学問所の設置の時期くらいから，全国の諸藩も藩校を設立していった。有名なところでは会津藩の □ がある。 (学習院大)	日新館
2261 ☑ ☁	藩校では他に，秋田藩の明徳館，会津藩の日新館，水戸藩の □ が有名である。 (オリジナル)	弘道館
2262 ☑ ☁	江戸時代後期，長州藩主の毛利吉元は，萩の藩校として □ を開設した。 (立教大)	明倫館
2263 ☑ ☁	薩摩藩主島津重豪によって，藩校 □ が創立された。その後，藩主斉彬の代には漢学に加え，西洋科学も奨励され，大きく発展した。 (関西大)	造士館
2264 ☑ ☁	江戸時代，武家の男子であれば □ や私塾で学ぶことができた。幕末になると，武士だけではなく農兵に組織される百姓も通ったという。 (立命館大)	郷校（郷学）
2265 ☑ ☁	岡山藩の池田光政は，設立した郷校 □ に藩士のみならず庶民の子弟まで入学を許可した。 (東北福祉大)	閑谷学校
2266 ☑ ☁	庶民が出資して設立した自主的な教育機関には，摂津平野郷の □ などがある。 (関西大)	含翠堂
2267 ☑ ☁	18世紀前半に大坂町人の出資で設立された学問所の □ は，朱子学や陽明学を講義していた。 (オリジナル)	懐徳堂

☑ 2268	懐徳堂からは『出定後語』を書いた◯◯◯や『夢の代』を書いた山片蟠桃などの既成の教学を批判する，合理的な考え方をもつ異色の学者もあらわれた。 （青山学院大）	富永仲基
☑ 2269	富永仲基は『◯◯◯』を著して，仏教の経義は釈迦一人の教えではなく，歴史的に変化しているという「加上説」を唱えた。 （関西大）	出定後語
☑ 2270	懐徳堂の出身者である富永仲基と◯◯◯は，合理主義の立場から儒学や仏教に疑問の目を向けた。 （関西大）	山片蟠桃
☑ 2271	儒学者の広瀬淡窓による豊後日田の◯◯◯は，多くの塾生を集め，高野長英や大村益次郎らの逸材を輩出した。 （関西大）	咸宜園
☑ 2272	学者たちは各地に私塾を開設し，のちに活躍する人材育成にも貢献した。儒学者の◯◯◯が豊後日田で開いた咸宜園，萩の松下村塾などは有名である。 （慶應義塾大）	広瀬淡窓
☑ 2273	江戸時代には，庶民の道徳教養を高める動きもみられた。◯◯◯が唱えた心学（石門心学）は弟子たちによって広められ，全国に講舎が建てられた。 （関西大）	石田梅岩
☑ 2274	江戸時代後期，石田梅岩は◯◯◯という倫理学を創始した。 （明治大）	心学（石門心学）
☑ 2275	石田梅岩は心学（石門心学）を唱え，営利追求こそ商人の社会的存在意義と唱えた。梅岩の教えは弟子の◯◯◯らによって全国に広められた。 （学習院大）	手島堵庵
☑ 2276	18世紀後半には，京都の手島堵庵の弟子である◯◯◯が江戸に下り，関東・東北地方への普及につとめた。 （関西大）	中沢道二

□ 2277	江戸時代後期，庶民の初等教育機関である□□□はおびただしい数に増加した。　　　　　　　　（青山学院大）	寺子屋
□ 2278	江戸時代も終わりにさしかかるころには，寺子屋と呼ばれる庶民教育が発達し，往復書簡形式の□□□と呼ばれる初等教科書が広く使われた。　　　　　（京都産業大）	往来物（おうらいもの）
□ 2279	神道家の□□□による『日本書紀』の天皇進講を実現しようとした少壮の公家が処分された宝暦事件は，公家の不満と尊王論とが結びついて起きた。　　（早稲田大）	竹内式部（たけのうちしきぶ）
□ 2280	1758年，竹内式部は，京都の公家に尊王論を説いて追放刑に処された。この事件を□□□という。　　（東洋大）	宝暦事件（ほうれき）
□ 2281	1767年，山県大弐（やまがただいに）は，江戸で尊王論を説き，江戸攻略を述べて処刑された。この事件を□□□という。　　　　　　　　　　　　　　　　（学習院大）	明和事件（めいわ）
□ 2282	江戸時代後期，□□□は国史書である『日本外史（らいさんよう）』を漢文体で著した。　　　　　　　　　　　（早稲田大）	頼山陽
□ 2283	頼山陽は，安芸（あき）出身の史論家で，『□□□』『日本政記』などの著述を著し，尊王思想を主張した。　（皇學館大）	日本外史
□ 2284	江戸時代後期，儒学の学派である□□□は，朱子学を主体とし，尊王論で中心的な役割を担った。　（國學院大）	水戸学
□ 2285	藤田幽谷（ゆうこく）の子の水戸学者□□□は，藩校弘道館を設立。尊王攘夷論を説いた。　　　　　　　　　　（南山大）	藤田東湖（とうこ）

☑ 2286 🖤	1825年に水戸学者の◻が天皇を頂点に位置づける国体を説く『新論』を著し、尊王思想を説いた。 (立命館大)	会沢安 やすし （会沢正志斎 せいしさい）
☑ 2287 🖤	◻は、東北を襲った飢饉を体験し、社会思想に目覚め、『自然真営道 しぜんしんえいどう』を著して身分差別のない社会を構想した。 (関西大)	安藤昌益 しょうえき
☑ 2288 🖤	万人がみずから耕作して生活する世を理想とする『◻』も著され、支配者が民衆を搾取する社会を否定する歴史観を示した。 (早稲田大)	自然真営道 しぜんしんえいどう
☑ 2289 🖤	経世家の◻は、商売をいやしめる武士の偏見を批判して、藩財政の再建は商品経済の発展によってもたらされるべきであると主張した。 (慶應義塾大)	海保青陵 かいほせいりょう
☑ 2290 🖤	経世家の◻は『経世秘策 けいせいひさく』を著し、西洋諸国との交易や蝦夷地 えぞち開発による富国策を説いた。　(慶應義塾大)	本多利明 ほんだとしあき
☑ 2291 🖤	本多利明は、近世の外国の情勢などを研究した『◻』を著した。 (上智大)	西域物語 せいいき
☑ 2292 🖤	江戸時代後期、◻は、『経済要録』を著して、産業の国営化と貿易による振興策を主張した。　(明治大)	佐藤信淵 のぶひろ

THEME
化政文化
見出し番号 2293—2328

出題頻度
🖤

☑ 2293 🖤	11代将軍徳川家斉 いえなりの治世であった文化・文政時代を中心とする江戸時代後期の町人文化を◻という。 (関西学院大)	化政文化

☑ 2294 ○	本居宣長の影響を受けた国学者の〔　　〕は，古来の純粋な信仰を説いて復古神道を開き，儒学・仏教を排斥した。　　　　　　　　　　　　　　　（東洋大）	平田篤胤
☑ 2295 ○	平田篤胤は，古道を実践するために〔　　〕を提唱し，後の尊王攘夷運動に影響を与えた。　　　　　　（西南学院大）	復古神道
☑ 2296 ○	江戸時代後期，オランダ通詞の〔　　〕は著書の中で，ニュートンやコペルニクスの説を紹介した。　　（上智大）	志筑忠雄
☑ 2297 ○	志筑忠雄は『〔　　〕』を著し，万有引力説や地動説を紹介している。　　　　　　　　　　　　　　　（同志社大）	暦象新書
☑ 2298 ○	オランダ通詞だった志筑忠雄は，天文学書の翻訳・紹介で有名であるとともに，ケンペル『日本誌』の一部を「〔　　〕」の題で和訳した（1801年）ことでも知られる。（学習院大）	鎖国論
☑ 2299 ○	江戸幕府天文方高橋至時の弟子の〔　　〕は，日本全土実測地図である『大日本沿海輿地全図』をつくった。　　　　　　　　　　　　　　　　　　（学習院大）	伊能忠敬
☑ 2300 ○	洋学の分野では，幕府は西洋暦をとりいれた寛政暦を天文方の〔　　〕に作らせた。　　　　　　　（慶應義塾大）	高橋至時
☑ 2301 ○	江戸時代後期，〔　　〕は翻訳機関である蛮書和解御用の設置を江戸幕府に提案した。　　　　　　　　（立教大）	高橋景保
☑ 2302 ○	幕府も西洋の新知識を修得するために1811年に〔　　〕（後の蕃書調所）を設置して蘭書の翻訳を行った。　　　　　　　　　　　　　　　　　　（西南学院大）	蛮書和解御用

☑ 2303	江戸時代後期，オランダ商館医でドイツ人の◯◯◯◯は，長崎郊外に鳴滝塾（なるたきじゅく）を開設した。 （中央大）	シーボルト
☑ 2304	民間では，◯◯◯◯が大坂に適々斎塾（てきてきさいじゅく）（適塾（てきじゅく））をひらき，橋本左内，福沢諭吉ら多くの逸材を生んだ。 （西南学院大）	緒方洪庵（おがたこうあん）
☑ 2305	緒方洪庵は，大坂に◯◯◯◯を開設した。 （同志社大）	適々斎塾（てきてきさいじゅく）（適塾（てきじゅく））
☑ 2306	江川太郎左衛門に砲術を学び，兵学塾を開いた学者で，オランダ語も学習した松代（まつしろ）藩士は◯◯◯◯である。 （学習院大）	佐久間象山（さくましょうざん）
☑ 2307	文学の分野では，世相風俗を会話中心に描いた◯◯◯◯や町人の風俗や恋愛を描いた人情本などが登場した。 （慶應義塾大）	滑稽本（こっけいぼん）
☑ 2308	◯◯◯◯は，髪結床（かみゆいどこ）を舞台にした『浮世床』を書き，江戸の下町の庶民の日常を活写した。 （京都大）	式亭三馬（しきていさんば）
☑ 2309	江戸時代後期，滑稽本作家の◯◯◯◯は，『東海道中膝栗毛（とうかいどうちゅうひざくりげ）』などを著し，滑稽や笑いをもとに庶民の生活をいきいきと描写した。 （日本女子大）	十返舎一九（じっぺんしゃいっく）
☑ 2310	◯◯◯◯は合巻（ごうかん）作者で，『偐紫田舎源氏（にせむらさきいなかげんじ）』で幕府の大奥の実情を室町時代を舞台にして描いた。 （オリジナル）	柳亭種彦（りゅうていたねひこ）
☑ 2311	◯◯◯◯は，人情本の『春色梅児誉美（しゅんしょくうめごよみ）（暦）』を書いた。 （中央大）	為永春水（ためながしゅんすい）

☑ 2312 ⤺	歴史や伝説に題材を求める伝奇小説の読本では，曲亭馬琴の大作『　　　　』が1814〜1842（文化11〜天保13）年にわたって刊行され，人々に広く親しまれた。（関西大）	南総里見八犬伝
☑ 2313 ▰	は雪国の自然や人々の暮らしを描いた随筆集『北越雪譜』を江戸で出版した。　　　　　　　（慶應義塾大）	鈴木牧之
☑ 2314 ⤺	俳諧では，信濃出身の　　　　は方言や俗語をまじえて素朴な気持ちを表現した。　　　　　　　　　　（関西大）	小林一茶
☑ 2315 ⤺	1819（文政2）年の正月から暮れにいたる随想と発句を記した『　　　　』は小林一茶の代表作である。（関西大）	おらが春
☑ 2316 ⤺	歌舞伎では　　　　の『東海道四谷怪談』など，町人の日常生活を写実的にとらえた作品が人気をあつめた。　　　　　　　　　　　　　　　　　　　　　　（慶應義塾大）	鶴屋南北（4世）
☑ 2317 ▰	幕末の歌舞伎作者である　　　　は，盗賊を主人公にした白浪物を得意とした。　　　　　　　　　　（オリジナル）	河竹黙阿弥
☑ 2318 ⤺	浮世絵では，　　　　の風景版画『富嶽三十六景』などが有名である。　　　　　　　　　　　　　　（慶應義塾大）	葛飾北斎
☑ 2319 ⤺	現在なお非常に人気の高い　　　　の絵は，多量に刷られ，人気を博した。代表作には『東海道五十三次』がある。　　　　　　　　　　　　　　　　　　　（同志社大）	歌川広重
☑ 2320 ⤺	19世紀，　　　　は武者絵を作成する一方，「朝比奈小人嶋遊」などの風刺版画を制作した。　　　　（同志社大）	歌川国芳

☑ 2321 ☐	文人画は，豊後竹田の出身で，江戸で谷文晁に学び，頼山陽らとも交流のあった◯◯◯◯などがでて全盛期を迎えた。 (上智大)	田能村竹田
☑ 2322 ☐	京都の◯◯◯◯が文人画と円山派の長所を取り入れてはじめた四条派は，温雅な筆致で風景を描き，上方の豪商らに歓迎された。 (名城大)	呉春（松村月溪）
☑ 2323 ☐	江戸から伊勢神宮に参拝する御陰参りは，各地で◯◯◯◯が設けられて共同で資金を貯めた上で，交替で参拝者を送り出した。 (学習院大)	講（伊勢講）
☑ 2324 ☐	江戸時代後期，寺社への参詣を目的とする旅がさかんに行われた。弘法大師信仰にもとづく◯◯◯◯の巡礼などが有名である。 (関西大)	四国八十八カ所
☑ 2325 ☐	江戸時代には，伊勢神宮や讃岐の◯◯◯◯，信濃の善光寺などは，全国から多数の参拝客を集めた。 (立教大)	金毘羅宮（金刀比羅宮）
☑ 2326 ☐	江戸時代，寺社は勧進相撲や，賞金当て興行の◯◯◯◯などのさまざまな行事を催した。 (南山大)	富突（富くじ）
☑ 2327 ☐	化政期には庶民文化が最盛期を迎え，各地の寺社で秘仏などを公開する◯◯◯◯などが催し物として親しまれた。 (東京経済大)	開帳
☑ 2328 ☐	寺社の祭礼や縁日も娯楽の対象となり，地方の有名な寺社が江戸などの他所に出張して秘仏などを開扉する◯◯◯◯も多くの人を集めた。 (立教大)	出開帳

CHAPTER

4

近代

掲載問題数 1104問

ここでは，幕末から昭和の第二次世界大戦終戦
までを扱います。
幕末から明治へと時代が変わり，日本は近代化
へとひた走ります。現代の日本がどのように成
立していったのか見てゆきましょう。

開国と江戸幕府の滅亡

見出し番号 2329—2446

出題頻度

□ 2329	1840 〜 42年，清はイギリスと[　　　]を戦った。 （早稲田大）	アヘン戦争
□ 2330	アヘン戦争で敗れた清は，1842年に不平等な[　　　]を結ばされて，イギリスに香港を割譲し，上海など5港を開港した。　（立教大）	南京条約
□ 2331	アヘン戦争における清のイギリスへの敗北などが伝わると，幕府は1842年に，いわゆる[　　　]を出して異国船打払令を緩和した。　（津田塾大）	天保の薪水給与令
□ 2332	1844年には，[　　　]から開国を勧告する親書が幕府に届いた。　（法政大）	オランダ国王（ウィレム2世）
□ 2333	1846年，アメリカ東インド艦隊司令長官の[　　　]が浦賀に来航して日本に開国を求めたが，日本は拒否した。　（上智大）	ビッドル
□ 2334	1853年にアメリカ東インド艦隊司令長官ペリーが軍艦4隻を率いて[　　　]に来航した。　（立教大）	浦賀
□ 2335	アメリカ東インド艦隊司令長官の[　　　]が1853年に日本に開国を要求した主な目的は，アメリカ捕鯨船への薪水補給を円滑にすることである。　（関西大）	ペリー
□ 2336	1853年，幕府は久里浜でアメリカ東インド艦隊司令長官ペリーから開港要求を記した[　　　]の国書を正式に受け取った。　（立教大）	フィルモア（大統領）

☑ 2337 ☐	1853（嘉永6）年6月，ペリーが浦賀に来航したその月，12代将軍徳川家慶は没し，福山藩主であった老中首座 □□□ が難局に対応した。　　　　　（学習院大）	阿部正弘
☑ 2338 ☐	13代将軍 □□□ は病弱で子がなく，将軍継嗣問題をめぐって一橋派と南紀派とが争った。　　　　　　（上智大）	徳川家定
☑ 2339 ☐	1853年浦賀に来航したペリーはひとまず退去したが，続いてロシアの □□□ が長崎に来航し開国要求を行った。　　　　　　　　　　　　　　　（青山学院大）	プチャーチン（プゥチャーチン）
☑ 2340 ☐	開国を迫られるなかで，幕府はついにアメリカと1854年に □□□ を結んで約200年来の鎖国政策から転換した。　　　　　　　　　　　　　　　　（津田塾大）	日米和親条約
☑ 2341 ☐	江戸幕府は1854年にアメリカと日米和親条約を結び，□□□・箱館の2港を開港した。　　　　（愛知学院大）	下田
☑ 2342 ☐	日米和親条約では，下田・箱館の2港を開いて □□□ を駐在させることなどを取り決めた。　　　（愛知学院大）	領事
☑ 2343 ☐	1854年，日米和親条約が結ばれ，この条約では日本からアメリカに片務的な □□□ が付与された。　（早稲田大）	最恵国待遇
☑ 2344 ☐	日本は1854年にイギリス，1855年にロシア，オランダと和親条約を結んだ。日露和親条約では下田・箱館に加えて □□□ も開港した。　　　　　　（早稲田大）	長崎
☑ 2345 ☐	日露和親条約が結ばれ，国境については □□□ 以南を日本領，得撫島以北をロシア領とし，樺太は両国人雑居の地として境界を定めないこととされた。　（慶應義塾大）	択捉島

	幕末のロシアとの条約によって両国雑居の地と定められた◻︎は，1875年に結ばれた条約により千島と交換でロシア領となった。 　　　　　　　　　　　（京都大）	樺太 (サハリン)
2346		からふと

	阿部正弘が行った幕政改革を◻︎という。 　（立教大）	安政の改革
2347		あんせい

	阿部正弘が安政の改革において幕政に参加させた前水戸藩主の◻︎は，日本も軍艦を持って海防を強化すべきだと上申した。 　　　　　　　　　　　　　（中央大）	徳川斉昭
2348		なりあき

	阿部正弘は安政の改革において，江戸湾に◻︎を築くなど，海防の充実につとめた。 　　　　　（オリジナル）	台場（砲台）
2349		

	1853年，幕府はペリー来航を機に武家諸法度に示されていた◻︎を解禁した。 　　　　　　　　（オリジナル）	大船建造の禁
2350		たいせん

	安政の改革期の1854年，幕府の武術訓練機関として講武場が設置され，1856年に◻︎と改称された。 　　　　　　　　　　　　　　（オリジナル）	講武所
2351		

	1855年に，江戸幕府は，オランダの協力を得て，長崎に◻︎を創設した。 　　　　　　　　（京都産業大）	海軍伝習所
2352		

	1854年に締結された日米和親条約にもとづき，初代アメリカ総領事として1856年に着任した◻︎は，幕府に対して通商条約の締結をもとめた。 　　　　　（関西大）	ハリス
2353		

	阿部正弘につづいた老中首座で佐倉藩主の◻︎は，孝明天皇が通商条約の締結を拒否したため，条約締結を保留した。 　　　　　　　　　　　（学習院大）	堀田正睦
2354		ほった まさよし こうめい

☑ 2355	日本に通商条約締結を強く求めた際, ハリスは, ____ で清に天津条約を結ばせたイギリス・フランスの脅威を説いた。 (國學院大)	第2次アヘン戦争 (アロー戦争)
☑ 2356	1858年, 彦根藩主で大老に就任した____は, アメリカと通商条約を締結した。 (東京女子大)	井伊直弼
☑ 2357	井伊直弼は____の勅許を得ずに日米修好通商条約締結を強行した。 (同志社大)	孝明天皇
☑ 2358	1858年に結ばれたアメリカとの通商条約を____という。 (関西学院大)	日米修好通商条約
☑ 2359	幕末に, 日本と欧米諸国との間で通商条約が結ばれると, 神奈川（横浜）・長崎・兵庫（神戸）・新潟・____の5港が開港場として指定された。 (センター)	箱館
☑ 2360	日米修好通商条約で開港が約束された神奈川（港）は実際には開かれず, かわりに近隣の____が開港された。 (國學院大)	横浜 （港）
☑ 2361	日米修好通商条約で開港が約束された兵庫（港）のかわりに, 近隣の____が開港された。 (オリジナル)	神戸 （港）
☑ 2362	日米修好通商条約において日本は, 江戸・____の2か所の開市を約束した。 (立教大)	大坂
☑ 2363	日米修好通商条約によって, 開港地に____が設けられたが, 一般外国人の移動範囲はおおむね10里以内に限定された。 (南山大)	居留地

2364	日米修好通商条約においては，アメリカの[　　　]が認められ，日本に滞在するアメリカ人はアメリカ領事が裁くことになった。　　　　　　　　　　　　　　　（立命館大）	領事裁判権（治外法権）
2365	日米修好通商条約においては，日本の[　　　]は認められず，協定関税が約束された。　　　　　　　　　（明治大）	関税自主権
2366	日米修好通商条約は，治外法権が認められるとともに[　　　]が導入されるなど，日本にとって不平等なものであった。　　　　　　　　　　　　　　　　　　　（関西大）	協定関税
2367	幕府は，1858年中にオランダ・ロシア・イギリス・フランスともアメリカ同様の条約を結んだことから，これらの条約は[　　　]と総称される。　　　　（関西大）	安政の五カ国条約
2368	1860年，日米修好通商条約を批准するために正使として渡米した外国奉行兼神奈川奉行は[　　　]である。　　　　　　　　　　　　　　　　　　（オリジナル）	新見正興
2369	日米修好通商条約の条約批准書を交換するため，1860年，勝海舟らは新見正興ら遣米使節の随行として，軍艦[　　　]に乗ってアメリカに渡った。　（センター）	咸臨丸
2370	咸臨丸の艦長は[　　　]，通訳は中浜万次郎（ジョン万次郎）であった。　　　　　　　　　　　　（オリジナル）	勝海舟（義邦）
2371	土佐国の漁民であった[　　　]は，太平洋で漂流したところ，アメリカの捕鯨船に助けられ，その船長の世話によりアメリカで教育を受け，帰国した人物である。（学習院大）	中浜万次郎（ジョン万次郎）
2372	貿易額の大半をしめた横浜港における1865年の貿易相手国をみると，輸出入ともに[　　　]との取引が最も多かった。　　　　　　　　　　　　　　　　　　（関西大）	イギリス

☑ 2373 ☐	欧米列強との貿易が始まった当初，貿易は大幅な □ 超過となり，日本国内の物価は上昇した。 　　　　　　　　　　　　　　　　　　　　（國學院大）	輸出
☑ 2374 ☐	1865年時点で，欧米列強との貿易において，輸出品の第1位は □ で，日本からの輸出品全体の80％をしめた。 　　　　　　　　　　　　　　　　　（東京女子大）	生糸
☑ 2375 ☐	1865年時点で，欧米列強との貿易において，日本からの第2位の輸出品は □ だった。 　　　　（慶應義塾大）	茶
☑ 2376 ☐	1865年時点で，欧米列強との貿易において，輸入品の第1位は □ だった。 　　　　　　　　（立命館大）	毛織物
☑ 2377 ☐	欧米列強との貿易が始まった当初，毛織物につづいて常に輸入品の上位にあったのは □ だったため，国内産業は圧迫された。 　　　　　　　　（東京経済大）	綿織物
☑ 2378 ☐	江戸幕府は1860年，物価統制の名目で □ を発した。 　　　　　　　　　　　　　　　　　　　　　　（立教大）	五品江戸廻送令
☑ 2379 ☐	五品江戸廻送令の5品とは雑穀，蠟，呉服，生糸，□ である。 　　　　　　　　　　　　　　（法政大）	菜種油（水油）
☑ 2380 ☐	五品江戸廻送令とは，5品を必ず江戸の □ を経て輸出させよというものだが，効果は上がらなかった。 　　　　　　　　　　　　　　　　　　　　　　（立教大）	問屋
☑ 2381 ☐	日本と外国との金銀比価の違いから，多量の金貨が日本から海外へと流出した。幕府は □ などを鋳造し，金貨の品質を大幅に引き下げた。 　　　　　（立教大）	万延小判

☑ 2382 ⌂	日米修好通商条約締結の強行で孝明天皇の怒りを買った大老・井伊直弼は，□□□を主張する志士から強い非難を浴びた。 (津田塾大)	尊王攘夷（論）
☑ 2383 ⌂	貿易への反感は激しい攘夷運動がおこる一因となり，ハリスの通訳であったオランダ人□□□が殺害された事件などがおこった。 (関西大)	ヒュースケン
☑ 2384 ⌂	安政の五カ国条約の締結をきっかけに，尊王攘夷の動きも激しくなった。江戸高輪のイギリス仮公使館が襲撃をうける□□□が起こった。 (立教大)	東禅寺事件
☑ 2385 ⌂	水戸藩主の子として生まれた□□□は，将軍候補となったが，安政の大獄により謹慎処分を受けた。 (東北学院大)	徳川（一橋）慶喜
☑ 2386 ⌂	徳川慶喜は，1837年，水戸藩主□□□の子として生まれた。やがて成長すると一橋家を相続し，将軍継嗣の候補に名を連ねるようになった。 (センター)	徳川斉昭
☑ 2387 ⌂	将軍継嗣問題に際し，越前藩主の□□□や薩摩藩主の島津斉彬らの一橋派は，一橋家の徳川慶喜を推した。 (慶應義塾大)	松平慶永（春嶽）
☑ 2388 ⌂	将軍継嗣問題に際し，井伊直弼らの南紀派は，紀州藩主の□□□を推した。 (慶應義塾大)	徳川慶福
☑ 2389 ⌂	将軍継嗣問題では，南紀派が推した徳川慶福がのちに□□□と改名して14代将軍となった。 (慶應義塾大)	徳川家茂
☑ 2390 ⌂	井伊直弼は，自分の政策に反対する公家や大名や志士らを処罰する□□□を行った。 (上智大)	安政の大獄

☑ 2391 ☐	安政の大獄で刑死した越前藩士は◻︎である。 （オリジナル）	橋本左内（さない）
☑ 2392 ☐	松下村塾の主催者◻︎は，老中暗殺計画を自供し，安政の大獄で処刑された。　　（青山学院大）	吉田松陰（しょういん）
☑ 2393 ☐	江戸時代後期，長州藩士の吉田松陰の叔父が萩に開設した私塾の◻︎は，幕末の思想家を多く育成した。 （センター）	松下村塾
☑ 2394 ☐	1860年，安政の大獄に憤慨した水戸脱藩の志士たちが，井伊直弼を暗殺するという◻︎がおきた。（学習院大）	桜田門外の変（さくだもんがい）
☑ 2395 ☐	桜田門外の変後，老中についた◻︎は幕府と朝廷の融和をはかった。　　（同志社大）	安藤信正（のぶまさ）
☑ 2396 ☐	老中安藤信正は，朝廷と幕府の融和をはかる◻︎の政策をとり，皇女和宮（かずのみや）を将軍の妻に迎えた。（愛知教育大）	公武合体
☑ 2397 ☐	安藤信正は，幕府の権威を高めるために朝廷との融和を図る公武合体政策をとり，◻︎の妹を14代将軍徳川家茂と結婚させた。　　（北海道大）	孝明天皇（こうめい）
☑ 2398 ☐	公武合体政策によって14代将軍徳川家茂に嫁いだ孝明天皇の妹は◻︎である。　　（同志社大）	和宮（かずのみや）
☑ 2399 ☐	1862（文久（ぶんきゅう）2）年，水戸脱藩の志士が安藤信正を傷つけるという◻︎が起き，安藤信正は老中を退いた。 （南山大）	坂下門外の変（さかしたもんがい）

☑ 2400 ⌂	坂下門外の変後, 薩摩藩主である島津忠義の父で, 公武合体を支持していた◯◯◯が, 孝明天皇の勅使とともに江戸幕府を訪れ, 幕政改革を要求した。 (関西大)	島津久光
☑ 2401 ⌂	島津久光は, 公武合体を果たすべく, 1862年に藩兵を率いて上京した。◯◯◯においては, 使者をさしむけ, 藩内の過激な尊攘派を粛清した。 (同志社大)	寺田屋事件
☑ 2402 ⌂	孝明天皇の勅使と島津久光の訪問後, 江戸幕府は◯◯◯を行い, 西洋式軍制の採用と参勤交代の緩和などを実行した。 (オリジナル)	文久の改革
☑ 2403 ⌂	文久の改革で, 会津藩主◯◯◯は, 新設された京都守護職に任じられた。 (青山学院大)	松平容保
☑ 2404 ⌂	島津久光は, 勅使を奉じて江戸に向かい, 徳川慶喜を◯◯◯の地位につけるよう迫るなど, 幕政改革に一役買った。 (同志社大)	将軍後見職
☑ 2405 ⌂	文久の改革で設置された◯◯◯には, 松平慶永が就いた。 (オリジナル)	政事総裁職
☑ 2406 ⌂	1862年, 島津久光一行に無礼があったとして, 薩摩藩士がイギリス人を殺傷するという◯◯◯が起きた。 (國學院大)	生麦事件
☑ 2407 ⌂	1863年, イギリス軍艦が鹿児島湾に侵入し, 生麦事件の報復として砲火を浴びせる◯◯◯が起きた。これにより薩摩藩は攘夷の不可能を悟った。 (立教大)	薩英戦争
☑ 2408 ⌂	1863年の薩英戦争を機にイギリスに接近した薩摩藩では, 改革派の下級武士◯◯◯・大久保利通らが主導権を握った。 (オリジナル)	西郷隆盛

☑ 2409 ☆	薩摩藩で西郷隆盛とともに藩政を担った改革派の下級武士◯◯◯は，のちに岩倉使節団の副使となった。 （慶應義塾大）	大久保利通
☑ 2410 ☆	1863年，薩摩藩は，会津藩と朝廷内の公武合体派とともに朝廷の実権を奪い，攘夷派の長州藩勢力と公家の三条実美らを追放した。これを◯◯◯という。 （関西大）	八月十八日の政変
☑ 2411 ☆	薩摩・会津の両藩は，1863（文久3）年8月18日に長州藩勢力と急進派の公家◯◯◯らを京都から追放した。 （関西大）	三条実美
☑ 2412 ☆	八月十八日の政変の前後に，公家の中山忠光と土佐藩士の吉村虎太郎らが大和国五条の代官所を襲った事件を◯◯◯という。 （オリジナル）	天誅組の変
☑ 2413 ☆	八月十八日の政変の前後に，元福岡藩士の平野国臣らが但馬国の代官所を襲った事件を◯◯◯という。 （オリジナル）	生野の変
☑ 2414 ☆	八月十八日の政変で京都から追放された長州藩は，◯◯◯をきっかけに京都に進撃した。 （明治学院大）	池田屋事件
☑ 2415 ☆	1864年，長州藩は，京都の◯◯◯が尊攘派を殺傷するという池田屋事件をきっかけに京都に攻め入ったが，薩摩藩・会津藩・桑名藩に反撃されて敗北し，退却した。（センター）	新選組
☑ 2416 ☆	1864年，長州藩が京都に攻め入って撃退された事件を◯◯◯という。これをうけて江戸幕府はただちに第1次長州征討の軍をおくった。 （同志社大）	禁門の変（蛤御門の変）
☑ 2417 ☆	禁門の変を理由として，幕府は長州藩に対し，◯◯◯を行ったが，長州藩が幕府に恭順したため，交戦せずに撤退した。 （オリジナル）	長州征討（第1次）（長州戦争，幕長戦争）

☑ 2418	1864年，**イギリス・フランス・アメリカ・オランダ**が下関の砲台を占拠した [　　　] が起きた。これにより長州の志士たちは攘夷の不可能を悟った。 (法政大)	四国艦隊下関砲撃事件
☑ 2419	攘夷の不可能を悟った長州藩の高杉晋作や，のちの [　　　] である桂小五郎は，藩に兵を挙げて藩政の主導権を奪った。 (東洋大)	木戸孝允
☑ 2420	高杉晋作が組織した [　　　] は，藩士と藩士以外の武士・庶民で組織した混成部隊であり，長州藩の改革派が藩の主導権を奪う際に活躍した。 (関西大)	奇兵隊
☑ 2421	長州藩は藩論を倒幕に転換し，緒方洪庵の適々斎塾（適塾）に学んだ [　　　] らの指導のもとで，軍事力強化につとめた。 (立教大)	大村益次郎
☑ 2422	1865年，**イギリス・フランス・アメリカ・オランダ**は圧力をかけ，各国との修好通商条約に対する孝明天皇の正式な承認である条約の [　　　] を勝ちとった。(オリジナル)	勅許
☑ 2423	条約勅許をとりつけた列国は，さらに1866年には幕府に対して [　　　] に調印させ，貿易上の不平等を拡大させていった。 (津田塾大)	改税約書
☑ 2424	幕末，江戸幕府はフランス公使の [　　　] から財政・軍事の援助を受け，幕政改革を目指した。 (センター)	ロッシュ
☑ 2425	イギリス公使 [　　　] は，輸入税が5％の従量税となる改税約書を交わした江戸幕府の無力を見抜き，雄藩連合政権の誕生を期待した。 (学習院大)	パークス
☑ 2426	後に財閥に成長する三菱の創業者である岩崎弥太郎は，1867年，イギリスの貿易商人であった [　　　] から武器を購入するために，長崎に入った。 (京都産業大)	グラバー

☑ 2427 ⌂	1866年1月に，薩摩藩と長州藩が結んだ軍事同盟を□□□□という。 (津田塾大)	薩長連合(さっちょうれんごう) (薩長同盟)
☑ 2428 ⌂	1866年1月，薩摩藩と長州藩は，土佐藩(とさ)出身の□□□□と中岡慎太郎(しんたろう)らの仲介で軍事同盟の密約を結び，反幕府の態度を固めた。 (東京女子大)	坂本龍馬(りょうま)
☑ 2429 ⌂	1866（慶応(けいおう)2）年6月に幕府は□□□□を行ったが長州藩に連戦連敗し，将軍家茂の死去を理由に8月に停戦した。 (オリジナル)	長州征討(ちょうしゅうせいとう)(第2次) (長州戦争，幕長戦争)
☑ 2430 ⌂	新型小銃を装備した長州藩は，□□□□が組織した奇兵隊の活躍もあり，旧装備の幕府軍に連勝した。 (成城大)	高杉晋作(しんさく)
☑ 2431 ⌂	14代将軍□□□□が，第2次長州征討のさなか大坂城中にて急死したあと，15代将軍となった徳川慶喜は最後の徳川将軍となった。 (学習院大)	徳川家茂(いえもち)
☑ 2432 ⌂	1866年12月，14代将軍徳川家茂をついで15代将軍になった□□□□は，フランスの援助のもとで幕政の立て直しにつとめた。 (北海道大)	徳川慶喜(よしのぶ)
☑ 2433 ⌂	慶応2年12月には徳川慶喜が将軍に就任したが，今度は公武合体派の天皇□□□□が急逝し，幕府側には更なる痛手となった。 (成城大)	孝明天皇(こうめい)
☑ 2434 ⌂	江戸時代後期，伊勢神宮への参詣，すなわち□□□□が流行した。 (学習院大)	御蔭参(おかげまい)り
☑ 2435 ⌂	幕末維新期には，社会不安や生活苦を背景に，世直しの実現を求める□□□□や打ちこわしが頻発した。 (慶應義塾大)	世直し一揆(いっき)

☑ 2436 🖤	1867年，東海・畿内一帯の民衆の間で，「□□□□」と叫びながら踊る集団乱舞が大流行し，幕府の支配秩序を混乱に陥れた。 (立教大)	ええじゃないか
☑ 2437 🖤	伊勢神宮への御蔭参りが流行したほか，のちの□□□□につながる民衆宗教が急激に普及するなど，人びとの救済願望が高まった。 (東京女子大)	教派神道 ^{きょうは しんとう}
☑ 2438 🖤	幕末，中山みきが創始した□□□□が大和地方に普及するなど，民衆宗教が急激に普及した。このように，のちに国家に公認された民衆宗教を教派神道という。 (センター)	天理教 ^{てんり}
☑ 2439 🖤	教派神道の中には，幕末維新期に勢力を拡大した黒住宗忠の黒住教や中山みきの天理教，川手文治郎の□□□□などが含まれた。 (慶應義塾大)	金光教 ^{こんこう}
☑ 2440 🖤	19世紀に幕府体制が揺らいで社会不安が高まると，岡山の□□□□による金光教など，さまざまな民衆宗教が誕生した。 (関西大)	川手文治郎 ^{かわて ぶんじろう}
☑ 2441 🖤	1867年，土佐藩出身の坂本龍馬と後藤象二郎の要請で，土佐藩の前藩主□□□□は15代将軍徳川慶喜を訪ね，天皇への政権返還を提案した。 (同志社大)	山内豊信（容堂） ^{とよしげ ようどう}
☑ 2442 🖤	1867年10月14日，15代将軍徳川慶喜は二条城で□□□□の上表を朝廷に提出した。 (中央大)	大政奉還 ^{たいせいほうかん}
☑ 2443 🖤	1867（慶応3）年10月14日，薩長両藩は朝廷内の□□□□から討幕の密勅を受け取った。 (日本女子大)	岩倉具視 ^{ともみ}
☑ 2444 🖤	1867年12月9日，朝廷でクーデタを起こした倒幕派に迫られ，明治天皇は□□□□を発した。これによって新政権が成立し，江戸幕府は滅亡した。 (明治大)	王政復古の大号令 ^{おうせいふっこ}

| ☑ 2445 ☐ | 新政府は，将軍や，朝廷の摂政・関白を廃止し，新しい役職として総裁，
◯◯◯，参与の三職を定めた。 (成城大) | 議定 |
| ☑ 2446 ☐ | 徳川慶喜は，1867年12月9日夜の三職による◯◯◯にて，辞官納地を命じられ，これにより江戸幕府は名実ともに滅亡した。 (成城大) | 小御所会議 |

THEME
明治維新と新体制

見出し番号 2447—2501

☑ 2447 ☐	1867年，徳川慶喜に対しては，小御所会議で◯◯◯などを決したが，慶喜はそれに反発した。これを受けて，翌1868年からは戊辰戦争が始まった。 (名古屋学芸大)	辞官納地
☑ 2448 ☐	江戸幕府滅亡後，新政府が国内統一を実現するために戦った一連の内戦を◯◯◯という。 (関西大)	戊辰戦争
☑ 2449 ☐	辞官納地が決定されると，徳川慶喜は大坂城に入り，旧幕府軍と新政府軍との間で◯◯◯が起こった。 (東北学院大)	鳥羽・伏見の戦い
☑ 2450 ☐	在野勢力を中心に相楽総三らが結成した◯◯◯は，王政復古によって東征軍（官軍）に組み込まれたが，新政府の方針転換で偽官軍として扱われた。 (上智大)	赤報隊
☑ 2451 ☐	1868年，鳥羽・伏見の戦いで敗れた慶喜は江戸に逃れ，慶喜の命を受けた◯◯◯と西郷隆盛との会見で江戸城は無血開城された。 (オリジナル)	勝海舟（義邦）
☑ 2452 ☐	慶喜を擁護するために有志で結成された◯◯◯は，江戸城開城後，およそ1000人で上野の寛永寺に拠っていたが，わずか1日で壊滅した。 (青山学院大)	彰義隊

☑ 2453	1868年9月，東征軍は東北諸藩の［　　　］を破り，会津藩の若松城を陥落させた。　　　　　　　　（センター）	奥羽越列藩同盟
☑ 2454	東征軍は，奥羽越列藩同盟の中心と見られていた会津藩の［　　　］を攻め落とした。この戦いは激戦となり，多数の死者を出した。　　　　　　　　（青山学院大）	若松城
☑ 2455	幕府が欧米に対し開国すると，箱館は伊豆の下田とともに開港場となり，この地には星形土塁をもつ洋式の城塞である［　　　］が構築された。　　　　　　　（南山大）	五稜郭
☑ 2456	1869年5月，［　　　］の五稜郭に立てこもり，抵抗をつづけていた旧幕府海軍副総裁らの軍が降伏した。これにより，国内は新政府によってほぼ統一された。　　（早稲田大）	箱館
☑ 2457	箱館の五稜郭で降伏した旧幕府海軍副総裁は［　　　］である。　　　　　　　　　　　　　　　（関西大）	榎本武揚
☑ 2458	1868年3月，新政府が出した［　　　］では，公義世論の尊重・開国和親・天皇親政などが示された。　　（東京女子大）	五箇条の誓文
☑ 2459	1868年3月，新政府は，［　　　］・福岡孝弟らが起草し，のちに木戸孝允が修正を加えた五箇条の誓文を公布し，新たな国策の基本方針を示した。　　　　　（オリジナル）	由利公正
☑ 2460	1868年3月，新政府は［　　　］によって，民衆に儒教的道徳を公示した。　　　　　　　　　　　　　（南山大）	五榜の掲示
☑ 2461	1868年閏4月，新政府は，［　　　］を制定して新政府の組織体制を示した。　　　　　　　　　　　　（立教大）	政体書

☑ 2462 ☐	政体書は，□□□□と福岡孝弟がアメリカ合衆国憲法や福沢諭吉の著書『西洋事情』を参考にして起草したものである。 　　　　　　　　　　　　　　　　　　　　　(明治大)	副島種臣
☑ 2463 ☐	政体書では，太政官のもとに行政官（行政），議政官（立法），□□□□（司法）をおいて，一応の三権分立の枠組みを整えた。 　　　　　　　　　　　　　　　(立命館大)	刑法官
☑ 2464 ☐	立法分野では1869年に公議所が設立され，同年に政府諮問機関である□□□□へと改組された。 　　(立命館大)	集議院
☑ 2465 ☐	1868年，新政府は江戸を□□□□と改称した。(センター)	東京
☑ 2466 ☐	1868年9月，新政府は元号を明治と改元するとともに，天皇の一世と元号を一致させる□□□□を採用した。 　　　　　　　　　　　　　　　　　　　　　(センター)	一世一元の制
☑ 2467 ☐	1869年1月，薩摩・長州・土佐・肥前の4藩主が藩の統治権を天皇に返上する□□□□を出願すると，多くの藩もこれにならった。 　　　　　　　　　　　　(関西学院大)	版籍奉還
☑ 2468 ☐	1869年，新政府は旧大名を旧領地の□□□□（地方長官）に任命する一方，石高にかわる家禄を与えた。(センター)	知藩事
☑ 2469 ☐	新政府が廃藩置県を実行するにあたり，軍事的後ろ盾として利用した薩摩・長州・土佐の約1万人の兵士を□□□□という。 　　　　　　　　　　　　　　(オリジナル)	御親兵
☑ 2470 ☐	1871年，新政府は薩摩・長州・土佐の3藩から募った1万人の御親兵を組織した上で□□□□を断行し，藩制度を完全廃止した。 　　　　　　　　　　　　(東京女子大)	廃藩置県

☑ 2471	廃藩置県にともない，新政府は知藩事を罷免して東京在住を命じ，府県の行政は中央から派遣した□□□・県令（けんれい）に担当させた。 （センター）	府知事（ふちじ）
☑ 2472	廃藩置県で全国は3府□□□県に分かれたが，1871年末には3府72県に整理され，1888年には3府43県となった。 （オリジナル）	302県
☑ 2473	政体書によって，新政府の体制は，国家権力を太政官（だじょうかん）という中央政府の最高官庁に集める□□□となった。 （関西大）	太政官制（だじょうかんせい）
☑ 2474	1869年の官制改革では，太政官に神祇官（じんぎかん）を併置し，太政官のもとに外務省，□□□，兵部省，民部省（みんぶ），刑部省（ぎょうぶ），宮内省（くない）をおく二官六省制とした。 （立命館大）	大蔵省
☑ 2475	1871年の廃藩置県後，太政官は，最高政治機関である正院，立法の諮問機関である左院，各省の省務を協議する右院の□□□となり，正院のもとに各省が置かれた。（オリジナル）	三院制
☑ 2476	1872年，初代司法卿（きょう）に任命された□□□は，司法制度を創設し，法典編纂の基礎をつくった。 （津田塾大）	江藤新平（しんぺい）
☑ 2477	二官六省制で軍事関係を担当したのが□□□で，この官庁は1872年に陸軍省，海軍省となった。 （関西大）	兵部省（ひょうぶ）
☑ 2478	1872年には兵部省が陸軍省と海軍省に分割され，また神祇省が□□□に改組された。 （立命館大）	教部省
☑ 2479	国民皆兵制にもとづく近代的な軍隊の構想は，長州藩出身の□□□によって立案された。 （松山大）	大村益次郎（ますじろう）

2480	近代的軍隊の創設は，長州藩出身の<u>大村益次郎</u>が構想し，大村の暗殺後に□□□が引き継いで実現したものである。 (駒澤大)	やまがたありとも 山県有朋
2481	1872年，新政府は，□□□を出して徴兵制度を予告した。 (立教大)	ちょうへいこくゆ 徴兵告諭
2482	1873年に新政府は，<u>国民皆兵</u>を原則とし，満<u>20</u>歳以上の男子から選抜して<u>3</u>年の兵役につかせるという□□□を公布した。 (近畿大)	徴兵令
2483	農民は，徴兵令などに抵抗して□□□を起こした。 (オリジナル)	けつぜいいっき 血税一揆
2484	1871年，反乱や一揆に備えるため，兵部省のもとに，<u>東京・仙台・大阪・熊本</u>の4つの□□□が設置された。73年には，<u>名古屋・広島</u>が加えられた。 (オリジナル)	ちんだい 鎮台
2485	1888年，従来の<u>鎮台</u>が改編され，陸軍常備兵団の最大部隊である□□□が設置された。この部隊は陸軍の軍団で独立して作戦を行う戦略単位であった。 (関西大)	しだん 師団
2486	1878年，陸軍は□□□を新設して統帥部を強化した。そして1888年には，軍の編制を国内の治安対策から対外戦争を目標にした軍事力へと再編した。 (駒澤大)	さんぼう 参謀本部
2487	1886年に設置された参謀本部海軍部は，1893年に□□□として独立した。 (オリジナル)	海軍軍令部
2488	1882年には，その後，長く軍隊の最高規範として重んじられた□□□が公布された。 (京都産業大)	ちょくゆ 軍人勅諭

☑ 2489 ⌂	1873年，新政府が正院に設置した[　　　]は，民間製造業の保護を行って殖産興業をけん引し，地方行政をになうほか，警察組織を統轄した。　　　　　　　（津田塾大）	内務省
☑ 2490 ⌂	1874年，新政府は東京に[　　　]を設置し，3年前に設置した邏卒(らそつ)を巡査に改称した。　　　　　　　　　　（日本大）	警視庁
☑ 2491 ⌂	フランスでの警察制度調査研究から帰国した[　　　]は，警察制度の改革を建議し，1874年，東京警視庁の大警視となった。　　　　　　　　　　　　　　　　　（早稲田大）	川路利良(かわじとしよし)
☑ 2492 ⌂	封建的身分制度が撤廃され，移住・職業選択の自由も認められるなど，いわゆる[　　　]の世となった。（札幌大）	四民平等
☑ 2493 ⌂	1871年，新政府は解放令を出し，翌1872年に，華族・士族・平民という新たな区分に基づいて戸籍を作った。この戸籍を[　　　]という。　　　　　　　　（関西学院大）	壬申戸籍(じんしん)
☑ 2494 ⌂	明治政府は公家と大名を[　　　]，旧武士階級は士族とした。　　　　　　　　　　　　　　　　　　　　　　（札幌大）	華族
☑ 2495 ⌂	江戸時代の農民や町人が，明治時代には[　　　]とされた。　　　　　　　　　　　　　　　　　　　　（センター）	平民
☑ 2496 ⌂	明治政府は1871年には[　　　]を許可し自由な作付けを認めた。　　　　　　　　　　　　　　　　　（高崎経済大）	田畑勝手作り(でんばた)
☑ 2497 ⌂	1872年，新政府は，田畑永代売買の禁止(えいたいばいばい)を解き，土地所有者と定めた地主や自作農などの年貢負担者に[　　　]を発行し，土地所有権を明確にした。　　　　　（関西大）	地券（壬申地券）

☑ 2498 ♡	1873年，新政府は□□□□条例を公布し，租税制度改革に着手した。 (慶應義塾大)	地租改正
☑ 2499 ♡	地租改正条例で，地租は，地券を持つ土地所有者が，地価の**3**%を□□□□するものと定められた。 (東京女子大)	金納
☑ 2500 ♡	1876年には，茨城県や三重県などで，負担の軽減を求めた農民らによる大規模な□□□□が各地で起きた。 (オリジナル)	地租改正反対一揆
☑ 2501 ♡	1877年には，地租の税率が□□□□%に引き下げられることになった。 (オリジナル)	2.5%

THEME
富国強兵と殖産興業

見出し番号 2502—2575

出題頻度 ♛

☑ 2502 ♡	明治政府は欧米に追いつくため，□□□□を国家の目標にして積極的に殖産興業を進めた。 (東洋大)	富国強兵
☑ 2503 ♡	1870年に設置された□□□□は，鉄道・造船・鉱山・製鉄・通信・灯台などの公共施設の整備を行い，初期の殖産興業をけん引した。 (西南学院大)	工部省
☑ 2504 ♡	1873年に設立された□□□□も殖産興業に大きな役割を果たし，製糸・紡績などの官営模範工場の設立や，農業・牧畜における西洋式技術の導入をはかった。 (愛知大)	内務省
☑ 2505 ♡	1873年に政府の参議となって「征韓論」を抑え，同年内務卿を兼任した□□□□が政府の事実上のリーダーとなった。 (学習院大)	大久保利通

☑ 2506 ☽	大久保は明治六年の政変（征韓論政変）後，□□□を創設してその長官となることで，殖産興業政策を推進した。 （学習院大）	内務省
☑ 2507 ☽	初代内務卿である大久保利通の主導で，新政府は富国強兵を目指し，国家の近代化のための産業育成，すなわち□□□の政策に力を注いだ。 （東洋大）	殖産興業
☑ 2508 ☽	新政府は殖産興業において，封建的制度を全廃し，西洋の学問・技術の導入のために，□□□に指導を仰いだ。 （立教大）	お雇い外国人（外国人教師）
☑ 2509 ☽	富岡製糸場は政府が主導する□□□として設立された。 （センター）	官営模範工場
☑ 2510 ☽	1872年，工部省は，長崎と兵庫の□□□を接収し，官営事業として経営した。 （センター）	造船所
☑ 2511 ☽	旧幕府の横須賀製鉄所は，1871年にドックを完成し，工部省に□□□として引き継がれた。 （オリジナル）	横須賀造船所
☑ 2512 ☽	□□□から機械一式を購入し，1861年に完成した長崎製鉄所は，1871年に工部省所管の長崎造船所となった。 （獨協大）	オランダ
☑ 2513 ☽	旧幕府の関口大砲製作所と長崎製鉄所などの機械類を継承し，東京と大阪に設けられた施設は，1879年に，それぞれ東京砲兵工廠と□□□となった。 （獨協大）	大阪砲兵工廠
☑ 2514 ☽	製糸業では，1872年，フランスからの技術を導入して群馬県に□□□が設立された。 （学習院大）	富岡製糸場

☑ 2515	1872年，富岡製糸場が開設され，フランス人技師[　　]による指導のもとで熟練工が養成され，生糸の輸出拡大につながった。　　　　　　　　　　　　　（早稲田大）	ブリューナ
☑ 2516	政府は1872年に富岡製糸場を開業した。工女の多くは各地から募った[　　]の子女であり，工女たちはここで技術を身につけ，その技術を各地に広めた。　（愛知大）	士族
☑ 2517	1877年より内務省（のちの農商務省）主催のもと計5回開催された[　　]では，西洋の最新の技術が紹介され，国内の産業の近代化の促進が目指された。　（慶應義塾大）	内国勧業博覧会 ないこくかんぎょう
☑ 2518	農業試験場として三田の旧薩摩藩邸跡に設置されたのは[　　]である。　　　　　　　　　　　　　　　　（オリジナル）	三田育種場
☑ 2519	明治政府は，1868年に最初の政府紙幣である[　　]を発行し，翌1869年には小額の民部省札が発行された。　（学習院大）	太政官札（金札） だじょうかんさつ
☑ 2520	明治維新後，政府の財政難を克服し，殖産興業の資金をも確保する方策として，旧福井藩士[　　]の建議に基づき，1868年，紙幣の発行を開始した。　（慶應義塾大）	由利公正 ゆりきみまさ
☑ 2521	太政官札は高額紙幣のみであったことから，その補完を目的に，額面2分，1分，2朱，1朱の4種からなる[　　]を翌1869年から発行した。　　　　　　　（慶應義塾大）	民部省札 みんぶしょうさつ
☑ 2522	1871年に定められた[　　]に基づいて，新貨幣は十進法による円，銭，厘の単位に統一され，発行された。　（学習院大）	新貨条例
☑ 2523	1871年，新政府は，新貨条例を定めて，[　　]を建前とする貨幣制度をつくった。　　　　　　　　　　（上智大）	金本位制

☑ 2524 ⌂	政府は、金本位制を建前とする新貨条例を制定した。ただし実際には、貿易では銀貨が、国内では紙幣が主に用いられ、[　　　]だった。　　　　　　　　　（オリジナル）	金銀複本位制
☑ 2525 ⌂	1872年政府は、[　　　]を定めて国立銀行を設立させ、兌換銀行券を発行させようとしたが、4行しか設立されなかったため、4年後に条例改正を行った。　（上智大）	国立銀行条例
☑ 2526 ⌂	政府は、民間の資本で兌換紙幣を発行させようと、1872年、[　　　]の制度を模範とした国立銀行条例を定めた。　　　　　　　　　　　　　　　　　　　　（中央大）	アメリカ
☑ 2527 ⌂	大蔵官僚時代に第一国立銀行を設立して統監役をつとめていた[　　　]は、退官後の1875年に第一国立銀行の頭取になった。　　　　　　　　　　　　　　（西南学院大）	渋沢栄一 しぶさわえいいち
☑ 2528 ⌂	1876年、明治政府の[　　　]大蔵卿が国立銀行条例を改正して兌換義務を取り除いた。このため、民間の国立銀行が増加した。　　　　　　　　　　　　　（津田塾大）	大隈重信 おおくましげのぶ
☑ 2529 ⌂	1869年、新政府は蝦夷地を北海道と改称して[　　　]を置いた。　　　　　　　　　　　　　　　　　（北海道大）	開拓使
☑ 2530 ⌂	新政府は、開拓使を通じて、[　　　]式の大農場制度や畜産技術を北海道に移植した。　　　　　（センター）	アメリカ式
☑ 2531 ⌂	1874年、新政府は士族授産の意味もあって[　　　]を定め、北海道開拓と対ロシア防衛政策とした。　（北海道大）	屯田兵制度 とんでんへい
☑ 2532 ⌂	1882年に開拓事業が終わったので、開拓使を廃して根室・札幌・函館の3県をおき、1886年に3県を廃して[　　　]を設けた。　　　　　　　　　　　　　　（関西大）	北海道庁

☑ 2533	1899年，　　　　　　が成立し，アイヌ人は生活圏が限定されて大きな圧迫を受けた。　　　　　　　　　　（東洋大）	北海道旧土人保護法（アイヌ人保護法）
☑ 2534	寺島宗則の主導で1869年に初めて　　　　　　がひかれたのは東京と横浜の間である。　　　　　　　　（関西学院大）	電信線
☑ 2535	1871年，長崎と　　　　　　が海底電線でつながった。電信線が海外都市とつながったのは，これが初めてのことである。　　　　　　　　　　　　　　　　（慶應義塾大）	上海
☑ 2536	1871年，前島密の建議で　　　　　　が発足した。（早稲田大）	（官営）郵便制度
☑ 2537	1872年，工部省は　　　　　　・横浜間についで，神戸・大阪・京都間に鉄道を敷き，大都市と開港場を結びつけた。　　　　　　　　　　　　　　　　（関西学院大）	新橋
☑ 2538	明治初期に流行した近代西洋思想で,万人には生まれながらにして人間としての権利が備わっているとする　　　　　　の思想は，自由民権運動の根幹となった。　　　（首都大）	天賦人権
☑ 2539	は，1873年に森有礼の発議に基づきできた啓蒙思想団体で，福沢諭吉や西周等が参加し，封建思想の排除や近代思想の普及につとめた。　　　　　（立教大）	明六社
☑ 2540	明治時代初期，福沢諭吉や森有礼らの明六社が刊行した『　　　　　　』は，雑誌の先駆けとなった。　　（早稲田大）	明六雑誌
☑ 2541	明六社の設立にかかわった　　　　　　は，1885年に初代文部大臣となって学校令の制定に尽力した。　　（学習院大）	森有礼

2542	『文明論之概略』の著者は[　　]である。　　(早稲田大)	福沢諭吉
2543	福沢諭吉は「天ハ人ノ上ニ人ヲ造ラズ人ノ下ニ人ヲ造ラズト云ヘリ」という一節で有名な『[　　]』を著した。　(立命館大)	学問のすゝめ
2544	福沢諭吉は欧米の状況を記した『[　　]』を著した。　(明治大)	西洋事情
2545	明治期には，ミルの『自由論』を翻訳した[　　]の『自由之理』など多くの洋書が翻訳・出版された。　(甲南大)	中村正直
2546	福沢諭吉の『西洋事情』『文明論之概略』，中村正直が訳した[　　]の『西国立志編』などが西洋思想の紹介に大きな役割を果たした。　(大妻女子大)	スマイルズ
2547	国際法については，西周がオランダ留学で学んだ国際法を幕命で訳し，1868年に刊行された『[　　]』がある。　(駒澤大)	万国公法
2548	[　　]がルソーの『社会契約論』を漢訳した『民約訳解』を発表するなど，民権思想一般でも論争が盛んに行われた。　(早稲田大)	中江兆民
2549	中江兆民はルソーの『社会契約論』を翻訳・解説した『[　　]』を出版した。　(京都府立大)	民約訳解
2550	高知出身の自由民権運動家で，『天賦人権弁』『民権自由論』などの著書があるのは[　　]である。　(オリジナル)	植木枝盛

☑ 2551	明六社の設立にかかわった◯◯◯◯は，東京大学の事実上の初代学長となり，1882年には『人権新説』を発表して進化論の立場から天賦人権の思想を批判した。（立教大）	加藤弘之 （ひろゆき）
☑ 2552	1868年すなわち明治元年，新政府は，王政復古と祭政一致の立場から◯◯◯◯を発し，神仏習合を禁止して神道を国教とする方針を打ち出した。　　　　　　（関西大）	神仏分離令
☑ 2553	1868年に神仏分離令が出されると，仏教を排斥する動きが激化し，寺院や仏像を破壊する◯◯◯◯が横行した。　　　　　　　　　　　　　　　　　　（青山学院大）	廃仏毀釈 （はいぶつきしゃく）
☑ 2554	1870年，神道を中心とした国民教化をめざす◯◯◯◯が発せられた。　　　　　　　　　　　　　　（オリジナル）	大教宣布の 詔 （たいきょうせんぷ みことのり）
☑ 2555	維新直後に東京九段に戊辰戦争以来の戦死者を合祀した施設として◯◯◯◯が設けられた。この施設こそ後の靖国神社であった。　　　　　　　　　　　　（関西学院大）	招魂社 （しょうこんしゃ）
☑ 2556	神武天皇が統治を始めたとされる2月11日は，◯◯◯◯として，明治の初頭より祝日に定められていた。　　　　　　　　　　　　　　　　　（慶應義塾大）	紀元節 （きげんせつ）
☑ 2557	廃仏毀釈で打撃を受けた仏教では，本願寺の僧侶である◯◯◯◯などが，神道からの完全分離を進めたことにより復興をとげた。　　　　　　　　　　（関西大）	島地黙雷 （しまじもくらい）
☑ 2558	長崎でキリスト教徒が迫害された◯◯◯◯などに対する列国の抗議をうけて，1873年に禁教の高札が撤去され，キリスト教が黙認されるようになった。　（オリジナル）	浦上教徒弾圧事件 （こうさつ）
☑ 2559	長崎市にある◯◯◯◯は，日本最古の現存するキリスト教建築物であり，国宝に指定されている。　（広島修道大）	大浦天主堂

☑ 2560 ♡	明治政府は暦法として◻︎◻︎◻︎を採用したが，農村ではしばらく太陰太陽暦が使われ続けた。 （中央大）	太陽暦
☑ 2561 ♡	1872年には，旧暦を廃して太陽暦に暦法を改め，1日を24時間とし，◻︎◻︎◻︎を採用した。 （愛知大）	七曜制
☑ 2562 ♡	1872年には暦法を西洋諸国の例にならい，◻︎◻︎◻︎を廃止して太陽暦を採用した。 （東北学院大）	太陰太陽暦
☑ 2563 ♡	◻︎◻︎◻︎が鉛活字の量産に成功して活版印刷が発達したことにより，『横浜毎日新聞』など日刊新聞が続々と創刊された。 （中央大）	本木昌造 （もとき しょうぞう）
☑ 2564 ♡	幕末から明治の初めにかけて，本木昌造が◻︎◻︎◻︎を開発したので，マスメディアは大いに発達することとなった。 （京都産業大）	鉛製活字
☑ 2565 ♡	ジャーナリズムの始まりは，江戸時代の読売瓦版などといわれるが，1870年には最初の日刊新聞である『◻︎◻︎◻︎』が創刊された。 （京都産業大）	横浜毎日新聞
☑ 2566 ♡	新聞は，1880年代になると自由民権運動と結びついて，政治を論評する◻︎◻︎◻︎と呼ばれるメディアに発展していくこともあった。 （京都産業大）	大新聞 （おおしんぶん）
☑ 2567 ♡	1880〜90年代，瓦版の伝統を引き継ぐ◻︎◻︎◻︎は，報道と娯楽中心の大衆紙として戯作文学の復活に貢献した。 （同志社大）	小新聞 （こしんぶん）
☑ 2568 ♡	『反省会雑誌』は，誌名を『◻︎◻︎◻︎』に改題してからは社会評論などを拡充し，大正デモクラシーの論壇を支えることになった。 （法政大）	中央公論

☑ 2569 ♡	明治も半ばになると『中央公論』『太陽』などの〔　　　〕が活発化し，広く雑誌を通じて意見がたたかわされるようになった。　　　　　　　　　　　　　　（上智大）	総合雑誌
☑ 2570 ♡	明治政府が富国強兵を目指して西洋文明を積極的にとりいれたことで，国民生活には様々な変化が現れた。この国民生活の新しい風潮を〔　　　〕という。　（中央大）	文明開化
☑ 2571 ♡	1871年，断髪令が布告されると，男性の髪型は丁髷を結う髪型から，〔　　　〕と呼ばれる短髪にあらためられていった。　　　　　　　　　　　　　　　　（東北学院大）	ざんぎり頭
☑ 2572 ♡	1880年代にレール上を走る馬車である〔　　　〕が，1890年代には路面電車が走りはじめた。　　　　　（センター）	鉄道馬車
☑ 2573 ♡	1800年代終盤の農漁業村では，洋装の駐在巡査や，駕籠に代わって〔　　　〕がみられるようになった。（センター）	人力車
☑ 2574 ♡	横浜外国人居留地や東京の銀座通りには，1870年代，煉瓦造の建物や，〔　　　〕が灯る街路が登場し，文明開化を象徴する光景が生まれた。　　　　　　　　（東北学院大）	ガス灯
☑ 2575 ♡	明治初期に〔　　　〕が流行したように，肉食はしだいに一般的になっていく。　　　　　　　　　　　（センター）	牛鍋

☑ 2576	日本が開国後に初めて結んだ対等な条約は1871年に締結された◻◻◻である。 （同志社大）	日清修好条規
☑ 2577	1871年に◻◻◻が全権として清と交渉し，日清修好条規を結んだ。 （慶應義塾大）	伊達宗城
☑ 2578	1871年，那覇を出港した◻◻◻島民の船が台湾南部に漂着し，50名あまりが原住民に殺害される琉球漂流民殺害事件が起きた。 （学習院大）	宮古島
☑ 2579	清は琉球の宗主権を主張したが，明治政府が1871年に起きた琉球漂流民殺害事件をうけて，1874年に◻◻◻を行うと，清はその出兵を正当と認めた。 （同志社大）	台湾出兵
☑ 2580	1874年に明治政府は◻◻◻の率いる軍隊を台湾に派遣した。 （慶應義塾大）	西郷従道
☑ 2581	台湾出兵を収束させるため，◻◻◻が全権として清と交渉し，イギリスの調停により，清は賠償金を支払った。 （慶應義塾大）	大久保利通
☑ 2582	日本の軍艦雲揚が朝鮮の漢城近くの◻◻◻で挑発行為を行い，戦闘となった事件を機に，日本は朝鮮に迫り，翌年日朝修好条規を結んで朝鮮を開国させた。 （愛知学院大）	江華島（カンファド）
☑ 2583	明治政府は江華島事件を機に，◻◻◻を全権使節として軍隊とともに朝鮮に派遣して，条約交渉を行った。 （慶應義塾大）	黒田清隆

☑ 2584 ☐	1875年の江華島事件を契機として，1876年，日本は朝鮮に対し，日本有利の不平等条約である[　　　]を締結させ，開国させた。 (上智大)	にっちょうしゅうこうじょうき 日朝修好条規 (江華条約)
☑ 2585 ☐	1876（明治9）年の日朝修好条規によって，[　　　]・仁川〔インチョン〕・元山〔ウォンサン〕の三港が開かれた。 (関西学院大)	ふ ざん 釜山 (プサン)
☑ 2586 ☐	[　　　]に支配されながら，名目上は清を宗主国とする複雑な両属関係にあった琉球王国に対して，新政府は日本領とする方針を取った。 (専修大)	さつ ま 薩摩藩
☑ 2587 ☐	明治政府は，1872年に政府直属の琉球藩を置いた際，琉球最後の国王[　　　]を藩王とした。 (首都大)	しょうたい 尚泰
☑ 2588 ☐	明治政府は，1879年に琉球王国の廃止，沖縄県の設置を決めた。この政策対応は[　　　]と呼ばれている。 (中央大)	琉球処分
☑ 2589 ☐	1879年，琉球藩を廃して[　　　]を設置した（琉球処分）。ただし，琉球藩時代の制度を変えない「旧慣温存」の立場をとった。 (早稲田大)	沖縄県
☑ 2590 ☐	1875年，日本は榎本武揚〔えのもとたけあき〕を駐露公使として，ロシアと[　　　]を結んだ。 (関西学院大)	からふと ち しま 樺太・千島交換条約

THEME

士族の反乱と自由民権運動

見出し番号 2591—2642

出題頻度 ♔

☑ 2591 ☐	1871年末，岩倉使節団の派遣中，国内の政治を主導した政府を[　　　]という。 (東洋大)	留守政府

☑ 2592 ♡	日本の国交要求に対して鎖国の構えを崩さない朝鮮に対し，留守政府の西郷隆盛らは＿＿＿を唱えた。（中央大）	征韓論
☑ 2593 ♡	1873年，幕末に東征軍参謀として江戸城の無血開城を実現させた＿＿＿が，征韓論を否定されて留守政府の参議を辞任した。（明治大）	西郷隆盛
☑ 2594 ♡	征韓論を主張した留守政府の参議が，帰国した岩倉使節団の大久保利通らに征韓論を反対されて，いっせいに下野した。これを＿＿＿という。（日本大）	明治六年の政変
☑ 2595 ♡	大久保利通らの反対によって，朝鮮への使節派遣は中止された。そのため，西郷隆盛，板垣退助，江藤新平，＿＿＿，後藤象二郎の5人の参議が辞職した。（慶應義塾大）	副島種臣
☑ 2596 ♡	明治六年の政変で，征韓派参議は政府を離れ，板垣退助らは日本最初の政党である＿＿＿を結成し，政府批判を強めた。（立教大）	愛国公党
☑ 2597 ♡	板垣退助・後藤象二郎・江藤新平・副島種臣らが結成した愛国公党が，1874年に提出した＿＿＿は新聞に掲載されて世論の反響を呼んだ。（國學院大）	民撰議院設立の建白書
☑ 2598 ♠	愛国公党が民撰議院設立の建白書を提出したのは＿＿＿である。（上智大）	左院
☑ 2599 ♡	愛国公党の人々は，藩閥官僚による専制政治である＿＿＿政治に反対する論陣をはった。（オリジナル）	有司専制
☑ 2600 ♡	板垣退助らが提出した民撰議院設立の建白書は新聞『＿＿＿』に掲載されて世論に大きな影響を与え，自由民権運動の口火となった。（中央大）	日新真事誌

☑ 2601 ☐	愛国公党が，江藤新平が佐賀の乱を起こしたことで消滅すると，板垣退助は土佐に帰り，片岡健吉らと◯◯◯◯を設立した。 (オリジナル)	立志社
☑ 2602 ☐	1875年，板垣退助は，立志社を中心として日本で最初の全国的な政治結社である◯◯◯を設立した。 (オリジナル)	愛国社
☑ 2603 ☐	1875年初頭，大久保利通，木戸孝允，板垣退助が，大阪で会談を行い，国会開設の方針を話し合った。この会談を◯◯◯という。 (学習院大)	大阪会議
☑ 2604 ☐	1875年初めの大阪会議を受けて，同じ1875年3月には，木戸孝允と◯◯◯が政府の参議に復帰した。 (学習院大)	板垣退助
☑ 2605 ☐	自由民権運動に対して，政府は1875（明治8）年，◯◯◯を出して応じた。 (愛知学院大)	漸次立憲政体樹立の詔
☑ 2606 ☐	漸次立憲政体樹立の詔を受けて，立法諮問機関として設置された◯◯◯において，1880年まで3次にわたって憲法草案が起草された。 (学習院大)	元老院
☑ 2607 ☐	司法分野では大阪会議の結果，◯◯◯が設立され，司法権の最高機関となった。 (立命館大)	大審院
☑ 2608 ☐	1875年に行われた大阪会議の合意に基づいて，立法諮問機関である元老院，最高裁判所に当たる大審院，府知事・県令からなる◯◯◯が設置された。 (関西大)	地方官会議
☑ 2609 ☐	元老院には憲法取調局がおかれ，1880年にはイギリス風の憲法草案である◯◯◯を作成したが，岩倉具視らの反対により不採択となった。 (立命館大)	日本国憲按

☑ 2610 ☐	自由民権運動が盛んになると政府は1875年に◯◯や 讒謗律（ざんぼうりつ）などを制定し，取り締まりを強化した。 （京都府立大）	新聞紙条例
☑ 2611 ☐	新聞・雑誌が盛んに発刊されると，政府は新聞紙条例や ◯◯を定めて為政者への批判を封じる一方，識字率 向上のため新聞購読を奨励した。 （大妻女子大）	讒謗律（ざんぼうりつ）
☑ 2612 ☐	明治6年（1873）の征韓論争で下野した参議のうち，佐 賀の乱を起こした◯◯は敗れて処刑され，明治9年に 相次いだ士族反乱もすべて鎮圧された。 （昭和女子大）	江藤新平（しんぺい）
☑ 2613 ☐	1874年，江藤新平は不平士族らとともに◯◯を起こ した。 （関西学院大）	佐賀の乱
☑ 2614 ☐	1876年の秩禄処分（ちつろく）と◯◯によって，士族たちは特権 を失った。 （立教大）	廃刀令
☑ 2615 ☐	1876年，新政府は廃刀令と◯◯を行い，士族から全 ての特権を奪った。 （関西大）	秩禄処分（ちつろく）
☑ 2616 ☐	新政府は秩禄処分を行うにあたり，すべての秩禄需給者 に，年間支給額の5〜14年分の額の◯◯を与えた。 （関西大）	金禄公債証書（きんろくこうさいしょうしょ）
☑ 2617 ☐	熊本では，◯◯という士族反乱がおきた。 （南山大）	敬神党の乱（けいしんとう） （神風連の乱）（しんぷうれん）
☑ 2618 ☐	山口県でおきた士族反乱は◯◯である。 （早稲田大）	萩の乱

☑ 2619 ☐	元長州藩士の[　　　]は，萩の乱を首謀した。　（近畿大）	<ruby>前原一誠<rt>まえばらいっせい</rt></ruby>
☑ 2620 ☐	1876年，福岡県で，宮崎<ruby>車之助<rt>しゃのすけ</rt></ruby>の主導する士族反乱である[　　　]がおきた。　（オリジナル）	<ruby>秋月の乱<rt>あきづき</rt></ruby>
☑ 2621 ☐	1877年，<ruby>西郷隆盛<rt>さいごうたかもり</rt></ruby>は鹿児島の不平士族らとともに最大規模の士族反乱をおこしたが，政府軍に鎮圧された。これを[　　　]という。　（日本女子大）	<ruby>西南戦争<rt>せいなん</rt></ruby>（西南の役）
☑ 2622 ☐	1878年，[　　　]内務卿は東京<ruby>紀尾井坂<rt>きおいざか</rt></ruby>で不平士族によって暗殺された。　（オリジナル）	<ruby>大久保利通<rt>としみち</rt></ruby>
☑ 2623 ☐	1880年3月には，愛国社が中心となって大阪で[　　　]が結成され，同盟に参加した各地の政社の代表が署名した国会開設の請願書を政府に提出しようとした。（高崎経済大）	<ruby>国会期成同盟<rt>きせい</rt></ruby>
☑ 2624 ☐	国会開設運動が全国的に盛り上がり，1880年に国会期成同盟が結成されると，政府は[　　　]を定めて，政社の活動を制限した。　（学習院大）	集会条例
☑ 2625 ☐	1881年，北海道開拓長官が北海道開拓使の官有物を，同藩出身の政商が関係する関西貿易社に不当に安く払い下げようとした[　　　]が発覚した。　（京都大）	<ruby>開拓使官有物払下<rt>かいたくしかんゆうぶつはらいさ</rt></ruby>げ事件
☑ 2626 ☐	政商の[　　　]と，開拓長官であった<ruby>黒田清隆<rt>きよたか</rt></ruby>とは同じ<ruby>薩摩<rt>さつま</rt></ruby>藩出身であったために，払下げは藩閥的な結託とみなされ，厳しい批判を受けた。　（同志社大）	<ruby>五代友厚<rt>ごだいともあつ</rt></ruby>
☑ 2627 ☐	開拓使官有物払下げ事件によって，即時国会開設を求めていた<ruby>大隈重信<rt>おおくましげのぶ</rt></ruby>は，世論の批判との関係を疑われ，罷免された。これを[　　　]という。　（オリジナル）	明治十四年の政変

☑ 2628 ▢	1881年，政府内でイギリス流の議院内閣制の早期導入を主張していた[ ]が，開拓使官有物払下げ事件を契機に罷免された。　　　　　　　　　　　　　　　（学習院大）	大隈重信 （おおくましげのぶ）
☑ 2629 ▢	明治十四年の政変において[ ]らは，大隈重信を政府から追放し，国会開設の勅諭を出して1890年の国会開設を公約した。　　　　　　　　　　　　　　　（早稲田大）	伊藤博文 （ひろぶみ）
☑ 2630 ▢	1881年に参議大隈重信が同年中の憲法制定を提案したが，この案は右大臣[ ]や伊藤博文らによって強い反発を受けた。　　　　　　　　　　　　　（東北学院大）	岩倉具視 （ともみ）
☑ 2631 ▢	1881年に出された[ ]の内容は，1890年（明治23年）に国会を開催するというものだった。　　　　（センター）	国会開設の勅諭 （ちょくゆ）
☑ 2632 ▢	1881年に板垣退助を総理（党首）として自由主義政党の[ ]が結成され，農村で支持された。　（慶應義塾大）	自由党
☑ 2633 ▢	1882年に，大隈重信を党首として結成された[ ]は，都市で支持された。　　　　　　　　　　　　　（立教大）	立憲改進党
☑ 2634 ▢	国会開設に備え，[ ]流の漸進的な議会主義を主張する立憲改進党という政党が結成された。　（オリジナル）	イギリス流
☑ 2635 ▢	自由民権運動が高まるなかで，[ ]流の急進的な自由主義を主張する自由党という政党が結成された。　　　　　　　　　　　　　　　　　　　　（オリジナル）	フランス流
☑ 2636 ▢	[ ]は，1882年に立憲改進党を結成したが1884年に党を脱退した。これ以降，立憲改進党は弱体化した。　　　　　　　　　　　　　　　　　　　（早稲田大）	大隈重信 （おおくましげのぶ）

☑ 2637 ☆	1882年，政府の援助で福地源一郎（ふくちげんいちろう）を党首とする◯◯◯◯が結成されたが，国民の支持を得られずに翌年に解散した。 (青山学院大)	立憲帝政党
☑ 2638 ☆	1881年，国会開設の勅諭が出され国会開設が政府の公約になると，民間でも独自の憲法私案がつくられた。こうした憲法私案を◯◯◯◯という。 (オリジナル)	私擬憲法（しぎ）
☑ 2639 ☆	福沢諭吉（ゆきち）を中心とした実業家集団である◯◯◯◯は，公論を尊重する政治の実現を目指した。 (センター)	交詢社（こうじゅんしゃ）
☑ 2640 ☆	交詢社は，私擬憲法の「◯◯◯◯」を発表した。 (立命館大)	私擬憲法案
☑ 2641 ☆	植木枝盛（えもり）が発表した私擬憲法は「◯◯◯◯」である。 (学習院大)	(東洋)大日本国国憲按（こっけんあん）
☑ 2642 ☆	東京近郊の農村青年グループは，「◯◯◯◯」という私擬憲法を発表した。 (関西大)	五日市憲法（いつかいち）(草案)（日本帝国憲法）

自由民権運動の激化

見出し番号 2643—2665

☑ 2643 ☆	地主が耕作からはなれて小作料の収入のみに依存する体制を◯◯◯◯という。 (一橋大)	寄生地主制
☑ 2644 ☆	小作料の支払いに苦しむ小作人は，副業を営んだり，子女を工場に◯◯◯◯に出したり，農村を離れて賃金労働者になったりして，家計を支えた。 (センター)	出稼ぎ

☑ 2645 ☐	板垣退助とともに自由党を結成した◯◯◯◯は，政府からヨーロッパ旅行を提案され，板垣退助とともに懐柔された。 (センター)	後藤象二郎
☑ 2646 ☐	松方正義のデフレ政策の結果，米と繭の価格が下落して農村は不況に陥り，農民の不満が高まって◯◯◯◯が激化した。 (名古屋大)	自由民権運動
☑ 2647 ☐	1882年，福島県令の三島通庸が労役を課そうとして，農民が抵抗。これを支援した自由党員を三島が大量検挙するという◯◯◯◯がおきた。 (上智大)	福島事件
☑ 2648 ☐	福島事件の首謀者として逮捕された自由党の幹部は◯◯◯◯である。 (オリジナル)	河野広中
☑ 2649 ☐	自由党の激化事件として，福島事件についで，1883年に新潟県の高田事件，1884年に群馬県の群馬事件，栃木県の◯◯◯◯が起こった。 (オリジナル)	加波山事件
☑ 2650 ☐	1884年，埼玉県秩父で約3000人の農民が，元自由党員の主導で負債の減免を求め，高利貸・警察・役所などを襲撃して政府軍に鎮圧されるという◯◯◯◯がおきた。 (明治大)	秩父事件
☑ 2651 ☐	1885年，旧自由党左派の大井憲太郎が，朝鮮の親清的政府を倒し，その勢いを借りて日本の改革をうながそうという計画が発覚した◯◯◯◯がおきた。 (早稲田大)	大阪事件
☑ 2652 ☐	国会開設が近づくと後藤象二郎が元自由党や元立憲改進党など民権派勢力に呼びかけて◯◯◯◯をすすめた。 (中央大)	大同団結（運動）
☑ 2653 ☐	1887年，地租軽減・言論集会の自由・条約改正の3要求を掲げる◯◯◯◯が起きた。 (関西学院大)	三大事件建白運動

☑ 2654 ♛	元自由党幹部の◻は，三大事件建白運動，大同団結運動を推進した。 （オリジナル）	ほしとおる 星亨
☑ 2655 ♡	1887年末，明治政府は◻を公布して自由民権運動家を東京から追放したが，自由民権運動家は東北を拠点として活動を続けた。 （早稲田大）	保安条例
☑ 2656 ♡	みやけせつれい 三宅雪嶺らが設立した政治評論団体◻は雑誌『日本人』を刊行した。 （センター）	政教社
☑ 2657 ♡	1888年に三宅雪嶺・志賀重昂らは雑誌『◻』を創刊して国粋主義をとなえ，日本独自の近代化を模索する議論を展開した。 （京都大）	日本人
☑ 2658 ♛	政教社を設立したメンバーを中心に◻が唱えられた。 （青山学院大）	国粋主義 （国粋保存主義）
☑ 2659 ♡	1887年，徳富蘇峰らが設立した◻は雑誌『国民之友』を刊行したのち，『国民之友』を収録した『大日本膨張論』を発行した。 （センター）	民友社
☑ 2660 ♡	1880年代後半には徳富蘇峰による『◻』や，三宅雪嶺らが設立した政教社の雑誌である『日本人』などが創刊された。 （中央大）	国民之友
☑ 2661 ♡	不平等条約改正問題を機に欧化主義と国権論が対立した頃，◻は，平民的欧化主義を唱えた。 （同志社大）	とくとみそほう 徳富蘇峰
☑ 2662 ♛	欧化政策に対しては，1890年前後から批判的な意見が現れ，この時期に創刊された『国民之友』や『国民新聞』では，◻が唱えられた。 （青山学院大）	平民的欧化主義

☑ 2663 ☐	不平等条約改正問題があった頃，国粋主義・国民主義を説いた◯◯◯は『真善美日本人』を著した。 （学習院大）	三宅雪嶺
☑ 2664 ☐	不平等条約改正問題があった頃，◯◯◯は国粋主義・国民主義を説き，新聞『日本』を発行した。 （北海道大）	陸羯南
☑ 2665 ☐	日清戦争後に国家主義が主流になると，◯◯◯は雑誌『太陽』で日本主義を唱え，大陸進出を支持した。 （同志社大）	高山樗牛

THEME

憲法と諸法典の編纂

見出し番号 2666—2698

出題頻度 ♛

☑ 2666 ☐	政府としても民間の憲法草案に対抗する理論的根拠を手に入れることの必要性を自覚し，1882年に，◯◯◯らをヨーロッパに派遣した。 （立教大）	伊藤博文
☑ 2667 ☐	1882年，明治政府によりヨーロッパに派遣された伊藤博文らは，ベルリン大学の憲法学者◯◯◯らに憲法理論を学んだ。 （センター）	グナイスト
☑ 2668 ☐	伊藤博文は，ベルリン大学のグナイストやウィーン大学の◯◯◯らから憲法理論を学び，帰国後，憲法草案の作成にあたった。 （新潟大）	シュタイン
☑ 2669 ☐	伊藤博文は◯◯◯流の憲法理論を学んだ。 （立教大）	ドイツ
☑ 2670 ☐	1884年には◯◯◯を制定し，将来の貴族院議員の母体を構成するため，旧公卿，旧諸侯らに加え，維新の功臣らに，家格・功績に応じた爵位を授与した。 （立命館大）	華族令

☑ 2671	華族令では華族を, 公爵, 侯爵, 伯爵, 子爵, ＿＿＿ の5爵に分けた。 (オリジナル)	男爵
☑ 2672	1885年, 明治政府は太政官制を廃止し, ＿＿＿を制定した。 (日本大)	内閣制度
☑ 2673	1885年, 内閣制度の制定にともない, ＿＿＿が初代総理大臣となった。 (センター)	伊藤博文
☑ 2674	内閣制度では, 宮内省を閣外におき, さらに宮中・府中の別を制度化するため＿＿＿を設置し, 天皇の補佐や御璽・国璽の保管などを命じた。 (立命館大)	内大臣
☑ 2675	憲法の起草に際してはドイツの法学者＿＿＿を政府顧問として日本に招き, ドイツ憲法を模範とした大日本帝国憲法が制定された。 (慶應義塾大)	ロエスレル
☑ 2676	＿＿＿は, 伊藤博文や金子堅太郎, 伊東巳代治とともに憲法草案をつくり, 第2次伊藤博文内閣では文部大臣を務めた。 (立教大)	井上毅
☑ 2677	1888年, 伊藤博文らが起草した憲法草案は, 初代議長を伊藤博文として設置された＿＿＿において, 天皇臨席のもとで審議された。 (日本大)	枢密院
☑ 2678	1889年2月11日, 黒田清隆内閣のもとで日本初の近代憲法である＿＿＿が発布された。 (津田塾大)	大日本帝国憲法
☑ 2679	大日本帝国憲法は, 天皇が定めて国民に与える＿＿＿である。 (上智大)	欽定憲法

☑ 2680 ⌂	大日本帝国憲法では，陸海軍が内閣からも独立して天皇に直属し，天皇が陸海軍の◯◯を持つということが明記された。 (明治大)	統帥権 (とうすいけん)
☑ 2681 ⌂	大日本帝国憲法において，文武官の任免，宣戦・講和や条約の締結など，天皇が持っていた議会も関与できない大きな決定権限を◯◯という。 (早稲田大)	天皇大権
☑ 2682 ⌂	大日本帝国憲法において天皇は，議会の閉鎖中に，法律に代わる◯◯を出すことができた。 (オリジナル)	（緊急）勅令
☑ 2683 ⌂	1889年に発布された大日本帝国憲法では，帝国議会は◯◯と衆議院からなる二院制が採用された。 (神戸女子大)	貴族院
☑ 2684 ⌂	大日本帝国憲法では，天皇主権のもとで立法・行政・司法の三権が分立したが，各◯◯は，議会にではなく天皇に対してのみ責任を負った。 (早稲田大)	国務大臣
☑ 2685 ⌂	1889年，小選挙区制を定めた◯◯が公布された。 (日本女子大)	衆議院議員選挙法
☑ 2686 ⌂	貴族院は皇族議員，華族議員，勅任(ちょくにん)議員からなり，勅任議員のうち，◯◯は各府県から1名が互選された。 (関西大)	多額納税者議員
☑ 2687 ⌂	「◯◯」とよばれた国民は，所有権の不可侵，信教の自由，出版・集会・言論・結社の自由が認められ，国政参加への道も開かれた。 (早稲田大)	臣民 (しんみん)
☑ 2688 ⌂	大日本帝国憲法第2条では，「皇位ハ◯◯ノ定ムル所ニ依リ皇男子孫之ヲ継承ス」とされた。 (明治大)	皇室典範 (てんぱん)

☑ 2689 ☐	西洋を範とする法典編纂は明治初年に着手され，1873年にフランスの法学者が招かれ，1880年には刑法と□□□が最初に公布された。　(同志社大)	治罪法（刑事訴訟法）
☑ 2690 ☐	明治政府が1880年に公布した刑法と治罪法（刑事訴訟法）は，フランス人法学者□□□に起草させたものである。　(上智大)	ボアソナード
☑ 2691 ☐	帝国大学教授の□□□は，1890年公布の民法を激しく批判し，ボアソナードを支持する梅謙次郎らと論争を繰り広げた。　(中央大)	穂積八束
☑ 2692 ☐	ボアソナードが起草した民法によって，日本の伝統が破壊されるとの批判が起き，1890年の公布後も□□□とよばれる激しい議論がつづいた。　(立教大)	民法典論争
☑ 2693 ☐	民法典論争によって，1896年と1898年，民法に修正が加えられ，□□□の大きい，家父長制的な家制度が存続されることとなった。　(早稲田大)	戸主権
☑ 2694 ☐	1878年，政府は，郡区町村編制法・府県会規則・地方税規則のいわゆる□□□を定めた。　(青山学院大)	地方三新法
☑ 2695 ☐	1888年，山県有朋は地方制度として□□□と町村制を公布した。　(明治大)	市制
☑ 2696 ☐	1890年，地方制度として府県制・□□□が公布された。　(一橋大)	郡制
☑ 2697 ☐	ドイツの法学者□□□は，政府顧問として1886年に来日し，憲法の起草に助言をおこなうとともに，地方自治制度の成立にも尽力した。　(関西大)	モッセ

| ☑ 2698 ☐ | モッセの助言を得た ⬚ が中心となって、市制・町村制、府県制・郡制が制定され、中央集権のもとでの地方自治制が確立した。 (オリジナル) | 山県有朋 (やまがたありとも) |

THEME

初期議会

見出し番号 2699—2706

出題頻度 ♛

☑ 2699 ☐	憲法発布直後に、⬚ 首相は、政府の政策は政党の意向によって左右されてはならないという超然主義の立場を声明していた。 (関西大)	黒田清隆 (くろだきよたか)
☑ 2700 ☐	1889年に定められた衆議院議員選挙法では、有権者は満 ⬚ 歳以上の男性で直接国税15円以上の納税者に限られた。 (日本大)	25 歳
☑ 2701 ☐	1890年、第1回衆議院議員総選挙が行われ、旧民権派が大勝して、立憲自由党や立憲改進党などの ⬚ が衆議院の過半数を占めた。 (慶應義塾大)	民党 (みんとう)
☑ 2702 ☐	民党に対し、藩閥政府支持派の政党を ⬚ という。 (オリジナル)	吏党 (りとう)
☑ 2703 ☐	第1回帝国議会（第一議会）で、⬚ 内閣は、予算問題で政費節減・民力休養を主張する民党に攻撃されたが、自由党の一部を切り崩して予算を成立させた。 (関西大)	（第1次）山県有朋内閣 (やまがたありとも)
☑ 2704 ☐	1890年の第1回帝国議会（第一議会）において、第1次山県有朋内閣は、⬚ を盛り込んだ予算案を成立させた。 (センター)	軍事費増強 （陸海軍増強）
☑ 2705 ☐	第2回総選挙において、内務大臣品川弥二郎が激しい ⬚ を行ったが、選挙結果は第1回と同じく民党優勢だった。 (センター)	選挙干渉

☑ 2706 ☐	1892年，第3回帝国議会（第三議会）において，〔　　　〕内閣は軍事費増強の予算案を否決され，議会終了後に退陣した。 （日本女子大）	（第1次）松方正義内閣

THEME
条約改正への道

見出し番号 2707—2726

☑ 2707 ☐	明治政府は幕府が結んだ条約の改正を最重要政策の一つに掲げ，1871年，〔　　　〕を特命全権大使とする使節団を欧米に派遣した。 （早稲田大）	岩倉具視
☑ 2708 ☐	1871年末，欧米に派遣された〔　　　〕の目的は，条約改正の予備交渉だったが，これに失敗して，欧米の政治制度や文物の視察に重きをおいた。 （東洋大）	岩倉（遣外）使節団
☑ 2709 ☐	〔　　　〕は，岩倉使節団に最年少の満6歳で留学生として同行し，現在の津田塾大学である女子英学塾を設立した。 （明治大）	津田梅子
☑ 2710 ☐	岩倉使節団には留学生が約60名加わっており，そのなかには，のちに鹿鳴館の女王といわれる〔　　　〕ら5名の若い女性も含まれていた。 （駒澤大）	山川捨松
☑ 2711 ☐	佐賀藩出身の〔　　　〕は，1871年に岩倉使節団として欧米を視察したのち，その報告書として『米欧回覧実記』を編纂した。 （近畿大）	久米邦武
☑ 2712 ☐	寺島宗則外務卿は〔　　　〕の回復の実現を目標とし，1878年にアメリカ合衆国の合意を得たが，**イギリス**，**ドイツ**などの反対にあい失敗した。 （島根県立大）	関税自主権
☑ 2713 ☐	1882年，〔　　　〕外務卿は，不平等条約の改正のため，列強諸国の代表を東京に集めて予備会議を開いた。 （國學院大）	井上馨

☑ 2714 ☐	1887年に，井上馨外務卿は，□□□□の撤廃を，外国人が被告となる裁判では外国人判事を任用するという条件で了承を得たが，政府内から反対された。　（國學院大）	領事裁判権（治外法権）
☑ 2715 ☐	1886年，イギリス船籍の貨物船が沈没し，日本人が全員死亡するという□□□□が起きたが，海事審判において船長が無罪となり，世論の反発をよんだ。　（学習院大）	ノルマントン号事件
☑ 2716 ☐	井上馨らは，条約改正の交渉を有利に運ぶため，「文明化」した日本の姿を見せようとした。□□□□が建設されたのもそのためであった。　（センター）	鹿鳴館
☑ 2717 ☐	井上馨外務大臣が辞任に追い込まれた理由のひとつは，鹿鳴館建設などの□□□□に対して国内の反発が起きたことである。　（東京大）	欧化主義（欧化政策）
☑ 2718 ☐	1888年，□□□□外務大臣は米・独・露から領事裁判権の撤廃に条件付きの同意を得た。　（近畿大）	大隈重信
☑ 2719 ☐	米・独・露から大隈重信外務大臣が領事裁判権撤廃の同意を得た際の条件は，□□□□に限って外国人判事の任用を認めるということだった。　（オリジナル）	大審院
☑ 2720 ☐	1891年，第1次松方正義内閣の□□□□外務大臣は，領事裁判権の撤廃についてイギリスから同意を得たが，大津事件により交渉は中断した。　（学習院大）	青木周蔵
☑ 2721 ☐	1891年，ロシア皇太子ニコライが警備担当の津田三蔵に襲われるという□□□□によって，青木外務大臣が責任を問われて辞任した。　（学習院大）	大津事件
☑ 2722 ☐	大津事件の犯人に対し，内閣は死刑を要請したが，大審院長□□□□は無期徒刑の判決を指示し，司法権の独立を守ったといわれる。　（慶應義塾大）	児島惟謙

☑ 2723 ▢	1894年，日英通商航海条約の締結を実現させたのは，第2次伊藤博文内閣の ____ 外務大臣である。この直後，日清戦争が勃発する。 (関西大)	陸奥宗光 (むつむねみつ)
☑ 2724 ▢	1894年，イギリスとの間に，相互対等の最恵国待遇などを内容とする ____ が結ばれ，日本は領事裁判権の撤廃と関税率引き上げに成功した。 (東洋大)	日英通商航海条約
☑ 2725 ▢	関税自主権の回復は，1911年に ____ 外務大臣のもとで達成された。 (津田塾大)	小村寿太郎 (こむらじゅたろう)
☑ 2726 ▢	関税自主権の回復を成し遂げたときの首相は ____ である。 (早稲田大)	桂太郎 (たろう)

THEME
朝鮮問題と日清戦争

見出し番号 2727—2751

出題頻度 ♛

☑ 2727 ▢	1882年，朝鮮では日本に接近して近代化を推進する政策をとった高宗(こうそう)の王妃である ____ に対して大院君(たいいんくん)[テウォングン]を中心としたクーデターが起きた。 (同志社大)	閔妃 (びんひ) (ミンビ)
☑ 2728 ▢	閔氏と対立する大院君を支持した軍隊が漢城で反乱を起こした。この反乱を ____ といい，その後，済物浦条約(さいもっぽ)が結ばれた。 (立教大)	壬午軍乱 (じんご) (壬午事変)
☑ 2729 ▢	1884年，清(しん)に接近した閔氏一族に対し，親日改革派の独立党は日本公使館の援助で ____ とよばれるクーデタをおこしたが，清軍の介入で失敗した。 (関西学院大)	甲申事変 (こうしん)
☑ 2730 ▢	甲申事変を主導した親日改革派独立党のリーダーは ____ である。 (上智大)	金玉均 (きんぎょくきん) (キムオッキュン) (朴泳孝) (ぼくえいこう) (パクヨンヒョ)

☑ 2731 ☐	1885年4月，伊藤博文は清と◯◯◯を結んだ。これにより日清両国は朝鮮から撤兵し，再出兵の際の事前通告を互いに約束した。 (学習院大)	天津条約
☑ 2732 ☐	天津条約における清の全権大使は◯◯◯である。 (明治大)	李鴻章
☑ 2733 ☐	1885年3月，福沢諭吉は『時事新報』で「◯◯◯」を発表し，日本は欧米列強の一員となり，朝鮮・清には武力で対処すべきだと主張した。 (同志社大)	脱亜論
☑ 2734 ☐	1894年，朝鮮で◯◯◯とよばれる反乱がおきた。終結後，朝鮮の内政改革をめぐって清との対立が深まった。 (東京女子大)	甲午農民戦争（東学の乱）
☑ 2735 ☐	日本は日英通商航海条約でイギリスの支持をとりつけ，1894年，清に宣戦布告し，◯◯◯が始まった。 (同志社大)	日清戦争
☑ 2736 ☐	1895年，日本は日清戦争に勝利し，清と◯◯◯を結んだ。 (早稲田大)	下関条約（日清講和条約，下関講和条約）
☑ 2737 ☐	下関条約において日本全権として交渉にあたった当時の首相は◯◯◯である。 (関西大)	伊藤博文
☑ 2738 ☐	下関条約において伊藤博文とともに日本全権を担った外務大臣は◯◯◯である。 (中央大)	陸奥宗光
☑ 2739 ☐	1895年4月に，日本全権伊藤博文，陸奥宗光と清の全権◯◯◯が下関条約を結び，講和が成立した。 (慶應義塾大)	李鴻章

□ 2740	下関条約によって，清は<u>朝鮮の独立</u>を認め，日本に遼東 半島・□・澎湖諸島を割譲した。 (名古屋大)	台湾
□ 2741	下関条約によって，清は新たに沙市・重慶・蘇州・□ の4港を開いた。 (立命館大)	杭州
□ 2742	下関条約では，□，台湾，澎湖諸島を日本に割譲 し，日本に賠償金2億両（約3億1000万円）を支払うこと になっていた。 (慶應義塾大)	遼東半島
□ 2743	日本の権益拡大に不満を抱いたロシアは□，ドイ ツを誘って遼東半島の返還を日本に強く迫った。 (札幌大)	フランス
□ 2744	日本は□の圧力に屈し，下関条約で得た遼東半島 を清に返還した。 (慶應義塾大)	三国干渉
□ 2745	日本は遼東半島の返還要求を受け入れたが，国民のあい だには，「□」を合言葉に，ロシアに対する敵意が 高まった。 (慶應義塾大)	臥薪嘗胆
□ 2746	1897年，朝鮮王朝の国王である高宗が皇帝に即位し，国 号を□と改めた。 (オリジナル)	大韓帝国（韓国）
□ 2747	朝鮮では，新任の日本公使□らが軍人などを王宮 に乱入させて反日的政策を主導する閔妃らを殺害させた ため，朝鮮政府はロシアに接近した。 (慶應義塾大)	三浦梧楼
□ 2748	下関条約締結後，日本軍は1895年5月に台湾に上陸した が，台湾では□の成立が宣言され，各地で反日運 動が起きた。 (慶應義塾大)	台湾民主国

☑ 2749	日本は台湾に統治機関である[　]をおいて，島民の抵抗運動を武力で鎮圧した。　(慶應義塾大)	台湾総督府

☑ 2750	初代台湾総督に任命されて台湾の抵抗運動を鎮圧したのは[　]である。　(南山大)	樺山資紀

☑ 2751	1898年以降，台湾総督の[　]のもとで後藤新平が民政に力を入れ，土地制度の近代化を進めるとともに，産業の振興がはかられた。　(関西大)	児玉源太郎

THEME
日清戦争後の政党政治

見出し番号 2752→2765

出題頻度 👑

☑ 2752	藩閥政府と政党は，日清戦争後には提携関係を結んだ。第2次伊藤博文内閣は[　]と提携し，板垣退助を内務大臣として入閣させた。　(西南学院大)	自由党

☑ 2753	1896年に成立した第2次松方正義内閣は，[　]と提携して党首の大隈重信を外務大臣として入閣させた。　(愛知大)	進歩党

☑ 2754	第3次伊藤博文内閣は超然内閣の立場をとったが，自由党と進歩党の合同で結成された[　]が衆議院の絶対多数を占めたため，半年足らずで退陣した。　(法政大)	憲政党

☑ 2755	1898年，第3次伊藤博文内閣の退陣後，憲政党による初めての政党内閣である[　]内閣が成立した。　(東京大)	(第1次)大隈重信内閣(隈板内閣)

☑ 2756	第1次大隈重信内閣の内務大臣は[　]である。　(近畿大)	板垣退助

☑ 2757	板垣退助が内務大臣をつとめていた第1次大隈重信内閣は◻️と呼ばれた。 （センター）	隈板内閣

☑ 2758	共和演説事件で，◻️が文部大臣を辞任すると，後任をめぐる対立は頂点に達し，憲政党は分裂して第1次大隈内閣は短命に終わった。 （関西大）	尾崎行雄

☑ 2759	共和演説事件で尾崎行雄が辞任したのち文部大臣の後任人事をめぐって内部対立が起こった憲政党は，旧自由党系の憲政党と，旧進歩党系の◻️とに分裂した。 （立命館大）	憲政本党

☑ 2760	第1次大隈重信内閣につづいて，◻️内閣が発足した。 （早稲田大）	（第2次）山県有朋内閣

☑ 2761	第2次山県有朋内閣では，◻️の支持を得て，地租増徴案が成立した。 （オリジナル）	憲政党

☑ 2762	第2次山県有朋内閣は，政党員が官吏になる道を制限するために，1893年に制定された◻️を改正した。 （明治大）	文官任用令

☑ 2763	1900年，第2次山県有朋内閣のとき，軍部に対して政党の力が及ばないようにする◻️が定められた。 （東京経済大）	軍部大臣現役武官制

☑ 2764	1900年，第2次山県有朋内閣のもとで◻️が公布され，政治活動や労働運動への規制が強化された。 （南山大）	治安警察法

☑ 2765	第2次山県有朋内閣の政党への規制に危機感を覚えた憲政党は，伊藤博文に接近したのち解党し，1900年，伊藤派の官僚らと◻️を結成した。 （京都大）	立憲政友会

☑ 2766	ドイツは，1898年に山東半島の〔　　　〕を租借した。 (獨協大)	こうしゅうわん 膠州湾
☑ 2767	1898年，ロシアが〔　　　〕・大連を租借した。 (駒澤大)	りょじゅん 旅順
☑ 2768	1898年，イギリスは，九龍半島や〔　　　〕を租借した。 (獨協大)	い かいえい 威海衛
☑ 2769	1899年，〔　　　〕は広州湾を租借した。 (オリジナル)	フランス
☑ 2770	アメリカは1898年，ハワイを併合し，スペインとの戦争に勝って，〔　　　〕を領有するなど，アジア・太平洋地域への進出をはかっていた。 (早稲田大)	フィリピン
☑ 2771	中国進出に後れをとったアメリカ合衆国は国務長官〔　　　〕が中国に対する機会均等・門戸開放を列強に通告した。 (慶應義塾大)	ジョン＝ヘイ
☑ 2772	列強が中国分割を始めると，1900年，清内で，「扶清滅洋」を掲げた集団が外国人を襲って排斥するという〔　　　〕がおきた。 (名古屋大)	ぎ わ だん 義和団事件
☑ 2773	清朝政府が，排外主義集団である義和団に同調して，列国に宣戦布告した事件を〔　　　〕という。 (獨協大)	ほくしん 北清事変 （義和団戦争）

☑ 2774 ☐	日本を含む列強は連合軍を派遣し，降伏させた清と ◯◯◯◯ を取り交わした。 (早稲田大)	ペキン 北京議定書
☑ 2775 ☐	1901年，第2次山県有朋内閣の内大臣で，山県の後継者 である長州閥の人物が，軍部・藩閥官僚・貴族院の後押 しで ◯◯◯◯ 内閣を組織した。 (東京女子大)	（第1次） かつら た ろう 桂太郎内閣
☑ 2776 ☐	政府には，伊藤博文をはじめロシアと「満韓交換」を行 おうとする ◯◯◯◯ もあったが，桂太郎内閣は対露強硬 方針をとった。 (慶應義塾大)	日露協商論
☑ 2777 ☐	日本政府は ◯◯◯◯ 外務大臣がイギリスとの同盟交渉を 進め，1902（明治35）年，日英同盟（日英同盟協約）を 結んだ。 (摂南大)	こ むらじゅ た ろう 小村寿太郎
☑ 2778 ☐	ロシアに対する開戦論を主張した国家主義団体として ◯◯◯◯ が結成され，戸水寛人ら東大の七博士も開戦論 を提出した。 (オリジナル)	対露同志会
☑ 2779 ☐	片山潜らと社会民主党を結成した ◯◯◯◯ は，堺利彦ら と平民社を結成し，日露戦争に反対する論説を掲載した。 (立命館大)	こうとくしゅうすい 幸徳秋水
☑ 2780 ☐	日露戦争前になると，主戦論を唱える新聞も登場した。 一方，非戦論・反戦論を主張する『◯◯◯◯』も創刊さ れた。 (青山学院大)	平民新聞
☑ 2781 ☐	教育勅語への拝礼を拒否して教壇を追われた ◯◯◯◯ は，日露戦争に際して非戦論をとなえた。 (学習院大)	かんぞう 内村鑑三
☑ 2782 ☐	歌人の ◯◯◯◯ は，雑誌『明星』に「君死にたまふこと 勿れ」とうたう反戦詩を発表した。 (オリジナル)	よ さ の あきこ 与謝野晶子

☑ 2783	第1次桂太郎内閣のときの1904年, ロシアとの交渉が決裂して［　　　　］が起こった。 （同志社大）	日露戦争
☑ 2784	半年以上の攻撃の末, 日本は1905年1月には［　　　　］を陥落させた。 （関東学院大）	旅順要塞
☑ 2785	3月には［　　　　］に勝利し, 日本海海戦では日本の連合艦隊がロシアのバルチック艦隊を全滅させた。 （関東学院大）	奉天会戦
☑ 2786	1905年の［　　　　］で, 東郷平八郎率いる連合艦隊はロシアのバルチック艦隊を破った。 （オリジナル）	日本海海戦
☑ 2787	アメリカ大統領［　　　　］は, 1905年のポーツマス条約に先立ち, 日本とロシアの仲介役を務めた。 （上智大）	セオドア＝ローズヴェルト
☑ 2788	1905年, 日本全権小村寿太郎とロシア全権ウィッテは［　　　　］に調印した。 （慶應義塾大）	ポーツマス条約(日露講和条約)
☑ 2789	ポーツマス条約で, ロシアは日本の［　　　　］に対する指導権を認めた。 （オリジナル）	韓国
☑ 2790	ポーツマス条約で, ロシアは, 清における旅順・［　　　　］の租借権を日本に譲渡した。 （立命館大）	大連
☑ 2791	ポーツマス条約で, ロシアは, ［　　　　］以南の鉄道関連利権を日本に譲渡した。 （名古屋大）	長春

☑ 2792	ポーツマス条約で，ロシアは，北緯◯◯◯度以南のサハリン（樺太）を日本に譲渡した。 　（関西大）	50度
☑ 2793	ポーツマス条約で，ロシアは，日本に沿海州と◯◯◯の漁業権を認めた。 　（オリジナル）	カムチャツカ
☑ 2794	ポーツマス条約では賠償金がとれなかったため，日比谷で開かれた講和反対国民大会は暴徒化し，政府から戒厳令が出された。これを◯◯◯という。 　（日本大）	日比谷焼打ち事件

THEME

桂園時代と韓国併合

見出し番号 2795→2821

出題頻度 〔王冠マーク〕

☑ 2795	桂太郎と西園寺公望が交互に内閣を担当した1901年から1913年までの時代を◯◯◯という。 　（センター）	桂園時代
☑ 2796	1906年に内閣総理大臣に就任したのは，伊藤博文を総裁として1900年に結成された立憲政友会に属する◯◯◯であった。 　（学習院女子大）	西園寺公望
☑ 2797	1908年，第2次桂太郎内閣は，勤倹節約と皇室の尊重を国民に求める◯◯◯を発布した。 　（南山大）	戊申詔書
☑ 2798	第2次桂太郎内閣は，内務省に◯◯◯を推進させ，日露戦争で疲弊した町村の財政再建や地方社会の改良，国民教化をはかった。 　（同志社大）	地方改良運動
☑ 2799	軍部は，各地の兵役経験者の団体を1910年に全国的に統合して◯◯◯を設立した。 　（オリジナル）	帝国在郷軍人会

☑ 2800 ☐	伊藤博文は政界の表舞台から身を引いたあとも　　　　　　　として政界に影響を及ぼしつづけた。　　　　　　　（オリジナル）	元老 (げんろう)
☑ 2801 ☐	日露開戦の1904年に　　　　　　や第1次日韓協約を結んだ後，1910年には韓国併合を強行し，1945（昭和20）年まで植民地支配を行った。　　　　　　　　　　（慶應義塾大）	日韓議定書
☑ 2802 ☐	日本は，アメリカとは非公式に　　　　　　を結び，イギリスとは日英同盟協約を改定して，両国に日本の韓国保護国化を認めさせた。　　　　　　　　　　　　　　　（駒澤大）	桂・タフト協定
☑ 2803 ☐	日本は，1905年の第2次日韓協約で韓国の外交権を取り上げ，漢城（かんじょう）に　　　　　　を置いた。　　　　　（立教大）	統監府 (とうかんふ)
☑ 2804 ☐	漢城に外交を統括する統監府を置いて　　　　　　が初代の統監となった。　　　　　　　　　　　　　　　　　（駒澤大）	伊藤博文 (ひろぶみ)
☑ 2805 ☐	1907年，韓国皇帝高宗（こうそう）がオランダで行われた第2回万国平和会議へ密使を送り，日本の対韓政策について抗議したものの列国に無視されるという　　　　　　がおきた。（センター）	ハーグ密使事件
☑ 2806 ☐	1907年，日本はハーグ密使事件を機に高宗を退位させ，　　　　　　を結んで韓国の内政権を手に入れ，韓国軍を解散させた。　　　　　　　　　　　　　　　　　　（上智大）	第3次日韓協約
☑ 2807 ☐	統監府が設置されると，伊藤博文（ひろぶみ）は初代統監となった。しかし，1909年，ハルビン駅で韓国の民族運動家である　　　　　　に暗殺された。　　　　　　　　　　（桜美林大）	安重根 (あんじゅうこん) (アンジュングン)
☑ 2808 ☐	1909年に韓国で日本への抵抗運動である義兵運動が起こったが，日本はこれを鎮圧した上で1910年に　　　　　　を強要し，韓国を植民地化した。　　　　　　　（センター）	韓国併合条約

☑ 2809 ♡	韓国併合に際し，日本は漢城を[　　]と改称した。 （センター）	けいじょう 京城
☑ 2810 ♡	韓国併合に際し，日本は京城に統治機関として[　　]を置いた。 （センター）	そうとく ふ 朝鮮総督府
☑ 2811 ♡	初代総督には[　　]陸相が任命された。朝鮮総督は当初現役軍人に限られていた。 （駒澤大）	まさたけ 寺内正毅
☑ 2812 ♡	朝鮮総督府は[　　]を全土で実施し，多くの農地や山林を接収した。 （センター）	土地調査事業
☑ 2813 ♡	朝鮮総督府は，農民などから接収した土地の一部を国策会社の[　　]に払い下げた。 （センター）	たくしょく 東洋拓殖会社
☑ 2814 ♡	日本の満洲権益独占は，アメリカの反対を受けたものの，第2次日英同盟協約と4次にわたる[　　]によって，国際社会の承認を得た。 （センター）	にち ろ 日露協約
☑ 2815 ♡	りょじゅん だいれん 旅順・大連を含む遼東半島南端の租借地を[　　]という。 （法政大）	りょうとう 関東州
☑ 2816 ♡	日露戦争後の1906年，日本は関東州を統治する[　　]を設置した。 （早稲田大）	と とく ふ 関東都督府
☑ 2817 ♡	関東都督府がおかれた場所は遼東半島南端の[　　]である。 （センター）	りょじゅん 旅順

☑ 2818 ☐	1906年，日本は大連に，半官半民の◯◯◯を置いた。 (関西大)	南満洲鉄道株式会社（満鉄）
☑ 2819 ☐	中国では，1911年に◯◯◯が起こると，翌年に清が倒れ，中国同盟会は国民党となった。 (オリジナル)	しんがい 辛亥革命
☑ 2820 ☐	中国同盟会を率いた◯◯◯は，辛亥革命後，中華民国臨時大総統に就任したが，その後の勢力争いに敗れて日本に逃れてきたこともあった。 (南山大)	そんぶん 孫文
☑ 2821 ☐	辛亥革命を受けて，1912年に◯◯◯が成立し，孫文が臨時大総統に就任したが，北洋軍閥の袁世凱と妥協し，袁世凱が大総統となった。 (オリジナル)	中華民国

THEME

第1次護憲運動と大正政変

見出し番号 2822—2835

出題頻度 ♛

☑ 2822 ☐	日露戦争の勝利によって，大陸進出を本格化した日本は，1907年に◯◯◯を制定し，平時の陸軍を25個師団へと増強する方針などを定めた。 (立命館大)	帝国国防方針
☑ 2823 ☐	陸軍は緊縮財政を唱える◯◯◯内閣に対して2個師団増設を要求し，内閣を瓦解に追い込んだ。 (立命館大)	（第2次） さいおんじ きんもち 西園寺公望内閣
☑ 2824 ☐	1911年に成立した第2次西園寺公望内閣が財政難を理由に陸軍の要求する◯◯◯を認めなかったことから，上原勇作陸相が辞任した。 (防衛大)	2個師団増設（案）
☑ 2825 ☐	1912年，2個師団増設要求が第2次西園寺内閣に拒否されたため，◯◯◯陸相は抗議の意味をこめて，この年に即位した大正天皇に辞表を提出した。 (青山学院大)	ゆうさく 上原勇作

□ 2826 ☑	1912年, 陸軍は2個師団増設拒否に抗議して, ［　　　］を利用して後任の陸相を指名しなかった。このため, 責任を問われた第2次西園寺内閣は総辞職した。 （上智大）	軍部大臣現役武官制
□ 2827 ☑	1912年, 陸軍と長州閥の長老である［　　　］が内閣を組織した。これを野党勢力は, 藩閥勢力の政権独占だと非難した。 （関西学院大）	桂太郎
□ 2828 ☑	1912年, 第2次西園寺内閣が総辞職し, 内大臣兼待従長を辞して組閣した第3次桂太郎内閣に対し, 野党勢力がおこした運動を［　　　］という。 （オリジナル）	第1次護憲運動
□ 2829 ☑	第3次桂太郎内閣を非難した野党の急先鋒のひとりは, 立憲国民党の［　　　］である。 （東京女子大）	犬養毅
□ 2830 ☑	第1次護憲運動の中心となった野党の急先鋒のひとりは, 立憲政友会の［　　　］である。 （名古屋大）	尾崎行雄
□ 2831 ☑	桂太郎は, 第1次護憲運動に対抗して, 藩閥系代議士と立憲国民党離党者からなる新党（のちの［　　　］）を発足させた。 （オリジナル）	立憲同志会
□ 2832 ☑	「閥族打破・［　　　］」をスローガンに野党勢力が主導した第1次護憲運動は, ジャーナリズムも巻き込んで全国に広まった。 （日本大）	憲政擁護
□ 2833 ☑	野党が内閣不信任案を提出すると, 民衆は議事堂を包囲した。第3次桂内閣は非難に屈して50日余りで退陣した。これを［　　　］という。 （オリジナル）	大正政変
□ 2834 ☑	1913年, 薩摩出身の海軍大将［　　　］が立憲政友会を与党として内閣を組織した。 （慶應義塾大）	山本権兵衛

| ☑ 2835 ☐ | 1914年, 海軍高官の汚職事件である◻◻◻が発覚し, その責任をとって第1次山本権兵衛内閣は退陣した。　(立教大) | シーメンス事件 |

THEME
第一次世界大戦と国内の動向

見出し番号 2836—2871

出題頻度 👑

☑ 2836 ☐	1914年4月, 山県有朋（やまがたありとも）ら元老の後押しで, ◻◻◻内閣が発足した。　(北海道大)	(第2次) 大隈重信（おおくましげのぶ）内閣
☑ 2837 ☐	19世紀後半に国内を統一し, 急速に力をのばした◻◻◻は, オーストリア・イタリアとの三国同盟を強化し, イギリスと対立するようになった。　(東洋大)	ドイツ
☑ 2838 ☐	第一次世界大戦では, ◻◻◻を結んだロシア・フランス・イギリスの他, のちにイタリア, アメリカなどが連合国に加わった。　(明治大)	三国協商
☑ 2839 ☐	1914年6月のサライェヴォ事件をきっかけに, 4年余りにおよぶ◻◻◻が勃発した。　(明治大)	第一次世界大戦
☑ 2840 ☐	軍事だけでなく, 政治・経済, 人力など国力のすべてを投入する, いわゆる◻◻◻として戦われた第一次世界大戦は, 参戦諸国の国内体制に大きな影響を与えた。(立命館大)	総力戦
☑ 2841 ☐	◻◻◻を契機として始まった欧州の戦乱は, 1918年に休戦の申し合わせが決定されるまで4年余りにもわたり継続した。　(早稲田大)	サライェヴォ事件
☑ 2842 ☐	第2次大隈重信内閣は◻◻◻を理由にイギリスのいる連合国側に加わり, ドイツに宣戦した。　(京都大)	日英同盟 (日英同盟協約)

☑ 2843 ♡	第2次大隈内閣の最大与党である□は，1915年の総選挙で圧勝し，陸軍の2個師団増設案を議会で可決させた。 （青山学院大）	立憲同志会
☑ 2844 ♡	元老の中には，□のように，第一次世界大戦勃発を聞き，「大正新時代の天佑（てんゆう）」として日本の参戦に積極的な者もいた。 （学習院大）	井上馨（かおる）
☑ 2845 ♡	日本軍は山東省（さんとうしょう）を攻撃し，ドイツの根拠地であった□を占領する一方，赤道以北のドイツ領南洋諸島にも進攻し，接収した。 （上智大）	青島（チンタオ）
☑ 2846 ♡	1915年，第2次大隈内閣・加藤高明（たかあき）外相のとき，日本は中国に□をつきつけた。 （関西学院大）	二十一カ条の要求
☑ 2847 ♡	二十一カ条の要求をつきつけたときの中国の政府の代表は，□である。 （名古屋大）	袁世凱（えんせいがい）
☑ 2848 ♡	二十一カ条の要求で日本は中国に，□のドイツ権益の継承を求めた。 （京都大）	山東省（さんとう）
☑ 2849 ♡	二十一カ条の要求で日本は中国に，日本が持っていた中国における租借権の有効期間を□カ年延長するよう求めた。 （センター）	99カ年
☑ 2850 ♡	二十一カ条の要求で99年間延長することを求めた租借権とは，旅順（りょじゅん）・□，すなわち関東州における租借権である。 （京都大）	大連（だいれん）
☑ 2851 ♡	袁世凱政府につきつけた二十一カ条の要求は，山東省や南満洲・東部内蒙古における権益の他に，□の合弁事業化などであった。 （学習院大）	漢冶萍公司（かんやひょうコンス）

☑ 2852 ☐	中国政府は，1915年5月9日，二十一カ条の要求を受諾し，中国人はこの日を___と呼んだ。 (駒澤大)	こくち 国恥記念日
☑ 2853 ☐	1916年，日本は中国での権益拡大に対する列強の批判を抑えるために，ロシアと___を締結し，極東における特殊権益の相互擁護を確認した。 (学習院大)	第4次日露協約
☑ 2854 ☐	1916年，第2次大隈重信内閣が総辞職したのち，長州出身の陸軍大将___が超然内閣を発足させた。 (立教大)	まさたけ 寺内正毅
☑ 2855 ☐	1913年に桂の死後加藤高明を総裁として結党された立憲同志会は，寺内正毅内閣を支持する立憲政友会に対抗し，1916年に___を結成した。 (オリジナル)	憲政会
☑ 2856 ☐	寺内正毅内閣は，袁世凱のあとをついだ北方軍閥の___に巨額の借款を与えて，中国における権益拡大をはかった。 (慶應義塾大)	だんきずい 段祺瑞
☑ 2857 ☐	寺内正毅内閣が段祺瑞に与えた借款は，交渉を取り計らった特使の名にちなんで___と呼ばれた。 (立教大)	西原借款
☑ 2858 ☐	1917年，寺内正毅内閣はアメリカと___を結び，中国の領土保全・門戸開放と，中国における日本の特殊権益の承認とを確認し合った。 (南山大)	石井・ランシング協定
☑ 2859 ☐	石井・ランシング協定の締結における日本の調印者は，特派大使の___である。 (上智大)	きくじろう 石井菊次郎
☑ 2860 ☐	ロシアでは，1917年，3月革命で皇帝ニコライ2世が退位し，11月革命でソヴィエト政権が樹立された。これら一連の動きを___という。 (オリジナル)	ロシア革命

☑ 2861 ⌂	1917年に起きたロシア革命に干渉するため，1918年，日本は連合国（イギリス・フランス・アメリカ）の主力として，◯◯◯◯を行った。 (明治大)	シベリア出兵
☑ 2862 📖	寺内内閣は，アメリカが◯◯◯◯の救出を名目とする共同出兵を要請してきたのをうけて，1918年8月，シベリア・北満洲への出兵を決定した。 (上智大)	チェコスロヴァキア軍
☑ 2863 ⌂	1918年，シベリア出兵での需要を見込んだ◯◯◯◯の投機的な買い占めが起きた。 (立教大)	米
☑ 2864 ⌂	1918年，米の買い占めに抗議して，◯◯◯◯の漁村の女性たちによる一揆がおきた。 (日本女子大)	富山県
☑ 2865 ⌂	1918年，富山の女一揆を皮切りに，都市民衆や貧農や被差別民が，米の安売りと買い占め反対を求めて米屋・富商・地主・精米会社などを襲撃する◯◯◯◯が頻発した。(日本大)	米騒動
☑ 2866 ⌂	1918年，◯◯◯◯内閣は軍隊を出動させて米騒動を鎮圧したが，米騒動の収束後，責任をとり総辞職した。 (同志社大)	寺内正毅内閣
☑ 2867 ⌂	米騒動で民衆の力を恐れた元老は，農村などを支持基盤とする立憲政友会の◯◯◯◯を首相に指名した。 (東京大)	原敬
☑ 2868 ⌂	原敬は平民の衆議院議員だったことから◯◯◯◯と呼ばれた。 (早稲田大)	平民宰相
☑ 2869 ⌂	原内閣は，衆議院議員選挙法を改正して，納税資格を直接国税3円以上に引き下げ，◯◯◯◯を導入した。 (関西学院大)	小選挙区制

☑ 2870 ☐	原内閣は選挙権の納税資格を「直接国税□□□円以上」に引き下げた。 （センター）	3円以上
☑ 2871 ☐	1918年の原内閣の時には□□□が制定されて，それまでの専門学校を官・公・私立大学として昇格させる道筋が開かれた。 （京都大）	大学令

☑ 2872 ☐	第一次世界大戦が終結した翌年の1919年，□□□が開かれ，ヴェルサイユ条約が調印された。 （立教大）	パリ講和会議
☑ 2873 ☐	1919年，パリで講和会議が開催され，原敬内閣は，元首相の□□□ら5人の全権を中心とする代表団を派遣した。 （京都大）	西園寺公望
☑ 2874 ☐	1919年6月に第一次世界大戦の連合国とドイツの講和条約である□□□が調印された。 （オリジナル）	ヴェルサイユ条約
☑ 2875 ☐	ヴェルサイユ条約は，□□□の設立などについて規定する一方で，戦勝国側の利害を反映して，ドイツに過酷な講和条件を課していた。 （京都大）	国際連盟
☑ 2876 ☐	アメリカ大統領ウィルソンは，第一次大戦終結にあたって□□□を提唱し，民族自決・国際平和機構の創設などを訴えた。 （オリジナル）	（ウィルソン）14カ条
☑ 2877 ☐	ヴェルサイユ条約で日本は中国□□□の旧ドイツ権益を継承した。 （オリジナル）	山東省

☑ 2878 ☖	ヴェルサイユ条約によって，日本は赤道以北の<u>旧ドイツ領南洋諸島</u>の ⬚ を得た。 (オリジナル)	委任統治権
☑ 2879 ☖	アメリカ大統領 ⬚ の提唱に基づき，1920年に<u>国際連盟</u>が発足するが，英・米・仏・伊・日の五大国のうち，アメリカは不参加となった。 (オリジナル)	ウィルソン
☑ 2880 ☖	国際連盟の本部はスイスの<u>ジュネーブ</u>におかれ，当初の ⬚ は<u>英・仏・伊・日</u>であった。 (オリジナル)	常任理事国
☑ 2881 ☖	1919年，朝鮮で，独立を求める ⬚ がおきた。 (早稲田大)	三・一独立運動(サミル)(三・一事件)
☑ 2882 ☖	1919年，中国で，山東省の返還などを求める ⬚ がおきた。 (明治大)	五・四運動
☑ 2883 ☖	日本の食糧問題を解決するために，朝鮮の米穀の生産力引上げが図られ，1920年から1934年にかけて ⬚ 計画と呼ばれる農業振興策が実施された。 (立教大)	産米増殖
☑ 2884 ☖	第一次世界大戦の終結にともないヨーロッパの商品がアジア市場に復活すると，日本は1919年に輸入超過になり，1920年に ⬚ が発生した。 (大阪大)	戦後恐慌
☑ 2885 ☖	シベリア出兵中の1920年（大正9年），<u>原敬</u>内閣のときに，ニコラエフスク港（尼港）において日本人大虐殺事件がおきた。これを ⬚ という。 (早稲田大)	尼港事件
☑ 2886 ☖	⬚ 首相は総選挙で鉄道の拡充などを公約して圧勝したが，恐慌で財政難に陥り公約を果たせず，1921年に暗殺された。 (慶應義塾大)	原敬

2887	1921年11月，原敬首相暗殺後，立憲政友会の［　　　］内閣が発足した。つづく加藤友三郎内閣，第2次山本権兵衛内閣の3内閣は協調外交を展開する。　　　　（法政大）	高橋是清内閣
2888	1921年，アメリカの呼びかけにより，戦争の再発防止と列強間の協調を目指す［　　　］が開かれ，日本からは海軍大臣加藤友三郎らが全権として出席した。　（南山大）	ワシントン会議
2889	ワシントン会議の開催を呼びかけたのは，アメリカ大統領の［　　　］である。　　　　　　　　　　（國學院大）	ハーディング
2890	ワシントン会議に日本側の全権委員の一人として参加したのは，1915年から1923年まで海軍大臣を務めた［　　　］であった。　　　　　　　　　　（名古屋大）	加藤友三郎
2891	ワシントン会議によって形成された東アジア・太平洋地域の新しい国際秩序を［　　　］と呼ぶ。　（大妻女子大）	ワシントン体制
2892	ワシントン会議では，主力艦の保有量を制限する海軍軍備制限（海軍軍縮）条約や，太平洋の領土保全と安全保障を約した［　　　］などが締結された。　（京都大）	四カ国条約
2893	四カ国条約の参加国は，アメリカ・イギリス・日本・［　　　］である。　　　　　　　　　　（オリジナル）	フランス
2894	1921年12月，英・米・日・仏の間で，太平洋諸島の現状維持と紛争の話し合い解決を旨とする四カ国条約が調印され，これにともない［　　　］は廃棄された。（センター）	日英同盟 （日英同盟協約）
2895	九カ国条約の九カ国とは，英・米・日・仏・伊・ベルギー・ポルトガル・オランダ・［　　　］である。　　　　　　　　　　（センター）	中国

☑ 2896 ☐	九カ国条約の調印にともなって◯◯◯は廃棄され、日本は山東省の旧ドイツ権益を中国に返還した。 （中央大）	石井・ランシング協定
☑ 2897 ☐	1922年2月、英・米・日・仏・伊の間で、◯◯◯が調印された。 （北海道大）	ワシントン海軍軍備制限条約
☑ 2898 ☐	ワシントン海軍軍備制限条約で、以後10年間の主力艦の建造中止と、調印国の主力艦保有制限が決められた。日本の主力艦保有率は対米英の◯◯◯割と定められた。（センター）	6 割
☑ 2899 ☐	ワシントン海軍軍備制限条約で、調印国の主力艦保有率は米・英5、日3、仏・伊◯◯◯と定められた。 （センター）	1.67
☑ 2900 ☐	1918年の第一次世界大戦終結後、列国が撤兵する中で、日本だけは◯◯◯年までシベリア出兵をつづけ、国内外から批判された。 （センター）	1922 年
☑ 2901 ☐	1922年6月、高橋是清内閣につづいて◯◯◯は、内閣を組織した。自ら海軍大臣を兼任したが、在任中に病死した。 （青山学院大）	加藤友三郎 （ともさぶろう）

2902 ☑ ♡	1923(大正12)年9月1日に首都東京を壊滅させた◻︎は、それまで、わずかに残っていた江戸のなごりを一掃するとともに新たな時代を人びとに意識させた。(東北福祉大)	関東大震災
2903 ☑ ♡	大戦景気後、日本経済は再び不況へと転じ、さらに、1923年には◻︎内閣の組閣開始直後に関東大震災が発生し、大きな打撃を受けた。　　　　　　　(松山大)	(第2次) 山本権兵衛内閣
2904 ☑ ♡	関東大震災の混乱の中で決済不能な震災手形が発行され、経済危機が深刻化したため、第2次山本内閣は◻︎に銀行への特別融資をさせた。　　　　(日本大)	日本銀行
2905 ☑ ♡	震災後の混乱の中、無政府主義者の大杉栄や伊藤野枝らが憲兵大尉の◻︎に殺害されるなど、社会運動に対する弾圧事件もおきた。　　　　　　　(立教大)	甘粕正彦
2906 ☑ ♡	1923年、帝国議会の開院式で、のちの昭和天皇にあたる摂政宮裕仁親王が無政府主義信奉者の若者に狙撃されるという◻︎がおきた。　　　　　(オリジナル)	虎の門事件
2907 ☑ ♡	1924年、第2次山本権兵衛内閣の後継として、元老によって政党色のない◻︎が首相に推薦されると、護憲三派によって第2次護憲運動が展開された。　(早稲田大)	清浦奎吾
2908 ☑ ♡	清浦奎吾内閣は、陸軍大臣と海軍大臣をのぞく全閣僚が◻︎であったため、民意を無視した時代ばなれの超然内閣との批判がわきあがった。　　　　(東海大)	貴族院議員
2909 ☑ ♡	清浦奎吾内閣という新たな超然内閣の誕生に反発した護憲三派は◻︎をおこし、総選挙で圧勝して清浦奎吾内閣を総辞職に追い込んだ。　　　　　(センター)	第2次護憲運動

□ 2910 ☑	第2次護憲運動に対して清浦内閣は、政党勢力の切崩しを行い、政党のうち◯◯◯を味方にして議会を解散したが、その後の総選挙は政党勢力が圧勝した。　（上智大）	政友本党
□ 2911 ☑	1924年、憲政会の総裁である◯◯◯が、護憲三派の連立内閣を組織した。　（学習院大）	加藤高明
□ 2912 ☑	護憲三派のうち、立憲政友会の総裁は◯◯◯である。　（オリジナル）	高橋是清
□ 2913 ☑	護憲三派のうち、革新倶楽部の代表は◯◯◯である。　（近畿大）	犬養毅
□ 2914 ☑	1924年の加藤内閣から1932年の犬養内閣まで、憲政会（のちの立憲民政党）と立憲政友会の総裁が交互に内閣を組織した時期を「◯◯◯」という。　（東京女子大）	憲政の常道
□ 2915 ☑	加藤高明内閣の外務大臣である◯◯◯は協調外交（幣原外交）を進めた。　（関西大）	幣原喜重郎
□ 2916 ☑	1925年に衆議院議員選挙法改正案が議会を通過し、護憲三派内閣の課題であったいわゆる◯◯◯が成立した。　（東海大）	普通選挙法
□ 2917 ☑	加藤高明内閣のもとで成立したいわゆる普通選挙法では、満◯◯歳以上の男子が衆議院議員の選挙権をもつことになり、有権者数は4倍になった。　（上智大）	25歳以上
□ 2918 ☑	加藤高明内閣は1925年、いわゆる普通選挙法成立直前に、結社への取り締まりを強化する◯◯◯を成立させた。　（オリジナル）	治安維持法

☑ 2919 ☐	_____ の変革や私有財産制度の否認を目指していた結社は，1925年成立の治安維持法によって取り締まられた。 (法政大)	こくたい 国体
☑ 2920 ☐	1925年加藤高明内閣のとき_____ が結ばれ，ソ連との国交が樹立された。 (オリジナル)	日ソ基本条約
☑ 2921 ☐	第一次世界大戦後の国際的な軍縮の流れの中で，加藤高明内閣の陸軍大臣_____ は軍縮を行い，節減した予算で戦車，航空機など陸軍装備の近代化を図った。 (関西大)	うがきかずしげ 宇垣一成
☑ 2922 ☐	立憲政友会が，党外から長州閥の田中義一を総裁に迎え，_____ を取り込み，憲政会との対立姿勢を示して護憲三派から離脱した。 (南山大)	革新倶楽部

THEME

日本の産業革命と松方財政

出題頻度 ♔

見出し番号 2923―2975

☑ 2923 ☐	明治政府の大隈重信大蔵卿は，西南戦争の戦費調達のため，正貨と交換ができない紙幣すなわち_____ を乱発した。 (慶應義塾大)	ふかん 不換紙幣
☑ 2924 ☐	明治政府による不換紙幣の増発と，民間の国立銀行が増加したことによる不換銀行券の増大によって，日本は_____ に見舞われた。 (法政大)	インフレーション
☑ 2925 ☐	殖産興業政策は多大な費用を必要とし，政府財政を悪化させた。新政府は1880年に_____ を制定し，官営工場の払下げ政策を推進した。 (立命館大)	がいそく 工場払下げ概則
☑ 2926 ☐	西南戦争により，政府紙幣が増発された結果，物価が急騰した。そこで1881年に大蔵卿に就任した_____ によって紙幣整理が進められた。 (学習院大)	まつかたまさよし 松方正義

☑ 2927 ⏎	1880年，政府は酒税（酒造税）を増徴し，官営工場を払い下げる方針をきめるなど財政の建て直しに着手し，□□□を採りながら正貨の蓄積を進めた。 （青山学院大）	デフレ政策
☑ 2928 ⏎	まつかたまさよし松方正義は，国民への増税を行い，軍事費以外の歳出を緊縮させ，余剰分の不換紙幣を処分しつつ，1882年，中央銀行として□□□を設立した。 （立命館大）	日本銀行
☑ 2929 ⏎	1885年，松方正義は紙幣の価値が上がったところで，日本銀行から，銀と交換できる□□□を発行した。 （関西学院大）	だ かん銀兌換紙幣
☑ 2930 ⏎	松方正義が大蔵卿時代の1884年以降，軍事工場と鉄道以外の□□□が本格化した。 （関西学院大）	官営事業払下げ
☑ 2931 ⏎	官営事業の払い下げ先の多くは，政府と特権的に結びついた，三井・三菱・古河などの□□□だった。 （國學院大）	政商
☑ 2932 ⏎	高島炭鉱は後藤象二郎に払い下げられ，さらに□□□の経営に移行したが，過酷な労働環境が社会問題となった。 （福井大）	三菱
☑ 2933 ⏎	三池炭鉱は佐々木八郎を経て，財閥の□□□の経営に移行したが，機械の遅れた採炭部門での労働強化が著しく，坑夫暴動が頻発した。 （福井大）	三井
☑ 2934 ⏎	日清戦争後の造船奨励政策のもとで設立された代表的な造船所は，□□□である。 （青山学院大）	三菱長崎造船所
☑ 2935 ⏎	政府は官営の佐渡金山と生野銀山を政商の□□□に払い下げた。 （オリジナル）	三菱

☑ 2936 ⌂	政商の[____]は足尾銅山を政府から払い下げられ，石炭や銅の輸出を増やして財閥に成長した。 （センター）	古河市兵衛
☑ 2937 ⌂	日本の産業革命は，[____]を中心にはじまった。 （法政大）	紡績（業）
☑ 2938 ⌂	1886 〜 89年に，紡績と鉄道を中心とする会社設立ブーム，すなわち[____]がおきた。 （中央大）	企業勃興
☑ 2939 ⌂	企業勃興は，工場制機械工業による大量生産を基盤とした産業発展，すなわち[____]のきっかけとなった。 （関西学院大）	産業革命
☑ 2940 ⌂	幕末以来，欧米向けの輸出産業として急速に発展し続けていた生糸生産業すなわち製糸業だが，その生産方法は当初，手動装置による[____]が普及していた。 （中央大）	座繰製糸
☑ 2941 ⌂	日清戦争後，[____]の生産量が座繰製糸を上回り，生糸の原料である繭の需要が高まり養蚕農家が急増した。 （オリジナル）	器械製糸
☑ 2942 ⌂	日露戦争後には輸出先が[____]中心となって生糸輸出がのび，1909年には清を追い越して日本が世界最大の生糸輸出国となった。 （北海学園大）	アメリカ
☑ 2943 ⌂	幕末以来，[____]からの綿製品の大量輸入で，日本の綿花栽培は壊滅状態となり，綿糸・綿織物生産も一時的に衰えていた。 （センター）	イギリス
☑ 2944 ⌂	紡績業は，開国当初機械製綿糸の輸入に押されて低迷したが，1873年に長野県人の[____]が発明したガラ紡などの技術革新によりしだいに上向いた。 （立命館大）	臥雲辰致

☑ 2945 ♡	紡績において機械制生産が広まると，従来の手紡や，水車式などの簡単な紡績機である□□□での生産は衰退していった。　　　　　　　　　　　　　　（中央大）	ガラ紡
☑ 2946 ♡	紡績業では，渋沢栄一らが1883年に開業した□□□が成功すると，民間の紡績企業の勃興が生じた。　　　　　　　　　　　　　　　　（オリジナル）	大阪紡績会社
☑ 2947 ♡	日清戦争の頃から，中国・朝鮮への□□□の輸出が急増し，1897年には輸出量が輸入量を上回った。　　　　　　　　　　　　　　　　（センター）	綿糸
☑ 2948 ♡	日本は材料の綿花を輸入に頼りつつ，□□□という技術で手織機を改良し，綿織物生産を向上させた。　　　　　　　　　　　　　　　　（立教大）	飛び杼
☑ 2949 ♡	□□□が日本で初めて木製力織機を発明し，これを契機に国産力織機が普及していった。　　　　（甲南大）	豊田佐吉
☑ 2950 ♡	政府は，1899年に農会法を公布して，農会を農村に普及させ，1900年には□□□を公布して，農家の共同事業のための協同組合も農村に普及させていった。　（日本大）	産業組合法
☑ 2951 ♡	1881年，華族を主体に□□□が設立され，これをうけて商人や地主らがさかんに鉄道会社を設立した。　　　　　　　　　　　　　　　　（中央大）	日本鉄道会社
☑ 2952 ♡	鉄道業では1881年，華士族の資本を中心に日本最初の民営鉄道である日本鉄道会社が設立され，1891年に□□□・青森間で全通した。　　　　（学習院大）	上野
☑ 2953 ♡	東京と神戸を結ぶ官営の東海道線が全通した1889年，□□□は営業キロ数で官鉄道を上回った。（國學院大）	民営鉄道

☑ 2954	1906年，第1次西園寺公望内閣のときに，全国鉄道網の統一的管理を目指す[　　　]が公布された。 （早稲田大）	鉄道国有法
☑ 2955	日清戦争で得た賠償金をもとに，1897年，[　　　]が公布されて金本位制が確立した。 （学習院大）	貨幣法
☑ 2956	第2次松方内閣は貨幣法を制定し，日清戦争の賠償金の一部を準備金として，欧米諸国にならった[　　　]を採用した。 （明治大）	金本位制
☑ 2957	特定の政策目標のために，特別法に基づいて設立された銀行を[　　　]という。 （オリジナル）	特殊銀行
☑ 2958	1880年に貿易金融を目的として設立された[　　　]は，1887年に特殊銀行となり，貿易金融に尽力した。 （立命館大）	横浜正金銀行
☑ 2959	1897年に設立された[　　　]は，農工業を改良，発展させるための長期貸付を行った。 （関西大）	日本勧業銀行
☑ 2960	1902年，工業への長期資金供給と外資導入を目的として[　　　]が設立された。 （慶應義塾大）	日本興業銀行
☑ 2961	新政府は，土佐藩出身の政商[　　　]が経営する郵便汽船三菱会社を保護した。 （学習院大）	岩崎弥太郎
☑ 2962	1885年に半官半民の共同運輸会社と三菱汽船会社が合併して設立された[　　　]は，海洋航路を次々と開いていった。 （センター）	日本郵船会社

☑ 2963	日本の産業革命は紡績業を中心に進展した。1893年，日本郵船が◯◯◯を開設し，インド綿花の輸入は紡績業の発展を支える要因になった。　　　　　　（早稲田大）	ボンベイ航路
☑ 2964	重工業では，1896年，鉄鋼船の建造に奨励金を支給する◯◯◯などの奨励策のもと，一部の民間企業が成長したにとどまっていた。　　　　　　（北海学院大）	造船奨励法
☑ 2965	また1896年には◯◯◯を公布して，総トン数1000トン，速力10ノット以上の鉄鋼汽船に奨励金を出すなどして，遠洋航路拡張を勧奨した。　　　　　　（立命館大）	航海奨励法
☑ 2966	鉄鋼業では，ドイツの技術を取り入れた官営の◯◯◯が1901年に操業を開始し，近代産業の基礎が形作られた。　　　　　　（学習院大）	八幡製鉄所
☑ 2967	八幡製鉄所，清の◯◯◯の鉄鉱石を原材料とし，筑豊炭田の石炭を用いて鉄の生産にあたった。（立命館大）	大冶鉄山
☑ 2968	工作機械の分野では，1905年に◯◯◯がアメリカ式旋盤の精度を持つ旋盤の国産化を成功させるに至った。　　　　　　（明治大）	池貝鉄工所
☑ 2969	民間の鉄鋼部門においても，1907年に◯◯◯が北海道の室蘭に設立され，おもに海軍向けの兵器の生産を行った。　　　　　　（関西大）	日本製鋼所
☑ 2970	三井・三菱・住友・安田などの財閥は，株式によって企業を支配する◯◯◯を設立した。　　　　　　（オリジナル）	持株会社
☑ 2971	江戸時代の両替商に始まり，金融・商業部門を中心に発展し，1888年には三池炭鉱の払下げを受けた四大財閥の1つを◯◯◯という。　　　　　　（オリジナル）	三井財閥

☑ 2972	1909年に三井が [　　　] を設立したのをはじめ，各同族とも持株会社により傘下企業を支配するコンツェルン形態を整えた。 (明治大)	三井合名会社
☑ 2973	1873年に岩崎弥太郎が創始した会社に始まる四大財閥の1つを [　　　] という。 (オリジナル)	三菱財閥
☑ 2974	江戸時代の銅商・両替商に始まり，別子銅山を経営して発展した四大財閥の1つを [　　　] という。 (オリジナル)	住友財閥
☑ 2975	幕末に巨利を得た両替商が銀行を設立し，保険・倉庫業で発展した四大財閥の1つを [　　　] という。 (オリジナル)	安田財閥

THEME

労働運動・社会運動の始まり

見出し番号 2976—2999

出題頻度 ♛

☑ 2976	雑誌『日本人』は [　　　] の労働者の悲惨な状態を報道して反響を呼んだ。 (中央大)	高島炭鉱
☑ 2977	1886年に山梨県甲府の [　　　] で起こった女工ストは，日本最初のストライキであるといわれる。 (オリジナル)	雨宮製糸工場
☑ 2978	大阪の [　　　] で，1889年と1894年の2回にわたって女工ストが起こった。 (オリジナル)	天満紡績工場
☑ 2979	1899年発行の横山源之助著『 [　　　] 』には，産業革命期の労働者の悲惨な状況が記されている。 (関西学院大)	日本之下層社会

№		
2980	農商務省の調査報告書『＿＿＿』には，産業革命期の労働者の悲惨な状況が記されている。　　　　（立命館大）	職工事情
2981	産業革命期の工場労働者の多くは繊維産業で働き，ほとんどは小作農家の子女などの女性労働者すなわち＿＿＿だった。　　　　（関西学院大）	女工（工女）
2982	当時の女工たちがおかれた悲惨な実態については，横山源之助の『日本之下層社会』や細井和喜蔵の『＿＿＿』などに記されている。　　　　（愛知大）	女工哀史
2983	1968年に書かれた山本茂実の『＿＿＿』は，若いときに長野県諏訪地方の製糸工場で女工として働いていた女性たちからの聞き書きである。　　　　（愛知大）	あゝ野麦峠
2984	古河市兵衛が1877年に買収した＿＿＿は，新たな精錬法を導入して生産量が増加したが，精錬所から出る鉱毒が被害を及ぼし，社会問題化した。　　　　（関西大）	足尾銅山
2985	渡良瀬川流域の農漁業が足尾銅山の鉱毒に被害を受けた事件を＿＿＿という。　　　　（國學院大）	足尾鉱毒事件
2986	＿＿＿は，1901年に衆議院議員を辞職して，天皇に足尾銅山の操業停止を直訴した。　　　　（日本大）	田中正造
2987	足尾銅山の鉱毒は，1896年の大洪水のときに，＿＿＿流域一帯の農作物や家畜に甚大な被害をあたえ，人体にも影響を及ぼすにいたった。　　　　（関西大）	渡良瀬川
2988	日清戦争後，労働組合が結成されるようになり，アメリカの影響を受けた高野房太郎らによって1897年に＿＿＿が結成されている。　　　　（青山学院大）	職工義友会

☑ 2989 ☐	ストライキが全国で40件余り起きた1897年，職工義友会が改組されて□□□が結成され，労働運動を指導した。 (明治大)	労働組合期成会
☑ 2990 ☐	□□□はアメリカから帰国後の1897年に労働組合期成会を結成して労働運動を指導し，1901年には安部磯雄，木下尚江らと日本初の社会主義政党を結成した。(東京女子大)	片山潜（せん）
☑ 2991 ☐	労働運動を背景として，社会主義思想が萌芽し，1898年安部磯雄や片山潜らが□□□を結成した。 (オリジナル)	社会主義研究会
☑ 2992 ☐	社会主義研究会を母体として，日本で最初の社会主義政党である□□□が1901年に誕生した。 (オリジナル)	社会民主党
☑ 2993 ☐	社会民主党は，第2次山県有朋（やまがたありとも）内閣のときの1900年に制定された□□□によって，1901年の結成直後に解党させられた。 (上智大)	治安警察法
☑ 2994 ☐	1904年に『火の柱』を発表した□□□は，足尾鉱毒事件で活躍し，1901年の社会民主党の結成に参加したことで知られている。 (関西大)	木下尚江（なおえ）
☑ 2995 ☐	第1次西園寺公望（さいおんじきんもち）内閣は1906年に結成された□□□を公認したが，翌年，治安警察法の適用によって結社禁止を命じられる。 (オリジナル)	日本社会党
☑ 2996 ☐	1910年，天皇暗殺未遂事件を機に全国の社会主義者・無政府主義者が一斉検挙された□□□で，幸徳秋水（こうとくしゅうすい）ら12名が死刑となった。 (東京女子大)	大逆（たいぎゃく）事件
☑ 2997 ☐	日露戦争前，韓国における日本の権益が脅かされた際に非戦論を掲げた社会主義者の□□□は，1910年の大逆事件で処刑された。 (センター)	幸徳秋水（こうとくしゅうすい）

☑ 2998 ☐	大逆事件をきっかけに，翌1911年，警視庁に[　　　]が設置されて，社会主義運動の取締が強化され，社会主義運動は「冬の時代」を迎えた。　　　　　　　　（早稲田大）	特別高等課(特高) とっこう
☑ 2999 ☐	1911年，第2次桂内閣は日本初の労働者保護法である[　　　]を制定したが，資本家から反対され，1916年，第2次大隈内閣のときに施行された。　　　　　　（中央大）	工場法

THEME
明治時代の文化

見出し番号 3000—3096

出題頻度
♛

☑ 3000 ☐	1871年，開拓使顧問としてアメリカから[　　　]が招かれ，札幌の都市建設や，札幌農学校設立などの指導にあたった。　　　　　　　　　　　　　　　（明治大）	ケプロン
☑ 3001 ☐	1876年，開拓使が招いて来日したアメリカ人のクラークは[　　　]に赴任し，初代教頭をつとめた。　（國學院大）	札幌農学校 さっぽろ
☑ 3002 ☐	札幌農学校でクラークに学んだキリスト教徒の[　　　]は，同期の新渡戸稲造とともに布教に尽力し，廃娼運動などで成果を上げたが，国家主義の台頭で圧迫を受けた。（明治大）	内村鑑三 かんぞう
☑ 3003 ☐	軍人であった[　　　]は旧熊本藩立学校の熊本洋学校に招かれており，彼の教え子たちの集まりが熊本バンドである。　　　　　　　　　　　　　　　　（慶應義塾大）	ジェーンズ
☑ 3004 ☐	1871年，学術・教育を担当する官庁として[　　　]が設立された。　　　　　　　　　　　　　　　　（同志社大）	文部省
☑ 3005 ☐	[　　　]は，フランスの教育制度に範をとったもので，全国を8大学区に分け，そのなかに中学区，中学区のなかに小学区を設置した。　　　　　　　　　　　（立命館大）	学制

☑ 3006	1877年，旧幕府開成所や医学所などを統合した［　　　］が設立された。　　　　　　　　　　　（センター）	東京大学
☑ 3007	1879年の［　　　］では，小学校の学区は，町村を単位とするものとなり，就学年限が16か月に短縮された。　　　　　　　　　　　（京都産業大）	教育令
☑ 3008	教育令は，［　　　］にならった自由主義的なもので，1880年には教育令を改正し，国の権限を強化して統制に乗り出した。　　　　　　　　　　　（京都産業大）	アメリカ
☑ 3009	1886年，［　　　］が公布され，帝国大学などからなる学校体系が整備された。　　　　　　　（名古屋大）	学校令
☑ 3010	学校令が公布されたときの文部大臣は［　　　］である。　　　　　　　　　　　（慶應義塾大）	森有礼
☑ 3011	1886年に森有礼文部大臣のもと，帝国大学令・［　　　］・小学校令・中学校令からなるいわゆる学校令が公布され，学校体系の整備がなされた。　　　　　　　　　　　（九州大）	師範学校令
☑ 3012	小学校令により，小学校は4年制で義務教育の［　　　］と，4年制の高等小学校に分けられた。　　（オリジナル）	尋常小学校
☑ 3013	学校令の一つである中学校令により，中学校は5年制の［　　　］と2年制の高等中学校に分けられた。　（立命館大）	尋常中学校
☑ 3014	1890年，井上毅・元田永孚らが創案した［　　　］が出され，学校教育の基本は忠君愛国とされた。　（津田塾大）	教育勅語（教育に関する勅語）

☑ 3015 ♡	「忠君愛国」が学校教育の基本と強調され，教育勅語は，キヨソネが描いた天皇の肖像画をもとに作製した◯◯◯◯とともに各学校に配布された。 （駒澤大）	御真影
☑ 3016 ♡	教育勅語奉読式の際，天皇の親署のある勅語への奉拝を拒否したために教壇を追われた人物が◯◯◯である。 （学習院大）	内村鑑三
☑ 3017 ♡	1899年には勅令をもって◯◯◯を公布し日清戦争以後急速に発展しつつあった工業，商業などへ多くの人材を供給する政策を展開した。 （明治大）	実業学校令
☑ 3018 ♡	1903年に小学校で◯◯◯を使用することが定められたことで，教育に対する国家の統制は強まった。（早稲田大）	国定教科書
☑ 3019 ♡	1907年，義務教育は◯◯◯年間に延長された。 （法政大）	6 年間
☑ 3020 ♡	私学の教育機関として1868年に福沢諭吉が◯◯◯を設立し，特色ある学風が築かれた。 （愛知大）	慶應義塾
☑ 3021 ♡	1875年，◯◯◯は私学である同志社英学校を設立し，英語・キリスト教分野で多くの人材を教育した。 （関西大）	新島襄
☑ 3022 ♡	私立の高等教育機関も多数設立された。福沢諭吉の慶應義塾，新島襄の同志社，◯◯◯の東京専門学校などがその草分け的存在である。 （京都産業大）	大隈重信
☑ 3023 ♡	大隈重信の東京専門学校は1902年に◯◯◯と改称した。 （オリジナル）	早稲田大学

☑ 3024 ☑	女子教育の充実もはかられた。1900年には□により女子英学塾が設立され，1901年には教育家成瀬仁蔵らの手で日本女子大学校が設立された。 （立命館大）	津田梅子
☑ 3025 ☑	幕末の開港後には欧米から多くの宣教師が来日した。その中には，日本初の和英辞典を作ったアメリカ人宣教師の□がいる。 （センター）	ヘボン
☑ 3026 ☑	学術研究では，欧米から招かれた学者が活躍した。ドイツ人の□は，東京大学で地質学を教授し，フォッサ=マグナの存在を指摘した。 （南山大）	ナウマン
☑ 3027 ☑	アメリカ人の□は，動物学の研究に大きく貢献する一方，大森貝塚を発見したことでも知られる。 （東北学院大）	モース
☑ 3028 ☑	ドイツからは外国人教師として□が東京医学校（のちに東京大学医学部に改編）に招かれている。 （学習院大）	ベルツ
☑ 3029 ☑	□は，破傷風血清療法やペスト菌を発見し，伝染病研究所を創設した。 （センター）	北里柴三郎
☑ 3030 ☑	伝染病研究所に入り北里に師事した□は，1897年に赤痢菌を発見した。 （学習院大）	志賀潔
☑ 3031 ☑	□はアドレナリンを発見し，タカジアスターゼを開発製造した。 （慶應義塾大）	高峰譲吉
☑ 3032 ☑	科学では，□がオリザニン（ビタミンB₁）の抽出に成功するなど，世界水準の研究も発表された。 （関西学院大）	鈴木梅太郎

☑ 3033 ☖	_____は，地磁気の測定で有名な物理学者であり，ローマ字論者としても有名である。 (青山学院大)	田中館愛橘
☑ 3034 ☖	_____は原子構造の研究に寄与し，土星型原子模型理論を発表した。 (オリジナル)	長岡半太郎
☑ 3035 ☖	自然科学の分野では，世界的水準に達した研究も発表されるようになった。例えば，_____は緯度変化のZ項を発見した。 (中央大)	木村栄
☑ 3036 ☖	_____は，自国の認識を深めようと文明史論『日本開化小史』を著した。 (センター)	田口卯吉
☑ 3037 ☖	1879年，田口卯吉らが『_____』を創刊し，自由貿易論を展開した。 (早稲田大)	東京経済雑誌
☑ 3038 ☖	1891年，_____は「神道は祭天の古俗」という論文を発表し，国体観念に反するとして非難を浴びた。 (慶應義塾大)	久米邦武
☑ 3039 ☖	明治初期の文学では，江戸後期の遊戯的文芸の系譜をひく_____が盛んであった。 (京都産業大)	戯作文学
☑ 3040 ☖	明治時代の文学に関しては，江戸時代の戯作文学を継承した_____が，『安愚楽鍋』を著し人気を博した。 (摂南大)	仮名垣魯文
☑ 3041 ☖	仮名垣魯文は滑稽本『_____』で文明開化の風俗を活写した。 (センター)	安愚楽鍋

☑ 3042 〼	自由民権論や国権論の盛り上がりを受けて，そうした思想を普及させることを目的とする（　　　）が執筆されるようになった。　（神奈川大）	政治小説
☑ 3043 〼	自由民権運動の高まりのなかで，矢野龍溪の『（　　　）』などに代表される政治小説が人気を得た。　（京都産業大）	けいこくび だん 経国美談
☑ 3044 〼	明治時代の政治小説に，矢野龍溪の『経国美談』と，（　　　）の『佳人之奇遇』がある。　（オリジナル）	とうかいさん し 東海散士
☑ 3045 〼	『当世書生気質』の著者で知られる（　　　）は，評論で写実主義を主張した。　（中央大）	つぼうちしょうよう 坪内逍遙
☑ 3046 〼	坪内逍遙は，評論『（　　　）』で写実主義を主張した。　（青山学院大）	しんずい 小説神髄
☑ 3047 〼	二葉亭四迷は，（　　　）の小説『浮雲』などで坪内逍遙の理論を作品に結実させた。　（津田塾大）	言文一致体
☑ 3048 〼	（　　　）の小説では，硯友社を結成した尾崎紅葉の『金色夜叉』がある。　（オリジナル）	写実主義
☑ 3049 〼	尾崎紅葉と山田美妙を中心に結成された（　　　）は『我楽多文庫』を刊行し，文芸の大衆化を推進した。（法政大）	けんゆうしゃ 硯友社
☑ 3050 〼	感情と個性の躍動を重視する精神運動すなわち（　　　）は，日清戦争前後から隆盛し，多くの文芸作品に投影された。　（上智大）	ロマン主義

☑ 3051 🖾	［　　　　］が刊行した文芸雑誌の『文学界』は**ロマン主義**文学の拠点となった。 （早稲田大）	北村透谷 とうこく
☑ 3052 🖾	軍医としてドイツ留学の経験をもつ**森鷗外**（おうがい）は，『［　　　　］』や翻訳書の『即興詩人（そっきょうしじん）』などを発表した。 （上智大）	舞姫 まいひめ
☑ 3053 🖾	『高野聖（こうやひじり）』は［　　　　］の小説である。 （オリジナル）	泉鏡花 いずみきょうか
☑ 3054 🖾	［　　　　］は『文学界』に『**たけくらべ**』を発表し，下町の少女と寺の息子の淡い恋をロマン的に描いた。 （広島修道大）	樋口一葉 ひぐちいちよう
☑ 3055 🖾	**樋口一葉**はロマン主義の文芸小説『にごりえ』と『［　　　　］』を著した。 （慶應義塾大）	たけくらべ
☑ 3056 🖾	自然主義を確立した小説『破戒（はかい）』の著者［　　　　］は，ロマン主義の新体詩の詩集『若菜集』を刊行した。 （オリジナル）	島崎藤村 とうそん
☑ 3057 🖾	『国民新聞』に連載された『不如帰（ほととぎす）』は［　　　　］の小説である。 （オリジナル）	徳冨蘆花 とくとみろか
☑ 3058 🖾	日露戦争後の重苦しい世相のなかで，現実をありのままに描こうとする［　　　　］文学が主流となった。 （名古屋大）	自然主義
☑ 3059 🖾	［　　　　］は**自然主義**文学の短編集『武蔵野（むさしの）』を著した。 （慶應義塾大）	国木田独歩 くにきだどっぽ

☑ 3060 ☐	島崎藤村は『若菜集』を出して詩歌史上に一画期をつくるが，その後，自然主義に転じ小説『⬜⬜⬜』を1906年に発表する。　　　　　　　　　　（広島修道大）	破戒 は かい
☑ 3061 ☐	⬜⬜⬜は，フランス・ロシアの自然主義文学の影響を受けて，小説『蒲団』を著した。　　　　（同志社大） ふ とん	田山花袋 た やま か たい
☑ 3062 ☐	⬜⬜⬜は自然主義とは一線を画し，『山椒大夫』『阿部一族』など歴史に題材を求めつつ，人間の内面に切り込んでゆく作風を特徴とした。　　　　　　　（名古屋大） さんしょうだ ゆう	森鷗外 おうがい
☑ 3063 ☐	知識人の内面を国家や社会のかかわりで描いた『吾輩は猫である』などの⬜⬜⬜の小説は，反自然主義といわれる。　　　　　　　　　　　　　　　　（上智大） わがはい	夏目漱石 なつ め そうせき
☑ 3064 ☐	1900年に，詩歌を中心とする文芸雑誌『⬜⬜⬜』が与謝野鉄幹の主宰で創刊された。　　　（オリジナル） さ の てっかん	明星 みょうじょう
☑ 3065 ☐	ロマン主義の詩人⬜⬜⬜は，長詩『君死にたまふこと勿れ』を発表し，日露戦争に反対した。　（東京女子大）	与謝野晶子 よ さ の あきこ
☑ 3066 ☐	与謝野晶子の歌集に『⬜⬜⬜』がある。　（オリジナル）	みだれ髪
☑ 3067 ☐	写生にもとづく俳句の革新と万葉調和歌の復興を唱えた⬜⬜⬜は，俳句雑誌『ホトトギス』を主催し，『病牀六尺』を発表した。　　　　　　　　　　（慶應義塾大） びょうしょうろく しゃく	正岡子規 まさおか し き
☑ 3068 ☐	伊藤左千夫が創刊した短歌の雑誌は『⬜⬜⬜』である。　　　　　　　　　　　　　　　　　（オリジナル） さ ち お	アララギ

☑ 3069	□□□□は自然主義歌集の『一握の砂』や『悲しき玩具』で，貧窮する中での生活感情をうたった。 （明治大）	石川啄木
☑ 3070	歌舞伎の9代目市川団十郎らが唱えた□□□□とは，史実を重んじて歴史風俗を再現しようとする演出様式である。 （立命館大）	活歴
☑ 3071	明治時代，9代目□□□□・5代目尾上菊五郎・初代市川左団次の3人の俳優が，団・菊・左時代を築いて歌舞伎界をけん引した。 （早稲田大）	市川団十郎
☑ 3072	明治時代初期，オッペケペー節で人気を博した□□□□らの壮士芝居は，人気小説を劇化した新派劇に発展した。 （中央大）	川上音二郎
☑ 3073	日露戦争後には，西洋の近代演劇を翻訳・上演する動きがおき，これらは歌舞伎や新派劇に対して□□□□と呼ばれた。 （明治大）	新劇
☑ 3074	坪内逍遙らが主催した□□□□は，翻訳上演の新劇で人気を博した。 （中央大）	文芸協会
☑ 3075	□□□□は坪内逍遙とともに文芸協会を設立した。 （オリジナル）	島村抱月
☑ 3076	小山内薫らが主催した□□□□は新劇の上演を行った。 （同志社大）	自由劇場
☑ 3077	西洋音楽は軍楽隊で最初に取り入れられ，ついで，□□□□らの努力によって，小学校教育に唱歌を始め西洋音楽が採用された。 （関西大）	伊沢修二

☑ 3078	1887年には，専門的な音楽教育を行うため，伊沢修二を初代校長として◯◯◯が設立された。 （京都大）	東京音楽学校
☑ 3079	1887年設立の東京音楽学校を卒業した作曲家の◯◯◯は「荒城の月」などを作曲した。 （上智大）	滝廉太郎
☑ 3080	工部省所管の工学校が開校され，1876年にはフォンタネージ，ラグーザなどを招いて◯◯◯が併設された。 （立命館大）	工部美術学校
☑ 3081	工部美術学校を閉鎖して，1887年に設立された◯◯◯は，岡倉天心が校長をつとめ，『竜虎図』を描いた橋本雅邦は教授をつとめた。 （関西大）	東京美術学校
☑ 3082	アメリカ人の◯◯◯は，岡倉天心とともに日本美術復興運動の推進に尽力した。 （國學院大）	フェノロサ
☑ 3083	フェノロサとともに日本画の再評価を行い東京美術学校の校長になった◯◯◯が，『茶の本』を英文で発表して話題となった。 （立教大）	岡倉天心
☑ 3084	日本画家◯◯◯は，「悲母観音」を描いた。 （京都大）	狩野芳崖
☑ 3085	岡倉天心は反対派と対立して東京美術学校校長の職を辞し，1898年に橋本雅邦らとともに◯◯◯を創設した。 （広島修道大）	日本美術院
☑ 3086	日本美術院に参加した◯◯◯の代表作は「落葉」「黒き猫」である。 （オリジナル）	菱田春草

☑ 3087 ⌂	西洋画家の草分けである[　　]の代表作は「鮭」である。 （オリジナル）	高村由一 たかはしゆいち
☑ 3088 ⌂	「収穫」を代表作にもつ西洋画家の[　　]は，日本初の西洋美術団体である明治美術会を結成した。 （センター）	浅井忠 あさいちゅう
☑ 3089 ⌂	「湖畔」を代表作にもつ西洋画家の[　　]は，フランス印象派の影響を受け，白馬会を創設した。 （青山学院大）	黒田清輝 くろだせいき
☑ 3090 ⌂	1896年，黒田清輝らが結成した[　　]という新団体が，明治美術会にかわって西洋美術発展の中心的存在となった。 （東海大）	白馬会
☑ 3091 ⌂	白馬会に属した[　　]の代表作は「海の幸」である。 （オリジナル）	青木繁 あおきしげる
☑ 3092 ⌂	伝統的な木彫で有名な[　　]は，「老猿」をのこした。 （上智大）	高村光雲 たかむらこううん
☑ 3093 ⌂	彫刻家の[　　]の代表作は「女」「坑夫」である。 （オリジナル）	荻原守衛 おぎわらもりえ
☑ 3094 ⌂	東京神田にある日本ハリストス正教会の大聖堂[　　]は，コンドルの設計である。 （青山学院大）	ニコライ堂
☑ 3095 ⌂	建築家[　　]は，日本銀行本店や東京駅などを設計した。 （立教大）	辰野金吾 たつのきんご

建築家の □ は、ヴェルサイユ宮殿を模した旧東宮御所（迎賓館赤坂離宮）（現在の『迎賓館』）を設計・竣工した。　　　　　　　　　　　　　　　　　　（関西大）

片山東熊
<ruby>とうくま</ruby>

THEME
大正デモクラシーと大正時代の文化

出題頻度

見出し番号 3097—3212

☑ 3097

第一次世界大戦でヨーロッパが主戦場と化していたころ、日本は □ に沸き、輸出超過となり、債務が一気に吹き飛んで、債権国となった。　　（一橋大）

大戦景気

☑ 3098

大戦景気は資本家をうるおして □ を生み出したが、一方で物価は高騰し、民衆は苦しい生活を強いられていた。　　　　　　　　　　　　　　（センター）

成金
<ruby>なりきん</ruby>

☑ 3099

第一次世界大戦中の海運業の活況により、内田汽船を創設した内田信也のような □ が続々と誕生した。　　　　　　　　　　　　　　（東京経済大）

船成金
<ruby>ふななりきん</ruby>

☑ 3100

第一次世界大戦中、世界的な船舶不足が日本の □ や造船業を活況に導き、日本は世界第3位の海運国となった。　　　　　　　　　　　　　　（中央大）

海運業

☑ 3101

第一次世界大戦末期には、 □ が農業生産額を上回った。　　　　　　　　　　　　　　　　　（関西大）

工業（工場）生産額

☑ 3102

第一次世界大戦中、軽工業では、特にアジア市場への □ の輸出が急増した。　　　　　　　　（関西大）

綿織物

☑ 3103

日本は、英仏などに対しては軍需品、アジア地域に対しては綿織物など、また大戦景気に沸くアメリカに対しては □ などを大量に輸出した。　　（関西学院大）

生糸
<ruby>きいと</ruby>

☑ 3104	第一次世界大戦は，大戦景気をもたらした。鉄鋼業では八幡製鉄所の拡張，満鉄による◯◯◯の設立のほか，民間企業の設立があいついだ。 （名古屋学院大）	鞍山製鉄所
☑ 3105	第一次世界大戦中，日本では◯◯◯からの輸入がとだえたため，染料・肥料・薬品などの化学工業も生産を伸ばした。 （名古屋学院大）	ドイツ
☑ 3106	1915年には◯◯◯が完成し，東京まで6万kwの長距離送電も成功した。 （早稲田大）	猪苗代水力発電所
☑ 3107	◯◯◯は，労働者階級の地位向上と労働組合育成を目的に，1912年に友愛会を組織した。 （立教大）	鈴木文治
☑ 3108	労働者団体の◯◯◯は，全国組織へと発展して1919年に大日本労働総同盟友愛会と改称し，1920年に第1回メーデーを主催した。 （オリジナル）	友愛会
☑ 3109	1921年，大日本労働総同盟友愛会は，◯◯◯に発展して労資協調主義から階級闘争主義へと転じ，各地の労働運動を指導した。 （中央大）	日本労働総同盟
☑ 3110	1920年，社会主義者の統一組織として◯◯◯が結成された。 （オリジナル）	日本社会主義同盟
☑ 3111	社会主義者の間では，◯◯◯らの無政府主義と堺利彦らの共産主義が対立していたが，1917年のロシア革命の影響で1920年代には共産主義が優位に立っていた。（日本大）	大杉栄
☑ 3112	ロシア革命の影響で共産主義が台頭し，1922年，堺利彦と山川均が◯◯◯を，非合法のうちに結成した。 （南山大）	日本共産党

☑ 3113	1920年，東京帝国大学助教授の［　　　］が，無政府主義者クロポトキンの研究をとがめられて休職処分となった。　　　　　　　　　　　　　　　（学習院大）	森戸辰男
☑ 3114	第一次世界大戦後，農村では小作料の減免を求める［　　　］が急増した。　　　　　　　　　　　　　　（上智大）	小作争議
☑ 3115	『死線を越えて』の著作で知られるキリスト教社会主義者の［　　　］は，日本農民組合の結成を指導した。　　　　　　　　　　　　　　　　　　　　（関西学院大）	賀川豊彦
☑ 3116	1922年，杉山元治郎を組合長として，小作人組合の全国組織である［　　　］が発足した。　　　　（一橋大）	日本農民組合
☑ 3117	差別と貧困に苦しむ被差別部落の人々も団結を強め，1922年には［　　　］を結成して差別からの解放を目指す運動を全国的に展開した。　　　　　　　（愛知学院大）	全国水平社
☑ 3118	1922年には，［　　　］が「人の世に熱あれ，人間に光あれ」と結ばれる「水平社宣言」を起草し，差別の撤廃を求める運動を行っていた。　　　　　　　（慶應義塾大）	西光万吉
☑ 3119	1911年に平塚らいてうによって結成された女流文学団体［　　　］は，女性のみでつくった雑誌『青鞜』を発行し，女性解放運動の先駆けとなった。　　　（関西大）	青鞜社
☑ 3120	1920年に結成された［　　　］は，青鞜社の女性解放運動をひきつぎ，女性の参政権を要求するなどの運動を行った。　　　　　　　　　　　　　　　（オリジナル）	新婦人協会
☑ 3121	新婦人協会は，1922年，女性の政治集会への参加を禁じていた［　　　］第5条の一部改正を実現させた。　　　　　　　　　　　　　　　　　　　　　（センター）	治安警察法

☑ 3122 ☐	女性運動家の[ ]は，平塚らいてうとともに新婦人協会の結成において中心的な役割を果たした。 (明治大)	市川房枝 _{ふさ え}
☑ 3123 ☐	1924年，新婦人協会を母体として，市川房枝・山川菊栄_{きく え}らが[ ]を結成した。 (オリジナル)	婦人参政権獲得期成同盟会
☑ 3124 ☐	山川菊栄・伊藤野枝_{の え}らが中心となって1921年に設立された女性社会主義者の団体[ ]は，女性の権利を主張した。 (慶應義塾大)	赤瀾会 _{せきらんかい}
☑ 3125 ☐	大正時代に起きた，諸方面における民主主義的な動きを[ ]という。 (法政大)	大正デモクラシー
☑ 3126 ☐	天皇主権のもとで一般民衆の意向を重視するべきだとする[ ]は，天皇機関説とともに大正デモクラシーの理念となった。 (関西大)	民本主義
☑ 3127 ☐	民本主義という用語は，外国語の[ ]の訳語である。 (中央大)	デモクラシー
☑ 3128 ☐	[ ]は，デモクラシーを訳した民本主義を雑誌『中央公論』で唱え，政党内閣制や普通選挙の実現を訴えた。 (北海道大)	吉野作造 _{さくぞう}
☑ 3129 ☐	吉野作造に影響された学生たちの思想団体に，中野重治_{しげはる}も所属していた[ ]がある。 (津田塾大)	東大新人会
☑ 3130 ☐	吉野作造は，1918年に福田徳三_{とくぞう}らとともに[ ]を組織し，知識人層を中心に大きな影響を与えた。 (学習院大)	黎明会 _{れいめいかい}

☑ 3131 ☐	天皇機関説を唱えた人物は[　　　]である。　　（京都大）	美濃部達吉
☑ 3132 ☐	[　　　]とは天皇を憲法に基づき統治権を行使する国家の最高機関とする説であり，天皇の統治権に対しての議会による制限を暗示するものである。　　（千葉大）	天皇機関説
☑ 3133 ☐	美濃部達吉の天皇機関説に対して，同じく東京帝国大学の法学者[　　　]は天皇主権説を掲げて批判した。　　（津田塾大）	上杉慎吉
☑ 3134 ☐	1917年，マルクス主義を代表する経済学者の[　　　]は『貧乏物語』を発表し，以降，日本にマルクス主義経済学を紹介した。　　（学習院大）	河上肇
☑ 3135 ☐	昭和初期，河上肇らが紹介した[　　　]にもとづく経済学や歴史学，哲学の研究が盛んになった。　　（愛知大）	マルクス主義
☑ 3136 ☐	1932〜33年，マルクス主義にもとづき明治維新以来の日本を分析した『[　　　]』が編集・出版された。　　（センター）	日本資本主義発達史講座
☑ 3137 ☐	『日本資本主義発達史講座』の編集を主導した人物は[　　　]の他，羽仁五郎・山田盛太郎である。　　（法政大）	野呂栄太郎
☑ 3138 ☐	『東洋経済新報』の記者であった[　　　]は，植民地の放棄を主張し，第二次世界大戦後に総理大臣を務めた。　　（青山学院大）	石橋湛山
☑ 3139 ☐	[　　　]は，『善の研究』を著して仏教とヨーロッパ哲学を融合した独自の哲学を打ち立てた。　　（南山大）	西田幾多郎

☑ 3140 ☐	1911年，哲学者の西田幾多郎が『⬚』を発表した。 （立教大）	善の研究
☑ 3141 ☐	歴史研究で『神代史の研究』などを著したのは⬚である。 （オリジナル）	津田左右吉
☑ 3142 ☐	『古寺巡礼』を著したのは⬚である。 （オリジナル）	和辻哲郎
☑ 3143 ☐	『遠野物語』を著した⬚は日本の民俗学の基礎を築いた。 （オリジナル）	柳田国男
☑ 3144 ☐	柳宗悦は，無名の民衆がつくった工芸品にひそむ美に着目して，それを評価するようになり，民衆的工芸を略した「⬚」という言葉を創り出した。 （学習院大）	民芸
☑ 3145 ☐	第一次世界大戦後，各分野で日本独自の研究がはじまり，野口英世は梅毒や⬚を研究した。 （センター）	黄熱病
☑ 3146 ☐	第一次世界大戦後の自然科学分野での日本独自の業績に，本多光太郎が発明した⬚がある。 （センター）	KS磁石鋼
☑ 3147 ☐	第一次世界大戦当時の国内産業界や学界の要望で，1917年に政府の援助で⬚が設立され，後に理研コンツェルンを形成した。 （オリジナル）	理化学研究所
☑ 3148 ☐	大正デモクラシーの影響のもと，大正初期には信濃教育会や沢柳政太郎，羽仁もと子などが主導した⬚もおこった。 （明治大）	自由教育運動

☑ 3149 🏛	［　　　　　］は，児童の生活体験を作文として表現させ，思想や感情を豊かにして自分を客観的に理解させようとする教育法として展開された。　　　　　　　　　（同志社大）	綴方教育運動
☑ 3150 ♡	文学や美術でも新しい動きが生まれ，例えば人道主義を特色とする［　　　　　］の作家が活躍した。　　（福井大）	白樺派
☑ 3151 ♡	大正時代，白樺派の作家［　　　　　］は，人道主義・理想主義の雑誌『白樺』（1910 〜 23年）で活躍し，『その妹』を発表した。　　　　　　　　　　　　　　　　　　（センター）	武者小路実篤
☑ 3152 ♡	白樺派の作家である［　　　　　］は『和解』『暗夜行路』を著した。　　　　　　　　　　　　　　　　　　　（オリジナル）	志賀直哉
☑ 3153 ♡	白樺派の作家である［　　　　　］は『カインの末裔』『或る女』を著した。　　　　　　　　　　　　　　　　　（オリジナル）	有島武郎
☑ 3154 ♡	［　　　　　］の代表的作家の手による『痴人の愛』は，ヒロインを性的に奔放なモダンガールとして描いている。　　　　　　　　　　　　　　　　　　　　　　　（南山大）	耽美派
☑ 3155 ♡	『痴人の愛』『細雪』などを書いた小説家は［　　　　　］である。　　　　　　　　　　　　　　　　　　　（オリジナル）	谷崎潤一郎
☑ 3156 ♡	近代都市は，下町の景観を一変させた。これに反発した［　　　　　］は，江戸の面影が残る向島地区を舞台に，『濹東綺譚』を著した。　　　　　　　　　　　　　　（南山大）	永井荷風
☑ 3157 ♡	白樺派にかわって，新たな大正期の文学を担う多くの作家があらわれた。雑誌『［　　　　　］』の同人であった芥川龍之介もその一人である。　　　　　　　　　　（福岡大）	新思潮

3158 ☑ ☐	新思潮派の作家である□□□は『羅生門』『鼻』『河童』を著した。　(オリジナル)	芥川龍之介
3159 ☑ ☐	新思潮派の作家である□□□は『父帰る』『真珠夫人』を著した。　(オリジナル)	菊池寛
3160 ☑ ☐	□□□の代表作に『路傍の石』がある。　(オリジナル)	山本有三
3161 ☑ ☐	大正時代，横光利一や川端康成などの□□□の作家たちは，自然主義的リアリズムに反発し，新しい感覚と表現技術にくふうをこらした。　(オリジナル)	新感覚派
3162 ☑ ☐	□□□の代表作に『旅愁』がある。　(オリジナル)	横光利一
3163 ☑ ☐	□□□の代表作に『伊豆の踊子』がある。　(オリジナル)	川端康成
3164 ☑ ☐	大正時代に生まれた，社会主義運動や労働運動の高まりと連動した文学を□□□という。　(京都大)	プロレタリア文学
3165 ☑ ☐	プロレタリア文学運動は，大正の末から昭和の初めにかけて起こったもので，『□□□』や『戦旗』などの機関誌が創刊された。　(駒澤大)	種蒔く人
3166 ☑ ☐	1924年に，廃刊した『種蒔く人』の同人を中心に雑誌『□□□』が創刊され，プロレタリア文芸連盟の機関誌となった。　(東北福祉大)	文芸戦線

☑ 3167 ☆	雑誌『文芸戦線』で活躍した作家には『　　　』を著した葉山嘉樹がいる。　　　　　　　　　（東北福祉大）	海に生くる人々
☑ 3168 ☆	プロレタリア文学作品に，　　　が著した小説『蟹工船』がある。　　　　　　　　　　　　　　（南山大）	小林多喜二
☑ 3169 ☆	労働者の生活に根ざしたプロレタリア文学運動がおこり，　　　の『太陽のない街』などが発表された。　　　　　　　　　　　　　　　　　　（法政大）	徳永直
☑ 3170 ☆	詩人　　　の代表的詩集に『道程』『智恵子抄』がある。　　　　　　　　　　　　　　　　　（オリジナル）	高村光太郎
☑ 3171 ☆	詩人　　　の代表的詩集に『月に吠える』がある。　　　　　　　　　　　　　　　　　　　（オリジナル）	萩原朔太郎
☑ 3172 ☆	歌人　　　の代表的歌集に『赤光』がある。　　　　　　　　　　　　　　　　　　　　　　（オリジナル）	斎藤茂吉
☑ 3173 ☆	大正時代に人気を博した作家　　　は，大衆小説の先駆的作品『大菩薩峠』を著した。　　　　　（京都大）	中里介山
☑ 3174 ☆	マスメディアの広がりとともに，大衆文化がより発展していった。大衆小説家　　　の代表的小説に『宮本武蔵』がある。　　　　　　　　　　　　　（オリジナル）	吉川英治
☑ 3175 ☆	大衆小説家　　　の代表的小説に『鞍馬天狗』がある。　　　　　　　　　　　　　　　　　（オリジナル）	大佛次郎

☑ 3176	大正末期に発売された，1冊1円の◯◯◯◯は，1927年創刊の<u>岩波文庫</u>とともに低価格・大量出版の先駆けとなった。 (津田塾大)	^{えんぽん}円本
☑ 3177	大日本雄弁会講談社による大衆雑誌『キング』や，改造社が出版し，1冊1円の値段で「<u>円本</u>」とも呼ばれた『◯◯◯◯』などが人気を得た。 (立教大)	現代日本文学全集
☑ 3178	関東大震災後には，◯◯◯◯が安価な<u>円本</u>を出版して成功した。 (慶應義塾大)	改造社
☑ 3179	大正末期の時点で，『<u>大阪朝日新聞</u>』『<u>大阪毎日新聞</u>』などのように，発行部数で◯◯◯万部を突破する新聞があらわれた。 (センター)	100 万部
☑ 3180	『中央公論』とともに，大正時代を代表する総合雑誌は山本実彦が発行した『◯◯◯◯』である。 (青山学院大)	改造
☑ 3181	大正時代には『中央公論』や『改造』などの◯◯◯◯が発展した。 (中央大)	総合雑誌
☑ 3182	日本最初の◯◯◯◯である『<u>サンデー毎日</u>』『<u>週刊朝日</u>』は1922年に創刊された。 (オリジナル)	週刊誌
☑ 3183	1925年創刊の大衆娯楽雑誌『◯◯◯◯』の発行部数は100万部を突破した。 (明治大)	キング
☑ 3184	大正時代，<u>鈴木三重吉</u>は児童雑誌『◯◯◯◯』を創刊し，芸術としての童話を追求した。 (津田塾大)	赤い鳥

☑ 3185 ☼	詩人・童話作家である◯◯◯◯の代表作に『注文の多い料理店』『銀河鉄道の夜』がある。　　　　　　（オリジナル）	宮沢賢治
☑ 3186 ☼	1907年に開設された◯◯◯◯は，伝統美術・西洋美術共通の発表の場となった。　　　　　　　　　　（南山大）	文展（文部省美術展覧会）
☑ 3187 ☼	1919年に文展は◯◯◯◯に引き継がれたが，1935年に再び文部省主催となり新文展と呼ばれ，戦後は日展（日本美術展覧会）となった。　　　　　　（オリジナル）	帝展（帝国美術院展覧会）
☑ 3188 ☼	日本画では，横山大観，下村観山らは◯◯◯◯を再興し，近代絵画としての新しい様式を開拓した。　（青山学院大）	日本美術院
☑ 3189 ☼	日本画では横山大観らが日本美術院を再興し，◯◯◯◯を開催して近代絵画の新様式を開拓した。　　　（福井大）	院展（日本美術院展覧会）
☑ 3190 ☼	大正時代の日本画では，◯◯◯◯が「生々流転」を発表した。　　　　　　　　　　　　　　　　　　（関西大）	横山大観
☑ 3191 ☼	大正時代の洋画では，文展のアカデミズムに対抗して◯◯◯◯や春陽会が創設された。　　　　　　（センター）	二科会
☑ 3192 ☼	「麗子像」を描いたことで知られる◯◯◯◯が，フューザン会の結成に参加して洋画界の革新を図ろうとした。　　　　　　　　　　　　　　　　　　（立教大）	岸田劉生
☑ 3193 ☼	二科会を結成した画家の◯◯◯◯の代表作に「紫禁城」がある。　　　　　　　　　　　　　　　（オリジナル）	梅原龍三郎

□ 3194 ☐	画家◯◯の代表作に「金蓉(きんよう)」がある。　　（オリジナル）	安井曽太郎(やすいそうたろう)
□ 3195 ☐	大正期に活躍した画家の◯◯は，独特の美人画を描き，人気を博した。代表作に「黒船屋」「灯籠流し」がある。　　（オリジナル）	竹久夢二(たけひさゆめじ)
□ 3196 ☐	島村抱月(ほうげつ)が結成した文化団体の文芸協会が1911年にイプセンの『人形の家』を公演すると，女性の主人公ノラを演じた◯◯が脚光を浴びた。　　（津田塾大）	松井須磨子(まついすまこ)
□ 3197 ☐	島村抱月は松井須磨子との恋愛問題で坪内逍遙(つぼうちしょうよう)と決別して文芸協会を解散し，新たに松井須磨子と◯◯を結成した。　　（オリジナル）	芸術座
□ 3198 ☐	芸術座が新劇の普及に大きく貢献し，1924年に小山内薫(おさないかおる)らが創設した◯◯が，新劇運動の中心となった。　　（立命館大）	築地小劇場(つきじ)
□ 3199 ☐	芸術座を脱退した沢田正二郎(しょうじろう)らは，歌舞伎を革新した大衆演劇である◯◯を設立した。　　（オリジナル）	新国劇
□ 3200 ☐	演劇分野においては，阪急電鉄社長の小林一三(いちぞう)が女性だけからなる劇団である◯◯を創立して人気を博した。　　（立命館大）	宝塚少女歌劇団(宝塚歌劇団)
□ 3201 ☐	音楽の分野でも，歌曲「からたちの花」や「赤とんぼ」を作曲した◯◯が，近衛秀麿(このえひでまろ)らと日本交響楽協会を設立するなど，芸術文化の発展もみられた。　　（立教大）	山田耕筰(こうさく)
□ 3202 ☐	大正から昭和初期にかけて活動写真とよばれて親しまれた娯楽は◯◯である。　　（センター）	映画

☑ 3203 ☐	映画は当初無声映画を[　　　]の解説付きで上映していたが，国産映画がヒット作を連発し，大衆文化を代表する存在となった。　　　　　　　　　　　（立命館大）	弁士
☑ 3204 ☐	1930年代，映像と音声が一体となった[　　　]の上映が始まった。　　　　　　　　　　　　　　　　　（南山大）	トーキー
☑ 3205 ☐	1925年に開始された[　　　]は，野球放送を行うなどして「娯楽の王様」と呼ばれた。　　　　　　　　　（南山大）	ラジオ放送
☑ 3206 ☐	第一次世界大戦後に増加した働く女性たちは[　　　]と呼ばれた。その代表的事務職は，タイピストと電話交換手である。　　　　　　　　　　　　　　　　　（日本大）	職業婦人
☑ 3207 ☐	昭和初期，洋服に断髪のいでたちで街を闊歩（かっぽ）する女性は[　　　]と呼ばれた。　　　　　　　　　　　（津田塾大）	モダンガール（モガ）
☑ 3208 ☐	第一次世界大戦後，都市を中心にインテリが増加し，事務系の職場で働く[　　　]も増えた。　　　　（一橋大）	俸給（ほうきゅう）生活者（サラリーマン）
☑ 3209 ☐	大正から昭和初期にかけて，都心では鉄筋コンクリートのビルの他，和洋折衷の[　　　]が建てられた。（中央大）	文化住宅
☑ 3210 ☐	関東大震災の翌年の1924年に設立された[　　　]は，東京や横浜に当時最新の4～5階建て鉄筋コンクリート造りのアパートを建設した。　　　　　　　　　（立命館大）	同潤会（どうじゅんかい）
☑ 3211 ☐	おもに呉服店に起源をもち，さまざまな商品を陳列して販売する[　　　]が発達した。　　　　（高崎経済大）	百貨店

| ☑ 3212 🏚 | 百貨店が発達する一方，生鮮食料品などの日用品の販売に重点をおく，私鉄経営の◯◯◯もこの頃に出現した。　　　　　　　　　　　　　　　　　　　　（高崎経済大） | ターミナルデパート |

THEME

昭和の始まりと2つの恐慌

見出し番号 3213—3248

出題頻度 👑

☑ 3213 🏚	昭和天皇が即位して元号が昭和になった1926年，加藤高明（たかあき）の死去にともなって，憲政会を母体に◯◯◯内閣が発足した。　　　　　　　　　　　　　　　　　　（西南学院大）	（第1次）若槻礼次郎（わかつきれいじろう）内閣
☑ 3214 🏚	1927年3月，◯◯◯の整理法案を審議する過程で，片岡直温（なおはる）蔵相の失言により一部銀行の不良経営が明るみに出て，取り付け騒ぎが起こった。　　　　　　　　　　（法政大）	震災手形
☑ 3215 🏚	1927年，片岡蔵相の「東京渡辺銀行が破たんした」という発言をきっかけに取付け騒ぎがおき，◯◯◯が起きた。　　　　　　　　　　　　　　　　　　　　　（東京経済大）	金融恐慌（きんゆうこう）
☑ 3216 🏚	第1次若槻内閣は◯◯◯に対する巨額の不良債権を抱えた台湾銀行を緊急勅令によって救済しようとしたが，これに失敗して総辞職した。　　　　　　　　　　（中央大）	鈴木商店
☑ 3217 🏚	第1次若槻内閣は，台湾銀行を救済すべく緊急勅令を出そうとしたものの，◯◯◯の了承を得られなかったため，総辞職を余儀なくされた。　　　　　　　　　（上智大）	枢密院（すうみついん）
☑ 3218 🏚	1927年，立憲政友会の◯◯◯内閣が発足した。　　　　　　　　　　　　　　　　　　　　（慶應義塾大）	田中義一（ぎいち）
☑ 3219 🏚	田中義一（ぎいち）内閣は，銀行が預金者に対する支払いを一時停止することができる◯◯◯を3週間実施して銀行を救済し，金融恐慌（きょうこう）を鎮めた。　　　　　　（西南学院大）	モラトリアム（支払猶予令（ゆうよれい））

☑ 3220	◻は，田中義一内閣の大蔵大臣として金融恐慌を収拾させた。 (中央大)	高橋是清 これきよ
☑ 3221	金融恐慌ののち，五大銀行すなわち三井・住友・三菱・◻・第一の独占資本化が進んだ。 (オリジナル)	安田
☑ 3222	1928年に行われた総選挙は◻にもとづいて行われた初めての総選挙である。 (明治大)	普通選挙法
☑ 3223	1928年の総選挙によって，社会主義の政党である◻勢力が8名の当選者を出すと，非合法の日本共産党が公然と活動を開始した。 (日本女子大)	無産政党
☑ 3224	普通選挙法成立後に社会主義勢力は議会を通じての社会改造をめざすようになり，1926年には合法的な無産政党である◻が組織された。 (法政大)	労働農民党 （労農党）
☑ 3225	1926年に杉山元治郎が結成した労働農民党はまもなく分裂，同年に労働農民党の中間派が日本労農党を，右派が◻を結成した。 (オリジナル)	社会民衆党 （社民党）
☑ 3226	田中義一内閣は，選挙直後に共産党員を一斉検挙し，労働農民党などを解散させた。これを◻という。 (法政大)	三・一五事件
☑ 3227	田中義一内閣は，1928年に緊急勅令によって◻を改正し，最高刑を死刑・無期とするとともに，全国の警察にも特別高等課（特高）を設置した。 (明治大)	治安維持法
☑ 3228	田中義一内閣は1928年，治安維持法を改正して最高刑を死刑・無期刑とし，1929年に共産党員などの一斉検挙を行った。この事件を◻という。 (関西大)	四・一六事件

☑ 3229 ☐	労働農民党から立候補して当選した[　　　]は，反動政策を糾弾したほか，生物学者としての立場から産児制限運動を主導していた。 （慶應義塾大）	山本宣治 （せんじ）
☑ 3230 ☐	1927年，斎藤実（まこと）ら全権が参加した[　　　]は，米・英・日間の補助艦制限を検討したが，不成立に終わった。 （オリジナル）	ジュネーヴ軍縮会議
☑ 3231 ☐	田中義一内閣は，欧米諸国に対しては協調外交の方針を引き継ぎ，1928年に[　　　]に調印した。 （龍谷大）	不戦条約
☑ 3232 ☐	中国国民党の蔣介石（しょうかいせき）は，中国における軍閥割拠を打破するために，1926年に，国民革命軍による[　　　]という軍事行動を開始した。 （オリジナル）	北伐 （ほくばつ）
☑ 3233 ☐	田中義一内閣は，北伐を開始した国民革命軍に対抗して，北方軍閥の[　　　]を支援した。田中内閣の対中国外交は，積極外交と呼ばれる。 （慶應義塾大）	張作霖 （ちょうさくりん）
☑ 3234 ☐	田中義一内閣は，北伐に対して，1927（昭和2）年，中国関係の外交官・軍人を集めて[　　　]を開き，強硬方針を打ち出した。 （明治大）	東方会議
☑ 3235 ☐	田中義一内閣は，国民革命軍に対抗するため，3回の[　　　]（1927〜28年）を行った。 （京都大）	山東出兵 （さんとう）
☑ 3236 ☐	第2回山東出兵で日本軍は，国民革命軍を破り，済南城（さいなん）を占領した。これを[　　　]という。 （慶應義塾大）	済南事件 （さいなん）
☑ 3237 ☐	1928年末，[　　　]が北伐を完了して国民政府の中国統一をほぼ完成させた。 （関西学院大）	蔣介石 （しょうかいせき）

☑ 3238 ▢	田中義一内閣は，中国については積極外交を推し進めた。さらに関東軍の一部では，満洲を直接支配すべきと考えて，1928年6月，□□□を起こした。　　　　　（龍谷大）	張作霖爆殺事件
☑ 3239 ▢	1928年，張作霖爆殺事件が起き，田中義一内閣は総辞職した。この事件は当時，□□□と呼ばれていた。　　　　　　　　　　　　　　　　　　　（同志社大）	満洲某重大事件
☑ 3240 ▢	張作霖爆殺事件を起こした関東軍とは，旅順(りょじゅん)に設置された関東都督府(ととくふ)が1919年に□□□へと改組された際に陸軍部が独立したものである。　　　　　（青山学院大）	関東庁
☑ 3241 ▢	立憲民政党は，1927（昭和2）年に憲政会と政友本党が合同して結成された。1929年，田中義一内閣が総辞職すると，同党総裁の□□□が内閣を組織した。　（神奈川大）	浜口雄幸(お さち)
☑ 3242 ▢	1930年1月，浜口雄幸内閣は□□□を行って，外国為替相場の安定と経済界の抜本的整理を図った。　　（北海道大）	金輸出解禁（金解禁）
☑ 3243 ▢	□□□蔵相は1930年1月から金解禁を断行し貿易拡大を図ったが，世界恐慌の影響によって正貨の大量流出となり，深刻な恐慌(きょうこう)状態に陥った。　　　　（中央大）	井上準之助(じゅん の すけ)
☑ 3244 ▢	1929年10月，ニューヨーク・ウォール街の株価暴落を契機に□□□がはじまった。　　　　　　　　（首都大）	世界恐慌(きょうこう)
☑ 3245 ▢	世界恐慌の影響を受けて，日本では1930年に□□□が起こった。　　　　　　　　　　　　　　　　（青山学院大）	昭和恐慌
☑ 3246 ▢	昭和恐慌の中で，農産物価格の暴落，1930年の豊作貧乏と，1931年の東北中心の大凶作から農村困窮が深刻化した。これを□□□という。　　　　（センター）	農業恐慌

☑ 3247 ☪	農村では農業恐慌によって農産物価格が暴落し、凶作に見舞われた東北農村では、子女の身売りや[　　　]が目立った。　　　　　　　　　　　　　　（早稲田大）	欠食児童
☑ 3248 ☪	1931年、浜口雄幸内閣は[　　　]を制定して産業の合理化をはかったが、昭和恐慌は鎮まらなかった。　（上智大）	重要産業統制法

THEME

満洲事変と軍部の台頭

見出し番号 3249—3312

出題頻度 ♛

☑ 3249 ☪	浜口雄幸内閣のときの1930年、主席全権の若槻礼次郎、海軍大臣の財部彪が出席して、[　　　]に調印した。　　　　　　　　　　　　　　　　　　　（國學院大）	ロンドン海軍軍備制限（軍縮）条約
☑ 3250 ☪	ロンドン海軍軍備制限（軍縮）条約によって、日本の補助艦保有率は対英米の[　　　]割と定められた。　　　　　　　　　　　　　　　　　　　（センター）	7割
☑ 3251 ☪	ロンドン海軍軍備制限条約に対して、立憲政友会や軍部・右翼などは、海軍軍令部の同意を得ずに政府が兵力量を決定したのを、[　　　]であると批判した。　（龍谷大）	統帥権の干犯
☑ 3252 ☪	国民政府の中国統一に危機感を覚えた日本の軍や右翼は「[　　　]」を声高に叫んだ。　　　　　　　（日本大）	満蒙の危機
☑ 3253 ☪	1931年9月の南満洲鉄道爆破事件を[　　　]という。　　　　　　　　　　　　　　　　　　（東京女子大）	柳条湖事件
☑ 3254 ☪	1931年9月、参謀の[　　　]を中心とする関東軍が、奉天郊外の柳条湖で南満洲鉄道の線路を爆破した。　（関西大）	石原莞爾

☑ 3255 ☐	関東軍は柳条湖事件を中国軍の仕業とみせかけて，満洲各地に進軍を開始した。この武力紛争を◯◯◯◯といい，これを日本の世論は支持した。 (日本大)	満洲事変
☑ 3256 ☐	立憲民政党の◯◯◯◯内閣は，満洲事変不拡大の方針を示したが，軍部に同調する内務大臣らが造反して閣内不一致がおこり，退陣した。 (中央大)	(第2次)若槻礼次郎内閣
☑ 3257 ☐	立憲政友会の◯◯◯◯内閣は，中国との直接交渉をめざしたが，関東軍の動きは止まらず，1932年の3月には「満洲国」建国の宣言を出させた。 (上智大)	犬養毅内閣
☑ 3258 ☐	1932年1月，上海で日本人僧侶が殺害されたことを機に勃発した国民政府軍らと日本陸軍の衝突を◯◯◯◯といい，同年5月に停戦協定を締結した。 (オリジナル)	(第1次)上海事変
☑ 3259 ☐	犬養毅内閣のときの1932年，関東軍は東三省を占領し，◯◯◯◯建国を宣言した。 (早稲田大)	満洲国
☑ 3260 ☐	清朝最後の皇帝で，満洲国の執政となった人物は◯◯◯◯である。 (日本大)	溥儀
☑ 3261 ☐	1931年に，陸軍の橋本欣五郎が率いる青年将校による秘密結社の◯◯◯◯が三月事件をおこした。 (上智大)	桜会
☑ 3262 ☐	◯◯◯◯とは，桜会が，政党内閣打倒，元陸相の宇垣一成による軍部内閣樹立構想に基づくクーデタ未遂事件である。 (上智大)	三月事件
☑ 3263 ☐	三月事件の計画にも関与していた国粋主義者・大アジア主義者の大川周明が，またも関与するかたちで◯◯◯◯を起こした。 (上智大)	十月事件

384

☑ 3264	1932年井上日召が率いる血盟団のメンバーが井上準之助前蔵相や団琢磨三井合名会社理事長を暗殺する◻️◻️◻️◻️が起きた。 （早稲田大）	血盟団事件
☑ 3265	1932年，海軍青年将校が首相官邸や警視庁，日本銀行などを襲撃し，犬養毅首相を射殺するという◻️◻️◻️がおきた。 （名古屋大）	五・一五事件
☑ 3266	犬養内閣を最後に，加藤高明内閣以来8年間つづいた◻️◻️◻️が途切れ，「憲政の常道」は終わった。 （國學院大）	政党内閣
☑ 3267	犬養毅内閣の大蔵大臣◻️◻️◻️は，金輸出再禁止と円の金兌換停止を断行し，金融恐慌を収束させた。 （関西大）	高橋是清
☑ 3268	犬養毅内閣は昭和恐慌を脱出するため◻️◻️◻️を行った。このことは，金本位制からの離脱と管理通貨制度への移行を意味する。 （立命館大）	金輸出再禁止
☑ 3269	大蔵大臣の高橋是清は金輸出を再禁止し，円の金兌換を停止して◻️◻️◻️に移行した。 （和歌山大）	管理通貨制度
☑ 3270	金輸出再禁止をうけて円相場は大幅に下落し，アジア市場に対する◻️◻️◻️輸出が大きく増加した。 （早稲田大）	綿織物
☑ 3271	円安を利用して日本が割安の製品を輸出していることに対し，欧米諸国から◻️◻️◻️として批判された。 （オリジナル）	ソーシャル=ダンピング
☑ 3272	◻️◻️◻️の継続的な増加は機械や金属など重工業の躍進をもたらし，また保護政策の下で化学工業も大きく発展した。 （早稲田大）	軍事費

☑ 3273	昭和恐慌の脱出期，政府は，時局匡救事業と称する公共土木事業を行い，また◯◯◯◯や産業組合の拡充を行って，農民たちに自力更生をはからせた。 （首都大）	農山漁村経済更生運動
☑ 3274	世界恐慌に対処するために，イギリスは，本国と植民地間の経済的結びつきを強め，他国の製品に特恵関税をかける排他的な◯◯◯◯を構築した。 （オリジナル）	ブロック経済圏
☑ 3275	アメリカはTVA（テネシー川流域開発公社）などの公共投資を中心とした◯◯◯◯をとることで経済危機を克服することを試みた。 （明治大）	ニューディール政策
☑ 3276	1933年，諸産業の生産水準は昭和恐慌以前に回復し，1938年には◯◯◯◯が工業の中心となった。 （関西大）	重化学工業
☑ 3277	新興財閥は満洲や朝鮮などの植民地に◯◯◯◯を建設し，重化学工業や軍需工業を中心に急成長した。 （センター）	コンビナート
☑ 3278	1934年，八幡製鉄所を中心に大合同が行われて◯◯◯◯が設立された。 （立命館大）	日本製鉄会社
☑ 3279	鮎川義介が日本産業会社を中心に結成した◯◯◯◯は，1937年に満洲重工業開発会社を設立し，満洲の重化学工業の独占支配をねらった。 （早稲田大）	日産コンツェルン
☑ 3280	◯◯◯◯は，日本窒素肥料会社を母体として新興財閥の日窒コンツェルンを結成，朝鮮における化学工業の開発を行った。 （東京経済大）	野口遵
☑ 3281	五・一五事件によって犬養毅首相が暗殺された後，海軍大将◯◯◯◯が後継首相に指名され，8年間続いた政党内閣は終了した。 （関西学院大）	斎藤実

3282	1932年, 元老の◻︎◻︎の推薦によって斎藤実が挙国一致内閣を組織した。 (オリジナル)	西園寺公望
3283	1932年, 斎藤実内閣のとき, 日本は権益を確認する◻︎◻︎を取り交わして満洲国を承認した。 (中央大)	日満議定書
3284	国際連盟理事会は満洲事変の真相を究明するため, 日中両国に◻︎◻︎を派遣した。 (青山学院大)	リットン調査団
3285	1933年, 国際連盟は総会でリットン調査団の報告をもとに満洲国承認の撤回を日本に勧告したが, ◻︎◻︎ら日本全権団は勧告を不服として議場を退席した。 (北海道大)	松岡洋右
3286	日本は, 1933年3月に◻︎◻︎を通告し, 国際的に孤立していくこととなった。 (早稲田大)	国際連盟脱退
3287	1933年5月には日本軍と国民政府の間で◻︎◻︎が締結され, 満洲事変には一応のピリオドが打たれた。 (成城大)	日中軍事停戦協定（塘沽停戦協定）
3288	満洲事変などで国家主義の気運が高まると, 国家が社会主義運動への弾圧を強めたため, 社会主義者・共産主義者たちが思想を放棄し◻︎◻︎した。 (明治大)	転向
3289	無産政党は大同団結や分裂を繰り返し, 国家社会主義に転じた者もいた。例えば◻︎◻︎を中心とした日本国家社会党が1932年に結成された。 (青山学院大)	赤松克麿
3290	無産政党が合同し, 安部磯雄を党首として結成した◻︎◻︎は, 反資本・反共・反ファシズムの三反主義の立場をとった。 (中央大)	社会大衆党

☑ 3291 ⌂	1933年，獄中の日本共産党幹部，〔　　　〕と鍋山貞親は転向し，天皇制と民族主義のもとでの一国社会主義を唱えた。 (関西学院大)	佐野学
☑ 3292 ⌂	1933年，文部大臣鳩山一郎は，京都帝国大学法学部教授の滝川幸辰が著した『刑法読本』を非難して，京大に処分をせまる〔　　　〕が起きた。 (立教大)	滝川事件
☑ 3293 ⌂	1935年，貴族院議員本会議において，〔　　　〕により天皇機関説を非難する演説が行われ，軍部や右翼による攻撃も激化した。 (慶應義塾大)	菊池武夫
☑ 3294 ⌂	1935（昭和10）年，天皇機関説が反国体的であるとして政治問題化すると，〔　　　〕内閣は国体明徴声明を発表し，「天皇機関説」を否認した。 (防衛大)	岡田啓介内閣
☑ 3295 ⌂	軍部の内部では，天皇を中心に国家改造を説く〔　　　〕と，軍・官僚・財界の結束のもと高度国防国家を目指す統制派が対立していた。 (慶應義塾大)	皇道派
☑ 3296 ⌂	昭和期の陸軍では，統制派と皇道派が対立し，1935年には皇道派の相沢三郎中佐が統制派の軍務局長〔　　　〕を殺害した。 (関西大)	永田鉄山
☑ 3297 ⌂	1936年，陸軍皇道派の一部青年将校らが起こしたクーデタを〔　　　〕という。 (東京経済大)	二・二六事件
☑ 3298 ⌂	二・二六事件によって，岡田啓介内閣の〔　　　〕大蔵大臣が殺害された。 (明治大)	高橋是清
☑ 3299 ⌂	二・二六事件によって，岡田啓介内閣の〔　　　〕内大臣や高橋是清大蔵大臣，渡辺錠太郎教育総監らが殺害された。 (オリジナル)	斎藤実

☑ 3300 ⌣	『日本改造法案大綱』の著者で右翼の理論的指導者だった □□□ は，二・二六事件を起こした皇道派の青年将校たちに強い影響を与えていた。　　　　（センター）	北一輝 きたいっき
☑ 3301 ⌣	皇道派の一部青年将校が二・二六事件を起こすと，これを反乱軍として鎮圧して排除した □□□ が陸軍内の主導権を把握した。　　　　（防衛大）	統制派
☑ 3302 ⌣	1936年，□□□ 内閣が成立し，陸軍による帝国国防方針の改定に基づいて，南方進出を明記した「国策の基準」を発表した。　　　　（センター）	広田弘毅内閣 こうき
☑ 3303 ⌣	二・二六事件後の1936年3月に発足した広田弘毅内閣は，□□□ を復活させ，軍の内閣への影響力を強めた。　　　　（オリジナル）	軍部大臣現役武官制
☑ 3304 ⌣	1936年，広田弘毅内閣はさらなる大陸や南方進出を促進するために，帝国国防方針を改定し，いわゆる「□□□」を策定した。　　　　（明治大）	国策の基準
☑ 3305 ⌣	1936年，広田弘毅内閣は □□□ を結び，結果的に，国際的な対立姿勢を強めることになった。　　　　（オリジナル）	日独防共協定
☑ 3306 ⌣	1937年，広田弘毅内閣が軍と軍拡反対の政党の両方から批判されて総辞職すると，陸軍穏健派の □□□ が首相を目指したが，陸軍の反対で組閣に失敗した。　（中央大）	宇垣一成 うがきかずしげ
☑ 3307 ⌣	1937年，広田弘毅内閣の総辞職後，□□□ 内閣が成立した。　　　　（オリジナル）	林銑十郎内閣 せんじゅうろう
☑ 3308 ⌣	1937年5月には文部省が『□□□』を発行し，全国の学校や官庁などに配付して思想統制を強めた。　　（龍谷大）	国体の本義

☑ 3309 ◻	資本主義の行き詰まりを独裁体制で打破しようとする<u>ファシズム</u>は，1922年の<u>イタリア</u>の◻による<u>ファシスト党</u>による政権掌握に始まる。　（オリジナル）	ムッソリーニ
☑ 3310 ◻	ドイツでは1933年に<u>ヒトラー</u>率いる<u>ナチス</u>が政権を掌握して全体主義体制（◻）を築いた。　（オリジナル）	ナチズム
☑ 3311 ◻	1936年，スペインでは人民戦線政府に対して右翼の◻が反乱を起こし内戦となった。将軍側が独・伊の支援を受け勝利し，独裁体制を築いた。　（オリジナル）	フランコ（将軍）
☑ 3312 ◻	ソ連では独裁的指導者の◻が一国社会主義のもと，1928年から計画経済を行っていたので，世界恐慌の影響をほとんど受けなかった。　（オリジナル）	スターリン

THEME

日中戦争と戦時下の統制

見出し番号 3313−3340

出題頻度 ◻

☑ 3313 ◻	満洲事変終結後，関東軍は，華北五省（河北・山東・山西・チャハル・綏遠）での支配権を強化するために◻を進めた。　（成城大）	華北分離工作
☑ 3314 ◻	関東軍は，1935年11月，万里の長城以南の非武装地帯に殷汝耕を首班とする◻を成立させた。　（成城大）	冀東防共自治委員会
☑ 3315 ◻	中国国内では，抗日運動の機運が高まり，1936年12月の◻をきっかけとして国共合作への動きが強まった。　（明治大）	西安事件（シーアン）
☑ 3316 ◻	1936年，◻は，西安郊外で国民党を率いていた蔣介石を監禁し，共産党との内戦停止と，抗日を要求する<u>西安事件</u>をおこした。　（日本女子大）	張学良

☑ 3317 ☐	4カ月と短命だった林銑十郎内閣をへて，1937年6月，貴族院議長の〔　　　〕が，元老・軍・国民の支持を集めて挙国一致内閣を組織した。　　　　　　　（オリジナル）	近衛文麿
☑ 3318 ☐	第1次近衛文麿内閣成立直後の1937年7月，盧溝橋で日中両軍が衝突するという〔　　　〕がおきた。　（慶應義塾大）	盧溝橋事件
☑ 3319 ☐	盧溝橋は〔　　　〕の郊外にある。　　　　　　（南山大）	北京
☑ 3320 ☐	盧溝橋事件に端を発して，〔　　　〕がはじまった。 　　　　　　　　　　　　　　　　　　　　　（日本大）	日中戦争
☑ 3321 ☐	1937年8月には〔　　　〕がはじまり，9月には国民党と共産党が提携して抗日民族統一戦線が成立した。 　　　　　　　　　　　　　　　　　　　　（愛知学院大）	（第2次）上海事変
☑ 3322 ☐	1937年末，日本は中国国民政府の首都〔　　　〕を攻め落とした。　　　　　　　　　　　　　　　　（センター）	南京
☑ 3323 ☐	南京を攻め落とされた中国国民政府が漢口，さらに〔　　　〕へと退きつつ徹底抗戦したため，戦局は泥沼化した。　　　　　　　　　　　　　　　　　　（学習院大）	重慶
☑ 3324 ☐	1938年1月，第1次近衛文麿内閣は「〔　　　〕を対手とせず」と表明し，和平の道を閉ざした。　　（北海道大）	国民政府
☑ 3325 ☐	1936年，広田弘毅内閣はソ連に対抗するためにドイツと日独防共協定を結んだ。1937年には第1次近衛文麿内閣が，イタリアを加えた〔　　　〕を締結する。　（早稲田大）	日独伊三国防共協定

☑ 3326 ⌂	1938年11月，第2次近衛声明では，戦争の目的は日・満・華が連帯する「□□□□」の建設にあるとした。 (國學院大)	とうあ 東亜新秩序
☑ 3327 ⌂	国民政府で，左派の中心人物として蔣介石と対立していた□□□□は，ひそかに重慶を脱出し，日本に近づいた。 (オリジナル)	おうちょうめい　せいえい 汪兆銘（汪精衛）
☑ 3328 ⌂	日本は，汪兆銘を首班とする傀儡政権の□□□□を南京に樹立した。 (オリジナル)	新国民政府
☑ 3329 ⌂	第1次近衛文麿内閣は，新国民政府樹立のため，善隣友好・共同防共・経済提携の3つの原則を示した。これを□□□□という。 (オリジナル)	このえ 近衛三原則
☑ 3330 ⌂	1937年におこった□□□□は，国家主義・軍国主義をかかげ，国民に戦争協力をうながした。 (同志社大)	国民精神総動員運動
☑ 3331 ⌂	近衛文麿内閣は，1937年に政府主催の大演説会で，「□□□□・尽忠報国・堅忍持久」のスローガンを掲げて国民精神総動員運動を開始した。 (駒澤大)	挙国一致
☑ 3332 ⌂	1937年，貿易全般を統制する輸出入品等臨時措置法と並んで，重要産業向けに資金を優先的に融資する目的で□□□□が公布された。 (学習院大)	臨時資金調整法
☑ 3333 ⌂	1937年，第1次近衛文麿内閣は，内閣直属の機関として□□□□を設置し，物資動員計画を作成させた。この機関はのちの1943年に，軍需省に吸収される。 (津田塾大)	企画院
☑ 3334 ⌂	1938年4月，第1次近衛文麿内閣は，政府が議会の承認なしに戦争遂行に必要な労働力や物資を動員できるとする□□□□を定めた。 (早稲田大)	国家総動員法

☑ 3335 ♡	1938年には**国家総動員法**が制定され，これによって政府は，議会の承認なしに◯◯によって戦争遂行に必要な物資や労働力を動員できるようになった。 （立教大）	<ruby>勅令<rt>ちょくれい</rt></ruby>
☑ 3336 ♡	国家総動員法と同時に，◯◯を制定して民間電力会社を単一の国策会社に統合し，私企業への国家統制を強化した。 （愛知学院大）	電力国家管理法 **（電力管理法）**
☑ 3337 ♡	1939年，国家総動員法にもとづき◯◯を制定して，業種別に**初任給**を公定した。 （オリジナル）	賃金統制令
☑ 3338 ♡	1939年，一般国民を軍需作業に動員するという◯◯が制定された。 （西南学院大）	国民徴用令
☑ 3339 ♡	1939年，◯◯を制定して公定価格制がしかれ，統制経済はさらに強化された。 （上智大）	価格等統制令
☑ 3340 ♡	総力戦を遂行するため，労働者を全面的に動員する目的で◯◯の結成がすすめられた。 （愛知学院大）	産業報国会

THEME

昭和初期の文化

見出し番号 3341—3345

☑ 3341 ♡	雑誌『◯◯』によった<ruby>亀井勝一郎<rt>かめいかついちろう</rt></ruby>・<ruby>保田与重郎<rt>やすだよじゅうろう</rt></ruby>らが，反近代と民族主義を掲げる文芸評論をさかんに発表した。 （駒澤大）	<ruby>日本浪曼派<rt>ろうまんは</rt></ruby>
☑ 3342 ♡	真正面から転向者の苦悩を描いた◯◯の『村の家』などの**転向文学**が生まれた。 （オリジナル）	<ruby>中野重治<rt>なかのしげはる</rt></ruby>

☑ 3343 🏚	火野葦平(ひ の あしへい)は日中戦争期の従軍体験記として『　　　』を著した。　　　　　　　　　　　　　　　　　（立教大）	麦と兵隊
☑ 3344 🏚	が日本軍兵士を写実的に描いた『生きてゐる兵隊』は，発売禁止処分となった。　　　　　　　　（津田塾大）	石川達三(たつぞう)
☑ 3345 🏚	太平洋戦争が始まり，1942年には，文学者も　　　　に組織化され，戦争遂行のための宣伝に動員されることとなった。　　　　　　　　　　　　　　　（東北福祉大）	日本文学報国会

THEME

第二次世界大戦と日本の対応

見出し番号 3346—3392

出題頻度
🏚

☑ 3346 🏚	1938年に日本はソ満国境東部でソ連軍と戦い，敗北するという　　　がおこった。　　　　　　　　　　　（慶應義塾大）	張鼓峰(ちょう こ ほう)事件
☑ 3347 🏚	1939年におきた　　　　では，関東軍が機械化の進んだソ連軍に敗北したことで，陸軍や政府は大きな衝撃を受けた。　　　　　　　　　　　　　　　　　　　　（明治大）	ノモンハン事件
☑ 3348 🏚	1939年1月，第1次近衛文麿(この え ふみまろ)内閣のあとに，　　　内閣が発足した。　　　　　　　　　　　　　　（オリジナル）	平沼騏一郎(き いちろう)内閣
☑ 3349 🏚	日独の軍事同盟締結への動きを知ったアメリカは，1939年7月，平沼騏一郎内閣下の日本に対して　　　の廃棄を通告した。　　　　　　　　　　　　　　　　　（立教大）	日米通商航海条約
☑ 3350 🏚	1939年8月，ドイツがソ連と　　　を結んだ。この事態の急変に平沼騏一郎内閣は対応できず，同月に総辞職した。　　　　　　　　　　　　　　　　　　　（日本大）	独ソ不可侵条約

☑ 3351 🏛	独ソ不可侵条約に衝撃を受け，首相を辞任した平沼騏一郎は，国家主義的団体の◯◯◯を組織したことでも知られている。　　　　　　　　　　（慶應義塾大）	国本社 こくほんしゃ
☑ 3352 🏛	1939年8月，平沼内閣のあとに，◯◯◯が内閣を組織した。　　　　　　　　　　（オリジナル）	阿部信行 のぶゆき
☑ 3353 👑	1939年9月，ドイツがポーランドに宣戦布告，これに対してイギリス・フランスがドイツに宣戦布告し，◯◯◯が勃発した。　　　　　　　　　　（センター）	第二次世界大戦
☑ 3354 👑	阿部信行内閣は「欧州戦争不介入」の声明を出すが失政続きで退陣し，1940年1月に海軍大将の◯◯◯が内閣を組織した。　　　　　　　　　　（上智大）	米内光政 よないみつまさ
☑ 3355 👑	米内光政内閣のとき，中国政策をめぐって◯◯◯が衆議院で反軍演説し，議員を除名された。　（オリジナル）	斎藤隆夫 たかお
☑ 3356 👑	1940年6月，近衛文麿は枢密院議長を退き，全国民の戦争協力をめざす◯◯◯を始めた。　　　（北海道大）	新体制運動
☑ 3357 👑	1940年7月，◯◯◯内閣が成立した。　　（名古屋大）	（第2次）近衛文麿内閣 このえふみまろ
☑ 3358 👑	1940年10月，新体制運動を推進する指導的組織として◯◯◯が発足した。　　　　　　　　　（関西大）	大政翼賛会 たいせいよくさんかい
☑ 3359 👑	大政翼賛会は，総裁を総理大臣とし，部落会，町内会，さらに5〜10戸ほどで構成される◯◯◯を下部組織とする，官製の上意下達の機関である。　（立教大）	隣組 となりぐみ

☑ 3360 □	1940年，産業報国連盟が発展して大日本産業報国会となり，すべての□が解散させられた。　　　　（法政大）	労働組合
☑ 3361 □	1941年，小学校が□にあらためられ，国家主義的教育が推進された。　　　　　　　　　　　　（一橋大）	国民学校
☑ 3362 □	1940年，切符との交換で砂糖・マッチなどをわたす□がしかれ，翌年には日用品にまで拡大された。　　　　　　　　　　　　　　　　　　（津田塾大）	切符制 (きっぷせい)
☑ 3363 □	1940年，□が制定され，宝飾品・高級衣料などのぜいたく品の製造・販売が制限・禁止された。　　　　　　　　　　　　　　　　　　（青山学院大）	七・七禁令 (しち・しちきんれい) ・
☑ 3364 □	1939年の米穀配給統制法の制定で米の集荷機構が一元化されて政府の統制下におかれた。1940年から農村では米の□が実施された。　　　　　（センター）	供出制
☑ 3365 □	主食である米についても1941年から□が採用され，国が定めた1人当たりの消費量にきびしく制限されるようになった。　　　　　　　　　　（早稲田大）	配給制
☑ 3366 □	1942年2月に公布された□は，米穀そのほかの穀物の配給を一元化し，食糧の安定供給をはかろうとするものだった。　　　　　　　　　　　（早稲田大）	食糧管理法
☑ 3367 □	植民地問題を専門とした□は，『中央公論』掲載の「国家の理想」が政府の大陸政策を批判したとの指摘を受けて辞職に追い込まれた。　　　　（慶應義塾大）	矢内原忠雄 (やないはらただお)
☑ 3368 □	□の著作である『ファシズム批判』などは発売禁止処分となり，起訴された。　　　　　　（南山大）	河合栄治郎 (かわいえいじろう)

☑ 3369 ☆	1937年には山川均らが, 1938年には大内兵衛・有沢広巳らが, 反ファシズムをかかげる人民戦線の結成を企てたとして, 一斉検挙された。これを◯◯◯という。(津田塾大)	人民戦線事件
☑ 3370 ☆	日本史学者の◯◯◯は, 『神代史の研究』などの著書が不敬であるとして発禁処分となり, 早稲田大学を辞職後, 起訴された。(中央大)	津田左右吉
☑ 3371 ☆	1941年, 治安維持法が改正され, 思想犯保護観察制度を強化した◯◯◯が導入された。(オリジナル)	予防拘禁制
☑ 3372 ☆	1940年, 第2次近衛文麿内閣は, 国民政府の要人である◯◯◯を首班として, 日本の傀儡政権である新国民政府を南京に樹立した。(学習院大)	汪兆銘 (汪精衛)
☑ 3373 ☆	新国民政府が樹立されたあとも, 国民政府はアメリカと◯◯◯の援助を受けて抗戦をつづけた。(センター)	イギリス
☑ 3374 ☆	第2次近衛内閣は, ドイツ・イタリア・ソ連との連携強化と, ◯◯◯の方針を打ち出した。(中央大)	南進
☑ 3375 ☆	1940年9月, 日本は, 降伏したフランスの植民地インドシナ北部に進出した。これを◯◯◯という。(南山大)	北部仏印進駐
☑ 3376 ☆	1940年, 日本は◯◯◯を遮断し, 南進を進めるため, 北部仏印進駐を行った。(オリジナル)	援蔣ルート
☑ 3377 ☆	北部仏印進駐とほぼ同時に, 第2次近衛内閣下の日本は◯◯◯を締結した。(早稲田大)	日独伊三国同盟

☑ 3378	⬚は、日独伊三国同盟の締結直後に、くず鉄・製鋼の対日輸出禁止など、日本への経済制裁措置を本格化した。　　　　　　　　　　　　　　　　（学習院大）	アメリカ
☑ 3379	第2次近衛内閣は、日米交渉でアメリカとの衝突回避の道をさぐりつつ、1941年4月に⬚を結んで北の安全を確保し、南進への準備を進めた。　　　　（東京経済大）	日ソ中立条約
☑ 3380	ベルリンを訪問した⬚外相は帰路モスクワに立寄り、ソ連当局と交渉の結果、日ソ中立条約は独の予想に反して成立した。　　　　　　　　　　（早稲田大）	松岡洋右 （ようすけ）
☑ 3381	1941年6月、ドイツが突如ソ連に侵攻したため、御前会議では南進とともに、ドイツが優勢の場合に対ソ戦を行うという⬚の方針が決定された。　（センター）	北進
☑ 3382	1941年7月には対ソ戦の準備として⬚といわれる兵力の大動員も実施された。　　　　　　　　（京都大）	関東軍特種演習 （関特演）
☑ 3383	1941年7月、第2次近衛内閣が松岡洋右（ようすけ）外相を排除するため、いったん総辞職し、同月に第3次近衛内閣を組織した。同年同月、日本軍は⬚を実行した。　　（明治大）	南部仏印進駐
☑ 3384	日本の南部仏印進駐に対抗し、アメリカは在米日本資産の凍結と、対日⬚輸出の禁止を決定した。　　　　　　　　　　　　　　　　　　　　（センター）	石油
☑ 3385	アメリカは、イギリス・中国・オランダとともに「⬚」とよばれる対日経済封鎖を行った。　　（國學院大）	ABCD包囲陣 （ABCDライン）
☑ 3386	1941年9月、日米交渉の期限を10月上旬に区切り、交渉失敗の場合にはアメリカ・イギリス・オランダとの戦争開始に踏みきるという⬚が決定された。（津田塾大）	帝国国策遂行（すいこう）要領

| □ 3387 ☐ | 1941年10月，□□□内閣が成立した。 （関西学院大） | とうじょうひでき 東条英機内閣 |

| □ 3388 ☐ | 内大臣の□□□は，東条英機を首相に推挙した。 （オリジナル） | きどこういち 木戸幸一 |

| □ 3389 ☐ | 東条英機首相は，□□□・内務大臣を兼務した。 （オリジナル） | 陸軍大臣 |

| □ 3390 ☐ | 1941年11月，アメリカからの最終提案文書「□□□」は，満洲事変以前の状態に戻すことを日本に要求するものだった。 （中央大） | ハル=ノート |

| □ 3391 📖 | ハル=ノートが提示されたときの駐米大使は□□□である。 （早稲田大） | のむらきちさぶろう 野村吉三郎 |

| □ 3392 📖 | ハル=ノートを提示したハルは，フランクリン=ローズヴェルト大統領のもとで□□□を務めていた。 （オリジナル） | 国務長官 |

THEME
太平洋戦争と日本の敗戦
見出し番号 3393—3432

出題頻度 ♔

| □ 3393 ☐ | 1941年12月8日，陸軍がイギリス領マレー半島に奇襲上陸し，海軍はハワイ真珠湾を奇襲攻撃した。日本は米・英に宣戦布告し□□□がはじまった。 （センター） | 太平洋戦争 |

| □ 3394 ☐ | 1941年12月8日，宣戦布告に際して日本海軍が攻撃したのはハワイ島の□□□である。 （オリジナル） | 真珠湾 |

3395 ☑ ⌂	日本陸軍は，海軍の真珠湾攻撃よりも早く英領□□□に攻撃を開始しており，日本政府は，これらをうけて米英蘭に宣戦を布告した。 (上智大)	マレー半島
3396 ☑ ⌂	日本軍は□□□でイギリス東洋艦隊に打撃を与え，さらに香港(ホンコン)・フィリピン・マレー半島を支配下に置くなど，序盤戦で南太平洋一円を制圧した。 (センター)	マレー沖海戦
3397 ☑ ⌂	日本政府は日中戦争を含めた戦争を□□□と呼んだ。 (オリジナル)	大東亜(だいとうあ)戦争
3398 ☑ ⌂	日本ではこの戦争の目的を□□□の建設にあるとした。 (オリジナル)	大東亜共栄圏
3399 ☑ ⌂	日本軍は□□□領の香港(ホンコン)・マレー半島・シンガポール・ビルマを占領し，軍政をしいた。 (オリジナル)	イギリス
3400 ☑ ⌂	□□□では，日本軍による華僑(かきょう)虐殺事件も起こった。 (オリジナル)	シンガポール
3401 ☑ ⌂	日本軍はアメリカ領フィリピン，□□□領東インド（インドネシア）を占領し，軍政をしいた。 (オリジナル)	オランダ
3402 ☑ ⌂	太平洋戦争中に一度だけ行われた1942年4月の衆議院議員選挙を□□□という。 (オリジナル)	翼賛(よくさん)選挙
3403 ☑ ⌂	翼賛選挙では，政府の援助を受けた推薦候補者が多数当選し，選挙後には挙国一致的政治結社として□□□が結成された。 (立教大)	翼賛政治会

☑ 3404 ☐	1942年6月の◯◯◯での大敗北を機に, 戦況は悪化していった。 (津田塾大)	ミッドウェー海戦
☑ 3405 ☐	1943年, 学生・生徒徴兵猶予は停止され, 文科系学生を中心とした徴集, いわゆる◯◯◯が行われた。 (九州大)	学徒出陣
☑ 3406 ☐	1943年から, 学校に残った学生や女性たちを軍需工場などで働かせる◯◯◯がはじまった。 (センター)	勤労動員
☑ 3407 ☐	学生・生徒に加えて女性も◯◯◯として工場労働に従事した。 (京都産業大)	女子挺身隊
☑ 3408 ☐	朝鮮・台湾で, 日本語教育をはじめとする◯◯◯がとられた。 (一橋大)	「皇民化」政策
☑ 3409 ☐	1937年に日中戦争が始まると, 朝鮮に対しては, 「皇民化」政策が強化されていった。日本人風の氏名を強制する◯◯◯も行われた。 (立教大)	創氏改名
☑ 3410 ☐	日本軍は, 中国側が「◯◯◯」と呼んだ抗日ゲリラに対する大掃討作戦を実施し, 一般の中国人に対しても多大の被害を与えた。 (上智大)	三光作戦
☑ 3411 ☐	当時の満洲のハルビンには, ◯◯◯と呼ばれる細菌戦研究の特殊部隊がおかれ, 中国人やロシア人に対する人体実験が行われた。 (上智大)	731部隊
☑ 3412 ☐	アジア太平洋戦争中の1943年11月, 日本政府は東アジア・東南アジア諸地域の親日政権の首脳を集めて◯◯◯を開き, 結束を誇示した。 (京都大)	大東亜会議

☑ 3413 ☐	1944年7月，サイパン島がアメリカ軍に占領されたことで，日本の〔　　　〕の一角が崩れた。　　　　　　（首都大）	絶対国防圏
☑ 3414 ☐	サイパン島陥落の責任をとって東条英機内閣は総辞職，つづいて陸軍大将の〔　　　〕が首相となり，海軍大将の米内光政との陸海軍連立内閣を組織した。　　　（津田塾大）	こ いそくにあき 小磯国昭
☑ 3415 ☐	1944年の後半，サイパン島からアメリカ軍爆撃機が日本本土に飛来するようになり，国民学校生徒の〔　　　〕が始まった。　　　　　　　　　　　　　　　　　　（一橋大）	学童疎開
☑ 3416 ☐	1945年4月から3カ月近くにおよぶ戦いの末，1945年6月，〔　　　〕がアメリカ軍に占領された。　　（津田塾大）	沖縄本島
☑ 3417 ☐	沖縄戦では，沖縄の男子中等学校の生徒が戦闘要員として鉄血勤皇隊，女子中等学校の生徒がひめゆり隊などの〔　　　〕を編成した。　　　　　　　　（オリジナル）	女子学徒隊
☑ 3418 ☐	1945年3月10日，無差別爆撃である〔　　　〕によって，一晩でおよそ10万人が死亡した。　　　　　　　（センター）	東京大空襲
☑ 3419 ☐	1943年9月にイタリアが降伏し，1945年5月に〔　　　〕が無条件降伏した。　　　　　　　　　　　　（オリジナル）	ドイツ
☑ 3420 ☐	1943年11月，米のローズヴェルト，英のチャーチル，中国の蔣介石がエジプトで会談を行い，日本の無条件降伏を目指す〔　　　〕が発表された。　　　　（日本女子大）	カイロ宣言
☑ 3421 ☐	1945年2月，米のローズヴェルト，英のチャーチル，ソ連のスターリンが，クリミア半島で〔　　　〕を行い，ソ連の対日参戦などが話し合われた。　　　（東京女子大）	ヤルタ会談

☑ 3422	沖縄上陸を受けて小磯国昭内閣は退陣し、 ◯ が内閣を組織した。　　　　　（関西学院大）	鈴木貫太郎
☑ 3423	アメリカは，1945年8月6日広島に，ついで8月9日長崎に，◯ を投下した。　　　（首都大）	原子爆弾
☑ 3424	1945年8月6日に ◯ で人類史上はじめて原子爆弾が投下された。　　　　　（和歌山大）	広島
☑ 3425	ドイツ降伏から3カ月を経た1945年8月8日に，ソ連は ◯ に基づいて日本に対して宣戦布告した。　　　（明治学院大）	ヤルタ秘密協定（ヤルタ協定）
☑ 3426	2つの原爆投下の合間にあたる1945年8月8日，ソ連が ◯ を無視して日本に宣戦布告した。　　　（明治大）	日ソ中立条約
☑ 3427	1945年7月，日本への無条件降伏勧告と日本の戦後処理方針を示した ◯ が発表された。　　（慶應義塾大）	ポツダム宣言
☑ 3428	アメリカ・イギリス・ ◯ の3交戦国の名義で出されたポツダム宣言は，日本に降伏を促すものだった。　　（中央大）	中国
☑ 3429	日本の ◯ という結果をもって，4年におよんだ太平洋戦争は終了した。　　　（日本女子大）	無条件降伏
☑ 3430	日本政府が連合国にポツダム宣言受諾を通告した翌日の8月15日，昭和天皇がラジオ放送（ ◯ ）で戦争終結を国民に知らせた。　　（オリジナル）	玉音放送

☑ 3431 📖	ポツダム宣言を受諾した日本政府は，カイロ宣言の方針にしたがって，朝鮮の独立を認め，満洲，〔　　　〕，澎湖諸島を中国に返還することになった。　　（京都大）	台湾
☑ 3432 📖	1945年9月2日，アメリカの戦艦ミズーリ号上で〔　　　〕外相と梅津美治郎参謀総長が降伏文書に調印した。　　（明治大）	しげみつまもる 重光葵

5

現代

掲載問題数 ２９２問

ここでは，第二次世界大戦後から現在までを扱います。
戦後の経済復興から高度経済成長を経て，日本は経済大国となります。占領下の日本がどのように経済発展してきたのか見てゆきましょう。

☑ 3433	1945年，サンフランシスコ会議で連合国51カ国が参加して[　　　]が発足した。　　　　　　　　（オリジナル）	国際連合
☑ 3434	国際連合の[　　　]の常任理事国はアメリカ・イギリス・フランス・ソ連・中国の五カ国であった。　（オリジナル）	安全保障理事会
☑ 3435	実質的に単独占領したアメリカの占領方式は，[　　　]による指令や勧告にもとづいて日本政府が政策を実施する，間接統治の方式だった。　　　　　　　（京都大）	連合国（軍）最高司令官総司令部（GHQ／SCAP）
☑ 3436	連合国（軍）最高司令官は，[　　　]元帥である。　　　　　　　　　　　　　　　　　　　　（上智大）	マッカーサー
☑ 3437	連合国の対日占領政策を決定する最高機関はワシントンにおかれた[　　　]であったが，政策の立案・実施はアメリカ主導で行われた。　　　　　（学習院女子大）	極東委員会
☑ 3438	連合国は対日占領政策決定機関として，東京に[　　　]を置いた。　　　　　　　　　　　　　　　（明治大）	対日理事会
☑ 3439	対日理事会の構成国は，アメリカ・イギリス・ソ連・[　　　]である。　　　　　　　　　　　（オリジナル）	中国
☑ 3440	南西諸島などではアメリカ軍の直接軍政がしかれたが，日本本土は連合国（軍）最高司令官総司令部（GHQ）が日本政府を通じて指令を出す[　　　]であった。（オリジナル）	間接統治

☑ 3441	ポツダム宣言受諾と同時に総辞職した鈴木貫太郎（かんたろう）内閣のあとを継いで皇族の◯◯◯◯王が内閣を組織した。　（中央大）	東久邇宮稔彦（ひがしくににのみやなるひこ）
☑ 3442	東久邇宮内閣は，GHQから指令された政治思想犯の釈放・特高警察の解体・内務大臣らの幹部罷免などの◯◯◯◯の実行をためらって1945年10月に総辞職した。　（中央大）	人権指令
☑ 3443	GHQは新聞などの報道機関に対して◯◯◯◯を示し，占領軍への批判を禁止した。　（オリジナル）	プレス=コード（新聞発行綱領）
☑ 3444	1945年10月，東久邇宮稔彦内閣にかわって，協調外交で知られる◯◯◯◯内閣が成立した。　（津田塾大）	幣原喜重郎（しではらきじゅうろう）内閣
☑ 3445	1945年10月，マッカーサーは幣原内閣に，日本の民主化に関するいわゆる◯◯◯◯を口頭で命じた。　（関西大）	五大改革
☑ 3446	GHQの指令で「◯◯◯◯」を実現するため，軍国主義的な教員が追放され，教科書の不適当な記述が削除され，修身・日本歴史・地理の授業が一時禁止された。　（センター）	教育制度の自由主義的改革
☑ 3447	五大改革指令をうけ，幣原内閣においては◯◯◯◯の廃止や政治犯の釈放などが実現された。　（明治大）	治安維持法
☑ 3448	マッカーサーは幣原首相に対し，女性の参政権，◯◯◯◯の結成奨励，教育制度の自由主義化，秘密警察などの廃止，経済の民主化のいわゆる五大改革を指示した。　（早稲田大）	労働組合
☑ 3449	GHQは，神道が軍国主義・天皇崇拝の思想的基盤となっていたと考え，神社・神道に対する政府の支援や監督を禁じる◯◯◯◯を出した。　（センター）	神道指令

☑ 3450 ◻	1946年元日, 昭和天皇はいわゆる◻を行って,「現御神（あきつみかみ）」としての天皇の神格を否定した。 (センター)	人間宣言
☑ 3451 ◻	1946年1月, GHQは, 戦争犯罪人・職業軍人・国家主義活動家・大政翼賛会の有力者らの◻を指令し, 各界の指導者約21万人を失職させた。 (センター)	公職追放
☑ 3452 ◻	GHQは1945年9月〜12月にかけ, 日本の戦争指導者を次々と逮捕して, 28人をA級戦犯として起訴し, 翌年から◻で裁判にかけた。 (東京女子大)	極東国際軍事裁判所
☑ 3453 ◻	GHQが行った極東国際軍事裁判によって, 東条英機ら7名が絞首刑となった。この裁判は東京で行われたことから◻とも呼ばれる。 (明治大)	東京裁判
☑ 3454 ◻	1945年11月, GHQは, 四大財閥の三井・三菱・◻・安田を含む15財閥の解体と資産の凍結を指令した。 (同志社大)	住友
☑ 3455 ◻	1947年7月, GHQは◻の方針に沿って三井物産と三菱商事に解散指令を発し, 前者は200社以上, 後者は100社以上に細分化された。 (センター)	財閥解体
☑ 3456 ◻	財閥解体では, GHQが四大財閥などに典型的に見られてきた産業支配形態である◻に対する同族による支配力の排除を行った。 (青山学院大)	コンツェルン
☑ 3457 ◻	1946年にGHQが発足させた◻は, 指定した持株会社・財閥家族の株式を一般に売り出し, 財閥による傘下企業支配の一掃を目指した。 (早稲田大)	持株会社整理委員会
☑ 3458 ◻	1947年4月, GHQの指令のもと, ◻が制定され, 持株会社やカルテル・トラストなどが禁じられた。 (オリジナル)	独占禁止法

3459	GHQは, 1947年制定の独占禁止法に対する違反行為を監視するため, ▢ を設置させた。 (オリジナル)	公正取引委員会
3460	1947年に発足した片山哲内閣のとき, GHQは巨大独占企業の分割をめざして ▢ を制定させた。 (明治大)	過度経済力集中排除法
3461	過度経済力集中排除法により分割を指定された企業は325社に上ったが, 占領政策の変化により, 実際に分割されたのは ▢ 社のみだった。 (オリジナル)	11
3462	GHQは, 財閥と ▢ が軍国主義の温床になったとみなし, 財閥解体と農地改革を指示した。 (順天堂大)	寄生地主制
3463	GHQは, 農業の民主化を進めるために, 寄生地主制を解体し, 安定した自作農を大量に創出する目的で ▢ の実施を求めた。 (立教大)	農地改革
3464	1945年, 占領軍は, 寄生地主の解消を求めた。そこで, 政府は, 1938年に制定していた ▢ の改正によって対応しようとした（第一次農地改革）。 (日本大)	農地調整法
3465	1945年の農地調整法の改正によって, 地主の貸付地保有限度は ▢ と定められたが, GHQからは地主制解体が不徹底であると指摘された。 (オリジナル)	5 町歩
3466	1946年10月には農地調整法の再改正が行われ, ▢ も公布された（第二次農地改革）。 (津田塾大)	自作農創設特別措置法
3467	第二次農地改革によって, 不在地主の全貸付地と在村地主貸付地のうち, ▢ （北海道は4町歩）を超える分を国が強制的に買い上げ, 小作人に安く売り渡した。（センター）	1 町歩

☑ 3468 ☆	各市町村には，小作農5・自作農2・地主農3の割合で構成される◯◯◯が設置され，小作地の買収と売り渡しにあたった。 （オリジナル）	農地委員会
☑ 3469 ☆	1947年，農地改革によって生み出された多数の自作農への農業経営や生活指導，便益提供のため，戦前の産業組合を改編する形で各地に◯◯◯が設けられた。 （立命館大）	農業協同組合（農協）
☑ 3470 ☆	1945年11月，旧立憲政友会を中心に結成した◯◯◯は，1946年4月の第22回衆議院議員選挙で第一党となった。 （津田塾大）	日本自由党
☑ 3471 ☆	1945年，旧立憲民政党を中心に，◯◯◯が結成された。 （日本大）	日本進歩党
☑ 3472 ☆	1945年，旧無産政党を統合した◯◯◯が結成された。 （関西大）	日本社会党
☑ 3473 ☆	1945年10月には，GHQの指令で出獄した徳田球一らを中心に◯◯◯が合法政党として活動を開始し，その後，相次いで政党が誕生した。 （早稲田大）	日本共産党
☑ 3474 ☆	1945年12月，幣原喜重郎内閣のとき，GHQの指令に基づく衆議院選挙法の改正で，◯◯◯が初めて認められた。 （関西学院大）	女性参政権
☑ 3475 ☆	1945年12月には衆議院議員選挙法が大幅に改正され，女性参政権が初めて認められ，満◯◯歳以上の男女に選挙権が認められた。 （愛知大）	20歳以上
☑ 3476 ☆	1946年4月の総選挙を受けて，日本自由党総裁の◯◯◯が内閣を組織した。 （名古屋大）	吉田茂

☑ 3477	1946年4月の総選挙では◯◯人の女性議員が誕生した。 (オリジナル)	39人
☑ 3478	労働組合法・労働関係調整法・労働基準法の◯◯の制定理由は，GHQが日本の対外侵略の原因を，労働環境の劣悪さによる国内市場の狭さだと考えたからである。(日本大)	労働三法
☑ 3479	1945年，GHQの指令に基づき，労働者の団結権・団体交渉権・争議権を保障する◯◯が制定された。(中央大)	労働組合法
☑ 3480	1946年，GHQの指令に基づき，労働争議を調整する手続きなどを定めた◯◯が制定された。(立教大)	労働関係調整法
☑ 3481	1947年，GHQの指令に基づき，工場法に代わるものとして，8時間労働制などを規定した◯◯が制定され，週48時間労働などが定められた。(法政大)	労働基準法
☑ 3482	GHQは労働基本権の確立と労働組合の結成支援を進め，1947年には労働政策を所管する◯◯が設置された。(西南学院大)	労働省
☑ 3483	1946年に組織された左派の全日本産業別労働組合会議（産別会議）に対抗して，同年に労働組合の全国組織として右派の◯◯が結成された。(オリジナル)	日本労働組合総同盟（総同盟）
☑ 3484	アメリカ教育使節団の勧告に基づいて，1947年，教育の機会均等や義務教育（9年制），男女共学の原則をうたった◯◯が制定された。(慶應義塾大)	教育基本法
☑ 3485	1947年，教育の機会均等と義務教育9年制を定めた教育基本法と，六・三・三・四の新学制を規定する◯◯が制定された。(法政大)	学校教育法

3486 ☑ 〔♔〕	教育行政の地方分権と民主化を実現するため，1948年，全国の都道府県・市町村に◻️が設置された。 (オリジナル)	教育委員会
3487 ☑ 〔♔〕	1948年，教育行政に関しては◻️制による教育委員会が設置され，地方分権化がはかられた。 (同志社大)	公選
3488 ☑ 〔♔〕	GHQから憲法改正を指示された幣原喜重郎内閣は，松本烝治を委員長とする◻️を設置したが，その改正案は天皇の統治権を認める保守的なものだった。 (明治大)	憲法問題調査委員会
3489 ☑ 〔♛〕	1945年12月，民間の憲法研究会の◻️らは，「憲法草案要綱」という憲法草案を発表し，主権在民原則と立憲君主制を掲げた。 (オリジナル)	高野岩三郎
3490 ☑ 〔♔〕	◻️は，1946年11月3日に公布，翌47年5月3日に施行された。 (千葉大)	日本国憲法
3491 ☑ 〔♔〕	日本国憲法は，GHQが作成した◻️を，政府が手を加えて政府原案をつくり，衆議院と貴族院で修正・可決された。 (千葉大)	マッカーサー草案 (GHQ草案)
3492 ☑ 〔♔〕	日本国憲法は，◻️・平和主義・基本的人権の尊重という3原則を掲げた。 (関西大)	主権在民
3493 ☑ 〔♔〕	日本国憲法は，平和主義の原則にもとづき，第九条において◻️を定めた。 (青山学院大)	戦争の放棄
3494 ☑ 〔♔〕	日本国憲法は，天皇が政治的権力をもたない◻️を定めた。 (同志社大)	象徴天皇制

☑ 3495 ☖	日本国憲法は、国民の直接選挙による□□を「国権の最高機関」と定めた。 (センター)	国会
☑ 3496 ☖	日本国憲法の精神にもとづき、民法では□□と家督相続制が廃止され、男女同権の新しい家族制度が定められた。 (首都大)	戸主制度
☑ 3497 ☖	1947年10月の刑法の改正では、皇室に対する□□・不敬罪や、妻の不倫のみを罰する姦通罪が廃止された。 (東海大)	大逆罪
☑ 3498 ☖	日本国憲法と同日に、都道府県知事や市町村長の公選を規定した□□が成立し、内務省は廃止された。 (関西大)	地方自治法
☑ 3499 ☖	地方自治法にもとづき、都道府県知事・市町村長は□□となった。 (慶應義塾大)	公選
☑ 3500 ☖	1947年12月には警察行政などに強い権限をもっていた□□が、GHQの指示で廃止された。 (東海大)	内務省
☑ 3501 ☖	1947年12月公布の警察法にもとづき、1948年に、□□と国家地方警察が設けられた。 (東海大)	自治体警察
☑ 3502 ☖	敗戦直後、戦後処理のための通貨増発で、猛烈な□□が発生した。 (センター)	インフレーション
☑ 3503 ☖	1946年2月、幣原内閣はインフレへの対応策として□□を発した。 (日本大)	金融緊急措置令

☑ 3504 ☖	金融緊急措置令は，□□□と，旧円の流通禁止と，新円引き出しの制限によって，貨幣流通量を減らそうとするものだったが，効果は一時的だった。　　　（日本大）	預金封鎖
☑ 3505 ☖	1946年の金融緊急措置令では，□□□切り替えも行われた。　　　（東京経済大）	新円
☑ 3506 ☖	1946年，第1次吉田茂内閣は，有沢広巳の発案した□□□を閣議決定し，石炭・鉄鋼など重要産業に，資材と資金を集中させて経済復興をねらった。　（立命館大）	傾斜生産方式
☑ 3507 ☖	鉄鋼，石炭を重点的に育成するために傾斜生産方式が実施され，石炭，鉄鋼，電力などの基幹産業向け融資を目的として，□□□が1947年に設立された。　（学習院大）	復興金融金庫（復金）
☑ 3508 ☖	敗戦直後，都市の民衆は農村での□□□や，闇市での非合法な闇取引，家庭での自給生産で生活を守った。　　　（南山大）	買出し
☑ 3509 ☖	敗戦直後，将兵の復員や居留民の□□□による人口増加と，1945年の記録的凶作によって，日本は極度の食糧難に陥った。　　　（明治大）	引揚げ
☑ 3510 ☖	国民生活の危機を背景に生産管理闘争が盛り上がり，1947年2月1日，内閣打倒を目指す□□□が計画されたが，GHQの命令で中止となった。　（関西学院大）	ゼネラル＝ストライキ（二・一ゼネスト）
☑ 3511 ☖	1947年の衆参両院選挙で日本社会党が第一党になり，委員長の□□□は，日本進歩党を中心に結成された民主党・国民協同党との連立内閣を組織した。　（立教大）	片山哲
☑ 3512 ☖	1947年の衆参両院選挙では日本社会党委員長片山哲を首班として，日本社会党，民主党，□□□の3党による連立内閣が発足するが短命に終わった。　（関西学院大）	国民協同党

☑ 3513 ♡	1948年2月，片山哲内閣が炭鉱国家管理問題で左派の攻撃を受けて総辞職し，民主党総裁の◯◯◯が内閣を組織した。 　　　　　　　　　　　　　　　（早稲田大）	あしだひとし 芦田均
☑ 3514 ♡	芦田均内閣は，◯◯◯という疑獄事件で退陣した。 　　　　　　　　　　　　　　　　　　　　（明治大）	昭和電工事件

THEME
冷戦と占領政策の転換

見出し番号 3515—3530

☑ 3515 ♡	アメリカ大統領の◯◯◯は1947年，ギリシアとトルコに軍事支援を与えて共産主義封じ込め政策をとり，両陣営の間に新たな緊張関係が生まれていた。　（東北福祉大）	トルーマン
☑ 3516 ♡	アメリカ国務長官のマーシャルは1947年，西欧諸国の経済復興援助計画である◯◯◯を発表したが，これはソ連に対抗するものであった。　　　　　（オリジナル）	マーシャル=プラン
☑ 3517 ♛	1949年，ソ連と東欧諸国はマーシャル=プランに対抗して，経済協力機構である◯◯◯を結成した。 　　　　　　　　　　　　　　　　　　　（オリジナル）	経済相互援助会議 コメコン (COMECON)
☑ 3518 ♡	1949（昭和24）年，アメリカと西欧諸国は◯◯◯という共同防衛組織を結成した。　　　（東北福祉大）	北大西洋条約機構 ナトー (NATO)
☑ 3519 ♡	1955年には，ソ連と東欧7カ国の共同防衛組織として，◯◯◯が設立されて，軍事面での東西対立構造が鮮明となった。　　　　　　　　　　　　（鳥取県立大）	ワルシャワ条約機構
☑ 3520 ♡	東西両陣営が軍事衝突には至らないものの，あらゆる分野で激しい競争を展開する「◯◯◯」と呼ばれる戦後の国際政治情勢が確立した。　　　　（オリジナル）	冷戦 (冷たい戦争)

☑ 3521 ⌂	中国では，1949（昭和24）年，中国共産党が国民党との内戦に勝利し，10月に，　　　　を主席とする中華人民共和国が建国された。　　　　　　　　　　（東北福祉大）	もうたくとう 毛沢東
☑ 3522 ⌂	国共内戦に敗れた　　　　を総統とする国民党は，台湾に逃れ，中華民国として存続した。　　　　（日本女子大）	しょうかいせき 蔣介石
☑ 3523 ⌂	1948年，朝鮮半島のソ連占領地域には，　　　　が，アメリカ占領地域には，大韓民国がそれぞれ建国された。　　　（日本女子大）	朝鮮民主主義人民 共和国
☑ 3524 ⌂	傾斜生産方式により，生産は徐々に回復したが，赤字財政による巨額の資金投入でインフレがさらに進行したため，GHQは，　　　　の実行を指令した。　（高崎経済大）	経済安定九原則
☑ 3525 ⌂	経済安定九原則の実施を監督するためにアメリカ政府からは　　　　が派遣された。日本政府はその要求に従い，赤字を許さない予算を編成した。　　　　（関西学院大）	ドッジ
☑ 3526 ⌂	日本政府は，ドッジの指導により，赤字を許さない予算の編成と，単一為替レートの設定などを行った。これら一連の施策を　　　　という。　　　　（オリジナル）	ドッジ=ライン
☑ 3527 ⌂	ドッジ=ラインでは，国際競争の中での輸出振興をめざし，1949年に1ドル＝360円の　　　　が設定された。　　　　　　　　　　（近畿大）	単一為替レート
☑ 3528 ⌂	1949年，　　　　を代表とする税制専門家チームが来日して勧告を行い，直接税中心主義を採用するなど税制の大改革が行われた。　　　　（成城大）	シャウプ
☑ 3529 ⌂	アメリカは，敗戦後の日本の食糧難に対し，　　　　とよばれる資金援助を行った。　　　　（オリジナル）	占領地行政救済資 金(ガリオア資金)

| 3530 ☑ ☐ | GHQの命令により，1948年7月，□□□□が公布され，これにより，国家公務員は争議権を失うことになった。 (立教大) | 政令 201 号 |

見出し番号 3531—3570

THEME
占領政策の終わりと独立の回復

出題頻度 ♛

3531 ☑ ☐	1950年6月，北朝鮮が韓国に侵攻して□□□□が勃発した。 (筑波大)	朝鮮戦争
3532 ☑ ☐	1950年，北朝鮮が□□□□を越えて韓国へ侵攻した際，国際連合の安全保障理事会はこれを侵略とみなし，ソ連が欠席のまま武力制裁を決定した。 (立教大)	北緯 38 度線
3533 ☑ ☐	1953年7月，□□□□で，朝鮮戦争の休戦協定が結ばれた。 (立教大)	板門店（パンムンジョム）
3534 ☑ ☐	1950年，在日アメリカ軍が朝鮮戦争に動員されると，日本はGHQの指令にしたがって□□□□を新設した。 (立命館大)	警察予備隊
3535 ☑ ☐	在日米軍の朝鮮派遣後，日本国内の軍事力をになう目的で警察予備隊が新設され，あわせて旧軍人の□□□□が進められ，警察予備隊に採用された。 (日本女子大)	公職追放解除
3536 ☑ ☐	1950年，共産主義者を公職から追放する□□□□が行われた。 (オリジナル)	レッド=パージ
3537 ☑ ☐	労働運動においても，左派の弱体化とともに，GHQの後押しを受けて□□□□が結成された。 (東北福祉大)	日本労働組合総評議会（総評）

☑ 3538	ドッジ=ラインでデフレ不況に苦しんだ日本経済は、アメリカ軍が朝鮮戦争の軍需品を発注するという◯◯によって、回復のきっかけをつかんだ。　（青山学院大）	特需景気
☑ 3539	特需景気は、◯◯・金属を中心に生産が拡大したことから、別名「糸へん・金へん景気」と呼ばれた。　（オリジナル）	繊維
☑ 3540	1950年に朝鮮戦争が勃発すると、アメリカは対日講和を急ぎ、◯◯を外交顧問として日本や各国との交渉にあたらせた。　（佛教大）	ダレス
☑ 3541	講和問題に関して、日本社会党・日本共産党や、東大総長の南原繁らは、社会主義諸国とも講和を結ぶべきだという、いわゆる◯◯を主張した。　（オリジナル）	全面講和論
☑ 3542	全面講和論に対して、政府・保守党は一部の国だけとの講和もやむをえないとする◯◯を主張した。　（オリジナル）	単独講和論
☑ 3543	サンフランシスコ平和条約は、◯◯において調印された。　（青山学院大）	サンフランシスコ講和会議
☑ 3544	1951年9月に締結された◯◯は、1952年4月に発効した。これによりGHQの占領は終わり、日本は独立国として主権を回復した。　（南山大）	サンフランシスコ平和条約
☑ 3545	サンフランシスコ講和会議に、日本政府は◯◯首相を首席全権とする代表団を派遣し、連合国48カ国とサンフランシスコ平和条約を結んだ。　（防衛大）	吉田茂
☑ 3546	◯◯・ビルマ（ミャンマー）・ユーゴスラビアの3国はサンフランシスコ講和会議に招かれたが、出席しなかった。　（オリジナル）	インド

3547	☐☐	_____・ポーランド・チェコスロバキアはサンフランシスコ講和会議に出席したものの，調印はしなかった。 （上智大）	ソ連
3548	☐☐	毛沢東を主席とする中華人民共和国も，蔣介石が総統を務める_____も，サンフランシスコ講和会議には招かれなかった。 （オリジナル）	中華民国（台湾）
3549	☐☐	1952年，日本は中華民国との間に_____を結び，国交を回復した。 （防衛大）	日華平和条約
3550	☐☐	サンフランシスコ平和条約への調印で，沖縄諸島・_____・奄美群島はひきつづきアメリカの施政権下におかれることとなった。 （関西大）	小笠原諸島
3551	☐☐	沖縄諸島と同様に米軍の軍政がしかれた_____は，1951年のサンフランシスコ平和条約ではアメリカの施政権下にあるとされたが，1953年に日本に返還された。 （京都大）	奄美群島
3552	☐☐	サンフランシスコ平和条約の調印と同日，日本はアメリカと_____を結び，アメリカ軍の国内駐留続行を承認した。 （京都大）	日米安全保障条約（安保条約）
3553	☐☐	1951年，日米安全保障条約が締結された。この条約では，アメリカ軍が「_____における国際の平和及び安全の維持に寄与する」などとされた。 （南山大）	極東
3554	☐☐	1952年2月，アメリカ駐留軍への基地提供と駐留費用を分担することを定める_____が結ばれた。 （早稲田大）	日米行政協定
3555	☐☐	吉田内閣は，当初は民主化・非軍事化の政策を進めたが，冷戦の本格化により，「_____」と呼ばれる再軍備・国家権力強化の方向に政策を転換した。 （立教大）	逆コース

☑ 3556 🏛	1952年，日本は［　　　　］とIBRD（国際復興開発銀行・世界銀行）に加盟した。　（関西学院大）	IMF（国際通貨基金）
☑ 3557 📖	国家資金が重点産業に投入されたため，重工業の部門が活発に生産を行い，1952年には日本はIMF（国際通貨基金）及び［　　　　］へ加盟することになった。　（早稲田大）	IBRD（国際復興開発銀行・世界銀行）
☑ 3558 🏛	1952年，警察予備隊が［　　　　］に改編された。（学習院大）	保安隊
☑ 3559 🏛	日米相互防衛援助協定など1954年に締結された4協定は［　　　　］と総称される。　（立命館大）	MSA協定
☑ 3560 🏛	政府は，1954年に締結したMSA協定に基づいて［　　　　］を設置し，その下に自衛隊を創設した。　（北海道大）	防衛庁
☑ 3561 🏛	1954年，MSA協定の成立にともない，第5次吉田茂内閣は防衛庁を設置し，その統括のもとに［　　　　］を発足させた。　（明治大）	自衛隊
☑ 3562 🏛	1954年に設置された防衛庁の統括のもとで保安隊と［　　　　］が合体し，新たに陸海空の3隊からなる自衛隊に編成された。　（立教大）	警備隊
☑ 3563 🏛	1952年，使用不可の皇居前広場にメーデー中央集会のデモ隊が入り，警察官と衝突して多数の死傷者が出た。これを［　　　　］という。　（センター）	血のメーデー事件
☑ 3564 🏛	1952年，血のメーデー事件をきっかけとして，暴力的破壊活動を規制する［　　　　］が制定された。　（南山大）	破壊活動防止法（破防法）

☑ 3565	吉田茂内閣は，血のメーデー事件を契機に，破壊活動防止法を成立させ，その調査機関として◯◯◯を設置した。　　　　　　　　　　　　　　　　　（甲南大）	公安調査庁
☑ 3566	石川県の◯◯◯村（現在は町）で，アメリカ軍の基地に対する反対闘争が繰り広げられた。　　　　（センター）	内灘村
☑ 3567	東京都立川市の◯◯◯では，アメリカ軍の基地に対する反対闘争が繰り広げられた。　　　　　　　（センター）	砂川町
☑ 3568	1954年，アメリカのビキニ環礁における水爆実験で，日本の遠洋マグロ漁船が被ばくする◯◯◯が起きた。　　　　　　　　　　　　　　　　　（早稲田大）	第五福竜丸事件
☑ 3569	1954年にアメリカの水爆実験で日本の遠洋マグロ漁船がビキニ環礁で被ばくした事件をきっかけとして，全国に広がった平和運動を◯◯◯という。　　（センター）	原水爆禁止運動
☑ 3570	原水爆禁止運動などが全国で高まり，1955年に広島で第1回◯◯◯が開催された。　　　　　　　　（オリジナル）	原水爆禁止世界大会

THEME

55年体制の成立と高度経済成長

見出し番号 3571─3647

☑ 3571	1954年，第5次吉田茂内閣は◯◯◯をきっかけに退陣した。　　　　　　　　　　　　　　　　　（上智大）	造船疑獄事件
☑ 3572	1954年，国民民主党の後進である改進党と，自由党を離党した鳩山一郎が合同して，◯◯◯を結成した。　　　　　　　　　　　　　　　　　（慶應義塾大）	日本民主党

☑ 3573	1954年，自由党反吉田派で結成された<u>日本民主党</u>の総裁 □□□□が，内閣を組織した。　　　　　　　　（明治大）	はとやまいちろう 鳩山一郎
☑ 3574	1955年の総選挙で，□□□□は，分裂していた右派と左 派を束ねて再統一し，改憲阻止に必要な3分の1の議席を 確保した。　　　　　　　　　　　　　　　　　（立教大）	日本社会党
☑ 3575	日本社会党の結成を指導した□□□□は，初代委員長と なった。　　　　　　　　　　　　　　　　　（早稲田大）	も さぶろう 鈴木茂三郎
☑ 3576	1955年，日本社会党の再統一に対抗し，鳩山一郎内閣の 日本民主党は同じく保守派の自由党と合流し，□□□□ を結成した。　　　　　　　　　　　　　　　　（近畿大）	自由民主党 （自民党）
☑ 3577	互いに保守派である日本民主党と自由党が自由民主党と して合流したことを□□□□という。　　　　　（京都大）	保守合同
☑ 3578	保守勢力の<u>自由民主党</u>が革新勢力の<u>社会党</u>と対立しつつ 優位を保つ政治体制を□□□□といい，この体制は38年 間つづく。　　　　　　　　　　　　　　　　（名古屋大）	55年体制
☑ 3579	1955年の<u>保守合同</u>で，□□□□内閣が発足した。 　　　　　　　　　　　　　　　　　　　（オリジナル）	（第3次） 鳩山一郎内閣
☑ 3580	1956年，第3次鳩山一郎内閣は□□□□に調印し，ソ連と の国交を回復した。　　　　　　　　　　　　　（南山大）	日ソ共同宣言
☑ 3581	鳩山一郎首相は，1956年モスクワを訪れ，□□□□首相 と<u>日ソ共同宣言</u>に調印し，ソ連との国交回復を果たした。 　　　　　　　　　　　　　　　　　　　（慶應義塾大）	ブルガーニン

□ 3582	1956年，日ソ共同宣言でソ連の支持を獲得した日本は，第3次鳩山一郎内閣のときに◯◯◯への加盟を実現した。 （早稲田大）	国際連合
□ 3583	鳩山内閣は，戦後の改革で公選制となっている◯◯◯を，地方自治体の首長による任命制へと切り換えた。 （学習院大）	教育委員会
□ 3584	1955年から57年にかけての好況は，当時◯◯◯と呼ばれ，これを皮切りに高度成長がつづいた。 （津田塾大）	神武景気
□ 3585	「もはや戦後ではない」との一文が書き込まれたのは，1956年の『◯◯◯』である。 （同志社大）	経済白書
□ 3586	1956年，『東洋経済新報』で主幹をつとめていた◯◯◯が内閣を組織するが，病気によって2か月ほどで退陣した。 （京都大）	石橋湛山
□ 3587	1957年，◯◯◯内閣が成立した。 （明治大）	（第1次）岸信介内閣
□ 3588	岸信介内閣が安全保障条約の改定交渉をはじめたのに対し，革新勢力は「アメリカの世界戦略に組み込まれる」として◯◯◯を行った。 （センター）	安保闘争
□ 3589	1960年5月，岸内閣が新安保条約の批准を強行採決すると，安保闘争が激しさを増し，予定されていた◯◯◯米大統領の来日は中止された。 （オリジナル）	アイゼンハワー
□ 3590	1960年5月，◯◯◯は衆議院で承認された。条約の承認は衆議院の優越が規定されている（憲法61条）ため，6月に自然成立した。 （上智大）	日米相互協力及び安全保障条約（新安保条約）

3591	新安保条約では，条約付属文書の規定で，アメリカ軍が日本および極東での軍事行動に先立って＿＿＿を行うという規定がなされた。 (センター)	事前協議
3592	社会党の右派が脱党し，1960年に西尾末広を党首に＿＿＿を結成した。 (オリジナル)	民主社会党 (のち民社党)
3593	1958年から61年にかけての好景気を＿＿＿という。 (オリジナル)	岩戸景気
3594	1950年代半ばから1960年代，石炭から石油への転換である＿＿＿が起こった。 (千葉大)	エネルギー革命
3595	1960年，三井鉱山と三池炭鉱での大量解雇に反対する労働争議，すなわち＿＿＿が展開された。 (東京経済大)	三池争議 (三井三池炭鉱争議)
3596	1954年，中国の周恩来とインドのネルーとの会談で平和五原則が確認され，1955年にインドネシアで開かれた＿＿＿では，平和十原則が採択された。 (オリジナル)	アジア=アフリカ会議 (バンドン会議)
3597	ソ連のフルシチョフは1956年にスターリン批判を行った後，西側諸国との＿＿＿を推進したので，東西対立が緩和される「雪どけ」とよばれる時期が訪れた。 (オリジナル)	平和共存路線
3598	1963年には，アメリカ・イギリス・ソ連が＿＿＿を締結し，核軍縮の交渉が始まった。 (立教大)	部分的核実験禁止条約
3599	1965年には，南ベトナム政府を支援するアメリカによる北爆が開始され，＿＿＿が本格化した。 (オリジナル)	ベトナム戦争

☑ 3600 ⤴	中国では，1966年から毛沢東(もうたくとう)による◯◯◯が始まり，それは中国に約10年間の混乱をもたらした。　（オリジナル）	プロレタリア文化大革命（文化大革命）
☑ 3601 ⤴	1967年に，現在のヨーロッパ連合（EU）の前身である◯◯◯が結成された。　（オリジナル）	ヨーロッパ共同体（EC）
☑ 3602 ⤴	1960年に，◯◯◯内閣は「所得倍増」のスローガンのもと，経済成長率をより高いレベルで上昇させようとした。　（京都産業大）	池田勇人内閣（第1次）
☑ 3603 ⤴	池田内閣は，「◯◯◯」「寛容と忍耐」というスローガンを掲げ，高度経済成長政策を推進した。　（関西大）	所得倍増
☑ 3604 ⤴	農業の近代化を図るものとして◯◯◯が1961年に制定され，農業構造改善事業に多額の補助金が支出されるようになった。　（津田塾大）	農業基本法
☑ 3605 ⤴	高度経済成長期，京浜・中京・阪神・北九州の各地域に，帯状に伸びる巨大な重化学工業地帯，すなわち◯◯◯が出現し，産業と人口が集中した。　（センター）	太平洋ベルト地帯
☑ 3606 ⤴	国交がなかった中華人民共和国との間では「政経分離」の方針により，◯◯◯と呼ばれる準政府間貿易の取り決めが1962年に結ばれた。　（防衛大）	LT貿易
☑ 3607 ⤴	1964年，93の国と地域が参加した第18回◯◯◯が開かれた。　（青山学院大）	オリンピック競技大会
☑ 3608 ⤴	1963年から64年にかけての好景気を◯◯◯という。　（オリジナル）	オリンピック景気

☑ 3609 ⌂	日本は1955年に自由貿易拡大をめざすGATT（ガット）に加盟し、1963年に、国際収支上の理由で輸入制限を禁止される◯◯に移行した。　　　　　　　　（慶應義塾大）	GATT11条国
☑ 3610 ⌂	1952年からIMFに加盟していた日本は、1964年には、国際収支を理由に為替管理を行えない◯◯に移行した。　　　　　　　　　　　　（関西大）	IMF8条国
☑ 3611 ⌂	1964年、池田勇人内閣下の日本は◯◯に加盟し、資本の自由化を義務付けられた。　　　　　（津田塾大）	OECD（経済協力開発機構）
☑ 3612 ⌂	1964年成立の◯◯内閣は、第1次～3次、7年半以上の長期政権となった。　　　　　　　　（立教大）	佐藤栄作（えいさく）内閣
☑ 3613 ⌂	1965年、第1次佐藤栄作内閣は、◯◯を結んで大韓民国（韓国）との国交を樹立した。　　　　（北海道大）	日韓基本条約
☑ 3614 ⌂	日韓基本条約を結んだ韓国側の代表者は◯◯大統領である。　　　　　　　　　　　　　　（津田塾大）	朴正煕（ぼくせいき）（パクチョンヒ）
☑ 3615 ⌂	米軍占領下において、沖縄の行政は、軍政から民政に移行し、1952年には米国民政府の指名する沖縄住民を行政主席とする◯◯が置かれた。　　　（学習院大）	琉球政府（りゅうきゅう）
☑ 3616 ⌂	琉球政府主席の公選が初めて実施され、◯◯が当選したのは1968年のことであった。　　　　（立教大）	屋良朝苗（やらちょうびょう）
☑ 3617 ⌂	1965年に来沖した内閣総理大臣の◯◯が、「沖縄が復帰しない限り、日本の戦後は終わらない」と発言し、日本政府はようやく沖縄返還に向けて動き出した。　（学習院大）	佐藤栄作

☑ 3618	沖縄復帰運動の成果として，1967年，佐藤栄作首相と米国の◯◯◯大統領との間で小笠原諸島の返還と沖縄の2〜3年以内の返還が約束された。　　（大阪学院大）	ジョンソン
☑ 3619	1969年の佐藤首相と米国の◯◯◯大統領との会談で沖縄返還に合意した。　　（大阪学院大）	ニクソン
☑ 3620	1969年に訪米した佐藤首相と米国のニクソン大統領は，沖縄返還で合意し，◯◯◯を発表した。　（オリジナル）	日米共同声明
☑ 3621	1969年の日米共同声明において，沖縄返還にあたっては，「◯◯◯・本土なみ」の返還がうたわれていた。　　（学習院大）	核抜き
☑ 3622	1971年，第3次佐藤内閣がアメリカと結んだ◯◯◯は，1972年5月に発効した。ただし，米軍の嘉手納基地が残されるなど，課題も残った。　　（慶應義塾大）	沖縄返還協定
☑ 3623	1955年〜73年，日本経済は，年平均で10％以上という急速な成長を遂げる。この時期を◯◯◯という。　　（関西学院大）	高度経済成長期
☑ 3624	1960年代後半の日本経済は，◯◯◯と呼ばれる好況が続き，1968年には日本のGNPは資本主義国の中でアメリカ合衆国に次ぐ第2位となった。　　（防衛大）	いざなぎ景気
☑ 3625	高度経済成長期の大量生産体制により，各家庭に家電製品や自動車などの耐久消費財が爆発的に普及する◯◯◯が起こった。　　（立教大）	消費革命
☑ 3626	高度経済成長期前半に普及が進んだ白黒テレビ・電気洗濯機・電気冷蔵庫は「◯◯◯」と呼ばれた。　（明治大）	三種の神器

3627	高度経済成長期には◯◯◯◯が急速に普及するというマイカー時代が到来した。　　　　　　　　　（センター）	自家用車
3628	高度経済成長期後半には,「新三種の神器」あるいは「3C」とよばれるカー・クーラー・◯◯◯◯が普及した。　　　　　　　　　（上智大）	カラーテレビ
3629	高度経済成長期の企業の汚染物質垂れ流しにより, 環境が人工的に破壊されて引き起こされる社会的災害, すなわち◯◯◯◯を引き起こした。　　　　　　　　　（センター）	公害
3630	四大公害病のうち, 新潟県の阿賀野川流域で起きたのは◯◯◯◯である。　　　　　　　　　（立命館大）	新潟水俣病
3631	四大公害病のうち, 三重県で発生したのは◯◯◯◯である。　　　　　　　　　（中央大）	四日市ぜんそく
3632	四大公害病のうち, 熊本県で起こったのは◯◯◯◯である。　　　　　　　　　（西南学院大）	水俣病
3633	新潟水俣病, 四日市ぜんそく, ◯◯◯◯, 水俣病の被害をめぐる四大公害訴訟が始まり, 1973年にいずれも被害者側の勝訴に終わった。　　　　　　　　　（慶應義塾大）	イタイイタイ病
3634	四大公害病のうち, イタイイタイ病は◯◯◯◯で発生した。　　　　　　　　　（明治大）	富山県（神通川流域）
3635	1967年, 公害問題に対し, 佐藤栄作内閣下で◯◯◯◯が制定された。　　　　　　　　　（上智大）	公害対策基本法

☑ 3636 🏳	1971年, 公害問題の影響もあり, 第3次佐藤栄作内閣下で[　　　]が発足した。　　　　　　　　　　（上智大）	環境庁
☑ 3637 🏳	1960年代後半, 高度経済成長が生み出した社会のひずみに反発する[　　　]が次々と成立し, 住民福祉と環境重視を掲げた。　　　　　　　　　　　　　　　（名古屋大）	革新自治体
☑ 3638 🏳	1967年には, 日本社会党や日本共産党が推薦する[　　　]が東京都知事に当選するなど, 1970年代前半にかけて革新首長が各地で相次いで誕生した。　（立教大）	美濃部亮吉
☑ 3639 🏳	1970年に八幡製鉄と富士製鉄の両社が合併してできた, 日本最大の製鉄会社を[　　　]という。　（オリジナル）	新日本製鉄
☑ 3640 🏳	戦後に三井・三菱・住友・富士・三和・第一勧銀の各銀行による系列企業への融資を通じて形成された企業グループを[　　　]と呼ぶ。　　　　　　　（オリジナル）	(6大) 企業集団
☑ 3641 🏳	高度経済成長期には, 同じ企業に定年まで勤務する終身雇用制, 年功序列型賃金, 企業内組合などを特徴とする[　　　]が確立した。　　　　　　　　（慶應義塾大）	日本的経営
☑ 3642 🏳	1950年代後半以降, 中学を卒業したばかりの地方の若者が東京などの大都市へ働きに行く[　　　]がみられた。　　　　　　　　　　　　　　　　　（センター）	集団就職
☑ 3643 🏳	生産者米価の引き上げや, 食生活の洋風化で米の供給過剰が起こった。また, 食糧管理特別会計の赤字も問題となり, 1970年から[　　　]が始まった。　（明治大）	減反政策
☑ 3644 🏳	1970年, 兼業農家が50％を突破し, 世帯主の配偶者（かあちゃん）と両親（じいちゃんとばあちゃん）が農業を担う, いわゆる「[　　　]」が激増した。　（早稲田大）	三ちゃん農業

☑ 3645 ☐	高度経済成長期, 夫婦と未婚の子どもからなる [____] の家族構成が増えた。 　　　　　　　　　　　　　（青山学院大）	核家族
☑ 3646 ☐	1964年, 東京オリンピック開催直前に [____] が開通した。 　　　　　　　　　　　　　（一橋大）	東海道新幹線
☑ 3647 ☐	1965年には [____] が全線開通し, また資源別エネルギー量の供給において石油の占める割合が**70**パーセントを超えた。 　　　　　　　　　　　　　（関西学院大）	めいしん 名神高速道路

THEME

高度経済成長の終焉

見出し番号 3648—3682

出題頻度

☑ 3648 ☐	1971年7月, アメリカのニクソン大統領は, 中国訪問を発表し, 8月にドルと金の交換を停止した。この二つの出来事は, [____] と呼ばれている。 　　　　　　（防衛大）	ニクソン=ショック
☑ 3649 ☐	日本が変動為替相場制に移行した背景には, 1971年にニクソン米大統領が [____] を発表したことがある。 　　　　　　　　　　　　　（法政大）	金・ドル交換停止
☑ 3650 ☐	1973年, 変動為替相場制が引き起こした [____] と石油危機の影響で不況となり, 1974年, 日本はマイナス成長となって高度経済成長期を終えた。 　　　（上智大）	円高
☑ 3651 ☐	1972年, 佐藤栄作首相の退陣を受けて [____] 内閣が成立した。 　　　　　　　　　　　　　（関西大）	（第1次） かくえい 田中角栄内閣
☑ 3652 ☐	田中角栄首相は, 太平洋ベルトに集中した産業を全国に分散させ, それを新幹線と高速道路で結ぶという「 [____] 」を打ち出した。 　　　　　　（津田塾大）	日本列島改造論

☑ 3653	1972年9月に田中角栄首相が訪中し、[ ]が発表されて日中国交正常化が実現した。 （和歌山大）	日中共同声明
☑ 3654	日中共同声明によって、[ ]が実現した。 （一橋大）	日中国交正常化
☑ 3655	田中角栄は、1972年9月に中華人民共和国を訪問して、[ ]首相らと交渉の末、日中共同声明を発表し、日中国交正常化を実現した。 （防衛大）	周恩来 （しゅうおんらい）
☑ 3656	1973年、第2次田中角栄内閣下で、日本は西欧諸国にならい、為替レートを固定しない[ ]に移行した。 （立教大）	変動（為替 かわせ）相場制
☑ 3657	1973年、第2次田中角栄内閣下で、原油価格の高騰による[ ]が起こった。 （一橋大）	第1次石油危機
☑ 3658	[ ]と、OAPEC（オアペック）の石油戦略が、石油危機の原因である。 （國學院大）	第4次中東戦争
☑ 3659	田中内閣期に第4次中東戦争が勃発し、[ ]が石油戦略を発動する一方、国内では「列島改造」政策にもとづく土地投機によって地価が暴騰した。 （学習院大）	アラブ石油輸出国機構（OAPEC オアペック）
☑ 3660	田中内閣期の、原油価格の高騰と地価の高騰から起きた激しいインフレーションは「[ ]」と呼ばれた。 （オリジナル）	狂乱物価
☑ 3661	田中内閣は、土地の利権や政治資金調達をめぐる金脈問題で1974年末に退陣し、「クリーン政治」を掲げる[ ]内閣が成立した。 （神奈川大）	三木武夫 （みきたけお）内閣

431

☑ 3662 ☐	1975年に，石油危機後の世界的な不況に対応するため，フランスで米・日・英・西独・伊・仏の首脳による第1回の◻︎が開かれた。 （オリジナル）	先進国首脳会議（サミット）
☑ 3663 ☐	1976年の三木武夫内閣のとき，田中角栄元首相が航空機売込みをめぐる収賄事件である◻︎によって逮捕された。 （オリジナル）	ロッキード事件
☑ 3664 ☐	ロッキード事件により，与党である自民党は1976年の総選挙で結党以来はじめて衆議院の過半数を割り込み，三木内閣は退陣し，◻︎が首相に就任した。 （神奈川大）	福田赳夫（たけお）
☑ 3665 ☐	1976年12月に成立した福田赳夫内閣は，円高不況からの克服に努めるとともに，1978年8月には中華人民共和国との間で◻︎を締結した。 （防衛大）	日中平和友好条約
☑ 3666 ☐	1979年，イラン革命をきっかけに◻︎が起きた。 （立教大）	第2次石油危機
☑ 3667 ☐	1979年，ソ連の◻︎を機に，アメリカはソ連との対決姿勢を鮮明にした（新冷戦）。 （オリジナル）	アフガニスタン侵攻
☑ 3668 ☐	1980年に成立した鈴木善幸（ぜんこう）内閣は，財界人の土光敏夫（どこうとしお）を中心に◻︎を設置。「増税なき財政再建」を目指した。 （青山学院大）	第2次臨時行政調査会
☑ 3669 ☐	1982年，◻︎内閣が成立した。 （慶應義塾大）	中曽根康弘（なかそねやすひろ）内閣
☑ 3670 ☐	中曽根康弘首相は，「◻︎」を唱え，行政と財政の改革を進めた。 （青山学院大）	戦後政治の総決算

□ 3671	中曽根康弘内閣は, 電電公社 (現NTT) や専売公社 (現JT), 現JRの◻️◻️◻️を民営化した。 (法政大)	国鉄
□ 3672	1980年, 日本政府が国連の女子差別撤廃条約に署名し, その後批准に向けて, 差別撤廃の法的な整備をする義務が生じ, 1985年, ◻️◻️◻️が制定された。 (早稲田大)	男女雇用機会均等法
□ 3673	安定成長期, 企業は省エネや人員削減, パート労働への切り替えなどの「◻️◻️◻️」を行って, コスト削減につとめた。 (センター)	減量経営
□ 3674	世界経済への貢献を求める声に応じて, 途上国への日本政府の資金・技術協力である◻️◻️◻️の供与額は急増し, 1989年には世界第1位となった。 (南山大)	政府開発援助 (ODA)
□ 3675	1980年代, アメリカは, 貿易赤字と財政赤字といういわゆる◻️◻️◻️に悩まされていた。 (オリジナル)	双子の赤字
□ 3676	1980年代, 日本の対米貿易◻️◻️◻️は激増した。 (センター)	黒字
□ 3677	1980年代, 対米黒字の激増によって, 日米間の◻️◻️◻️が激化した。 (センター)	貿易摩擦
□ 3678	貿易の自由化を促進するために設けられた◻️◻️◻️のウルグアイ=ラウンドでは, 米市場の部分開放が合意されるなどした。 (南山大)	GATT (関税と貿易に関する一般協定)
□ 3679	アメリカは, 対日赤字を背景に, 日本に対して農産物の輸入自由化を迫ったため, 1988年, 竹下登内閣は◻️◻️◻️・オレンジの輸入自由化を決定した。 (立教大)	牛肉

☑ 3680	1985年，G5での◯◯◯で円高が加速し，輸出産業では一時，不況が深刻化したが，その後は内需拡大に支えられた大型景気がおとずれた。 （東京経済大）	プラザ合意
☑ 3681	米・日・独・仏・英の5大国の大蔵（財務）大臣と中央銀行総裁で構成する会議を◯◯◯という。 （オリジナル）	先進5カ国蔵相・中央銀行総裁会議 (G5)
☑ 3682	1980年代後半から1990年代初頭にかけては，のちに◯◯◯とも呼ばれる，地価と株価の急激な高騰を伴った内需景気を迎えた。 （立教大）	バブル経済

THEME
平成時代の日本と55年体制の終焉

見出し番号 3683—3701

出題頻度 ♛

☑ 3683	1988年，竹下登(のぼる)内閣下で◯◯◯が成立し，翌1989年4月1日から税率3％で実施された。 （京都大）	消費税法
☑ 3684	1989年，竹下登内閣は◯◯◯の疑惑の中で退陣した。またこの年，昭和天皇の崩御により昭和が終わり，平成がはじまった。 （関西学院大）	リクルート事件
☑ 3685	ソ連では，1985年に登場した◯◯◯の指導のもと，ペレストロイカやグラスノスチが進められた。 （慶應義塾大）	ゴルバチョフ
☑ 3686	1989年11月に◯◯◯が崩壊し，アメリカのブッシュ大統領とソ連のゴルバチョフ書記長のマルタ島での会談（マルタ会談）によって冷戦の終結が宣言された。（オリジナル）	ベルリンの壁
☑ 3687	1991年にソ連邦が解体され，ロシア共和国（現ロシア連邦）を中心とする◯◯◯が結成された。 （慶應義塾大）	独立国家共同体 (CIS)

☑ 3688 ♡	1990年代に入ると，◻◻◻◻が一挙に崩壊し，日本経済は長期不況が訪れた。 　　　　　　　　　　　（オリジナル）	バブル経済
☑ 3689 ♡	1989年発足の宇野宗佑内閣，同1989年発足の海部俊樹内閣を経て，1991年◻◻◻◻内閣が成立した。 　（上智大）	宮沢喜一内閣
☑ 3690 ♡	1991年にはクウェートに侵攻したイラクに対して，多国籍軍が国連決議を背景に武力制裁を実施した。これを◻◻◻◻という。 　　　　　　　　（青山学院大）	湾岸戦争
☑ 3691 ♡	1992年，宮沢喜一内閣のとき，世界各地で続発した紛争に対応する国連平和維持活動への自衛隊の派遣を可能とした◻◻◻◻が成立した。 　　　（関西学院大）	PKO協力法（国連平和維持活動協力法・国際平和協力法）
☑ 3692 ♡	1992年，宮沢喜一内閣のとき，日本は◻◻◻◻に自衛隊を派遣した。 　　　　　　　　　（慶應義塾大）	カンボジア
☑ 3693 ♡	自民党の宮沢喜一内閣が1992年の◻◻◻◻と翌年のゼネコン汚職事件で批判をあび，選挙制度改革や政界再編の機運が高まった。 　　　　　　（明治大）	佐川急便事件
☑ 3694 ♡	1993年，共産党をのぞく非自民8党派の連立政権として◻◻◻◻内閣が成立し，55年体制は崩壊した。 　（立教大）	細川護熙内閣
☑ 3695 ♡	1993年に自民党が分裂し，衆議院議員総選挙で過半数を割ったため，◻◻◻◻の細川護熙を首相として非自民8党派による連立政権が発足した。 　（明治大）	日本新党
☑ 3696 ♡	1994年発足の新生党の羽田孜内閣が短命に終わり，同1994年，日本社会党の◻◻◻◻内閣が成立した。 　（明治大）	村山富市内閣

☑ 3697	村山富市首相は終戦50周年にあたる1995年8月15日，□□□と呼ばれる声明を発表し，過去の「植民地支配と侵略」を謝罪した。 (南山大)	村山談話
☑ 3698	1996年，村山富市内閣の3党連立を引き継いで成立した□□□内閣は，翌年に消費税を5%に引き上げた。 (慶應義塾大)	橋本龍太郎内閣
☑ 3699	1998年，自由民主党の単独政権として成立した□□□内閣は，自由党・公明党と連立して安定多数を確保し，新ガイドライン関連法や国旗・国歌法を制定した。 (立教大)	小渕恵三内閣
☑ 3700	地球温暖化防止に関しては，1997年に気候変動枠組条約の第3回締約国会議で□□□が採択され，先進国の温室効果ガスの排出削減目標が定められた。 (早稲田大)	京都議定書
☑ 3701	2001年に成立した自民党の□□□内閣は「聖域なき構造改革」をかかげ，郵政民営化などを実現した。 (オリジナル)	小泉純一郎内閣

THEME

戦後の文化

見出し番号 3702—3724

出題頻度 ♛

☑ 3702	自然科学の分野でも様々な研究が進められ，1949年には理論物理学者の□□□が，日本人ではじめてノーベル賞を受賞した。 (愛知大)	湯川秀樹
☑ 3703	1965年，□□□がノーベル物理学賞を受賞した。 (センター)	朝永振一郎
☑ 3704	『伊豆の踊子』や『雪国』を著した□□□は，1968年にノーベル文学賞を受賞した。 (オリジナル)	川端康成

☑ 3705 ○	1973年，[ ]がノーベル物理学賞を受賞した。 （センター）	<ruby>江崎<rt>えさき</rt></ruby><ruby>玲<rt>れ</rt></ruby><ruby>於<rt>お</rt></ruby><ruby>奈<rt>な</rt></ruby>
☑ 3706 ○	[ ]は1974年にノーベル平和賞を受賞した。 （オリジナル）	<ruby>佐藤<rt>えいさく</rt></ruby>栄作
☑ 3707 ○	[ ]は1981年にノーベル化学賞を受賞した。 （オリジナル）	<ruby>福井<rt>けんいち</rt></ruby>謙一
☑ 3708 ○	[ ]は1987年にノーベル生理学・医学賞を受賞した。 （オリジナル）	<ruby>利根川<rt>とねがわすすむ</rt></ruby>進
☑ 3709 ○	[ ]は1994年にノーベル文学賞を受賞した。 （オリジナル）	<ruby>大江<rt>おおえ</rt></ruby><ruby>健三郎<rt>けんざぶろう</rt></ruby>
☑ 3710 ○	政治学者の[ ]は，雑誌『世界』に「超国家主義の論理と心理」を発表し，天皇制と呼応した日本人の精神構造を批判的に分析した。（立命館大）	<ruby>丸山<rt>まさお</rt></ruby>真男
☑ 3711 ○	法社会学者の[ ]は『日本社会の家族的構成』などを著し，民法改正などの戦後改革をリードした。（立命館大）	<ruby>川島<rt>たけよし</rt></ruby>武宜
☑ 3712 ○	[ ]は，『近代資本主義の系譜』などを著し，戦後，学生や知識人に大きな影響を与えた経済史学者である。（西南学院大）	<ruby>大塚<rt>ひさお</rt></ruby>久雄
☑ 3713 ○	インドや西域の影響が見られる[ ]は，1949年の火事により焼失した。これを契機に1950年，文化財保護法が制定された。（関西大）	<ruby>法隆寺金堂<rt>ほうりゅうじこんどう</rt></ruby>壁画

☑ 3714 ☐	法隆寺金堂で火災が発生し，金堂壁画が焼損する事件が起こった。これをきっかけに，貴重な文化財への保護意識が高まり，1950年◯◯◯が制定された。　（佛教大）	文化財保護法
☑ 3715 ☐	1968年には，省庁再編によって新たに◯◯◯が設置され，文化財の保存・活用に関わる業務を担っている。　（立命館大）	文化庁
☑ 3716 ☐	鑑真(がんじん)渡来をめぐる苦難は，昭和の小説家◯◯◯による歴史小説『天平(てんぴょう)の甍(いらか)』でも取り上げられた。　（早稲田大）	井上靖(やすし)
☑ 3717 ☐	フィリピンでの戦争と捕虜体験を描いた『俘虜記(ふりょき)』や，『レイテ戦記』は，◯◯◯の作品である。　（関西大）	大岡昇平(しょうへい)
☑ 3718 ☐	◯◯◯は『真空地帯』で軍隊内の非人間性を告発するなど，戦争やそれを正当化した天皇制に批判的なまなざしを向けた作品が生み出されたことが特筆される。　（立命館大）	野間宏(のまひろし)
☑ 3719 ☐	1951年，ベネチア国際映画祭で◯◯◯監督作品「羅生門(らしょうもん)」が金獅子賞(きんじししょう)を受賞した。　（立命館大）	黒澤明(くろさわあきら)
☑ 3720 ☐	1952〜54年のベネチア国際映画祭で◯◯◯監督は3年連続で入賞を果たした。　（明治大）	溝口健二(みぞぐちけんじ)
☑ 3721 ☐	◯◯◯が，本格的に本放送を開始したのは，1953年2月1日のNHKからである。　（京都産業大）	テレビ放送
☑ 3722 ☐	1945年に公開された映画「そよかぜ」の主題歌である並木路子(なみきみちこ)の「◯◯◯」が大ヒットした。　（早稲田大）	リンゴの唄

☑ 3723 ☐	高度経済成長期，□□のアニメーション『鉄腕アトム』がテレビで放送され人気を博した。 (明治大)	手塚治虫
☑ 3724 ☐	高度経済成長の時代には，東京オリンピックや，大阪での□□が開催され，その中で人々の暮らしは大きく変化していった。 (関西学院大)	日本万国博覧会（大阪万博）

日本史一問一答 さくいん

※この本に出てくる見出し語を50音に配列しています。
※数字は見出し番号です。

ランク順 聴いて覚える日本史探究
PRODUCTION STAFF

ブックデザイン
高橋明香(おかっぱ製作所)

イラスト
加納徳博

執筆協力
(株)ダブル ウィング

企画
小野優美

編集協力
**(株)シー・キューブ, 秋下幸恵,
石割とも子, 八木佳子**

AI音声
HOYA(株) ReadSpeaker

組版
(株)四国写研

印刷
(株)リーブルテック